Medien • Kultur • Kommunikation

Herausgegeben von
A. Hepp, Bremen, Deutschland
F. Krotz, Bremen, Deutschland
W. Vogelgesang, Trier, Deutschland
M. Hartmann, Berlin, Deutschland

Weitere Informationen zu dieser Reihe finden Sie unter
http://www.springer.com/series/12694

Kulturen sind heute nicht mehr jenseits von Medien vorstellbar: Ob wir an unsere eigene Kultur oder ‚fremde' Kulturen denken, diese sind umfassend mit Prozessen der Medienkommunikation verschränkt. Doch welchem Wandel sind Kulturen damit ausgesetzt? In welcher Beziehung stehen verschiedene Medien wie Film, Fernsehen, das Internet oder die Mobilkommunikation zu unterschiedlichen kulturellen Formen? Wie verändert sich Alltag unter dem Einfluss einer zunehmend globalisierten Medienkommunikation? Welche Medienkompetenzen sind notwendig, um sich in Gesellschaften zurecht zu finden, die von Medien durchdrungen sind? Es sind solche auf medialen und kulturellen Wandel und damit verbundene Herausforderungen und Konflikte bezogene Fragen, mit denen sich die Bände der Reihe „Medien • Kultur • Kommunikation" auseinandersetzen. Dieses Themenfeld überschreitet dabei die Grenzen verschiedener sozial- und kulturwissenschaftlicher Disziplinen wie der Kommunikations- und Medienwissenschaft, der Soziologie, der Politikwissenschaft, der Anthropologie und der Sprach- und Literaturwissenschaften. Die verschiedenen Bände der Reihe zielen darauf, ausgehend von unterschiedlichen theoretischen und empirischen Zugängen, das komplexe Interdependenzverhältnis von Medien, Kultur und Kommunikation in einer breiten sozialwissenschaftlichen Perspektive zu fassen. Dabei soll die Reihe sowohl aktuelle Forschungen als auch Überblicksdarstellungen in diesem Bereich zugänglich machen.

Herausgegeben von

Andreas Hepp
Universität Bremen
Bremen, Deutschland

Waldemar Vogelgesang
Universität Trier
Trier, Deutschland

Friedrich Krotz
Universität Bremen
Bremen, Deutschland

Maren Hartmann
Universität der Künste (UdK)
Berlin, Deutschland

Jessica Einspänner-Pflock

Privatheit im Netz

Konstruktions- und
Gestaltungsstrategien von
Online-Privatheit bei Jugendlichen

Jessica Einspänner-Pflock
Bonn, Deutschland

Dissertation Rheinische Friedrich-Wilhelms-Universität Bonn, 2015

Medien • Kultur • Kommunikation
ISBN 978-3-658-13678-9   ISBN 978-3-658-13679-6   (eBook)
DOI 10.1007/978-3-658-13679-6

Die Deutsche Nationalbibliothek verzeichnet diese Publikation in der Deutschen Nationalbibliografie;
detaillierte bibliografische Daten sind im Internet über http://dnb.d-nb.de abrufbar.

Springer VS

Gedruckt auf säurefreiem und chlorfrei gebleichtem Papier

Springer VS ist Teil von Springer Nature
Die eingetragene Gesellschaft ist Springer Fachmedien Wiesbaden GmbH

Inhalt

II   Formen und Funktionen von Online-Privatheit

III   Das Modell der User Generated Privacy

IV Jugendliche im 21. Jahrhundert: Die „digitale Generation"

V   Empirische Untersuchung: Online-Privatheit bei Jugendlichen

Abbildungsverzeichnis

Tabellenverzeichnis

Einleitung

Vor dem aktuellen Hintergrund einer zunehmenden Mediatisierung der Gesellschaft steht eine Auseinandersetzung mit dem Begriff der *Privatheit* in der öffentlichen Debatte zumeist im Zusammenhang mit der These einer schwindenden Privatsphäre. Gestützt wird diese insbesondere von zwei Entwicklungen: Zum einen erlauben digitale Medientechnologien das Erfassen, Speichern und Verarbeiten personenbezogener Daten in großen Mengen („Big Data"). Staaten, soziale und wirtschaftliche Organisationen nutzen diese Möglichkeiten, um etwa „aus Angst vor Angriffen von außen und vor den eigenen Bürgern" (Schaar 2007) oder aus ökonomischen Interessen die Lebensgewohnheiten der Menschen zu dokumentieren und besser verstehen zu können. Die genauen Umstände der Datensammlung, das heißt, welche Informationen im Einzelnen erhoben werden sowie die Art und Weise ihrer Zusammenstellung, bleiben den Bürgern selbst dabei verborgen. Die Folge ist eine wachsende Angst des Einzelnen vor einer Überwachungsgesellschaft, in der Aufenthaltsorte, finanzieller Status, persönliche Interessen oder gar Gedanken qua Datenverknüpfung und -analyse unkontrollierbar transparent werden.

Zum anderen führt die ubiquitäre Verfügbarkeit digitaler und online vernetzbarer Kommunikations- und Informationsmedien im Alltag zu einem Trend der „veröffentlichten Privatheit", bei dem immer mehr Menschen private Details aus ihrem Leben selbstständig digital produzieren, speichern und freiwillig einer breiten Öffentlichkeit zugänglich machen. Ob anonym oder unter Angabe exakter bio- oder geometrischer Daten – für viele befriedigt es ihr inneres Bedürfnis nach Selbstoffenbarung und Selbstdarstellung, sich „der Welt" oder den eigenen Freunden in der Online-Interaktion mitzuteilen und von persönlichen Erlebnissen oder ihren Gefühlen zu berichten.

Die beiden dargestellten Entwicklungen verbindet die Fragestellung, ob Privatheit in einer von digitalen Medien durchdrungenen, „verdateten" Welt noch existieren kann. Im vorliegenden Buch soll diese Frage mit dem Fokus auf der Nutzerebene erörtert werden. In Abgrenzung zu politisch oder institutionell konnotierten Privatheitskonzepten, bei denen die Relation von Privatheit und Öffentlichkeit vornehmlich unter demokratietheoretischen Aspekten auf der Makroebene betrachtet wird, befasst sich das Paradigma der hier behandelten *individuellen Privatheit* mit den sozialpsychologischen Mechanismen, die für das Empfinden von Privatheit beim Einzelnen in der Interaktion mit anderen Menschen verantwortlich sind.

Von besonderem Interesse ist dabei der Kontext von Privatheit in der Online-Kommunikation, im Speziellen im Social Web. Für die Konstruktion,

Gestaltung und Regulierung individueller Privatheit stellt die digitale Online-Umgebung für seine Nutzerinnen und Nutzer[1] ein begünstigendes Umfeld dar: Die strukturellen und funktionslogischen Gegebenheiten insbesondere von sozialen Online-Netzwerken bieten vielfältige Möglichkeiten, mit engen Freunden oder neuen Bekannten persönliche, eigens produzierte mediale Inhalte („user generated content") auszutauschen und sich auf diese Weise selbst zu offenbaren. Vor allem junge Menschen, deren alltägliche Kommunikation heute zu einem großen Teil in Online-Netzwerken stattfindet, nutzen die digitalen Möglichkeiten, um mit ihren Freunden gemeinsame Erlebnisse zu diskutieren und ihnen ihre Gefühle und Gedanken anzuvertrauen. Für Jugendliche besitzt das soziale Online-Handeln eine große Bedeutung, nicht nur für die Positionierung und Behauptung unter Gleichaltrigen, sondern vor allem auch für die Entfaltung ihrer Persönlichkeit. Über das Hochladen von Fotos, Videos, Texten oder anderen multimedialen Inhalten gestalten sie ihre Identität aktiv, reichern sie mit den Beiträgen ihrer Freunde an und modifizieren sie dynamisch über die Rückmeldungen aus dem Kontaktnetzwerk. Die Preisgabe persönlicher Informationen ist dabei eine essentielle Praxis, die zugleich eine Prämisse für die private Online-Interaktion der Jugendlichen darstellt.

Allerdings birgt die Netzkommunikation, wie eingangs kurz skizziert, auch Gefahren, die sich in erster Linie auf Aspekte der Datensicherheit und verschiedene Formen von Privatsphärenverletzungen beziehen. Die Konstellation von digitaler Medienlogik (wie Kopierbarkeit und Weiterverbreitbarkeit von Inhalten, Datenverknüpfungen, algorithmische Filterung, Komplexität) und Datenmacht (Internetkonzerne, werbetreibende Unternehmen, Staaten, kriminelle Personen usw.) erzeugt Risiken, die gerade Jugendliche oftmals kaum einschätzen können oder die ihnen im Moment ihres Online-Handelns nicht bewusst sind. Auch wird jungen Online-Usern in der öffentlichen Debatte nicht selten unterstellt, sie gäben *zu viel* Persönliches von sich im Netz preis, ohne dass sie dabei die Risiken und Konsequenzen ihres Online-Handelns beachteten, wodurch sie Privatsphärenverletzungen selbst herbeiführten.

Das sich so ergebende Spannungsfeld zwischen den Vorzügen, welche die digitale Vernetzung für die Selbstverwirklichung, Identitätsbildung und Sozialität der Jugendlichen mit sich bringt, und den Gefahren der Netzkommunikation, bildet den Ausgangspunkt des vorliegenden Buches.

---

1 Im vorliegenden Buch wird zur Wahrung einer geschlechtergerechten Sprache auf eine Mischform aus abwechselnder Verwendung der vollständigen Paarform („Nutzerinnen und Nutzer"), der rein „weiblichen Sprachform" („die Nutzerin"), einer geschlechterneutralen Formulierung („Nutzende") oder des generischen Maskulinums („die Nutzer", „der Nutzer") zurückgegriffen.

Fragestellung und Zielsetzung

In Hinblick auf das private Verhalten Jugendlicher im Netz stellt sich die Frage, wie gezielt, kompetent und differenziert die jungen Nutzer mit privaten Informationen online umgehen. Auf der einen Seite lässt die sich darstellende Situation, gemäß welcher Jugendliche vermeintlich übermäßig viele private Informationen von sich im Netz preisgeben und dabei offenbar auch erkennbare Risiken eingehen, vermuten, dass sie hierbei eher wenig reflektiert und bedacht agieren. Auf der anderen Seite kann angesichts der Tatsache, dass das „Online-Sein" und die Kommunikation im digitalen Raum bei Jugendlichen in der mediatisierten Gesellschaft zunehmend routiniert abläuft, angenommen werden, dass die „Digital Natives" ihre Privatheit durchaus im Bewusstsein der Öffentlichkeit ihrer Daten herstellen und gestalten. Demzufolge kennen sie die technische Funktionsweise der Online-Umgebung gut und setzen diese autonom, kreativ und strategisch für die eigenen kommunikativen Zwecke ein. Entsprechend, so ist weiter anzunehmen, folgen sie einem ganz eigenen, anderen Empfinden und Verständnis von Privatheit, das nicht mit den herkömmlichen normativen Privatheitskonzepten übereinstimmen muss, aber dennoch aus individualzentrierter Perspektive die Annahme der Existenz von Privatheit in der Online-Öffentlichkeit begründet.

Diesen beiden Thesen soll nachgegangen werden, indem zu eruieren ist, welches Bewusstsein die Jugendlichen von Privatheit in der Online-Welt besitzen und auf welche Weise sie „ihre Privatheit" in diesem Umfeld konstruieren, gestalten und kontrollieren. Mithilfe fundierter theoretischer und empirischer Forschungsarbeit soll es gelingen, Antworten auf folgende wichtige Fragen zu finden:

- Was motiviert Jugendliche, private Informationen von sich im Netz zu veröffentlichen?
- Welches Bewusstsein besitzen sie dabei in Bezug auf den „Privatheitsgehalt" ihrer Online-Inhalte? Wissen sie, ob und inwiefern ihre Online-Aktionen für sie und andere Netznutzer *privatheitsrelevant* werden können?
- Inwiefern beziehen Jugendliche bei der Herstellung, Gestaltung und Regulierung ihres privaten Informationsflusses im Netz die drohenden Risiken und Gefahren der Online-Kommunikation mit ein? Welches Datenschutzbedenken besitzen sie?
- Auf welche Weise setzen Jugendliche die verfügbaren technischen Funktionen der gegebenen Online-Umgebung („Affordanzen") bei ihrer Privatheitskonstruktion ein, bzw. inwieweit unterliegt der individuelle Privatheitsprozess dem Einfluss der Medienlogik?
- Was sind daran anschließend die einzelnen Strategien und Taktiken, mit denen Jugendliche ihre Online-Privatheit konstruieren und kontrollieren?

Während die Gruppe der Jugendlichen den Fokus der empirischen Untersuchung darstellt und damit exemplarisch als Forschungsgegenstand für die Erörterung von „praktizierter" Online-Privatheit fungiert, soll dennoch auf Basis theoretischer Überlegungen auch der übergeordneten Frage nachgegangen werden, was Privatheit in der mediatisierten Gesellschaft bedeutet. Inwiefern bringen die sich wandelnden Strukturen öffentlicher und privater Kommunikation ein verändertes Verständnis von Privatheit hervor? Welche Unterschiede und Gemeinsamkeiten existieren zwischen dem traditionellen (Offline-) Privatheitskonzept und dem Konzept von Online-Privatheit? Zur Klärung dieser Fragen soll die Rolle des Privaten in seiner Relation zum Öffentlichen unter anderem aus historischen und politischen Gesichtspunkten ausführlich erörtert werden. Damit soll zudem eine Antwort auf die Frage gefunden werden, was es heißt, wenn Privatheit als bedroht gilt. Im Rahmen des Mediatisierungskonzepts und unter besonderer Berücksichtigung der Online-Kommunikation sollen dabei die Herausforderungen herausgearbeitet werden, welche sich in Hinblick auf das Konstrukt „Online-Privatheit" ergeben.

Ziel der theoretischen Ausarbeitungen ist es, individuelle Online-Privatheit so zu modellieren, dass die zentralen Wirkmechanismen kommunikativen, auf die Konstruktion von Privatheit gerichteten Handelns im Social Web systematisiert und empirisch überprüfbar werden. Im Modell der „User Generated Privacy" sollen dabei aus der Perspektive des einzelnen Social Web-Nutzers die bei privatheitsrelevantem Online-Handeln zusammenwirkenden sozialpsychologischen Parameter unter besonderer Berücksichtigung der Einwirkung des digitalen Kontextes abgebildet werden. Mithilfe dieser Modellierung soll es möglich werden, Intentionen, Motivationen und konkrete Handlungsstrategien von Individuen im Netz nachzuvollziehen, um somit erfassen zu können, weshalb sie in der Online-Öffentlichkeit trotz bestehender Privatheitsrisiken persönliche Inhalte produzieren und diese mit anderen Personen austauschen.

Herangehensweise und Aufbau des Buches

Zunächst erfolgt in Kapitel eins eine ausführliche Betrachtung der verschiedenen konnotativen und (traditionell) konzeptuellen Zusammenhänge von Privatheit, um auf diese Weise die besondere Komplexität dieses Konstrukts verständlich zu machen. Dabei bilden neben der historisch-politischen und juristischen Perspektive insbesondere die Ausführungen zum sozialpsychologischen und medienwissenschaftlichen Privatheitskonzept einen wichtigen Ansatzpunkt zur weiteren Erörterung des Gegenstandsbereichs.

Kapitel zwei behandelt daran anschließend die zentralen Positionen der aktuellen öffentlichen und wissenschaftlichen Debatte zum Thema Online-Privatheit, die entlang verschiedener medienpolitischer und funktionssystemischer Aspekte diskutiert werden. Unter anderem wird hier der Frage nach dem politischen und ökonomischen Wert von Online-Privatheit in besonderem Bezug zur bestehenden Datensicherheitsproblematik nachgegangen. Dabei sind auch die Punkte Datenschutz und Nutzungskompetenz wichtig, die nicht nur mit den technischen Eigenschaften des digitalen Kommunikationskontextes, sondern vor allem mit den entscheidenden sozialpsychologischen Kriterien in Zusammenhang zu bringen sind, mit denen sich der individuelle Herstellungs-, Ausgestaltungs- und Regulierungsprozess von Online-Privatheit definieren lässt.

Die bis dahin gewonnenen Erkenntnisse werden schließlich in Kapitel drei im *Modell der User Generated Privacy* (UGP) zusammengeführt. Dieses Hypothesenmodell besitzt eine handlungstheoretische Rahmung, unter welcher die zentralen individuell und situativ wirkenden Parameter privatheitsrelevanten Online-Handelns mit ihren postulierten Konstellationen abgebildet sind. Aspekte wie die Intention oder Motivation zu Online-Handeln in Verbindung mit dem individuellen Privatheitsbewusstsein eines Akteurs werden hier mit extrinsischen und situativ unterschiedlich wirkenden Einflüssen wie der Medienlogik oder den (interferierenden) Handlungen anderer Online-User konzeptualisiert. Zudem wird eine schematische Ausdifferenzierung von Handlungsmustern vorgeschlagen, anhand welcher privatheitsrelevantes Online-Handeln beschrieben werden kann. Besonderes Augenmerk wird außerdem auf den Evaluationsprozess gelegt, bei dem ein Individuum die eingetretenen Folgen seines Online-Handelns hierarchisiert und nicht zuletzt bezüglich seines Privatheitsempfindens als positiv oder negativ bewertet.

Die allgemein formulierten Annahmen aus dem Modell der UGP werden nach einer theoretischen Aufarbeitung des aktuellen Forschungsstandes zum Themenbereich „Jugendliche und Online-Privatheit" in Kapitel vier des Buches modifiziert und entsprechend hinsichtlich der Besonderheit des Online-Handelns der jungen Zielgruppe angepasst.

In Kapitel fünf erfolgt schließlich eine umfassende empirische Studie, mit welcher die Mechanismen von privatheitsrelevantem Online-Handeln bei Jugendlichen erforscht werden. Auf Basis eines mehrstufigen, qualitativ angelegten Untersuchungsdesigns wird eruiert, welche Rolle die sozialpsychologischen Aspekte der privaten Online-Kommunikation, wie Selbstoffenbarung, Selbstdarstellung, Identitätsmanagement und Kontrollverhalten in Relation zu Aspekten des Datenschutzes und der kreativen Ausgestaltung von *user generated content* bei Jugendlichen spielen. Zu den einzelnen Untersuchungsschritten zählen die Durchführung mehrerer Gruppeninterviews und Befragungen 12- bis 14-jähriger Schülerinnen und Schüler, die Analyse von Jugendzeichnungen zum Thema Privatsphäre und die Betrachtung der Online-Praktiken Jugendlicher im Alter von 15 bis 18 Jahren über eine Kombination aus Befragung und gemeinsamer Diskussion ihrer Facebook-Aktivitäten während des Besuchs ihrer jeweiligen Profilseite (Screenrecording-Analyse).

Durch die Triangulation verschiedener Erhebungs- und Analyseverfahren und der Zusammenführung einer deduktiven (hypothesengeleiteten) und induktiven (explorativen) Herangehensweise bietet die Studie einen innovativen, multiperspektivischen Ansatz zur empirischen Erforschung des komplexen Phänomens individueller Online-Privatheit.

I Das multidimensionale Konzept von Privatheit

Das Konzept der Privatheit ist multidimensional und nur kontextualisiert greifbar. So gibt es nicht die eine prägnante Beschreibung von Privatheit, in der sämtliche konnotativen Facetten mit verortet sind. Vielmehr müssen zunächst bestimmte Gültigkeitsbereiche definiert werden, in denen Privatheit präzisiert sinnhaft werden kann. Der Rahmen von Privatheit lässt sich zum Beispiel makro- und mesoperspektivisch über verschiedene gesellschaftliche, kulturelle oder gesetzliche Normen oder mikroperspektivisch auf der individuellen Handlungsebene in der interpersonalen Interaktion bestimmen.

Die unterschiedlichen Phänomenbereiche von Privatheit darzustellen und als theoretisches Fundament für vorliegendes Buch zu etablieren, ist Ziel dieses Kapitels. Dabei soll die Multidimensionalität von Privatheit propädeutisch aufgefächert und für vier ausgewählte Bereiche erläutert werden. Der erste Bereich umfasst die historische Wandlung des Privatheitskonzepts im Zusammenspiel mit dem Konzept der Öffentlichkeit in seinen bedeutendsten Entwicklungsstufen von der Antike bis in die Neuzeit. In diesem Abschnitt soll herausgearbeitet werden, aus welchen politischen oder gesellschaftlichen Ursprüngen sich unser heutiges Privatheitsverständnis herleitet.

Die zweite Dimension betrifft die sozialpsychologischen Modellierungen subjektiv erfahrbarer Privatheit und stellt zugleich einen wichtigen Ausgangspunkt für die späteren Ausführungen für die Konstruktion, Gestaltung und Regulierung von Privatheit im Online-Kontext dar. Der dritte Bereich bezieht sich auf die gesetzlich-normative Dimension von Privatheit und umfasst zum einen die Diskussion um einen rechtlichen Anspruch auf (individuelle) Privatheit und zum anderen die juristischen Herausforderungen *medienvermittelter* Privatheit, welche für das vorliegende Buch von besonderem Interesse ist. Schließlich wird in der vierten Dimension die Bedeutung von Privatheit aus medienwissenschaftlichen Gesichtspunkten mit besonderem Fokus auf das Mediatisierungskonzept erörtert, wobei hier die Digitalisierung zunächst unberücksichtigt bleibt – diese wird anschließend in Kapitel zwei des Buches ausführlich behandelt.

1. Privatheit: Begriffsdefinition

Etymologisch lässt sich *privat* aus dem Latein von *privus* (für sich stehend, einzeln) bzw. *privatus* (einem Privatmann gehörig, persönlich) ableiten. In französischen Wörterbüchern des 18. und 19. Jahrhunderts wird das Adjektiv *privé(e)* im Zusammenhang mit Familie und Häuslichkeit benutzt und *public* in der Bedeutung von „ein ganzes Volk betreffend", den Staat bezeichnend, gegenübergestellt (Duby 1990: 19). Bei der Betrachtung der Wortherkunft zeigt sich, dass eine bestimmte Bedeutung seit jeher fest im Begriffskontinuum von Privatheit verankert liegt: die Abgrenzung des *Privaten* vom *Öffentlichen*. Privatheit kann nicht ohne Öffentlichkeit gedacht werden, steht ihr im traditionellen Sinne dabei jedoch diametral entgegen: Etwas, das an öffentlicher Stelle geschieht, ist nicht privat (Arendt 1960, Rohlf 1980, Duby 1990). Hier wird ein strikter Dualismus gezeichnet, der beide Konzepte als miteinander unvereinbar definiert. Zumeist wird *Öffentlichkeit* dabei als politische Kategorie modelliert, die mit dem Ideal demokratischer Gesellschaften gleichgesetzt wird:

> „Private Kommunikationen und öffentliche Kommunikationen, das Selbstverständnis als Citoyen bzw. Citoyenne und Privatperson, die Reziprozität von Teilnehmer- und Beobachterperspektive und die kulturellen Deutungsmuster der institutionellen Kontexte und schließlich die Deutungskonstrukte Öffentlichkeit sowie Privatheit bilden den Rahmen der gesellschaftlichen Realität, in der die politische Ordnung mit der sozialen Ordnung und dem kulturellen Kontext ineinandergreift" (Ritter 2008: 19).

Das Konzept der Öffentlichkeit wird in seinem politischen Bezug zum Konzept der Privatheit im vorliegenden Buch insbesondere in zwei Kontexten relevant: einmal bei der historischen Erörterung von Privatheit (Kapitel I.2) und ein anderes Mal bei der Darstellung der politischen Debatte zur Online-Privatheit (Kapitel II.1). Davon abgesehen wird das Öffentliche außerhalb der politischen Konnotation in diesem Buch generell definiert als etwas, worauf nicht nur ein beschränkter Personenkreis, sondern eine Allgemeinheit Zugriff hat.

Große semantische Nähe weist der Begriff der Privatheit bzw. der Privatsphäre mit denen der Intimsphäre und Geheimsphäre auf. Das Intime ist dabei meist sexuell konnotiert und beschreibt eine bestimmte körperliche Nähe und Verletzlichkeit (Rössler 2001: 17): „Was intim ist, ist auch privat, aber nicht umgekehrt" (ebd.). Etwas schwieriger scheint die Abgrenzung zwischen Privatsphäre und Geheimbereich, zumal das, was privat ist, geheim sein kann, aber nicht geheim sein muss („öffentliche Privatsache", z. B. wie sich eine Person kleidet), sowie das, was geheim ist, nicht zwangsläufig auch privat sein muss (z. B. ein Staatsgeheimnis) (Rössler 2001: 17). Hughes (1993) unterscheidet das Geheime vom Privaten durch den Grad des Mitwissens durch andere: „Privacy is not secrecy. A private matter is something one doesn't want the whole world to know, but a secret matter is something one doesn't want anybody to know".

Die deutsche Bezeichnung *Privatheit* ist im Grunde ein Kunstbegriff, dessen jeweilige Bedeutung im Kontext nur mithilfe verschiedener Synonyme genauer umrissen werden kann. Das englischsprachige Pendant *Privacy* ist hingegen eindeutiger konnotiert:

> „Fragen wir den Mann auf der Straße, was er unter Privatheit verstehe, was sie für ihn bedeute, wie er sie verwirklichen könne, würde er [sic!] wohl kaum eine Antwort erhalten. In den USA kann bereits ein fünfjähriges Kind erklären, was es unter ‚privacy' versteht" (Kruse 1980: 17, Hervorheb. i. Orig.).

Der Begriff „Privacy" wird im US-amerikanischen Sprachgebrauch überwiegend im Kontext informationeller Privatheit und dem Schutz vor unerlaubten Zugriffen auf private Daten verwendet, wohingegen dieser Aspekt beim deutschsprachigen Begriff der Privatheit mit anderen, zum Beispiel ethischen, soziologischen oder psychologischen Aspekten gleichrangig ist. Die unterschiedliche Fassbarkeit der Bedeutung von Privacy vs. Privatheit liegt dabei nicht zuletzt in historischen und kulturellen Unterschieden zwischen den USA und Deutschland begründet (Wittern 2004, Jarvis 2011; siehe hierzu auch: Abschnitt 3.2 in diesem Kapitel).

Abgesehen von den etymologischen Ursprüngen kann sich der Klärung des Begriffs Privatheit auch aus dem Verständnis verschiedener Disziplinen heraus angenähert werden. Dabei stellt die Betrachtung der historischen Entwicklung des Privatheitskonzepts eine der grundlegenden Dimensionen dar, die nun im folgenden Abschnitt erläutert werden soll.

2. Privatheit und Öffentlichkeit: Historischer Überblick

In mehr als zwei Jahrtausenden formen unterschiedlichste gesellschaftlich-kulturelle, politische und ökonomische Entwicklungsstufen Konzepte von Privatheit mit spezifischen Ausprägungen und Normen. Ausgehend vom aristotelischen Weltbild, in dem Privatheit und Öffentlichkeit als zwei streng voneinander getrennte Einheiten verstanden werden, trägt jede darauffolgende Epoche einerseits zur Konturierung und andererseits zur Ausdifferenzierung dieser beiden Bereiche bei. Während beispielsweise in der griechischen Antike nur das Politische zugleich auch das Öffentliche ist, so wird im Mittelalter das Weltliche und Feudale dem öffentlichen Leben zugeschrieben. Die Zeit der Aufklärung hingegen gilt als Epoche der bürgerlichen Revolution, in der die Grenzen zwischen privatem und öffentlichem Leben merklich einreißen und selbstbestimmter gezogen werden. Ende des 20. Jahrhunderts wird das konträre Verhältnis zwischen Privatheit und Öffentlichkeit in Deutschland unter dem Slogan „das Private ist politisch" öffentlich diskutiert, wodurch die Debatte auf eine Metaebene gehoben wird, was wiederum zu einer verstärkten theoretischen Auseinandersetzung mit dem Konzept der Privatheit führt. Die Darstellung der verschiedenen historischen Abschnitte soll dazu dienen, die Komplexität des Privatheitsbegriffs schärfer zu konturieren und nachvollziehbar machen zu können.

2.1 Privatheit und Politik in der Antike

In der griechischen Antike, die entscheidend vom Denken und Wirken des Philosophen Aristoteles bestimmt ist, sind die Rollen der öffentlichen Person und die der Privatperson klar definiert und aufeinander abgestimmt. Das öffentliche Leben ist in der Antike zugleich das politische Leben. Es spielt sich in der *Polis* ab, also in dem Bereich, in dem die Bürger demokratisch diskutieren und staatliches Handeln legitimieren (der Begriff „Politik" ist etymologisch von „Polis" abgeleitet). Es gilt als „Vollendung eines Menschen" (Veyne 1989: 111), eine Stellung in der Politik innezuhaben und somit eine öffentliche Funktion einzunehmen. Das aristotelische Gesellschaftsmodell ist demnach eudämonistisch auf das politische Leben ausgerichtet, wonach nur die an der Öffentlichkeit partizipierenden und somit politisch agierenden Bürger ein „gutes Leben" führen (Horn 2008: 4) und ein Bürger, der keine öffentliche Funktion innehat und somit ein *Privatus* (Privatmann) ist, als unvollkommen gilt. Allerdings gibt es auch für Privatpersonen in der Antike die Möglichkeit, eine in der Gesellschaft hoch angesehene Position zu erreichen, indem sie sich beispielsweise durch wirtschaftliches Handeln und Unternehmertum behaupten (Veyne 1989: 141). Zwar ist das Geschäftliche Bestandteil des Privatlebens, da es dem Fortbestand der Familie und damit des Erbbestandes dient (Veyne 1989: 141). Doch mit privatem Reichtum wird es möglich, eine politische Position zu erzielen, zumal von wohlhabenden Bürgern und politischen Amtsträgern gerade auch materielle Unterstützungen zum Erhalt des Gemeinwesens erwartet werden. Aus diesem Grund gilt das Vermehren des eigenen Besitz- und Reichtums als eine nahezu ebenso erstrebenswerte Aufgabe wie eine Rolle im Staatsdienst. Jedoch kann dem aristotelischen Modell gemäß nur jeder freie Bürger, der weder Frau oder Sklave noch gering qualifizierter Arbeiter, Nichtgrieche oder Landbewohner ist (Horn 2008: 8), auch ein mündiger Bürger werden und somit den beiden Seinsordnungen – dem Politischen und dem Privaten – gleichzeitig angehören. Den Unfreien hingegen ist die Aneignung intellektueller und moralischer Tugenden und somit die Teilnahme am öffentlichen, politischen Leben verwehrt. Ihr Lebensmittelpunkt ist der häusliche Bereich, der ausschließlich auf das familiäre Zusammenleben in der Ortsgemeinde und auf die Befriedigung lebensnotwendiger Bedürfnisse ausgerichtet ist.

Die Beschreibung von privatem und öffentlichem Leben in der Antike erfolgt heute meist auf der Schablone eines gegenwärtigen Verständnisses.

Privates in der Antike kann nicht mit Privatem aus heutiger Sicht verglichen werden. Das, was für uns heute privat bedeutet, wie beispielsweise das eigene Zuhause oder der Freundeskreis, bezeichnete man auch in der Antike als „privat"; allerdings wurde darunter das verstanden, was für uns heute zum öffentlichen Leben zählt. Drei kurze Beispiele sollen diesen Umstand verdeutlichen:

(1) Privatleben in öffentlichen Einrichtungen: Die Menschen in der griechischen Antike verbringen den größten Teil ihres privaten Lebens in öffentlichen Einrichtungen (Veyne 1989: 194). Dazu gehören etwa Schauplätze für Gladiatorenkämpfe oder auch Badehäuser und Thermen. Diese öffentlichen Plätze sind grundsätzlich allen Menschen zugänglich: freien achtsamen Bürgern, Sklaven, Frauen, Kindern und sogar Fremden aus anderen Städten (Veyne 1989: 194). Privatleben findet mithin in der Öffentlichkeit statt.

(2) Das Wohl des Privatmanns: Unter einem Privatmann wird in der Antike jemand verstanden, der sich um die Vermehrung seines Vermögens und damit um seinen Lebensunterhalt bzw. den der in seinem Haushalt Lebenden kümmert. In dieser Funktion ist er ein nicht politisch tätiger Mann (Löther 1994: 252). Ein Privatmann hat zwar grundsätzlich eine vergleichsweise achtbare Stellung in der Gesellschaft inne, zumal er als freier Bürger gilt. Dennoch ist das Wort *privatus* negativ konnotiert, „da es hauptsächlich auf das Wohl des Einzelnen verweist, das dem Gemeinwohl widersprechen kann" (Löther 1994: 252).

(3) Die häusliche Sphäre: Der häusliche Bereich spielt in der Antike eine besondere Rolle. Entgegen vieler moderner Interpretationen ist er nicht allein dem Privatleben zugedacht. Vielmehr ist das Haus in gewisser Weise auch Teil des öffentlichen, gesellschaftlichen Lebens, in dem „Angelegenheiten des Gemeinwesens" verhandelt und „öffentliche Beratungen durchgeführt" werden (Winterling 2010: 179).

Das private Leben in der Antike betrifft also in erster Linie das gesellschaftliche Leben und das Erwirtschaften des Lebensunterhalts. Damit hat das Private eine völlig andere Konnotation als in der heutigen Zeit, in der man diese Aspekte größtenteils dem öffentlichen Leben zuschreiben würde. Insbesondere gesellschaftliche Veranstaltungen oder Plätze, die allen zugänglich sind, werden heute als öffentlich definiert (Habermas 2009: 54). Privatleben mit einer öffentlichen Veranstaltung gleichzusetzen, wie es in der Antike üblich war, würde dem heutigen Verständnis eher widersprechen. Auch unter einer Privatperson verstehen wir heutzutage jemanden, der gerade *nicht* im Rahmen seiner Profession bzw. seines Berufes handelt. Der häusliche Bereich der Antike würde aufgrund der starken Einbeziehung von wirtschaftlichen und politischen Treffen aus heutiger Sicht als weitaus weniger privat erachtet, als es zu dieser Zeit der Fall war. Als öffentlich galt die häusliche Sphäre in der Antike dennoch nicht, denn öffentlich war nur die Politik:

„Die Nahbeziehungen, in denen [die Römer] lebten – Haus, Familien, Klientel und Freundschaft – erfüllten entscheidende soziale, herrschaftliche und ökonomische Funktionen, die in modernen Gesellschaften dem öffentlichen Bereich zugeordnet werden, und waren doch von ihrer politischen Gemeinschaft, der *res publica*, grundsätzlich verschieden" (Winterling 2010: 179, Hervorheb. i. Orig.).

Es lässt sich festhalten, dass Öffentlichkeit und Privatheit in der Antike zwei verschiedene Handelssphären darstellten: Das Öffentliche war die Politik; das Private alles andere.

2.2 Von der Spätantike in das frühe Mittelalter: Die Entdeckung des Intimen

In den ersten vier Jahrhunderten nach Christus wandelt sich das öffentliche und private Leben der Menschen gravierend: Das Zeitalter der Spätantike markiert den Übergang von der städtischen Gemeinschaft in die Gesellschaftskultur der christlichen Kirche. Dieser Wandelprozess ist von Widerständen geprägt. Auf der einen Seite stehen politische Denker, die eine Neuumsetzung der aristotelischen Ideologie verfolgen (Renaissance). Philosophen wie Thomas von Aquin, Aegidius oder später Bodin streben danach, die Idee von Freiheit in der Polis zu erhalten, diese jedoch um die Rolle eines monarchischen Herrschers zu erweitern (Miethke 2008). Dem gegenüber stehen Anhänger des christlichen Weltbilds, die eine Abkehr vom antiken Staatsmodell und gleichzeitig die Etablierung eines Obrigkeitsstaats unter der Repräsentanz der Kirche propagieren. Sie fordern eine „direkte christliche Fundierung des Staates", bei der die Kirche als Trägerin von Wissen und Kultur, der Monarch als staatlicher „Stellvertreter Gottes auf Erden" fungieren soll (Ottmann 2008: 226).

Das christliche Gesellschaftsmodell setzt sich schließlich durch. Der Monarch steht gemeinsam mit der Kirche an der Spitze des Staates. Das „Dazwischendrängen" der Kirche (Brown 1989: 271) zwischen den Einzelnen, die Familie und die Politik verändert das öffentliche und private Leben der Menschen im Mittelalter nachhaltig. Bemerkbar macht sich dies etwa in einer neuen Form der öffentlichen Versammlung, die zugleich das Konzept von Gemeinschaft neu definiert. Während sich in der antiken Vorzeit mündige Bürger auf dem öffentlichen Stadt- oder Marktplatz und Frauen, Sklaven oder andere Unfreie in privaten Räumen trafen, um sich auszutauschen, so versammelt sich die christliche Gemeinde nun in der Kirche. Die Kirche ist Symbol des Öffentlichen. Sie dient Männern und Frauen aller Klassen als Ort der Einkehr. Außerhalb des Gebäudes bleiben die Klassenunterschiede jedoch bestehen, werden gegenüber „allen Sündern" durch öffentliche Sanktionen sogar noch stärker betont (Brown 1989: 265).

Vor allem auf dem Land sind die Klassenunterschiede spürbar. Die durch Kriege und Kämpfe eroberten Ländereien stellen für ihre Besitzer ein besonderes Privileg dar. Die Vorstellung vom Privateigentum, die insbesondere in der merowingischen und in der karolingischen Kultur erwächst (Rouche 1989: 413), verdeutlicht die starken sozialen Unterschiede, die bis in die Oberschicht reichen: „Der eigentliche Mittelpunkt der Gesellschaft (...) waren das Land und seine Bauern; manche waren Kleinbauern, andere Pächter, wieder andere Sklaven. (...) Die Grundbesitzer bildeten eine eigene Klasse, unterschieden sich jedoch voneinander nach Wohlstand, gesellschaftlichem Einfluss und politischer Macht" (Patlagean 1989: 521). Bei den Wohlhabenden wird das neue Streben nach Eigentum und materieller Privatheit beispielsweise durch zunehmend geräumigere Wohnbereiche manifest. Nicht nur Orts- und Dorfgemeinden werden voneinander durch Zäune und Hecken sichtbar getrennt (Rouche 1989: 413), auch die Abgrenzung einzelner Haushalte bzw. häuslicher Gemeinschaften voneinander gilt als ein Unterscheidungsmerkmal zwischen arm und reich, öffentlich und privat. Während die ärmere, bäuerliche Durchschnittsfamilie mit ihrem „Gesinde (...) in engster räumlicher Nähe und Vertrautheit zusammenlebt", so werden die herrschaftlichen Häuser großräumig ausgestattet (Kruse 1980: 37). Hier werden zunehmend private Badezimmer und Latrinen eingerichtet, wodurch sich „eine neuartige, schamhafte Haltung gegenüber dem menschlichen Körper" (Thébert 1989: 359) entwickelt. Es ist die Entstehung der Intimsphäre:

> „Konnte man erwarten, dass jemand, der morgens in seiner privaten Apsis thronte und die Huldigung seiner Untergebenen entgegennahm, am Nachmittag mit denselben Untergebenen ins öffentliche Schwimmbad ging – noch dazu im Adamskostüm, das seinem sozialen Ansehen nicht eben förderlich war? Das Privatbad ermöglichte die Aufrechterhaltung der notwendigen sozialen Distanz" (Thébert 1989: 359).

Die Entwicklung und Ausdifferenzierung der Intimsphäre als neues Element des Privaten wurde darüber hinaus auch durch den mit der Christianisierung erstmals hervorgebrachten formalen Akt der Eheschließung begünstigt. War das antike Stadtleben noch von einer gewissen Freizügigkeit hinsichtlich Eheversprechen sowie anderweitigen sexuellen Erfahrungen geprägt, ist ein uneheliches Zusammenleben in der christlichen Gemeinde nun als „Auswuchs negativer Privatheit", bzw. der „Falschheit des Herzens" verpönt (Brown 1989: 254). Bis in das Mittelalter war die Partnerschaft eine Privatangelegenheit, die keine öffentliche Legitimation durch einen Priester oder Standesbeamten erfahren musste (Veyne 1989: 45). Die Kirche hingegen propagiert die „eheliche Eintracht zwischen den Gatten" (Brown 1989: 254) nun als neues moralisches Ideal.

Es zeigt sich, dass öffentliches und privates Leben der Menschen im Mittelalter stark von der Kirche reguliert werden. An die Stelle der politisch handelnden Bürger, die in der Antike Öffentlichkeit symbolisieren, tritt im Mittelalter die Kirche. Gleichwohl ist trotz der Bedeutungsverschiebungen zwischen

Privatheit und Öffentlichkeit im Mittelalter wie auch in der Antike das Private dem Öffentlichen untergeordnet.

2.3 Spätmittelalter und Aufklärung: Die Diskussion des Öffentlichen

Die Epoche der Aufklärung ist im Europa des 17. Jahrhunderts insbesondere von dem Wunsch der Menschen geprägt, politische Entscheidungen diskutieren und mitbestimmen zu können. Die Ideologie des Aristotelismus fungiert dabei wieder als Orientierungsbasis und wird der „Staatsraison" entgegengesetzt (Ottmann 2008: 219). Begründet wird die neue politische Denkbewegung vor allem von den Intellektuellen und Gebildeten (die „literarische Öffentlichkeit"), die ihre Diskussionen immer mehr von den „Tisch- und Sprachgesellschaften, Salons und Kaffeehäuser" in private Räumlichkeiten verlegen und sich hier zum gleichberechtigten, offenen Austausch von Informationen und Meinungen treffen (Liesegang 2004: 25, 26). Auf diese Weise entsteht eine bürgerliche Gesellschaft, die als Raum für das Diskutieren gesellschaftsrelevanter Themen und so als Mittler zwischen privater und öffentlicher Welt fungiert. Den „Mittler" zwischen Privatheit und Öffentlichkeit stellt dabei die häusliche Sphäre der Bürgerlichen dar: „Die Linie zwischen Privatsphäre und Öffentlichkeit geht mitten durchs Haus. Die Privatleute treten aus der Intimität ihres Wohnzimmers in die Öffentlichkeit des Salons hinaus" (Habermas 2009: 109). So werden in den bürgerlichen Häusern öffentliche Empfangsräume, die Salons, etabliert, die den Intellektuellen zu gesellschaftlichen Diskussionsrunden dienen. Bei ihren Zusammentreffen bedienen sie sich dabei eigentümlicher Formen künstlicher Anonymität, die sie beispielsweise über das Anlegen einer Maske oder das Führen eines Pseudonyms zu erreichen suchen (Heyl 2004: 532). Auf diese Weise wird es den Bürgerinnen und Bürgern möglich, mit der Öffentlichkeit in Kontakt zu treten, ohne den Schutz des privaten Raums zu verlassen. Heyl bezeichnet diese Form der anonymen öffentlichen Diskussion als „mobile Privatsphäre" (Heyl 2004: 532).

Während in der Aufklärung also einerseits das Öffentliche von den „Privatleuten, die sich zum Publikum formieren", übernommen wird (Habermas 2009: 109), definiert sich andererseits das Private, Persönliche und Intime über die kleinfamiliäre Wohnraumstruktur und „Wohlanständigkeit" (Kruse 1980: 38). Durch die Wahrung eigener Rückzugsmöglichkeiten versuchten die Menschen in der Aufklärung, ein Gleichgewicht zwischen ihren privaten Ansprüchen und ihrem öffentlichen Verhalten herzustellen: „In der Öffentlichkeit *schuf* sich der Mensch; im Privaten, vor allem innerhalb der Familie, *verwirklichte* er sich" (Sennet 2002: 35, Hervorheb. i. Orig.). Auf diese Weise entsteht eine neue Ebene – die des Gesellschaftlichen (Arendt 1960: 38) – , die stärker als je zuvor von Individualismus, Subjektivität und dem Willen, politische, öffentliche, Entscheidungen mitzutragen, geprägt ist.

Das Gesellschaftliche, das sich als System sozialer Klassen definiert, markiert im Zeitalter der Aufklärung den Übergang zwischen dem Privaten und dem Öffentlichen. Beide Bereiche ergänzen sich dabei zwar gegenseitig, bleiben aber dennoch einander entgegengesetzt: Öffentlichkeit wird diskutiert; Privatheit entsteht und besteht im Hintergrund (vgl. Habermas 2009).

2.4 Die „Emanzipation des Privaten" im 20. Jahrhundert

Im Laufe der Zeit entwickeln sich Öffentlichkeit und Privatheit zunehmend als separate Bereiche, die auf ihre Weise, doch stets im diametralen Verhältnis zueinander ausgelebt werden. Öffentlichkeit wird im 20. Und 21. Jahrhundert – anlehnend an die revolutionären Entwicklungen in der Aufklärung und ihre Ursprünge im aristotelischen Modell – als Ideal konzipiert, in dem die Meinungsfreiheit und politische Mitbestimmung des einzelnen Bürgers als erstrebenswertes Ziel gelten, mit dem schließlich der „Bauplan der Moderne" (Imhof 2006: 193) gezeichnet wird (Arendt 1960, Habermas 2009, Gerhards/ Neidhardt/Rucht 1998, Liesegang 2004).

Das Private hingegen wird aus der stark politisch zentrierten Perspektive herausgelöst und fungiert zunehmend als für sich stehender Bereich. Es wird in erster Linie im Kontext des häuslichen und familiären Lebens verortet, allerdings ohne die Brücke zum Öffentlichen, wie sie in der Aufklärung durch die Salontreffen bestand, mit einzubeziehen. Auf diese Weise entwickelt sich der Bereich des Privaten zu einer „Enklave" in der Peripherie des Gesellschaftlichen. So ist im Deutschland der 1950er Jahre Privatheit Ausdruck eines geschönten Kleinidylls, welches das gute Leben, Normen und Sittlichkeit widerspiegeln soll (Ritter 2008: 121). Die Frau gilt dabei als Vertreterin der häuslichen Sphäre, der Mann ist der Sphäre der Öffentlichkeit zugeordnet. Dieses Modell der Trennung beider Lebensbereiche wird dabei von Frauen zunehmend als diskriminierend empfunden, zumal sie so aus den Bereichen der Politik, Bildung und Erwerbsarbeit ausgeschlossen werden (Jurczyk/Oechsle 2008: 10). Die „Verhäuslichung von Frauen" (ebd.) erlaubt ihnen lediglich den häuslichen Raum zur Selbstentfaltung und betont die Herrschaftsform des Geschlechterverhältnisses im privaten und öffentlichen Bereich.

1968 führt die normative Isolation der Frauen zu einer Protestbewegung, die den politisch wirksamen Aufbruch der Grenze zwischen Öffentlichkeit und Privatheit propagiert. Unter dem Leitspruch „Das Private ist politisch" protestieren Frauen gegen die im gesellschaftlichen Bewusstsein verankerte Unterordnung des weiblichen Geschlechts unter die des männlichen.

„[Der Slogan ‚Das Private ist politisch'] stellte eine Arbeitsteilung infrage, nach der die einen für die Politik und die anderen für den Haushalt zuständig sind, er griff eine Familienideologie auf, die die ‚eigenen vier Wände' als letzten Ort der Freiheit von Zwang und Herrschaft, Unterordnung und Fremdbestimmung bestimmte, und er thematisierte die Geschlechterverhältnisse als autonome eigene Dimension mit eigenen Normen und Regeln und vor allem einer eigenen Herrschaftslogik" (Hauser 1987: 4, Hervorheb. i. Orig.).

Ziel des überwiegend linksgerichteten Protests ist die Beendigung des im Gesellschaftsbild verankerten Dualismus von „weiblicher Privatheit" und „männlicher Öffentlichkeit". Damit soll ferner eine Egalität hinsichtlich der Erwerbsarbeit erreicht und die Rolle von Frauen nicht allein auf die der Mutter und Hausfrau reduziert werden.

Die „68-Bewegung" gilt nicht nur als ein Ankerpunkt in der Debatte zur Gleichberechtigung der Geschlechter, sondern stellt auch einen bemerkenswerten Einschnitt im historischen Konzept von Privatheit in unserer Gesellschaft dar. Nie zuvor ist das Private ein so gewichtiger Aspekt in der politischen und gesellschaftlichen Diskussion. Dabei wird die Debatte auch kritisch geführt. So wird argumentiert, dass das Private in der feministischen Thematisierung zugleich auf- und abgewertet wird, wodurch es widersprüchlich und ambivalent wirke (Jurczyk/Oechsle 2008). Daneben sei die „Befreiung der Frau" aus der häuslichen Sphäre auch als zentrales „Problem des Privaten" (Hauser 1987: 19) zu sehen, zumal dabei neue Fragen in Hinblick auf die Konzepte von Beruf und Familie aufgeworfen werden. Kritiker bezeichnen die feministische Bewegung so als einen „kategorialen Fehler", da „der Versuch, das Private zu politisieren (...) nicht zur Emanzipation der Frauen, sondern zur Beseitigung der letzten Spuren menschlicher Freiheit in der modernen Welt" führe (Benhabib 1994: 273). Jedoch, so betont Rössler, ist die „68er-Bewegung" in erster Linie als eine Kritik an der Stellung der Frau in der Gesellschaft zu betrachten, „die nicht zugleich eine Kritik an der Privatheit schlechthin bedeuten muss und bedeuten darf" (Rössler 2011: 51).

Abschließend kann festgehalten werden, dass die historische Bedeutung des Privatheitskonzepts lange Zeit von einer normativen Dichotomisierung, einer strikten Trennung, von Privatheit und Öffentlichkeit geprägt war, die insbesondere mit den politischen Entwicklungen der einzelnen Epochen begründet werden kann. Erst über die feministische Bewegung der 1968er Jahre wird dieser Umstand in Deutschland dann auch auf einer Metaebene zu einem Politikum und unter gesellschaftspolitischen Gesichtspunkten öffentlich diskutiert. Dies führt zu einer Aufweichung der Grenze zwischen den beiden Bereichen und befördert schließlich auch den wissenschaftlichen Diskurs um das Konzept der Privatheit.

3. Sozialpsychologische Mechanismen individueller Privatheit

Bisher wurde Privatheit als ein dem kollektiven Wertgefüge der Gesellschaft impliziten Konzept beschrieben, dessen historische Bedeutung sich unter anderem über die verschiedenen, epochenspezifischen Bezüge zum Konzept der Öffentlichkeit nachzeichnen lässt. Davon abgesehen kann Privatheit auch auf der Mikroebene gefasst werden, auf welcher die psychologischen Prozesse zu beschreiben sind, die der individuellen Konstruktion von Privatheit zugrunde liegen. Die zentralen Fragen, die sich hier stellen, betreffen einerseits die Motive und andererseits die konkrete Ausgestaltung privaten Verhaltens von Menschen in der Interaktion mit anderen. Privatheit wird in dieser Dimension als ein dyadisches Konstrukt der Innen- und Außenwelt einer Person definiert, das sich an der Schnittstelle zwischen psychologischen und soziologischen Prozessen verorten lässt. Daher wird hier auch vorzugsweise der Begriff der ,sozialpsychologischen' Dimension verwendet, weil er die psychologischen Vorgänge der Herstellung individueller Privatheit beim Einzelnen in Relation zu dessen sozialer Umwelt definiert.

Einige der wichtigsten Werke, die entscheidend zur theoretischen Fundierung des Privatheitskonzepts in der sozialpsychologischen Rahmung beigetragen haben, stammen von Alan Westin (1970) und Irwin Altman (1975, 1976, 1977). Bis heute lassen sich aus ihren Grundthesen wichtige Erkenntnisse für die Bewertung von Privatheit ableiten, weshalb sie im Zentrum der nachfolgenden Betrachtungen stehen sollen.

3.1 Funktionen individueller Privatheit

In der sozialpsychologischen Theorie wird Privatheit als subjektiver, individuell erfahrbarer Zustand beschrieben, der sich durch die Interaktion mit oder in Abgrenzung zu anderen Personen ausbildet. Privatheit wird hier als eine besondere Form des Insichgekehrtseins definiert, als „das nicht Kommunizierbare" (Kruse 1980: 112), das sich im Inneren jedes Einzelnen abspielt. Privatheit ist demnach ein Zustand, der es erlaubt, „to get in touch with one's self while not worrying centrally about other peoples's judgements" (Fischer 1980: 43). Dies bedeutet zugleich, dass Privatheit nur in Abgrenzung zum Gegenüber bzw. zur Außenwelt erlebt werden kann. Sie ist ein „important aspect of social behavior" (Margulis 1977: 5), die zwar für andere nicht immer sichtbar ist, aber dennoch eine Determinante in der sozialen Situation darstellt.

Westin (1970: 32 ff.) definiert vier Grundfunktionen individueller Privatheit: Die erste, Autonomie („personal autonomy"), bezeichnet den menschlichen Wunsch nach Individualität und Unabhängigkeit von der Dominanz anderer. Unter Bezug auf die einschlägigen sozialwissenschaftlichen Vorarbeiten von

Simmel, Lewin oder Goffman, zeichnet Westin ein Modell konzentrischer Kreise, die jeweils eine Privatheitszone symbolisieren. Vom innersten Kreis, der die
„ultimate secrets" einer Person enthält (Westin 1970: 33), bis hin zum äußersten
Kreis, der für alle Außenstehenden und Beobachter offen ist, entstehen beliebig
viele Kreise und Zonen, die jeder Mensch individuell stark als privat oder offen
definiert. In dieser persönlichen Wahl der Transparenz oder Verborgenheit ist
jeder Mensch in demokratischen Gesellschaften autonom. Eine Verletzung seiner selbstbestimmten Privatheitszonen ist „the most serious threat ot he individual's autonomy" (Westin 1970: 33). Die zweite Funktion von Privatheit nach
Westin ist das emotionale Loslassen („emotional release") und Entspannen von
sozialen Interaktionen. Demnach muss sich ein Mensch zurückziehen und seine
„Maske" ablegen können, mit der er permanent seine sozialen Rollen darbietet.
Hierzu zählt auch das bewusste Brechen von sozialen oder institutionellen Normen und Regeln, etwa indem man seinem Ärger lautstark Luft macht, wie Westin beschreibt:

> „Even Presidents and other high public officials have been well known, under the
> strains of office, to lash out momentarily in angry commentary that they really do not
> mean. Their privacy in such moments is respected because society knows that these
> occasional outbursts make possible the measured and responsible speech that is pro-
> duced for public presentation" (Westin 1970: 36).

Die dritte Funktion von Privatheit nennt Westin Selbstreflexion („self-evaluation"). Er meint damit das kontemplative Insichgekehrtsein, bei dem der Informationsfluss, dem der Mensch im Alltag permanent ausgesetzt ist, verarbeitet und
evaluiert werden muss. In diesem Zustand wird zudem zukünftiges Verhalten
antizipiert und geplant, aber auch den eigenen Gedanken nachgehangen („day-
dreaming") (Westin 1970: 37). Als letzte zentrale Funktion von Privatheit nennt
Westin die Möglichkeit, persönliche Äußerungen auf einen bestimmten Personenkreis zu beschränken (z. B. Familie, Ehe etc.), um Informationen somit zu
schützen und Geheimnisse bewusst zu teilen. Er betont dabei, dass Privatheit
nicht allein durch physisches Abgrenzen zu anderen Personen oder Orten zustande kommt, sondern auch durch den spontanen psychischen Rückzug in einer
sozialen Situation entstehen kann. Den Zustand der „mental distance" (Westin
1970: 38) kommuniziert man dem Gegenüber mithilfe verbaler oder nonverba-
ler Signale, um ihm offen oder subtil zu verstehen zu geben, dass bestimmte
Gedanken gerade nicht geteilt werden sollen.

Die vier Funktionen von Privatheit, die Westin hervorhebt, beschreiben
Privatheit grundsätzlich als eine Rückzugsstrategie des Individuums von der
Außenwelt. In dieser Perspektive ist das persönliche Privatheitserleben einer
Person umso größer, je mehr sie sich selbst gegenüber der Außenwelt ver-
schließt und je stärker sie den Zugang zu ihrem Selbst beschränkt. Margulis
(2003, 2005) bezeichnet diesen Ansatz als *limited access-approach*, und wertet

die Regulierung des Zugangs als eine Vorbedingung von Privatheit (Margulis 2005: 11). Obschon Westins Konzept von vielen Forschern aufgenommen und weiterentwickelt wurde, stellt gerade die darin verankerte Rahmung von Privatheit als rezessiver Prozess auch einen wesentlichen Kritikpunkt dar (Steeves 2009: 199). Demzufolge kann sich zu viel Introvertiertheit auch negativ auswirken, beispielsweise wenn Privatheit als Flucht aus der Öffentlichkeit verstanden wird: „Privacy as an escape" (Fischer 1980: 43) kann ein Zeichen dafür sein, dass jemand bewusst die Kommunikation mit der Außenwelt meidet und anderen Menschen die Rolle von Eindringlingen zuweist. Auf diese Weise dient Privatheit der Abschottung nach außen und kann sich so schnell in Einsamkeit verwandeln.

In Abgrenzung zu Westins Theorie formulierte Altman (1977: 68) drei Funktionen von Privatheit, die weniger den Rückzug des Einzelnen sondern vielmehr seine strategische Hinwendung zu anderen in der sozialen Interaktion betonen: (1) „management of social interaction", (2) „establishment of plans and strategies for interacting with others" und (3) „development and maintenance of self-identity". Diese Funktionen beziehen sich auf die Identitätsbildung einer Person im Rahmen einer konkreten sozialen Situation, das heißt, sie betonen die Fähigkeit des Einzelnen, die Beziehung zum Gegenüber zielkonform regulieren zu können: „A person who can successfully control interaction with others is likely to develop more of a sense of competence and self-worth than a person who fails repeatedly to regulate contacts with others" (Altman 1977: 68). Aus dieser Grundannahme der sozialen Funktionalität von Privatheit entwickelte Altman ein Modell, dass Privatheit als regulativen Interaktionsprozess konzeptualisiert und das situationsbedingte private Handeln in den Mittelpunkt stellt.

Die beiden konträren Privatheitskonzepte von Westin und Altman wurden in der nachfolgenden Forschung unter den zwei zentralen Aspekten der „autotelischen" und „heterotelischen" Funktion individueller Privatheit zusammengefasst (Kruse 1980: 139). Auf der einen Seite dient Privatheit demnach als Schutz der individuellen Persönlichkeit und dem Moment der Selbsterfahrung; auf der anderen Seite dient Privatheit zur Wahrung der Soziabilität des Menschen und zur Fremderfahrung (der Fähigkeit einer Person, sich in andere Menschen hineinzuversetzen) (Fischer 1980: 43, Kruse 1980: 138, Pedersen 1997, Rössler 2001: 132). Während sich die letztgenannte Funktion auf das Gestalten der interpersonalen Grenzen und die Aufrechterhaltung des sozialen Umfelds bezieht, so besteht der Zweck von Privatheit in der autotelischen Funktion im individuellen Ungestörtsein und dem Schutz des Selbst vor Zugriffen von außen. Hierbei bedeutet Privatheit Selbstbeobachtung und Identitätsfindung, die zudem Kreativität und die Erweiterung des Bewusstseins als positive Effekte nach sich zieht (Kruse 1980: 140; Weiß 2002: 46). Nach dieser Auffassung ist alles privat, was eine Person für sich behält, wie sie sich fühlt, wie sie denkt und woran sie andere Personen nicht teilhaben lassen möchte. Die Entscheidung, was als privat gelten soll oder was öffentlich sein darf, wird dabei individuell, situativ und regelgeleitet getroffen.

3.2 Privatheit als Regulativ im interpersonalen Interaktionsprozess

Die Herstellung individueller Privatheit ist ein dialektischer Vorgang (Westin 1970: 13), bei dem das Individuum permanent zwischen der Beteiligung am gesellschaftlichen Leben und dem sozialen Rückzug wählen und seine spezifische Rolle in der jeweiligen sozialen Situation zielgerichtet anpassen muss. Westin (1970: 31, 32) unterscheidet dabei vier verschiedene Stufen individueller Privatheit. Die erste Stufe („solitude") beschreibt das physische und psychische Alleinsein des Individuums, in dem es das Gefühl inneren Friedens und Sicherheit erfährt. Während dieser Zustand als „the most complete state of privacy" (Westin 1970: 31) gelten kann, öffnet sich das Individuum auf der zweiten Stufe („intimacy") einem kleinen Personenkreis, zu dem es eine enge Beziehung pflegt (z. B. Partnerschaft oder Familie). Im dritten Stadium der Privatheit nach Westin („anonymity") befindet sich der Einzelne bereits in der Öffentlichkeit (oder handelt öffentlich), ist hier jedoch geschützt vor der Identifizierung der eigenen Person (anonym). Dies ist sowohl auf das physische Bewegen im öffentlichen Raum bezogen als auch auf das anonyme Publizieren von Ideen oder Gedankengut, bei dem eine Person unerkannt bleiben kann. Dieses Stadium bezeichnet Westin als „public privacy" (1970: 32). Die vierte und zugleich subtilste Stufe von Privatheit („reserve") beschreibt die psychologischen Grenzen, die eine Person in der Interaktion mit anderen erschafft, um so möglichst wenig von sich selbst preiszugeben („sich reserviert verhalten"). Diese innere Schranke stellt einen zentralen Punkt im Westinschen Privatheitskonzept dar, zumal sie in jeder sozialen Beziehung und in jeder Kommunikationssituation eine Rolle spielt. Die Erschaffung einer „mental distance" ist die menschliche Stärke, Informationen über sich zurückzuhalten oder zu offenbaren, was zugleich den dynamischen Aspekt von Privatheit hervorhebt (Westin 1970: 32).

Die vier Privatheitsstadien von Westin, die seinem Kreismodell von Autonomie nicht unähnlich sind (siehe oben unter 3.1), beschreiben verschiedene Intensitätsgrade persönlicher Privatheit. Kritisiert wird an diesem Ansatz, dass es sich dabei weniger um eine Theorie im eigentlichen Sinne handele sondern um Darstellungen rein typisierender Funktionen mit „relativ wenig Deskription und unzureichenden oder unklaren Angaben über die definitorischen Bestimmungsstücke" (Kruse 1980: 108). Auch die Tatsache, dass Westin den Zustand des vollkommenen Alleinseins („solitude") als „perfekte Privatheit" erachtet, wird kontrovers diskutiert, insbesondere, weil Privatheit so als Parameter einer antisozialen Situation gerahmt wird (Steeves 2009: 193, Ochs/Löw 2012: 20).

Im Gegensatz zu Westin legt Altman in seinem Privatheitskonzept den Fokus weniger auf das Individuum und dessen Informationskontrolle, sondern eher auf das Kollektiv und interpersonale Interaktionshandlungen. Altmans Arbeiten basieren auf der Grundannahme, dass soziale Interaktionen immer einer bestimmten Systematik folgen. Eine Beziehung zwischen Menschen ist demnach immer ein „continual process of exploration and speeding up and slowing down of exchange as people come to know one another and develop mutually satisfying levels of interpersonal interaction" (Altman/Taylor 1973: 13). Dies bedeutet, dass sich Menschen in jeder Kommunikationssituation auf ihren Interaktionspartner einstellen müssen und dabei mit unterschiedlichen Strategien der persönlichen Preisgabe oder Informationskontrolle arbeiten. Die Dynamik menschlicher Beziehungen wird demnach von Privatheit als einem „interpersonal boundary control process" gesteuert (Altman 1975: 10). Egal ob in einem kurzen Gespräch oder in einer lebenslangen Bekanntschaft – Menschen variieren in ihren Interaktionen mit anderen situationsspezifisch den Grad an Privatheit und geben entsprechend viel oder wenig Persönliches von sich preis. Sie kontrollieren ihre Privatsphäre aktiv, je nachdem ob sie sich anderen gegenüber zugänglich machen möchten oder lieber alleine sein wollen. Dabei wenden sie bestimmte Verhaltensmuster in der verbalen und nonverbalen Kommunikation an und regulieren beispielsweise über körperliche Nähe ihren „social input und output" (Altman 1976: 13).

Altman verweist darauf, dass bei der Aushandlung von Privatheit in der sozialen Interaktion auch die zugrundeliegenden kulturellen Normen eine wichtige Rolle spielen: „While the capability for privacy regulation may be culturally universal, the specific behaviors and techniques used to control interaction may be quite different from culture to culture" (Altman 1977: 69). In seinen kulturvergleichenden Analysen stellt Altman fest, dass es sowohl Kulturen mit einem eher geringem Privatheitsbedürfnis gibt, wie beispielsweise die Mehinaku-Indianer in Brasilien oder ethnische Gruppen auf Java oder im Kongo, als auch Kulturen mit einem starken Privatheitsgefühl, wie z. B. die Balinesen oder das Volk der Tuareg (Altman 1977: 72 ff.). Altman zeigt damit, dass Privatheit auf der einen Seite in jeder Kultur existiert, auf der anderen Seite jedoch von Kultur zu Kultur unterschiedlich ausgehandelt und reguliert wird.

Folgt man den hier dargelegten Argumenten, kann Privatheit als ein universales individuelles Gut gesehen werden, für das kein allgemeingültiges Maß existiert. Je nach Situation, Kontext und kulturellem Hintergrund entscheidet jede Person selbst, wie viel Privatheit sie zulassen möchte. Die Herausforderung liegt im Finden der Balance zwischen zu viel und zu wenig Privatheit. Wenn das erreichte Level an Privatheit nicht mit dem gewünschten Level übereinstimmt, entsteht das negative Gefühl der Unausgewogenheit und die Gefahr sozialer

Über- oder Unterforderung: „More achieved privacy than desired is analogous to being isolated or separated from others; less achieved privacy than desired is analogous to being crowded, intruded upon or invaded" (Altman 1976: 23). Den Grund für die Dissonanz zwischen dem idealen bzw. gewünschten und dem tatsächlichen Level von Privatheit sieht Altman in nicht oder falsch angewandten Verhaltensmustern, mit denen die interpersonalen Grenzen kontrolliert werden.

Um die Mechanismen, die der individuellen Balancefindung zwischen dem Verbergen und Offenbaren persönlicher Informationen zugrunde liegen, besser erklären zu können, entwickelte Petronio (1991, 2002) die Communication Privacy Management Theory (CPM). Diese basiert auf Altmans Idee der dynamisch-dialektischen Privatheit und fokussiert dabei besonders den Regulierungsprozess individueller und interpersonaler Grenzen in der sozialen Situation.

Die Communication Privacy Management Theory

Die Theorie zur Verwaltung der Privatheitskommunikation, wie sich Petronios Konzept übersetzen lässt, befasst sich mit dem Kontrollmanagement privater Informationen und geht davon aus, dass Menschen grundsätzlich ein inneres Bedürfnis hegen, die Grenze zwischen der eigenen Privatheit und der Öffentlichkeit bzw. der Außenwelt zu kontrollieren (Petronio 2002: 3). Petronio legt in ihrem Ansatz dabei ebenso wie Altman den Fokus nicht allein auf das selbstoffenbarende Individuum, den „owner" privater Information, sondern ebenso auf die Rolle des Interaktionspartners, den „co-owner": „CPM [Communication Privacy Management] theory offers a privacy management system that identifies ways privacy boundaries are coordinated between and among individuals" (Petronio 2002: 3).

Die Metapher der Grenzen ist dabei ein Kernelement der CPM-Theorie, denn sie beschreibt die Linien, die sich zwischen dem privat und öffentlich Sein ziehen lassen (Petronio 2002: 6). So existieren einerseits persönliche Grenzen, die die Privatsphäre jedes Einzelnen markieren, andererseits kollektive Grenzen, die mit anderen Personen geteilte Informationen umfassen. Mit den jeweiligen Grenzen können die Beziehungen zu verschiedenen Personengruppen verwaltet werden, etwa indem bestimmte Informationen nur einer Person bzw. einem kleinen Personenkreis (z. B. Familie) oder einer größeren Gemeinschaft zugänglich gemacht werden (z. B. Organisation oder Staat). Die Grenzen können ferner unterschiedliche Durchlässigkeitsstufen aufweisen, je nach erwünschtem Privatheits- oder Geheimhaltungsgrad. Demnach besitzt der am stärksten kontrollierte Privatheitsbereich meist eine sehr „dicke" Grenze, wohingegen kollektive Grenzen oftmals etwas „dünner", das heißt durchlässiger, sein können (Petronio 2002: 10). Am Ende steht die permeable Grenze, die faktisch nicht vorhanden ist und somit vollständige Offenheit bedeutet. Dabei spielt es für die Durchlässigkeit einer Grenze nicht zwangsläufig eine Rolle, zwischen welchen Interaktionspartnern sie gezogen wird, da nicht nur persönliche sondern auch kollektive Grenzen „dick" sein können, etwa wenn ein Unternehmens- oder Firmengeheimnis zu wahren ist. Jeder Einzelne verantwortet folglich mehrere Grenzlinien. Je nach Zweck der Grenze und intendiertem Publikum können die Grenzen im Laufe der Interaktionssituation oder in der gesamten Beziehung auch weiter gefestigt, gelockert oder ganz aufgelöst werden.

Die CPM-Theorie legt bestimmte Regeln zugrunde, nach denen Individuen den Grad des Schutzes oder des Zugangs zu den privaten Informationen einstellen („privacy rules"). Diese Regeln variieren je nach Kontext und von Person zu Person. Bei Nichteinhaltung der Privatheitsregeln können sogenannte „boundary turbulences" auftreten (Petronio 2002: 33), bei denen die Privatheit bzw. die Privatheitsregeln des Interaktionspartners verletzt werden können. Dies kann auch unbewusst oder unabsichtlich, beispielsweise aufgrund unterschiedlicher kultureller Hintergründe, die das Gegenüber nicht kennt, geschehen. So gelten die Deutschen oder Niederländer im Gegensatz zu anderen Nationalitäten wie den US-Amerikanern oder Chinesen als besonders privatsphärenfokussiert und weniger offen im Umgang miteinander (Lewin 1936, Kruse 1980: 89, Jarvis 2011).

Der kulturelle Hintergrund der Interaktionspartner stellt eines von insgesamt fünf verschiedenen Kriterien dar, nach denen Menschen gemäß der CPM-Theorie ihre persönlichen Privatheitsgrenzen definieren und eigene Privatheitsregeln festlegen (Petronio 2002: 38 ff.). Weiterhin zählen hierzu (2) das Geschlecht, (3) die Motivation, (4) der Kontext und (5) der Risiko-Nutzen-Quotient. Demzufolge definieren Männer und Frauen Privatheit unterschiedlich und ziehen auch ihre Grenzen zwischen privat und öffentlich anders. So offenbaren sich Frauen in der Regel eher als Männer, wobei hier das Geschlecht des Gegenübers, die Beziehung zum Interaktionspartner sowie Faktoren wie Status, Alter oder Kommunikationsinhalt einen starken Einfluss auf ihr Offenbarungsverhalten haben (Dindia/Allen 1992, Petronio 2002: 43). Weiterhin spielt für die Etablierung individueller Privatheitsregeln die Motivation, also die Haltung der Interaktionspartner, eine elementare Rolle. So können schlicht der innere Wunsch nach Preisgabe persönlicher Informationen, um sich beispielsweise selbst besser kennenzulernen, oder aber das Gefühl, sich verteidigen zu müssen, Motive für die Offenbarung oder Zurückhaltung privater Informationen in einer Interaktionssituation sein (Davis/Franzoi 1987). Oftmals ist auch der Wille, die Beziehung zum Gegenüber zur vertiefen, ein Grund dafür, in einer bestimmten Kommunikationssituation mehr von sich selbst preiszugeben. Hingegen können die grundsätzliche Angst, die Kontrolle zu verlieren oder verletzt zu werden sowie der Wunsch nach Zurückgezogenheit den Grad der Selbstoffenbarung negativ beeinflussen (Petronio 2002: 56 ff.).

Das vierte Kriterium, das gemäß der CPM-Theorie zur Anpassung bzw. Neuentwicklung und Veränderung von Privatheitsregeln beiträgt, ist der Kontext. Damit meint Petronio nicht den physischen Kontext der jeweiligen Kommunikationssituation (z. B. Umgebung, Atmosphäre), sondern persönliche Umstände, die zur Revision der eigenen Privatheitsregeln führen können, wie etwa traumatische Erlebnisse oder bestimmte Lebensumstände. Als Beispiel führt Petronio therapeutische Situationen an, in denen die persönlichen und kollektiven Privatheitsgrenzen neu gestaltet werden müssen, um das jeweilige Therapieziel überhaupt erreichen zu können: „During these encounters, revealing and concealing private information often takes on new ot hest o reach the goals of therapy (...] for both the client and the therapist" (Petronio 2002: 57). In diesen Fällen lernen Personen, sich selbst anderen gegenüber bewusster und zielgerichteter zu öffnen und die eigenen Privatheitsheitgrenzen selbstbestimmt zu ziehen.

Als letztes Kriterium für die individuelle Privatheitsregulierung führt Petronio den Risiko-Nutzen-Quotient ein. Demnach muss der Einzelne stets die Risiken der Selbstoffenbarung, also die Gefahr, verletzt zu werden oder die Preisgabe intimer Details im Nachhinein zu bereuen, abschätzen und gegen potenzielle Vorteile abwägen. Eine Person entscheidet dabei auf Basis der in Aussicht gestellten Gratifikationen, wie viel Privatheit in diesem Fall erforderlich ist (der Aspekt des erhofften Gratifikationserhalts bei der Herstellung individueller Privatheit wird in Kapitel II unter 3.1. noch ausführlicher erörtert).

Zusammenfassend kann an dieser Stelle festgehalten werden, dass die individuellen Privatheitsregeln sowohl von persönlichen als auch von kulturellen und situativ variierenden Motiven bestimmt werden. Der Umstand, dass die Privatheitsgrenzen individuell verschieden gezogen werden, kann ferner zu Missverständnissen und Konflikten in der interpersonalen Interaktion führen. Die Communication Privacy Management Theory bietet über die Darstellung verschiedener Regulierungsmöglichkeiten von „dicken" oder „dünnen" bzw. persönlichen und kollektiven Privatheitsgrenzen ein adäquates Rahmenmodell für die Analyse von Konstruktionsprozessen individueller Privatheit.

3.3 Herstellungs- und Ausgestaltungsprozesse individueller Privatheit

Die bisherigen Ausführungen zum sozialpsychologischen Konzept von Privatheit lassen drei Aspekte erkennen, die für die Herstellungs- und Aushandlungsprozesse individueller Privatheit als zentral zu erachten sind. Zum einen spielen sowohl in den klassischen Privatheitstheorien, von denen Westins und Altmans Ansätze als stellvertretend gelten können, als auch in den neueren Ansätzen wie beispielsweise der CPM-Theorie von Petronio die Faktoren *Kontrolle* (z. B. Zugangskontrolle, Informationskontrolle), *Selbstoffenbarung* und *Identitätsma-*

nagement eine wichtige Rolle. Diese drei – teils psychologisch, teils soziologisch konzipierten – Mechanismen greifen dabei ineinander und sind je nach Ausprägung verantwortlich für die unterschiedlichen Grade von Privatheit.

(1) Kontrolle

Kontrolle ist ein Strukturmerkmal jeden Privatheitskonzepts. Dabei treten unterschiedliche terminologische Rahmungen auf, die sich auf verschiedene Kontexte beziehen. Hierzu zählen etwa Kontrolle über Besitz, Kontrolle über den Zugang zu Räumen, Plätzen oder Personen(gruppen), Machtkontrolle oder Kontrolle über Daten und Informationsflüsse. Nicht nur für Individuen sondern auch für Organisationen und Institutionen ist Privatheit erfahrbar, sofern die Kontrolle über das Persönliche – seien es Informationen, Gedanken oder Räumlichkeiten – gewährleistet ist. Burgoon (1982) verwendet in ihrem differenzierten Privatheitskonzept den Begriff der Kontrolle, um „informational", „social", „psychological" und „physical privacy" voneinander zu unterscheiden. Privatheit ist in diesen vier Dimensionen als die Kontrolle einer Person zu umschreiben, die sie hinsichtlich der Menge bzw. Art und Weise ihrer Informationen, Emotionen aber auch körperlichen Präsenz und Berührungen bei der Interaktion mit anderen Personen teilt.

Für Altman steht die Kontrolle über den Zugang zum Selbst im Zentrum seiner Definition von Privatheit („selective control of access ot he self", Altman 1977: 67). Ihm geht es sowohl um den psychologischen Zugang zum Selbst, den das Individuum in der interpersonalen Interaktion zu kontrollieren versucht („boundary control process"), als auch um den physischen Zugang, also die Kontrolle des eigenen Territoriums (Altman 1975: 112 ff.). Der dahinterstehende Kontrollmechanismus bezieht sich dabei stets auf das Ausbalancieren zwischen Offenheit und Verschlossenheit (des Selbst oder eines Raumes), um schließlich das erwünschte Level an Privatheit zu erreichen.

Die Kontrolle über Informationen zu behalten, sieht Petronio (2002), ähnlich wie auch Westin (1970), als zentralen Aspekt von Privatheit, „because people consider private information something they own, and over which they desire control" (Petronio 2002: 9). Demnach möchten Menschen selbst darüber bestimmen, welche Informationen andere über sie besitzen und empfinden es als eine Verletzung ihrer Privatsphäre, wenn andere ohne ihre Einwilligung persönliche Informationen über sie verwenden (Petronio 2002: 10). Ein größeres Eingriffsrisiko in die individuelle Privatheit erfordert damit auch eine stärkere Kontrolle der Informationen und der Privatheitsgrenzen. Während Altman Kontrolle als etwas dem Interaktionsprozess zunächst Vorgeschaltetes betrachtet, das die Festlegung – und später weitere Anpassung – der eigenen und gemeinsamen Privatheitsgrenzen überhaupt erst ermöglicht, so ist Petronios Auffassung von Privatheitskontrolle eher als ein Überprüfungsprozess bereits gesetzter interpersonaler Grenzen zu verstehen: Je „dicker" eine Grenze, das heißt, je weniger Informationen nach außen gegeben werden können, desto höher ist das Kontrollverhalten, je „dünner" bzw. durchlässiger eine Grenze, desto geringer ist auch die Kontrolle darüber (Petronio 2002: 10).

Rössler (2001) gliedert die unterschiedlichen Möglichkeiten der Zugangskontrolle in die drei Dimensionen der dezisionalen, informationellen und lokalen Privatheit. Während die beiden letztgenannten Dimensionen beschreiben, „wer was wie über eine Person weiß" (Rössler 2001: 201) bzw. auf den räumlichen Aspekt von Privatheit eingehen (Zugang zu verschiedenen Lebensbereichen, ebd: 255 ff.), so ist die Dimension der dezisionalen Privatheit deutlich komplexer. Hierbei geht es um die Kontrolle des symbolischen Zugangs zum Selbst, welcher sich in der Offenlegung von „Handlungs-, Verhaltens- und Lebensweisen" manifestiert (Rössler 2001: 144). Gemeint ist, dass Menschen persönliche Entscheidungen als „Privatsache" deklarieren können, um gegenüber anderen Personen keine Rechenschaft darüber ablegen zu müssen (ebd.: 145). Die Kontrolle über den Zugang zur eigenen dezisionalen Privatheit zu besitzen, sieht Rössler als fundamentalen Bestandteil individueller Autonomie (ebd.).

Auf einer abstrakteren Ebene definiert Kruse (1980: 112 ff.) Kontrolle im Sinne eines subjektiven Machtmechanismus. Demnach ist Privatheit eine Situation, „die im Gegensatz zu derjenigen steht, in der ein Individuum der sozialen Macht anderer unterworfen ist" (Kruse 1980: 117). Das Verhalten von Menschen ist von der Macht abhängig, die andere über sie haben; Privatheit kann dabei nur im konträren Zustand der (Einfluss-)Freiheit und Unabhängigkeit erfahrbar werden. Kruse weist dabei gleichzeitig darauf hin, dass vollkommene Unabhängigkeit von anderen und die Absenz jeglichen Fremdeinflusses faktisch nicht real sondern allenfalls ideal sind. Insofern erfolgt hier eine Einschränkung, zufolge welcher eine Person Privatheit nur dann erfährt, so lange ihr Verhalten nicht *unmittelbar* vom Einfluss anderer bestimmt ist (Kruse 1980: 118). Kruses Darstellungen stellen einen vermeintlich trivialen Aspekt des Privatheitskonzepts heraus: Dass im Grunde jede Person selbst entscheidet, was privat ist und was nicht. Die Beurteilung des Grades von Privatheit einer Situation kann nicht von einem objektiven Beobachter bestimmt werden, sondern ist allein von den Betreffenden selbst festzulegen – sofern dies im Rahmen seines Möglichkeitsbereichs liegt (Kruse 1980: 119). So können auch die Privatheitsempfindungen und Machtbereiche anderer tangiert werden, wie es am Beispiel des privaten Telefonierens in der Öffentlichkeit häufig illustriert wird: Eine Person telefoniert in der Öffentlichkeit (z. B. in einem öffentlichen Verkehrsmittel) und spricht über Dinge, die Mithörer möglicherweise gar nicht erfahren *wollen*, da diese ihnen zu detaillierte Einblicke in das Privatleben der fremden Person geben könnten. Im Gegensatz zu den Mithörern mag die telefonierende Person das Gespräch und auch den Inhalt des Gesprächs keineswegs als privat empfinden. Gemäß Kruses Ansatz ist hierbei die Konstellation der Kontrollbereiche problematisch, zumal die Zuständigkeiten nicht klar definiert sind. So führt die telefonierende Person ihr Gespräch für andere mithörbar in der Öffentlichkeit und entscheidet auf diese Weise für sich, dass das Gespräch nicht privat ist. Ihr Verhalten ist dabei von der Annahme getragen, „ihre Umgebung werde nicht nur weghören, sondern sie gar nicht wahrnehmen" (Turkle 2012: 267). Die mithörenden Personen hingegen können sich unter Umständen jedoch nicht zurückziehen und sind so zum Zuhören gezwungen. Der Machtbereich der mithörenden Personen wird von der privat telefonierenden Person verletzt; diese hält die Machtkontrolle: „Privatheit [ist] nun nicht mehr lediglich das Freisein von Machteinflüssen anderer, sondern die wahrgenommene Einschränkung der Macht anderer in einer Situation, in der Machtausübung prinzipiell möglich wäre" (Kruse 1980: 119).

Es lässt sich festhalten, dass *Kontrolle* unterschiedliche Funktionen und Zwecke bei der Herstellung von Privatheit erfüllen kann, je nachdem welcher Kategorie sie zugewiesen wird (Besitzkontrolle, Zugangskontrolle, Machtkontrolle, Informationskontrolle etc.). Doch es zeigt sich, dass nur die Dinge, über die man Kontrolle hat, auch privat sein können: „Solange man keinerlei Kontrolle über [einen Zustand] hat, so lange würde man ihn auch nicht als ‚privat' bezeichnen" (Rössler 2001: 21).

(2) Selbstoffenbarung

In der Kommunikationswissenschaft gilt es als unstrittiges Theorem, dass jeder Mensch in der Interaktion mit einem anderen auch immer etwas von sich selbst preisgibt. Der Prozess des „making the self known to other persons" (Jourard/ Lasakow 1958: 91) wird als *Selbstoffenbarung* (engl.: self-disclosure) bezeichnet. Dabei ist die Definition von Selbstoffenbarung unterschiedlich konkret, wenn sie einmal den gesamten Kommunikations*prozess* (Jourard/Lasakow 1958: 91), ein anderes Mal das jeweilige Kommunikations*verhalten* (Pearce/ Sharp 1973: 410) oder eher die *Inhalte* und die Art der persönlichen Preisgabe fokussiert (Cozby 1973: 73). Grundsätzlich gilt, dass Selbstoffenbarung als ein wesentlicher Bestandteil interpersonaler Kommunikation sowie als individuell und situationsspezifisch variables Phänomen erachtet wird. Dies bedeutet, dass Selbstoffenbarung in unterschiedlicher Form und Intensität gestaltet werden kann (Cozby 1973: 75, Wheeless/Grotz 1976: 338): So kann der Selbstoffenbarungsgrad einer Nachricht in seiner „Breite", das heißt in Häufigkeit und Dauer der persönlichen Preisgabe, oder in seiner „Tiefe" variieren und somit ein großes Spektrum empfundener Intimität, Ehrlichkeit oder Offenbarungsabsicht ausfüllen. Auch können die Inhalte von Selbstoffenbarungen eine eher positive oder negative Konnotation enthalten und einen unterschiedlich starken Bezug zu anderen Themen in der jeweiligen Interaktion aufweisen (Wheeless/Grotz 1976: 339).

Neben der Tatsache, dass selbstoffenbarendes Verhalten stets individuell unterschiedlich ausgestaltet wird, gilt ferner Reziprozität als ein wesentliches Kriterium (Cozby 1972, Archer/Berg 1978). Das bedeutet, dass sich eine Person mit ihrem selbstoffenbarenden Verhalten an der Informationspreisgabe der anderen Person im gegebenen Kommunikationskontext orientiert. Erhält jemand beispielsweise in einer Konversation von seinem Gegenüber viele persönliche Informationen, so ist die Wahrscheinlich hoch, dass jene Person ebenfalls private Dinge von sich preisgibt. Der „disclosure output" einer Person richtet sich also nach ihrem „disclosure intake" durch die andere Person (Jourard 1964: 179). Entsprechend kann der Anteil an selbstoffenbarenden Elementen im Laufe einer Interaktion variieren, je nachdem wie viele persönliche Informationen die Interaktionspartner jeweils von sich preisgeben. Selbstoffenbarung lässt sich in diesem Kontext folglich nicht als „straightforward decision" (Petronio 2002: 1), sondern vielmehr als ein dyadischer Prozess konzeptualisieren. Der Anteil an Selbstoffenbarungen in einer Interaktion ist am größten, wenn sich die Kommunikationspartner entweder sehr gut oder gar nicht kennen. Demnach offenbaren sich Personen vor allem gegenüber den Menschen, mit denen sie sehr vertraut sind, beispielsweise innerhalb der Familie, oder aber gegenüber Fremden, mit denen sie keine weitere Bekanntschaft anstreben (Pearce/Sharp 1973: 418). Am wenigsten offenbaren sich Menschen gegenüber Personen, die sie kaum kennen, aber mit denen sie zukünftige Zusammentreffen erwarten (ebd.).

Bei der Selbstoffenbarung begibt sich der Einzelne dabei in einen Abwägungsprozess, dessen Ziel das Finden des adäquaten Maßes an Informationspreisgabe für die jeweilige Kommunikationssituation darstellt. So kann zu viel oder zu wenig Selbstoffenbarung zu Störungen des Selbst, aber auch in der Beziehung zum Gegenüber führen (Jourard 1964: 15). Gerade für enge Beziehungen, in denen sich die Beteiligten sehr gut kennen, kann es demnach von Vorteil sein, sich mit Selbstoffenbarungen zurück zu halten, um Überraschungen Raum zu lassen und das Aufkommen von Langeweile zu verhindern (Cozby 1973: 88). Allerdings werden Personen, die sich stets bedeckt halten und wenig Persönliches von sich preisgeben, als unnahbar empfunden und als nicht zugehörig angesehen (Cozby 1972: 158). Wiederum werden Menschen, die sich anderen Personen gegenüber besonders stark selbstoffenbaren, oft als unangenehm empfunden, weil sie ihrem Gegenüber auf diese Weise unerwünscht nahe kommen können: „The high disclosing other is reacted negatively because, by coming too close, he represents a threat to the person's privacy and individuality" (Cozby 1972: 158). Es zeigt sich also, dass das Halten der Balance zwischen Privatheit als Rückzug und Selbstoffenbarung sowie das Abschätzen der Erwartungen des Gegenübers zentraler Bestandteil der Gestaltung interpersonaler Beziehungen ist. Wenngleich einzelne Studien darauf verweisen, dass auch Verschwiegenheit oder Geheimhaltung zuträglich für menschliches Miteinander sein können (z. B. Cozby 1973, Petronio 1991), so wird in der Forschung allgemein davon ausgegangen, dass sich moderate Selbstoffenbarung grundsätzlich positiv, hingegen übermäßige Preisgabe oder Insichgekehrtsein negativ auf zwischenmenschliche Beziehungen auswirken (Collins/Miller 1994).

Zu den positiven Auswirkungen, die selbstoffenbarendes Verhalten für den Einzelnen haben kann, zählt unter anderem das Erleben von *Intimität*. Damit kann entweder selbsterlebte Intimität gemeint sein, wie sie sich durch das Verbalisieren der eigenen inneren Gefühle im Sinne eines therapeutischen Effekts einstellt, oder aber das Gefühl, das Gegenüber hinsichtlich seiner physischen und emotionalen Konstitution genauestens zu kennen und durch die Selbstoffenbarungen (noch) besser kennen gelernt zu haben (Petronio 2002: 6). Die Art und Weise, wie Selbstoffenbarungen in einer Kommunikationssituation vermittelt werden und so zum Erleben von Intimität führen können, variiert dabei in ihrem Grad an Direktheit. So kann einerseits allein durch das Zeigen von Emotionen wie Ärger, Wut, Traurigkeit oder Freude, der Inhalt der Botschaft nonverbal unterstützt werden (Fussell 2002: 1, Lee/Wagner 2002). Andererseits werden in Gesprächen Selbstoffenbarungen durch bestimmte verbalsprachliche Codierungen kenntlich, wie zum Beispiel die Verwendung von Selbstreferenzierungen („ich denke", „ich verstehe" etc.) (Moore/Brody 2009). Dabei muss nicht immer ein expliziter Selbstbezug erfolgen, zumal die Identifikation von Selbstoffenbarungen durch den Interaktionspartner stets von „lexikalische[n], syntaktische[n] und semantische[n] sprachliche[n] Prinzipien *sowie* durch pragmatische Prinzipien gesteuert" ist (Fries 2008: 304). Grundsätzlich lassen sich Elemente von Selbstoffenbarungen am besten an erkennbaren sprachlichen Merkmalen festmachen, weshalb hier in der wissenschaftlichen Betrachtung zumeist die Analyse schriftsprachlicher Kommunikation im Mittelpunkt steht (z. B. Pennebaker/Francis 1996, Boals/Klein 2005; und ausführlicher zu textbasierter computervermittelter Kommunikation: Kapitel II.4).

Es kann festgehalten werden, dass Selbstoffenbarung keineswegs ein Konzept ist, das dem der Privatsphäre entgegenläuft, sondern dass das sich gegenüber anderen Öffnen einerseits und das in sich Zurückziehen andererseits wichtige soziale und psychologische Funktionen erfüllt. So ist selbstoffenbarendes Verhalten nicht nur für das Bilden und Aufrechterhalten von interpersonalen Beziehungen relevant, sondern schützt auch vor dem Erleben von Einsamkeit und Isolationsgefühlen (Trepte/Reinecke 2011a: v, Schmidt 2011: 117). Wichtig ist dabei stets die richtige Balance zwischen zu viel und zu wenig Selbstoffenbarung zu finden.

(3) Identitätsmanagement

Eng verknüpft mit den psychologischen Aspekten individueller Privatheit sind soziologische Konzepte, die insbesondere zur Erklärung privaten Verhaltens herangezogen werden können. Hierzu zählen unter anderem die Schaffung und

Erhaltung der eigenen Identität (*Identitätsmanagement*), was sich situationsbezogen etwa durch selbstoffenbarendes Verhalten oder restriktives Kontrollieren von persönlichen Informationen ausdrückt. Durch die aktive Betonung bestimmter Facetten des Selbst werden gewisse Aspekte der eigenen Persönlichkeit dargestellt und inszeniert, andere Aspekte hingegen eher in den Hintergrund gedrängt (siehe hierzu auch die Rollentheorie, Kapitel I.4.1). Diese Form der Identitätsgestaltung wird als *Selbstdarstellung* oder – wenn es die Gesamtheit einzelner Selbstdarstellungsstrategien zum Zweck des Identitätsmanagements beschreibt – als *Eindrucksmanagement* (bzw. Impression Management) bezeichnet (Fischer/Wiswede 2002: 367, Asendorpf 2005: 261, Schmidt 2011: 76). Ziel ist es dabei, sich selbst den Mitmenschen gegenüber möglichst positiv darzustellen bzw. einen auf die jeweilige Situation zugeschnittenen, gewünschten Eindruck von sich zu vermitteln, um so wiederum möglichst viele positive Rückmeldungen vom Gegenüber zu erhalten (Asendorpf 2005: 261).

Die wissenschaftliche Erkenntnis, dass die Identitätsgestaltung nicht allein dem Erhalt des Selbstbildes, sondern vor allem der Steuerung der interpersonalen Interaktion gilt, geht auf den Soziologen Erving Goffman (1959/2009) zurück. Mit der Metaphorik der Theaterbühne erklärt Goffman das Phänomen der Selbstdarstellung, wonach Menschen in ihrem Alltagsleben permanent wie Theaterschauspieler Rollen auf einer Bühne spielen und dabei versuchen, dem Publikum gegenüber „die offiziell anerkannten Werte der Gesellschaft zu verkörpern" (Goffman 2009: 35). Bestimmte Aspekte der eigenen Persönlichkeit werden dabei betont, andere bewusst verschleiert (ebd.: 62). Menschen stellen sich demnach selbst so dar, wie sie vom Publikum gesehen werden möchten und spielen die Rolle, von der sie sich am meisten Applaus erhoffen. Höflichkeit und Anstand sind dabei wichtige Normen, die bei der Inszenierung auf der „Vorderbühne" (front stage) zum Einsatz kommen (Goffman 2009: 104). Hingegen wird auf der „Hinterbühne" (back stage) dieser öffentliche Eindruck bewusst widerlegt, hierhin zieht man sich zurück und ist privat (ebd.). Auf der Vorderbühne findet folglich die „Eindrucksmanipulation" statt (Goffman 2009: 112), auf der Hinterbühne kann der Schauspieler seine Maske fallen lassen und sich entspannen. Goffman wählt zur Beschreibung der Mechanismen von Selbstdarstellung bewusst eine metaphorische Sprache, um auf diese Weise „die Struktur sozialer Begegnungen" verdeutlichen zu können (Goffman 2009: 233). In der wissenschaftlichen Diskussion zu diesem Thema wird sein Werk von 1959, das in etlichen Neuauflagen erschienen ist, bis heute viel zitiert. Insbesondere in Bezug auf die Erforschung von Selbstdarstellungsstrategien auf sozialen Online-Plattformen erhält Goffmans Theorie der Bühneninszenierung wieder besondere Relevanz (Tufekci 2008a, Boyd 2008, Hogan 2010).

Für die theoretische Fassung der verschiedenen Konstruktions- und Gestaltungsstrategien individueller Privatheit liefert Goffmans Theorie wertvolle Ansatzpunkte. Demnach lässt sich Privatheit als Ausgangspunkt, Strategie und Ziel von Identitätsmanagement rahmen:

(a) Privatheit als Ausgangspunkt von Selbstdarstellung. In einem Zustand kontemplativer, innerer Privatheit werden die unterschiedlichen sozialen Rollen zunächst geplant und herausgearbeitet und können so auf der Hinterbühne geprobt und einstudiert werden. Dieser Zustand der Rollenvorbereitung lässt sich auch mit Westins Privatheitsphase der „self-evaluation" vergleichen (siehe oben unter 3.1): „At such moments the individual runs ideas and impressions through his mind in a flow of associations; the active presence of others tends to inhibit this process" (Westin 1970: 37). Das heißt, dass nur in einem Zustand der Ruhe und inneren Privatheit, in dem man vom öffentlichen Blick abgeschirmt ist, die Identitätskreierung und Reflektion über die eigenen sozialen Rollen gelingen kann. Subjektiv erfahrbare Privatheit ist mithin Voraussetzung für Selbstdarstellung.

(b) Privatheit als Bestandteil des Identitätsmanagements kann zweierlei bedeuten: Erstens kann Privatheit Gegenstand der Inszenierung sein und somit „aufgeführt" werden, beispielsweise durch selbstoffenbarendes Verhalten. Kehrt man sein Innerstes nach außen und gibt Gefühle und Gedanken preis, lässt man das Publikum somit auf die Hinterbühne blicken. Dabei ist es gemäß Goffman egal, ob man hierbei die Wahrheit oder die Unwahrheit vermittelt; wesentlich ist, dass man seiner Vorstellung den „richtigen Ausdruck" verleiht (Goffman 2009: 62). Dies impliziert eine der Privatheitskonstruktion inhärente Zielgerichtetheit: Wenn man sich gegenüber anderen Menschen offenbart, will man damit etwas Bestimmtes erreichen, sei es Vertrautheit zum Gegenüber zu schaffen, sich selbst innerlich zu erleichtern oder um einen anderen, übergeordneten Zweck zu erfüllen. Somit kann Selbstoffenbarung als taktisches Element der Selbstdarstellung und Persönlichkeitsgestaltung betrachtet werden.

Mit Privatheit als Bestandteil des Identitätsmanagements kann zweitens das gemeint sein, was Westin als „emotional release" bezeichnet: „Privacy in this aspect gives individuals, from factory workers to Presidents, a chance to lay their masks aside for rest" (Westin 1970: 35). Während der Selbstdarstellung, also während des Spiels auf der Vorderbühne, wird es der darstellenden Person innerlich möglich, auf die Hinterbühne zu fliehen und sich emotional kurz zu entspannen bzw. kognitive Konsonanz herzustellen. Damit ist jedoch nicht gemeint, dass sie das Spiel auf der Vorderbühne und die Interaktion mit dem Publikum unterbricht, im Gegenteil: Nach außen hin verbleibt die Person in ihrer Rolle, nur schafft sie eine „mentale Distanz" (Westin 1970: 32). In diesem Zustand „öffentlicher Privatheit" (ebd.), können verschiedene soziale Rollen eingenommen und öffentlich dargestellt werden; mental wird dabei dennoch ein bestimmter Grad an Privatheit gewahrt, da die eigentliche Persönlichkeit hinter einer Maske verborgen bleibt. Dabei ist es auch hier eher unerheblich, ob die

Selbstdarstellung wahr und aufrichtig oder unwahr und tatsächlich gespielt ist. Die Rückversicherung nach innen wird oft in beiden Fällen benötigt, denn sie dient der emotionalen Absicherung der Rolle.

(c) Privatheit als Ziel des Identitätsmanagements: Das Ziel einer Selbstdarstellung kann es sein, Privatheit und Intimität zu erreichen (z. B. durch Selbstoffenbarung, siehe oben), aber auch, Elemente der eigenen Privatheit bewusst zu verschleiern oder zu verfälschen. So kann es sein, dass eine Person eine Rolle nur zum Zweck der Irreführung spielt und bewusst andere Charakterzüge betont. Sie *überspielt* folglich die wahren Gefühle und erreicht damit entweder eine Ablenkung vom Privaten – dann hat sie ihre eigene Privatheit gewahrt – oder sie schafft eine unechte, falsche Privatheit. In jedem Fall werden Vorder- und Hinterbühne bewusst voneinander abgegrenzt, damit das Publikum den Schauspieler niemals „abgeschminkt" betrachten kann.

Unabhängig davon, ob Privatheit echt oder unwahr, taktisch oder unbewusst, explizit Ausgangspunkt, Bestandteil oder das Ziel von selbstoffenbarendem Verhalten ist: Wichtig für den Darsteller ist es, dass er selbst die Kontrolle über seine Rolle hält. Denn damit steuert er nicht nur seine echte, innere Privatheit, sondern auch nach außen hin die Beziehung zum Gegenüber (Goffman 2009: 62).

Die Ausführungen in diesem Abschnitt zeigen, dass die Herstellung individueller Privatheit von verschiedenen – teilweise gegensätzlichen – Mechanismen abhängig ist. So sind Selbstoffenbarung und die Interaktion mit anderen Menschen wesentliche Elemente von Sozialität, das Schaffen privater Rückzugsmöglichkeiten und das Halten von Kontrolle über die eigenen persönlichen Informationen jedoch ebenso notwendig für die Ausbildung, Gestaltung und Erhaltung der eigenen Privatheit. Daneben stehen Mechanismen wie die Selbstdarstellung, mithilfe welcher zwischen der privaten Innen- und öffentlichen Außenwelt auf Basis von Rollenmodulation vermittelt wird. Das Zusammenspiel dieser unterschiedlichen Komponenten, deren Dreh- und Angelpunkte die Konstruktion und Wahrung individueller Privatheit darstellen, formt die Identität des Einzelnen. Mit dem bewussten, teils strategischen, Einsatz dieser Faktoren schafft er sich seine privaten und öffentlichen Persönlichkeiten.

Privatheit wird in der sozialpsychologischen Dimension demnach erstens als ein Konstrukt sozialer Interaktion und zweitens als ein inhärenter Bestandteil der menschlichen Identität gerahmt. Die Relevanz von Privatheit wird einerseits im subjektiven Kontext deutlich, wenn sie zur Identitätsstiftung und Identitätswahrung beitragen und andererseits als Regulativ in der sozialen Interaktion fungieren soll. Identität selbst wird folglich nicht allein introspektiv konstituiert, sondern entsteht auch als Reaktion auf die Impulse aus der Interaktion mit anderen. Die Dynamik und Unabgeschlossenheit des Konstrukts der Identität machen es erforderlich, dass unterschiedliche Facetten der eigenen Persönlichkeit je nach Kontext weiter hervorgehoben oder als Mittel der Abgrenzung stärker verborgen werden müssen (Döring 2003b: 325, Schorb 2009: 81). Die individuelle Privatheit übernimmt hierbei eine Schlüsselfunktion: „One of the most important uses of privacy is to manage and maintain the separations and distinctions among our different selves" (Pariser 2011: 117). Privatheit ist somit als ein individuelles und zugleich interpersonales Konzept anzusehen, „that presupposes the existence of others and the possibility of a relationship with them" (Laufer/Wolfe 1977: 33).

4. Juristische Implikationen von Privatheit

Ziel der juristischen Konzeptionierung von Privatheit ist es, verbindliche Regeln und Ansätze für Privatheit zu finden, die eine möglichst objektive Festlegung des Phänomens erlauben. Welche Maßstäbe bei dieser Herangehensweise angelegt werden und welche Implikationen die juristische Dimension für die Gesamtkonzeptionierung von Privatheit besitzt, soll nun in den folgenden Abschnitten näher erläutert werden.

4.1 Die Sphären-, Rollen- und Kommunikationstheorie als Grundlagen des juristischen Privatheitsmodells

Die *Sphärentheorie* gilt als eine der wichtigsten Theorien, die wesentlich zur juristischen Prägung des Privatheitsbegriffs beigetragen hat. Ihr liegt die Annahme zugrunde, dass unterschiedliche, voneinander abgrenzbare Privatheits- und Öffentlichkeitsbereiche, sogenannte Sphären, existieren, die jeden Menschen umgeben. Diese können sich sowohl gegenseitig ausschließen als auch in sich selbst noch einmal unterteilbar sein – je nach Grad der Privatheit. Im ursprünglichen Ansatz der Sphärentheorie aus den 1960er Jahren werden drei „Schutzkreise" unterschieden: die Individualsphäre, Privatsphäre und die Geheimsphäre (Hubmann 1967: 268 ff.). Sie sind in dieser Reihenfolge nach dem Grad ihrer Privatheit, vom niedrigsten bis zum höchsten, angeordnet: Während die Individualsphäre insbesondere den „Eigenwert [des Menschen] in der Öffentlichkeit" durch den Schutz einzelner Rechte, wie dem eigenen Namen, Wort oder Bild, erfasst, so sollen Privat- und Geheimsphäre „den Menschen vor der Welt" schützen (ebd.: 270). Dabei erhält der Geheimbereich einen noch stärkeren Rechtsschutz als die Privatsphäre, zumal hier bestimmte Lebensumstände „nicht nur vor der Öffentlichkeit, sondern auch vor unbefugter Kenntnisnahme durch Einzelne" gesichert werden sollen (ebd.). Als Geheimnisse gelten „Gedanken, Meinungen, Empfindungen, Begebenheiten, Handlungen und sonstige

Tatsachen, die der Einzelne verborgen hält und an denen er erkennbar einen Geheimhaltungswillen (...] hat" (Hubmann 1967: 326).

Die Theorie der drei Sphären nach Hubmann wurde im Laufe der Zeit stetig weiterentwickelt und findet in Ansätzen auch in der heutigen Rechtsprechung noch Beachtung (Wittern 2004: 213). Üblicherweise werden die drei Schutzsphären heute als Sozial- oder Öffentlichkeitssphäre, Privatsphäre, sowie Intimsphäre beschrieben (Wittern 2004, Fechner 2010), wobei bisweilen zusätzlich noch nach der Geheimsphäre (als Bereich zwischen Intim- und Privatsphäre) unterschieden wird (Branahl 2009: 135). Der erste, am wenigsten schutzwürdige Persönlichkeitsbereich ist demnach die *Öffentlichkeits-* oder *Sozialsphäre*, die den Menschen in seiner öffentlich zugänglichen Lebensweise erfasst, das heißt im Beruf oder in der Interaktion mit anderen. Dieser Bereich entspricht mithin Hubmanns Idee der Individualsphäre. Die heutige Auffassung von *Privatsphäre*, dem zweiten Schutzkreis, liegt ebenfalls eng an der von Hubmann skizzierten Privatsphäre: Hierunter wird der Bereich verstanden, zu dem andere nur durch explizite Genehmigung Zugang haben, wie beispielsweise der häusliche und familiäre Bereich (Wittern 2004: 215). Damit ist die Privatsphäre allerdings immer noch etwas weniger schutzwürdig als die *Intimsphäre* (auch: *Sexualsphäre*), welche die Gefühls- und Gedankenwelt eines Menschen mit samt ihren Manifestationen (z. B. Tagebuchaufzeichnungen, Nacktaufnahmen etc.) umfasst (Wittern 2004: 213ff, Fechner 2010: 34). Die *Geheimsphäre* schließlich wird heute wie in ihrem ursprünglichen Gedanken verstanden, wobei vor allem auf den Geheimhaltungswillen abgestellt wird und weniger auf den Lebensraum oder die Selbstverwirklichung, wie es zum Beispiel durch den Schutz des Brief-, Post- oder Fernmeldegeheimnisses geregelt ist (Wittern 2004: 220).

Mithilfe der Sphärentheorie lassen sich die einzelnen Lebens- und Wirkungsbereiche des Menschen in unterschiedlich stark schützenswerte Bereiche einteilen. Auf der einen Seite kann auf diese Weise Privatheit detailliert definiert und greifbar gemacht werden; andererseits kann dies jedoch zugleich als eine Unzulänglichkeit angesehen werden, zumal die verschiedenen Sphären ambivalent ausgelegt werden können. Kritisiert wird an der Sphärentheorie, dass sie den Bereich der Privatsphäre (als eine Sphäre) einer Person lediglich räumlich konzeptualisiert und sozialpsychologische Aspekte hierbei nicht in Betracht gezogen werden. Das Bundesverfassungsgericht argumentiert:

> „Eine schützenswerte Privatsphäre könne es vielmehr auch außerhalb des häuslichen Bereichs geben. Dies sei dann der Fall, wenn sich jemand in eine örtliche Abgeschiedenheit zurückgezogen habe, in der er objektiv erkennbar allein sein wolle und in der er sich im Vertrauen auf die Abgeschiedenheit so verhalte, wie er es in der breiten Öffentlichkeit nicht tun würde" (BVerfG, 1 BvR 653/96, Rn. 30).

Entsprechend trennt das Bundesverfassungsgericht daher eine räumliche Privatsphäre („Bereich, in dem man sich entspannen oder gehenlassen kann", BVerfG, 1 BvR 653/96, Rn. 76) von einer thematischen Privatsphäre, bei welcher auf „Angelegenheiten, die wegen ihres Informationsinhalts typischerweise als ‚privat' eingestuft werden", Bezug genommen wird (ebd., Rn. 75). Entgegen der ursprünglichen Annahme in der Sphärentheorie kann der Bereich der Privatsphäre mithin sowohl den häuslichen Bereich eines Menschen als auch seine persönlichen Daten und Interessen umfassen. Demzufolge kann ein Mensch auch in der Öffentlichkeit eine gewisse, dem rechtlichen Schutz unterliegende, Privatsphäre haben.

Neben der Sphärentheorie leistet auch die *Rollentheorie* einen wichtigen Beitrag für die juristische Rahmung des Privatheitsbegriffs. Sie geht davon aus, dass Menschen in unterschiedlichen sozialen Umgebungen verschiedene Rollen einnehmen und ihre Persönlichkeit entsprechend situationsspezifisch ausgestalten (Rohlf 1980: 55). Die typischen Verhaltensmuster, die der Einzelne in seiner Rolle als Nachbar, Arbeitskollege oder Steuerzahler annimmt, werden ihm dabei vom Staat, von Institutionen, der Gesellschaft oder den Medien vorgegeben (Amelung 2002: 23). In Bezug auf die Preisgabe der eigenen Persönlichkeit vermitteln Menschen gemäß der Rollentheorie verschiedene Informationen rein selektiv je nach Zweck der jeweiligen Rolle, die sie gerade annehmen. Die Rollentheorie steht damit im Gegensatz zur Sphärentheorie, bei der Privatheit nicht durch intentionales Handeln sondern durch den Rückzug aus der Öffentlichkeit in private Bereiche konstruiert wird.

Die konkrete Anwendbarkeit der Rollentheorie wird bisweilen moniert, da der Schutz der Privatsphäre hier nur gegenüber der (unerlaubten) *Weitergabe* von Informationen besteht, nicht jedoch in Hinblick auf das ungerechtfertigte Ausspähen von privaten Informationen (Rohlf 1980: 56ff, Neunhoeffer 2005: 78). Ferner wird kritisiert, dass die Definition der einzelnen rechtlich relevanten Rollen dem Staat obliegt, der zum Beispiel die Rolle des Sozialhilfeempfängers oder der Ehegatten festschreibt, während subjektiv betonte Identitäten, die in unterschiedlichen Situationen als wichtig empfunden werden können, wie „die beste Freundin" oder „der Single auf Partnersuche", nicht unter den juristisch festlegbaren Bereich fallen (Rohlf 1980: 58). An dieser Stelle greifen eher kommunikations- oder sozialwissenschaftliche Argumentationen, nach denen Menschen auch in verschiedenen psychologisch begründbaren Rollen aktives Identitätsmanagement betreiben und Privatheit entsprechend konstruieren. Tatsächlich liegt der Ursprung der Rollentheorie in der Sozialpsychologie (siehe z. B. Döring 2003b: 325 ff.). Die interdisziplinäre Anwendbarkeit der Rollentheorie wird dabei durchaus als ein Vorteil gesehen, nicht zuletzt, weil sich gerade im Online-Kontext, für den die traditionellen rechtlichen Rahmungen nicht unbedingt Gültigkeit besitzen, Privatheit durch die individuelle Rollengestaltung so in zweifacher Hinsicht systematisieren lässt (Baier 2005, Schmidt 2011).

Ebenfalls einen wertvollen sozialwissenschaftlichen Beitrag zur juristischen Privatheitsdefinition leistet die *Kommunikationstheorie,* die in den 1970er Jahren entwickelt wurde. Bei diesem Ansatz wird der verfassungsrechtliche Schutz von Privatheit mit dem Grundsatz der „Unversehrtheit der Kommunikation" als Voraussetzung menschlicher Interaktion begründet (Rüpke 1976: 30). Dies bedeutet, dass hier weniger auf den Inhalt oder die Kontrollhoheit von Informationen abgestellt wird als vielmehr auf die konkrete Kommunikationssituation. In dieser kommt es insbesondere auf die Intensität der sozialen Interaktion an, die wiederum nur den direkt Beteiligten verständlich ist („Integrationsgrad der Kommunikation", Rüpke 1976: 85). Privatsphärenschutz konstituiert sich gemäß der Kommunikationstheorie als Schutz vor dem unbefugten und unerwünschten Teilnehmen an einer Interaktion durch Dritte. Gerade unter diesem Aspekt stellt die Kommunikationstheorie ein adäquates Bezugsmodell für die aktuelle Privatheitsdebatte dar. Hiernach können etwa Überwachung („Privatheitsdurchbrechung"), das Erzwingen privater Situationen („erzwungene Vergemeinschaftung") oder das sich fälschlicherweise Ausgeben als vertrauter Kommunikationspartner („Privatheitsunterwanderung") (Rüpke 1976) als Eingriffe in die Privatheit gewertet werden (Rohlf 1980: 60ff, Amelung 2002: 27). Allerdings wird die Kommunikationstheorie insofern als juristisch unzulänglich verwertbar angesehen, da sie den Informationsinhalt völlig außer Acht lässt (Rohlf 1980: 64, Amelung 2002: 29). Die strukturellen Kommunikationsmerkmale einer Interaktion werden dem konkreten Kommunikationsinhalt vorgezogen, wodurch die Tatsache übersehen wird, „dass Informationen, die der Einzelne nicht kommuniziert, sondern ganz für sich behält, unter Umständen noch größeren Schutzes bedürfen als kommunizierte Informationen" (Neunhoeffer 2005: 79).

Alle drei Theorien – die Sphären- und Rollentheorie als auch die Kommunikationstheorie – weisen Stärken und Schwächen auf, wobei insbesondere Letztgenannte ihre juristische Anwendbarkeit beeinträchtigen. Fest steht, dass diese Ansätze für die rechtliche Rahmung einer Definition von Privatheit sowie für deren gesetzlichen Normierung einen wesentlichen Beitrag geleistet haben.

4.2 Das allgemeine Persönlichkeitsrecht als Recht auf Privatheit

In den 1950er Jahren wurde das allgemeine Persönlichkeitsrecht in Deutschland als ein Grundrecht anerkannt. Abgeleitet aus Art. 1, Abs. 1 und Art. 2, Abs. 2 des Grundgesetzes (GG), der Unantastbarkeit der Würde des Menschen und dem Recht auf die freie Entfaltung der eigenen Persönlichkeit, dient es bis heute dem Schutz der immateriellen Eigenschaften des Einzelnen. Als Schutzbereiche (siehe Branahl 2009: 125) gelten insbesondere:

- persönliche Aufzeichnungen und das nichtöffentlich gesprochene Wort
- das Recht auf informationelle Selbstbestimmung
- die häusliche Sphäre und das Privatleben
- die Reputation bzw. das Ansehen einer Person, welches nicht zu wirtschaftlichen Zwecken ausgebeutet werden darf
- das Leben bzw. die körperliche Unversehrtheit.

Das allgemeine Persönlichkeitsrecht gewährt umschreibend dem Einzelnen das Recht „sich gegen den Einblick der Öffentlichkeit abzuschirmen" (Branahl 2009: 12). Hierzu gehören der räumliche Rückzug, der Schutz der eigenen Daten, oder auch das Recht, „von den Massenmedien in Ruhe gelassen" zu werden (Branahl 2009: 124).

Gerade der Bereich, der die Privatsphäre des Einzelnen vor einem Eingriff durch die Massenmedien schützen soll, ist einer der besonderen, aber auch umstrittensten Aspekte des allgemeinen Persönlichkeitsrechts. Er ist dem US-amerikanischen Recht entlehnt, welches bereits Ende des 19. Jahrhunderts durch einen bekannten Fall erwirkt wurde: In einem Artikel der Harvard Law Review von 1890 „The Right to Privacy", kritisieren die Autoren Samuel Warren und Louis Brandeis das Zeitungswesen und die – damals noch junge – Entwicklung der Momentfotografie (angestoßen durch die Erfindung der ersten Handkameras von Kodak, siehe Bendrath 2008: 97). Im Konkreten beziehen sich Warren und Brandeis dabei auf die Tageszeitungen, die allein darauf aus seien, in den „heiligen" Bereich des Privaten einzudringen, um mit trivialen Informationen ihre „Klatschspalten" zu füllen (Warren/Brandeis 1890: 196). Aufgrund der permanenten Gefahr, Objekt der Presse zu werden, gerate der Mensch dabei in eine Situation der Bedrängnis und des „tiefsten mentalen Schmerzes" (ebd.). Die beiden Juristen fordern daher die rechtliche Zusicherung für jeden Einzelnen, in Ruhe gelassen zu werden („right to be let alone") (Warren/Brandeis 1990: 195). Nur so könne der „ungewollte Handel" beim Tausch des Privatlebens gegen das Triviale in den Klatschspalten zum hohen Preis der Moral unterbunden werden:

> „To satisfy a prurient taste the details of sexual relations are spread broadcast in the columns of the daily papers. To occupy the indolent, column upon column is filled with idle gossip, which can only be procured by intrusion upon the domestic circle. The intensity and complexity of life, attendant upon advancing civilization, have rendered necessary some retreat from the world, and man, under the refining influence of culture, has become more sensitive to publicity, so that solitude and privacy have become more essential to the individual" (Warren/Brandeis 1890: 196).

Der Beitrag von Warren und Brandeis gilt in der traditionellen Privatheitsforschung als zentral. Er ist juristisch wegweisend, da hier erstmalig die Verletzung der Privatsphäre als eine eigene Fall- bzw. Deliktsrechtsgruppe eingeordnet wurde, was schließlich Auswirkungen auf die konkrete Gesetzgebung in den

USA, aber auch in Deutschland hatte (Wittern 2004: 5/6, Rauhofer 2008: 187, Gilman 2012: 1424).

Der Schutz des Einzelnen vor unzulässigen bzw. unerwünschten Darstellungen in den Massenmedien ist bis heute eine zentrale Norm des allgemeinen Persönlichkeitsrechts. Problematisch ist jedoch die Tatsache, dass das allgemeine Persönlichkeitsrecht in Deutschland keinen absoluten Schutz bietet, sondern stets gegenüber anderen Rechtsnormen abgewogen werden muss. In diesem Fall betrifft das insbesondere das Presse- und Rundfunkrecht, durch welches die Berichterstattungsfreiheit der Massenmedien, die verfassungsrechtlich durch Art. 5, Abs. 1 GG abgesichert ist, fallweise in Opposition zum allgemeinen Persönlichkeitsrecht gebracht wird (Branahl 2009: 125). Gerade bei Personen des öffentlichen Lebens, wie Prominenten oder Politikern, eröffnet sich hier ein besonderes Spannungsfeld, da sie sich häufig zwischen gewünschter und unerwünschter medialer Präsenz bewegen. Auf der einen Seite geben sie mitunter gezielt persönliche Informationen zum Zweck der Selbstvermarktung an die Medien weiter, sind jedoch auf der anderen Seite bemüht, ungebetene Einblicke ins Privatleben durch die Medien zu verhindern. Die Problematik besteht nun darin, dass sich prominente Personen als „Personen des öffentlichen Lebens" der medialen Berichterstattung nicht per se verschließen oder diese willkürlich einmal zulassen, ein anderes Mal jedoch ausschließen können (Wittern 2004: 227):

> „[Der] Wille, die Berichterstattung im geschützten Bereich zu dulden oder zu untersagen, muss situationsübergreifend und konsistent zum Ausdruck gebracht werden. Dies gilt beispielsweise auch bei Nacktaufnahmen. Wer sich der Öffentlichkeit als Pornodarsteller präsentiert hat oder Nacktaufnahmen in einem Herrenmagazin zugestimmt hat, kann zumindest gegen zeitnahe Berichte über diese Geschäftstätigkeit und deren bildliche Illustration nicht den Schutz seiner Intimsphäre ins Feld führen" (Wittern 2004: 227/228).

Dies bedeutet, dass bei prominenten Persönlichkeiten, die grundsätzlich in der öffentlichen Aufmerksamkeit stehen, andere Maßstäbe bei der Frage nach einer Verletzung der Privatsphäre anzulegen sind als dies bei nichtöffentlichen Personen der Fall ist. So kann die Berichterstattung über bestimmte Details aus dem Privatleben einer öffentlichen Person ein ernsthaftes Informationsanliegen der Allgemeinheit darstellen, vor allem wenn ihre Glaubwürdigkeit zur Diskussion steht (Branahl 2009: 138) (wie im Fall der „Clinton-Lewinsky-Affäre", siehe Timm 1999). Die Abwägung, ob der Schutz des Privat- oder Intimlebens der Person im Mittelpunkt steht oder ob die Berichterstattung nicht durch ein öffentliches Interesse gerechtfertigt ist, wird dabei auf Basis der vom Bundesverfassungsgericht wiederholt betonten „Bedeutung der Massenmedien für den Bestand und die Entwicklung der freiheitlichen Demokratie" getroffen (Branahl 2009: 135). Demnach besteht ein öffentliches Interesse an Informationen, die zur individuellen Meinungsbildung beitragen und „damit die Grundlage für den Prozess demokratischer Willensbildung in Staat und Gesellschaft schaffen" (ebd.). Wenn allerdings die Berichterstattung die Persönlichkeitsrechte der betreffenden Person verletzen würde, kann die Veröffentlichung der Informationen unterbunden werden.

Das Persönlichkeitsrecht erlegt der Berichterstattungsfreiheit hier also Schranken auf. Dies ist auch der Grund, weshalb das allgemeine Persönlichkeitsrecht oft kritisiert wird, da hierin eine Begrenzung der Meinungs- und Pressefreiheit gesehen wird (Hubmann 1967: 4/5, Behnsen 2005, Peters 2005). Ein bekannter Fall ist in diesem Zusammenhang das sogenannte „Caroline-Urteil" (auch: „Caronline-von-Monaco-Urteil") aus dem Jahr 2004, in dem der Europäische Gerichtshof für Menschenrechte (EGMR, Az. 59320/00) entschied, dass Fotos, die Personen des Zeitgeschehens bei Freizeitaktivitäten zeigen, nicht in den Medien verbreitet werden dürfen. Im konkreten Fall handelte es sich bei der öffentlichen Person um Prinzessin Caroline von Hannover, bekannt als „Caroline von Monaco". Sie klagte beim Bundesverfassungsgericht (BverfG) gegen die Veröffentlichung von Fotos in deutschen Boulevardmagazinen, welche sie in alltäglichen Situationen zeigen, z. B. beim Einkaufen, im Restaurant, beim Skifahren usw. (Peters 2005). Das BverfG gab ihrer Klage jedoch nicht statt und beschied, dass an diesen Fotos ein öffentliches Interesse bestehe. Demnach vermitteln prominente Personen grundsätzlich bestimmte Wertvorstellungen und Lebenshaltungen und erfüllten daher eine wichtige „Leitbild- bzw. Kontrastfunktion" für die Öffentlichkeit (BVerfG, 1 BvR 653/96, Rn. 100). Dabei sei auch die bloße Unterhaltung (im Sinne von ‚Entertainment') ein Bestandteil der Meinungsbildung, da sie Realitätsbilder vermittele und Gesprächsgegenstände zur Verfügung stelle, „die sich auf Lebenseinstellungen, Werthaltungen und Verhaltensmuster beziehen, und insofern wichtige gesellschaftliche Funktionen" erfülle (ebd.: Rn 99). Prinzessin Caroline reichte daraufhin Klage beim Europäischen Gerichtshof für Menschenrechte ein, der die Veröffentlichung der fraglichen Fotos schließlich als Verletzung des Menschenrechts auf Schutz des Privatlebens einstufte, zumal diese lediglich die Neugier des Publikums befriedigten (Branahl 2007). Der EGMR widersetzte sich mit seinem Urteil damit nicht nur der deutschen Rechtsprechung, sondern betonte auch die Priorisierung der Persönlichkeitsrechte gegenüber der Pressefreiheit:

> „Obwohl die Freiheit der Meinungsäußerung auch für die Veröffentlichung von Fotos gilt, so handelt es sich hier aber um einen Bereich, in dem der Schutz des guten Rufs und der Rechte anderer eine besondere Bedeutung einnimmt. Es handelt sich hier nicht um die Verbreitung von ‚Ideen', sondern von Bildern, die sehr persönliche oder sogar intime ‚Informationen' über einen Menschen enthalten. Außerdem entstehen die in der Boulevardpresse veröffentlichten Fotos oftmals unter Bedingungen, die einer Dauerbelästigung gleichkommen und von der betroffenen Person als besonders heftiges Eindringen in ihr Privatleben, wenn nicht sogar als Verfolgung empfunden werden" (EMGR 2004, Az. 59320/00, Abs. 59, Hervorheb. i. Orig.).

Das „Caroline-Urteil", welches eine Präzedenzentscheidung für die Vorrangig-
keit der individuellen Privatsphäre über das allgemeine Interesse darstellt, führte
zu heftigen Reaktionen in der deutschen Presselandschaft. Redakteure deutscher
Medien fürchteten das Ende der Pressefreiheit und appellierten mit den Worten
„stoppen Sie diese Zensur!" an Bundeskanzler Gerhard Schröder, am EMGR
gegen die Entscheidung Rechtsmittel einzulegen (Behnsen 2005: 239). Jedoch
entschied sich die Bundesregierung gegen eine Anrufung des Gerichtshofs.
Auch die deutschen Gerichte waren sich lange uneinig, ob und inwiefern sie
sich der Entscheidung des EMGR anschließen sollten. Erst drei Jahre später
bestätigte der Bundesgerichtshof in seiner Rechtsprechung die Position des
EMGR und verfasste schließlich neue Regelungen, die den Umgang mit Medi-
enveröffentlichungen aus dem Privatleben von Prominenten beinhalteten (siehe
Branahl 2007).

4.3 Das Recht auf informationelle Selbstbestimmung

Das allgemeine Persönlichkeitsrecht wurde entwickelt, um die Privatsphäre des
Einzelnen zu schützen. Allerdings handelt es sich dabei, wie bereits angedeutet,
in erster Linie um ein Rahmenrecht, dessen Inhalt nicht abschließend definiert
ist, sondern in Einzelfällen erst in Abgrenzung zu anderen gesetzlichen Regelungen ausgearbeitet und konkretisiert werden muss (Wittern 2004: 159, Branahl 2009: 125, Weigl 2011: 110/111). Dabei machen auch technische und gesellschaftliche Veränderungen Anpassungen in der Rechtsprechung nötig. Als
ein wichtiges Beispiel dafür, dass das allgemeine Persönlichkeitsrecht stetig
weiterentwickelt wird, gilt die Erarbeitung des *Rechts auf informationelle
Selbstbestimmung* als Datenschutzgrundrecht. Es besagt, dass jeder Einzelne das
grundsätzliche Recht besitzt, selbst über die Preisgabe und Verwendung seiner
persönlichen Daten zu bestimmen (Wittern 2004: 160). Dieses – im alltäglichen
Sprachgebrauch auch oft als „Datenschutzgesetz" bezeichnete Recht – geht auf
ein Urteil des Bundesverfassungsgerichts aus dem Jahr 1983 zurück. In diesem
Jahr sollte in der Bundesrepublik Deutschland ein gesetzlich angeordneter Ma-
krozensus stattfinden, der jedoch politisch und gesellschaftlich aus zwei Gründen höchst umstritten war: Zum einen misstrauten viele Bürgerinnen und Bürger
den neuen Datenverarbeitungstechniken, mit denen ihre personenbezogenen
Informationen gespeichert werden sollten, und zum anderen sollten die über die
Volkszählung erhobenen Daten auch für andere Zwecke, beispielsweise die
Überprüfung der Melderegister, benutzt werden dürfen (Papier 2012: 68). Die
Kritiker des Zensus reichten beim Bundesverfassungsgericht Klage ein, welcher
schließlich statt gegeben wurde. Im sogenannten „Volkszählungsurteil" argu-
mentierte das Gericht, dass im geplanten Zensusgesetz die grundrechtliche Be-
fugnis des Einzelnen verletzt würde, selbst über die Preisgabe und Verwendung

seiner persönlichen Daten zu bestimmen (BVerfG, 1 BvR 209/83). Aus dem allgemeinen Persönlichkeitsrecht und hier insbesondere aus dem Art. 1, Abs. 1 des Grundgesetzes („Menschenwürde") leitete das Gericht in seiner Argumentation das Recht zur informationellen Selbstbestimmung als Grundrecht ab:

> „Wer nicht mit hinreichender Sicherheit überschauen kann, welche ihn betreffende Informationen in bestimmten Bereichen seiner sozialen Umwelt bekannt sind, (...) kann in seiner Freiheit wesentlich gehemmt werden, aus eigener Selbstbestimmung zu planen oder zu entscheiden. Mit dem Recht auf informationelle Selbstbestimmung wäre eine Gesellschaftsordnung (...) nicht vereinbar, in der Bürger nicht mehr wissen können, wer was wann und bei welcher Gelegenheit über sie weiß" (BVerfG, 1 BvR 209/83, Rn. 172).

Das Bundesverfassungsgericht sah die Entfaltung des Einzelnen und ferner das demokratische Gemeinwesen dadurch in Gefahr, dass Menschen sich in ihrem Verhalten einschränken und dieses entsprechend anpassen müssten, wenn sie immer damit rechnen müssten, dass ihre Aktivitäten behördlich registriert und ständig bewacht würden. Eine Besonderheit des Urteils des Bundesverfassungsgerichts lag ferner darin, dass das Gericht hier das allgemeine Persönlichkeitsrechts an die modernen Bedingungen der Datenverarbeitungstechnik anpasste und in einer unkontrollierbaren Verwendung oder Zusammenführung von personenbezogenen Daten durch digitale Technologie die Ausübung der Freiheitsrechte des Einzelnen als gefährdet sah (Papier 2011: 69).

Mit Entscheidungen zu Vorratsdatenspeicherung und zu Online-Durchsuchungen („Grundrecht auf Gewährleistung der Vertraulichkeit und Integrität informationstechnischer Systeme") wurde das Recht auf informationelle Selbstbestimmung jüngst noch einmal erweitert. Demnach sind flächendeckende, vorsorgliche Datenerfassung und -speicherung nicht mit diesem Grundrecht vereinbar; auch unterliegen nun nicht mehr nur einzelne Daten oder Kommunikationsvorgänge dem Schutz durch das Recht auf informationelle Selbstbestimmung, sondern das gesamte informationsverarbeitende System (Papier 2011: 72, 73). Zwar verlangt das Gesetz dem einzelnen Bürger die volle Kompetenz im Umgang mit informationstechnischen Systemen „wegen ihrer technischen Komplexität" nicht ab (Papier 2012: 73) und gewährleistet ihm mit dem sogenannten „Computergrundrecht" (Weigl 2011: 111) einen umfassenden Schutz gegen Angriffe auf seine Daten im eigenen PC, dennoch versuchen sich immer mehr Menschen gegen Cyberangriffe zu wehren: Innerhalb der Nutzerschaft formieren sich beispielsweise einzelne Gruppierungen, die sich aktiv gegen potenziellen Missbrauch ihrer Daten zur Wehr setzen wollen. Auf sogenannten Cryptopartys, geben sich Computernutzerinnen und -nutzer gegenseitig Tipps für die „digitale Selbstverteidigung", wie das Sichern eigener Dateien, Verschlüsseln von Daten oder Installieren von sicheren Programmen.

Die mit der Digitaltechnik verbundene einfache Zugänglichkeit, Verfügbarkeit und unkontrollierbare Modifizierbarkeit von Daten im Allgemeinen und von persönlichen Daten im Speziellen verschärfen den Diskurs um den verfassungsrechtlichen Persönlichkeitsschutz des Einzelnen. Wenngleich es mit dem allgemeinen Persönlichkeitsrecht und seinen regelmäßigen Aktualisierungen in Hinblick auf den Schutz persönlicher Daten ein rechtliches Fundament gibt, das dem Individuum Privatsphäre zumindest juristisch zusichert, so bleibt die Diskussion komplex und muss sich dabei an die neuen Formen lebensweltlicher Erfahrungen im Internet anpassen. Im nächsten Kapitel werden die verschiedenen Positionen dieser zunehmend politisch anmutenden Debatte näher beleuchtet. Es wird sich zeigen, dass es insbesondere medien- und technologiekritische Argumente sind, die das Konzept von Privatheit unter dem Datenschutzaspekt formen. Ebenfalls tendenziell medienkritisch, jedoch eher auf die Kulturindustrie und das gesellschaftliche Normengefüge abzielend, soll vorher noch eine andere Blickrichtung auf das Zusammenspiel von Medien und Privatheit eingeschlagen werden: Der nächste Abschnitt befasst sich mit den Besonderheiten der Darstellung von Privatheit in den Massenmedien und deren Einfluss auf das in unserer Gesellschaft vorherrschende Privatheitsverständnis.

5. Die Mediatisierung des Privaten

Gemessen an der Geschichte von Privatheit und Öffentlichkeit ist die der Massenmedien verhältnismäßig kurz. Jahrtausende lang funktioniert die Übertragung von Informationen zwischen Menschen ohne spezifische Übermittlungstechnik, erst die Erfindung des Drucks mit beweglichen Lettern um 1450 ermöglicht eine massenhafte Verbreitung des geschriebenen Wortes. Bis in das 19. Jahrhundert bleibt die Presse (Flugblätter, Zeitungen etc.) das einzige publizistische Massenmedium, bis 1888 mit der Entdeckung der elektromagnetischen Wellen die technische Grundlage für die elektronischen Massenmedien geschaffen wird. Die Fotografie, der Film, das Radio, Fernsehen und nicht zuletzt das Internet sind Erfindungen aus den vergangenen zwei Jahrhunderten, die nicht nur die Disziplin der Medienwissenschaft begründen, sondern auch private und öffentliche Kommunikation der Menschen nachhaltig verändern.

Die Verankerung von Medien in unseren Lebenswelten, die sich sowohl auf der Mikro-, Meso- als auch Makroebene manifestiert, wird in der Medien- und Kommunikationswissenschaft unter dem Terminus der *Mediatisierung* theoretisiert (Krotz 2001, Schulz 2004, Krotz 2007, Hjarvard 2008, Lundby 2009, Livingstone 2009a, Hartmann/Hepp 2010, Krotz/Hepp 2012, Hepp 2014).

Das Mediatisierungskonzept weist in der zugrundeliegenden wissenschaftlichen Literatur unterschiedliche Schwerpunktsetzungen auf, die sich auf zwei übergeordnete, miteinander verwobene Forschungstraditionen rückbeziehen lassen; das ist zum einen die *institutionalistische* und zum anderen die *sozial-konstruktivistische* Orientierung (Hepp 2013, 2014). Die Erstgenannte beschreibt die Auswirkungen einer vom massenmedialen System – konzeptualisiert als „eigenständige gesellschaftliche Institutionen mit eigenen Regelwerken" (Hepp 2014: 190) – ausgehenden *Medienlogik* auf verschiedene soziale und kulturelle Bereiche. Dahinter steht der Gedanke, dass Massenmedien mit der Art und Weise, wie sie Inhalte produzieren, darstellen und verbreiten, direkt und indirekt Einfluss auf sämtliche Lebensbereiche nehmen, in denen dann gemäß der massenmedialen Darstellungs- und Gestaltungslogiken gehandelt wird. Allerdings hat sich mit der jüngeren Mediatisierungsforschung gezeigt, dass der institutionelle Ansatz aufgrund der Annahme einer *einzigen* Medienlogik sowie seiner Undifferenziertheit nur noch eingeschränkt haltbar ist (Hepp 2012). Die sozial-konstruktivistische Rahmung der Mediatisierungstheorie ist hingegen stärker an soziologischen Konzepten und dem Medienhandeln der Menschen orientiert. Hierbei wird nicht von einem unidirektionalen Einfluss der Medienlogik auf die Kommunikation der Menschen ausgegangen, sondern davon, dass medialer und sozialer Wandel einen wechselseitigen Einflussprozess begründen (Krotz 2001).

Beide theoretischen Richtungen der Mediatisierungsforschung, die institutionalistische und die sozial-konstruktivistische, basieren auf der Annahme eines unverminderten Bedeutungszusammenhangs zwischen Medien und Menschen – sei es aus einer systemischen Makro- bzw. Mesoperspektive oder einer eher individualzentrierten Mikroperspektive. Die aktuelle Mediatisierungsforschung geht daher zunehmend von einer kategorischen Trennung dieser beiden Traditionen weg und fokussiert vermehrt auf eine Integration beider Aspekte in der Gesamtbetrachtung: „In times of the increasing 'mediation of everything', different media are in their entirety involved in our changing communicative construction of culture and society" (Hepp 2013: 627).

Auf Basis dieser Annahme lässt sich Mediatisierung als ein Konzept gesellschaftlichen Wandels beschreiben, das auf zwei zentralen Thesen aufbaut: die erste These bezieht sich auf das Kriterium der *Reziprozität* und meint die Wechselbeziehung zwischen medialem und soziokulturellem Wandel. Hierbei werden sowohl die Bedeutsamkeit der Medien für die gesellschaftlichen Entwicklungen und damit für das Individuum als auch umgekehrt der Einfluss der menschlichen, sozialen Interaktion auf die Medien(anwendungen) und das Mediensystem insgesamt betont. Das heißt, verschiedene Bereiche wie Politik, Wirtschaft und Kultur sowie die Alltagskommunikation der Menschen sind auf der einen Seite von den Logiken verschiedenster und zunehmend konvergierender Medienanwendungen geprägt. Auf der anderen Seite gestalten Menschen durch die situativ-spezifische Art und Weise der Mediennutzung die jeweiligen Angebote selbst mit und entwickeln diese stetig weiter.

Die zweite These im aktuellen Mediatisierungskonzept fasst Mediatisierung als einen *Metaprozess*, dem gemäß Mediatisierungseffekte weder zeitlich oder räumlich noch in ihren sozialen und kulturellen Folgen begrenzbar sind (Krotz 2007: 12). Es wird davon ausgegangen, dass der Metaprozess der Mediatisierung verschiedene Subprozesse unter sich vereint, die sich jeweils als einzelne Mediatisierungsprozesse beschreiben lassen, wie die Mediatisierung der Politik (Vowe 2006, Strömbäck 2008, Thimm/Einspänner/Dang-Anh 2012a, b, Thimm/Dang-Anh/Einspänner 2014), Mediatisierung von Sozialisation und Beziehungen (Theunert/Schorb 2010, Schulz 2010) Mediatisierung von Geschäftsmodellen (Grenz/Pfadenhauer 2012) oder Mediatisierung des Glückspiels (Hitzler/Möll 2012). Als Metaprozess ist Mediatisierung damit als eine fundamentale Prägkraft der Moderne zu verstehen, die neben der Globalisierung, Individualisierung und Kommerzialisierung unsere Umwelt, unseren Alltag und unsere Identität formt (Krotz 2007, Livingstone 2009b).

Es stellt sich nun die Frage, ob die *Mediatisierung des Privaten* als ein weiterer Subprozess im Mediatisierungsprozess gefasst werden kann. Fest steht, dass der Einfluss der alltäglichen Mediennutzung auf die Art und Weise, wie wir Privatheit und Öffentlichkeit herstellen, empfinden und definieren, als wesentlich zu erachten ist (Sokol 2001, Weiß/Groebel 2002, Pundt 2008). Die Überschreitung von Sinnesgrenzen durch Techniken wie die Foto- oder Videokamera, das Festhalten und die Darstellung von (vermeintlich) Privatem in Rundfunk, Print oder online, die Personalisierung von Politik oder die Selbstdarstellung von Personen im Internet, haben eine Umstrukturierung der Grenzen zwischen Öffentlichkeit und Privatheit zur Folge, die sich als ein Zeichen der untrennbaren Verknüpfung von Medien und sozialer Umwelt darstellt; „das Private wird mediatisiert" (Weiß 2008: 82). Es ändern sich Ansichten, Einstellungen, Normen und Ideale. Privatheit wird in den Medien und über die Medien (re)kontextualisiert und durch die fremd- oder selbstbestimmte mediale Darstellung intersubjektiv erfahrbar. Während es zwar einige theoretische sowie empirische Versuche gibt, das Phänomen eines reziproken Einflusses von Medien und Privatheit zu beschreiben, existiert bislang jedoch kein gültiges Modell, das dieses besondere Wirkungsverhältnis dezidiert im Rahmen des Mediatisierungskonzepts erläutert. Vielmehr stehen sich hier einzelne Ansätze gegenüber, die jedoch mit uneinheitlichen Begrifflichkeiten und Konnotationen arbeiten. So argumentiert Döring (2003a) aus einer sozialpsychologischen Perspektive mit dem Begriff der Mediatisierung von Intimität und bezieht sich hierbei auf die veränderten Bedingungen, die gerade die Online-Kommunikation für das Aushandeln sozialer Beziehungen, insbesondere romantischer Beziehungen, mit sich bringt. Auch Linke (2010), die zwar mit der Mediatisierungstheorie nach Krotz (2001, 2007) arbeitet, fokussiert in ihrer Studie zum mediatisierten Alltag von Paaren die verschiedenen Formen des Gebrauchs und Einsatzes von Medien, mit denen Privatheit in einer Partnerschaft ausgelebt wird. Allerdings kommt hierbei die Erörterung eines potenziell veränderten Normenverständnisses von Privatheit zu kurz. Dieses muss jedoch – wenn die Mediatisierung des Privaten als ein Subprozess im Metaprozess der Mediatisierung der Gesellschaft gesehen werden soll – als ein wesentliches Element der Fragestellung in Betracht gezogen werden. Dagegen scheint der Ansatz von Pundt (2008) zu „medialisierter Privatheit"[2] zunächst treffend, stellt sich jedoch als auf der inhaltlichen Dimension zu eng gesetzt heraus, zumal der Autor ausschließlich Privatheit im Fernsehen behandelt. So diskutiert er medialisierte Privatheit in den zwei Zugangsweisen „Inszenierung des Privaten" und „das Private in der Inszenierung" (Pundt 2008: 235 ff.). Obgleich diese Rahmung durchaus auch für andere Medien in Erweiterung denkbar wäre (Pundt argumentiert hier mit Rössler (2001), die das Private beim mobilen Telefonieren mit dem Auftritt privater Personen in Talkshows vergleicht), kann jedoch aufgrund des Einzelmedienbezugs für eine umfassendere Modellierung mediatisierter Privatheit nur am Rande einen Beitrag leisten.

Ein Ziel, das mit vorliegendem Buch verfolgt werden soll, ist es, den medienbedingten Wandel von Privatheit mithilfe der theoretischen Darlegungen nachvollziehbar zu machen und als ein Mediatisierungs(sub)prozess zu konzeptualisieren. Die aktuelle Mediatisierungstheorie dient dabei als übergeordneter Rahmen, in dem die unterschiedlichen Aspekte des reziproken Einflusses von Medien und Privatheit von der Makro- bis zur Mikroebene zu analysieren sind. Dabei spielt die Multidimensionalität des Privatheitskonzepts insofern eine tragende Rolle, als dass sie mit den stetigen Weiterentwicklungen der Medientechnologien und -anwendungen einen Angelpunkt findet. So haben das Aufkommen und der Fortschritt von Informations- und Kommunikationsmedien nicht nur wesentliche historische Einschnitte markiert (z. B. Einzelmediennutzung vom Buch über das Radio und Fernsehen bis hin zum Internet), sie machten auch juristische Anpassungen erforderlich. Wenngleich eine diachrone Analyse und mithin die Überprüfung eines Wandels im Konzept des Privaten in diesem Buch nur ansatzweise über die theoretischen Ausführungen gelingen kann, so wird es zumindest möglich, über einen empirischen Synchronschnitt auf der Mikroebene den anhaltenden Mediatisierungsprozess über die Identifikation spezifischer Merkmale zu beschreiben und diese dem Subprozess der Mediatisierung des Privaten zuzuordnen (siehe zur Technik diachroner/synchroner Mediatisierungsforschung auch Hepp 2013).

In diesem Zusammenhang werden der Bearbeitung zwei zentrale Thesen zugrunde gelegt: Erstens wird davon ausgegangen, dass sich das individuelle Empfinden und Verständnis von Privatheit durch die starke Einbindung von

---

2 Während in vorliegendem Buch der Begriff *Mediatisierung* gewählt wird, verwendet Pundt *Medialisierung*. Eine präzise Trennung beider Begriffe existiert nicht; sie beziehen sich auf dasselbe Phänomen, betonen dabei unterschiedliche Herangehensweisen philosophischer Schulen.

Medien in die persönliche Umwelt des Einzelnen nachhaltig verändert hat. Zweitens ist damit die Annahme verbunden, dass die Ausgestaltung individueller Privatheit je nach Medienkontext einerseits spezifischen Regeln folgt, die der jeweiligen Medienlogik folgen, andererseits der Einzelne selbst die Medienkontexte über seine individuelle Nutzung und Kommunikationsweise für sich gestaltet und somit weiterentwickelt. In Kapitel III dieses Buches werden diese generellen Thesen zur Mediatisierung des Privaten im Zusammenhang mit der Online-Kommunikation noch weiter konkretisiert und schließlich mithilfe der nachfolgenden empirischen Untersuchung in Kapitel V überprüft.

Im Folgenden soll dazu zunächst auf den Einfluss der Massenmedien und des Mediensystems auf das Konzept von Privatheit eingegangen werden, bevor später die Medientechnologie im Allgemeinen und die Online-Kommunikation im Speziellen als wesentliche mediale Wirkungsparameter im Privatheitskonzept erörtert werden.

Zur Emotionalisierung der TV-Berichterstattung

Als ein zentraler Diskussionspunkt in der öffentlichen Debatte zum Wertewandel von Privatheit wird häufig die Darstellung von Privatem in den Massenmedien angeführt. Demnach eignen sich hauptsächlich die traditionellen Massenmedien aus Rundfunk und Print die Welt des Privaten an, indem sie intime und private Details aus dem Alltagsleben vieler Menschen zur Schau stellten (Weiß 2002). Besondere Aufmerksamkeit wird dabei auf das Fernsehen gelegt, das als hochgradig emotionalisierend angesehen wird (Kottlorz 1996, Göttlich 2001, Bleicher 2002, Meyrowitz 2002, Pundt 2008, Möller 2011): „The sudden loss of breath, the welling of tears in the eyes, the voice that cracks with emotion or moves steadily through a difficult passage – all these convey very personal information" (Meyrowitz 2002: 195). Die Art und Weise, wie Informationen und Inhalte über das Fernsehen vermittelt werden, folgt demnach einer Medienlogik der emotionalen Ausgestaltung und Gefühlsbetontheit; Bild und Ton können in Verbindung mit Handlung, Gestik und Mimik der Darsteller reales Mitgefühl evozieren.

In Bezug auf die Bewertung fernsehvermittelter Privatheit finden sich in der öffentlichen Debatte dabei sowohl befürwortende als auch kritische Positionen. Als positiv bewertet wird die Darstellung von Privatem im Fernsehen als eine neue Form der Unterhaltung, die ein „legitimes Bedürfnis erfüllt" (Weiß 2002: 17). Eine starre Abgrenzung von Privatheit und Öffentlichkeit wird demnach als überholt angesehen, eine offene, freizügige Behandlung der Themen Intimität, Sexualität und Privatheit hingegen begrüßt (Pundt 2002: 412). Dennoch überwiegen die kritischen Positionen, mit denen die undifferenzierten, oftmals übertriebenen und enttabuisierten Darstellungen von Lebenswirklichkeiten im TV verurteilt werden. Das Fernsehen führt demnach zu einer „Zertrümmerung des Intimen" und vermittelt ein Bild von Privatheit als bloßem „Gesell-schaftsspiel" (Schneider 2001: 6). In der kritischen Perspektive werden vor allem die bestehenden und zu schützenden Normen und Werte thematisiert und die nachteiligen Auswirkungen der Inszenierungen von Privatheit auf die Gesellschaftskultur diskutiert.

Insgesamt wird die Darstellung von Privatem im TV in der öffentlichen Debatte überwiegend als unmoralisch und skandalös gerahmt, wie Pundt (2002) mithilfe einer umfangreichen Inhaltsanalyse von 360 Zeitungsartikeln feststellt, die einen Zeitraum von knapp 40 Jahren deutscher Fernsehgeschichte abdeckt. In den ausgewerteten Quellen, zu denen unter anderen die Zeitschriften *Der Spiegel* und der *Stern* gehören, wird dargestellte Privatheit im Fernsehen oft als „geschmacklos", „peinlich" oder „unverantwortlich" beschrieben (Pundt 2002). Die zugrunde liegenden Fernsehformate sind dabei Spielshows (z. B. „Wünsch Dir was", ARD 1970/71 oder „Traumhochzeit", RTL 1992-1995), Talkshows (z. B. „Einspruch!" SAT.1 1993 oder „Daily Talk" ARD/RTL/Pro7/ SAT.1 1996-1998) oder Reality TV-Formate (z. B. „Das wahre Leben", Premiere 1994 oder „Big Brother", RTL2 2000). Alle Sendeformate haben länger andauernde kontroverse Debatten nach sich gezogen, die Pundt mithilfe einer Diskursanalyse der entsprechenden Zeitungsartikel systematisch zu rekonstruieren versucht. Er stellt dabei verschiedene Diskursstränge heraus, in denen die betreffenden Fernsehsendungen vor allem unter normativen und moralischen Gesichtspunkten bewertet werden. Besonders hervorstechend ist dabei die Kritik an Enttabuisierungen von Sexualität oder Tod, an Kandidaten, die „durch Ruhm und Geldgier motivierten Exhibitionismus" ausüben (Pundt 2002: 279) oder an der Befriedigung des voyeuristischen Interesses der Zuschauer. Sieht man diese Studie als einen exemplarischen Ausschnitt der öffentlichen Debatte, so wird hier ein spezifisches Bild von Privatheit gezeichnet, das einem negativen Veränderungsprozess unterliegt. Privatheit wird demnach in der Fernsehgesellschaft nicht als ein normativ geschützter Bereich erachtet, sondern hauptsächlich als „quotentreibendes Element", das für entsprechende Werbeeinnahmen gezielt ausgestaltet wird. Hierbei wird jedoch zugleich auch die Dialektik dieser Entwicklung deutlich: Das Fernsehen stellt Privates auf mehr und mehr schockierende Art und Weise dar, erzielt damit aber auch steigende Zuschauerquoten. Diese begründen ein erhöhtes öffentliches Interesse, das wiederum Einfluss auf die TV-Inhalte haben kann. Der reziproke Einfluss von medialen und gesellschaftlichen Normen lässt sich mithin am individuellen Verständnis alltäglicher Privatheit ablesen, die zu einem gewissen Teil an den Fernsehdarstellungen orientiert und zudem aufgrund der darüber stattfindenden Diskurse reflektiert und möglicherweise revidiert wird.

Die Personalisierung des Politischen

An der Stelle der emotionalisierten Ausgestaltung des Privaten im Fernsehen setzt auch das Konzept der Personalisierung des Politischen an, das auf dem „soziokulturellen Untergrund" des „Affektfernsehens" erst „zur Blüte kommt" (Weiß 2002: 73). Dahinter steht die Annahme, dass sich politische Inhalte durch eine (massen-)medial aufbereitete Inszenierung, insbesondere durch die Person des Politikers oder der Politikerin, besser vermitteln lassen als über bloße Sachinformationen ohne personellen Bezug. Politikerinnen und Politiker lassen sich von den Massenmedien insbesondere in Wahlkampfzeiten publikumswirksam darstellen und in Szene setzen, um sich als möglichst volks- und bürgernah zu präsentieren („Vermenschlichung", Schulz 2011: 240). Insbesondere das Privatfernsehen und Boulevardzeitungen lassen sich gezielt zu Gunsten des politischen Akteurs einsetzen, um ein bestimmtes, positives Bild seiner Person zu vermitteln. In diesem Fall fungieren Medien als Instrumente der politischen Kommunikation, die von den Politikern selbst gezielt mit persönlichen Informationen beliefert werden. Diese betreiben ein aktives „Image-Management", bei dem vor allem die politische Kompetenz und persönliche Integrität herausgestellt und unter Umständen geschönt werden sollen (Schulz 2011: 239). Eine wichtige Personalisierungsstrategie ist die Vergegenständlichung des Privatlebens der Politikerin oder des Politikers, z. B. durch das Involvieren der Familie, um auf diese Weise mehr Sympathien zu gewinnen (Ross 1998: 151, Imhof 2006: 203, Schulz 2011: 240).

Allerdings kann die mediale Berichterstattung auch dem eigentlichen Ansinnen der Politikerin oder des Politikers entgegenstehen, insbesondere wenn unerwünschte Inhalte aus deren Privatleben veröffentlicht und negativ gerahmt werden. Eine derartige nachteilige Personalisierung lässt sich nur in seltenen Fällen verhindern oder korrigieren, etwa wenn die Individualinteressen der Politikerin oder des Politiker gegenüber der Berichterstattungsfreiheit als schützenswert ausgelegt werden (Branahl 2009: 79; siehe auch Kapitel I.4.2 dieses Buches). In vielen Fällen hat die Veröffentlichung privater Informationen und deren mediale „Ausschlachtung" negative Konsequenzen für den Politiker oder die Politikerin, wie einige bekannte Fälle bereits zeigten (z. B. „Clinton-Lewinsky-Affäre", siehe hierzu auch: Timm 1999, Meyrowitz 2002).

Die medialen Mechanismen zur Personalisierung der Politik werden im akademischen Diskurs eher geringschätzig betrachtet. Dabei wird sowohl Kritik an einzelnen Medien und Formaten als auch an der gesamten Medienkultur geübt. Demnach beeinflusst die vermutete Erwartungshaltung des Publikums die mediale Darstellung und umgekehrt. Politisches wird inszeniert und „entertainisiert", damit es auch für den Laien nicht nur „rational-intellektuell", sondern mit allen Sinnen erfahrbar wird (Geffken 2005: 105). Kritisch wird hier das Bild einer Mediengesellschaft gezeichnet, in der es „nicht mehr hinreichend ist, sich durch Sachkompetenz und Argumente auszuweisen, sondern dass es (...) gilt, positive Emotionen zu mobilisieren" (Ross 1998: 150/151). Die Medien sind mit ihrem beispiellosen Reglement der öffentlichen Kommunikation ein zentraler Faktor der modernen Gesellschaftsstruktur. Durch die verschiedenen Techniken der Aufmerksamkeitslenkung werden politische und alltägliche Begebenheiten skandalisiert und das Private „öffentlichkeitsfähig" gemacht (Imhof 2006: 202).

Die beiden angeführten Beispiele, die sich auf die Darstellung und Inszenierung von Privatem in den Massenmedien beziehen, sind nur ein Aspekt einer Theorie der Mediatisierung des Privaten. Hierbei geht es in erster Linie um die konsequente Grenzauflösung zwischen Privatheit und Öffentlichkeit durch die mediale bzw. medienöffentliche Darstellung und Verarbeitung von Privatem. Auf der einen Seite sind es dabei die Medienredaktionen, die Privates darstellen und Werte und Vorstellungen von Privatheit auf diese Weise beeinflussen. Auf der anderen Seite sind es die Menschen selbst, die über Medien ihre eigene Privatheit bewusst und aktiv zur Schau stellen und damit „entprivatisieren" (Kainz 2011: 137). Kritisch diskutiert wird das Überhandnehmen diverser medialer Unterhaltungsangebote, bei denen nicht der Diskussionsanstoß im Sinne einer Informationsorientierung und kritischen Deliberation im Vordergrund steht, sondern die Manipulation und Inszenierung der Wirklichkeit (Wunden 2000, Sutter 2010). Ein zentraler Punkt der Mediatisierungstheorie wird hier deutlich: Die Einflussmacht der Medien. Die Massenmedien besitzen eine immense Wirkung auf unsere Normen- und Moralstruktur. Sie beeinflussen unsere Realität, indem sie erstrebenswerte oder abschreckende Bilder von Lebenswirklichkeiten vermitteln und Erklärungen für Sinn und Unsinn weltlicher Zusammenhänge liefern. Sie sind das „Fenster zur Welt" (Bleicher 2002: 210), das die Grenze zwischen dem privaten, häuslichen Bereich und der öffentlichen Welt verschwinden lässt. In einer pessimistischen Sichtweise tragen die „privatisierenden Kommunikationsformen" der Medien zu einer „allgemeinen Verunsicherung" bei und evozieren schließlich eine „Zerstörung des Privaten" (Hauser 1987: 26).

Eine ähnlich negative Grundkonnotation in Bezug auf Medien und „das Ende der Privatsphäre" (Schaar 2007) besitzt ein anderer Aspekt von Mediatisierung des Privaten, welcher weniger die Darstellung von Privatheit in den Medien, sondern hauptsächlich die Medientechnologie an sich betrifft. Die Kritik richtet sich dabei gegen die ubiquitäre Medientechnik (z. B. mobile Audio-, Videotechnik sowie digitale Datenübertragung und Datenspeicherung), mit der das Private jederzeit und von überall öffentlich gemacht wird. Die Digitaltechnik – und mithin die *Digitalisierung* (als Markstein der Umstellung von analoger auf digitale Technologie, siehe Hugger 2010: 8, Hickethier 2010: 94f.) – wird dabei als aktuelle Zuspitzung einer Überwachungsdystopie gesehen, in der privates Leben aufgrund von Speicherung, Verarbeitung und Verknüpfung personenbezogener Daten unmöglich wird. Die Digitalisierung leitet so zugleich ein neues Zeitalter der Privatheit ein. Der Frage, ob dabei von einer neuen, angepassten Form von Privatheit auszugehen ist oder ob vielleicht die dystopen Zukunftsszenarien einer Welt ohne Privatheit eher zutreffen, wird Gegenstand von Kapitel II.1 sein.

6. Zwischenfazit: Dimensionen von Privatheit

Im vorliegenden Kapitel wurde die Vielschichtigkeit des Konzepts von Privatheit aufgezeigt und seine unterschiedlichen Facetten anhand von vier Dimensionen – einer historischen, sozialpsychologischen, juristischen und medienwissenschaftlichen – beschrieben. Dabei wurde deutlich, dass Privatheit in unserer Gesellschaft in einer langen Tradition als ein schützenswertes Gut erachtet wird, indem es als ein von der Öffentlichkeit abgegrenztes, bisweilen diametral entgegen gesetztes, Konzept zu verstehen ist. Für die historische Perspektive konnte herausgearbeitet werden, dass sich die (gesellschafts-)politischen Grenzen zwischen Privatheit und Öffentlichkeit über verschiedene Epochen hinweg seit der römischen Antike bis in die Neuzeit unterschiedlich ausgeformt haben und dabei das jeweils vorherrschende Verständnis politischer, räumlich-architektonischer oder soziologischer Privatheit geprägt haben. Die Betrachtung des juristischen Diskurses hat in diesem Zusammenhang die verschiedenen Bemühungen offen gelegt, Privatheit als Rechtsgut durchzusetzen und dem Individuum einen gesetzlichen Anspruch auf die Wahrung seiner Privatheit bzw. Persönlichkeit zu garantieren. Hierbei wurde festgestellt, dass die einzelnen Schutzbereiche von Privatheit auch juristisch verhandelbar bleiben und somit nicht eindeutig definiert sind, nicht zuletzt da das „Recht auf Privatheit", bzw. das Allgemeine Persönlichkeitsrecht, stets gegenüber anderen Anspruchsnormen abgewogen werden muss. Eine wichtige Rolle spielt in diesem Kontext die Relation von Privatheit und Öffentlichkeit zu den Massenmedien oder der Medientechnologie, etwa im Sinne gegensätzlicher Ansprüche aus den Normen zur Meinungs- und Pressefreiheit oder im Rahmen der informationellen Selbstbestimmung.

Die beiden Dimensionen der sozialpsychologischen und der medienwissenschaftlichen Konzeptionierung von Privatheit sind für den weiteren Kontext des Buches besonders relevant, zumal es hier gerade um die Frage nach der Bedeutung, Konstruktion und Ausgestaltung *individueller Privatheit* im mediatisierten Umfeld der Online-Kommunikation gehen soll. So liegt der sozialpsychologischen Dimension die Annahme zugrunde, dass Privatheit ein menschliches Grundbedürfnis ist, welches für das psychische und soziale Wohlergehen eines Individuums wesentlich ist. Die Herstellung und Ausgestaltung sowie Regulierung individueller Privatheit basieren auf einem sozialen Aushandlungsprozess, bei dem der Einzelne durch das graduelle Verschieben der Grenze zwischen dem inneren Selbst und der Außenwelt sein subjektives Privatheitsempfinden sowie die objektive Wahrnehmbarkeit dieser Privatheit steuert. Die zentralen Mechanismen, die bei diesem Prozess wirksam werden, sind verschiedene Aspekte der Selbstdarstellung und des Identitätsmanagements sowie der Grenzregulierung. Dabei geht es einerseits um die Handhabung objektiv manifester Dinge wie Informationen oder den Zutritt zu einem privaten Bereich, andererseits um die Kontrolle von Privatheitsempfindungen und den Zutritt zur Innenwelt des Individuums. Gemäß der sozialpsychologischen Perspektive ist individuelle Privatheit kein festgelegter Gegenstand, sondern ein Konstrukt, das als verbindendes Moment zwischen der Innenwelt des Individuums und seiner sozialen, mit normativen Erwartungen besetzten Außenwelt fungiert. Entscheidend ist hierbei ferner der Faktor der Motivation des Individuums, sich privat zu verhalten, wobei hier sowohl der innere Wunsch nach Selbstoffenbarung oder Zurückhaltung als auch die Aussicht auf verschiedene Gratifikationen, die sich aus einer vertiefenden Beziehung zum Interaktionspartner ergeben können, in Einklang gebracht werden müssen.

Die medienwissenschaftliche Dimensionierung von Privatheit wird für den vorliegenden Kontext vor allem unter zwei Gesichtspunkten relevant: Der erste betrifft die Rolle der Massenmedien in der Vermittlung eines Normen- und Werteverständnis von Privatheit, welches sich unter anderem über eine kritisierbare Ästhetik boulevardesker Darstellungen von Privatheit und Öffentlichkeit in den Medien formt. Damit zusammenhängend beschreibt der Aspekt der Mediatisierung des Privaten den wachsenden Einfluss, den die Massenmedien auf das Konzept und Verständnis von Privatheit besitzen. Der zweite Gesichtspunkt rekurriert ebenfalls auf die Mediatisierungstheorie, wobei hier weniger die institutionalistische, als vielmehr die sozial-konstruktivistische Orientierung wichtig wird, die sich auf den wechselseitigen Einfluss der den verschiedenen Medien zugrunde liegenden Funktionslogik („Medienlogik") und dem sozialen Handeln der Menschen in und mit diesen Medien bezieht. Die These, dass die Alltagskommunikation auf der einen Seite immer stärker von den Logiken einzelner, zunehmend konvergierender Medienanwendungen geprägt ist, und die Menschen auf der anderen Seite die jeweiligen Angebote selbst situativ für ihre eigenen kommunikativen Zwecke anwenden und weiterentwickeln, stellt einen wichtigen Ausgangspunkt für die anstehende theoretische und empirische Auseinandersetzung mit dem Konzept individueller Online-Privatheit dar.
Wenngleich sich jede der genannten vier Dimensionen von einer anderen in bestimmten Aspekten unterscheidet, so lassen sich dennoch auch einige Gemeinsamkeiten ausmachen, welche die unterschiedlichen Perspektiven auf das Private miteinander verbinden. Demnach können die Faktoren der Normativität (Regeln), der Räumlichkeit (physischer und psychischer Zugang, Grenzen) oder der Kontrolle (Information, Macht, Empfinden) als privatheitskonstituierende

Bestandteile erachtet werden. Zudem sind die Medien als ein übergreifender Faktor hervorzuheben, mit denen und in denen sich Privatheit neu gestaltet. Das Internet gilt dabei als herausragendes Medium der heutigen Zeit, in dem sich die Dimensionen von Privatheit neu anordnen. Das folgende Kapitel dient daher der ausführlichen Betrachtung der unterschiedlichen Facetten von *Online-Privatheit*.

II Formen und Funktionen von Online-Privatheit

Ziel des vorliegenden Kapitels ist es, die Aspekte herauszustellen, die für Privatheit im Kontext von Online-Kommunikation als ein für die öffentliche und die wissenschaftliche Diskussion relevantes Konzept kennzeichnend sind. Online-Privatheit, so lautet die hier vertretene These, ist eine neue Form von Privatheit, die als mediatisierte, digitale Erweiterung, Weiterentwicklung oder auch Adaption des klassischen Privatheitsmodells verstanden werden kann. Die thematischen Schwerpunkte in der Diskussion um das Konzept von Online-Privatheit sollen in den nachstehenden Ausführungen aus vier Perspektiven näher betrachtet werden: Zunächst wird der politische Wert von Online-Privatheit in der mediatisierten (digitalisierten) Gesellschaft erörtert, wobei Argumentationslinien einer medientechnisch-systemkritischen, einer medienoptimistischen sowie einer vergleichsweise neutralen, pragmatischen Position aufgeführt werden. In Abschnitt zwei wird der Aspekt der Datensicherheit im Netz diskutiert, wobei die Problematiken des Datenmissbrauchs, der Ökonomisierung von Nutzerdaten sowie der Nutzungskompetenz bei der Online-Kommunikation im Mittelpunkt stehen. Im Anschluss daran werden in Abschnitt drei die sozialpsychologischen Motive herausgearbeitet, die zur Privatheitskonstruktion im Netz auf Seiten des Online-Nutzers bestehen. Schließlich behandelt der vierte Abschnitt die technischen Eigenschaften des digitalen Kommunikationskontextes und geht der Frage nach, inwiefern diese den Privatheitsprozess in der interpersonalen Online-Kommunikation determinieren.

1. Der politische Wert von Online-Privatheit: Zwischen Technikpessimismus und Medieneuphorie

Im vorhergehenden Kapitel wurde bereits deutlich, dass die politische Dimension von Privatheit auch als eine Urform des Privatheitskonzepts betrachtet werden kann, die bis heute in der Privatheitstheorie einen hohen Stellenwert besitzt (Arendt 1960, Westin 1970, Imhof/Schulz 1998, Westin 2003, Papacharissi 2010, Hotter 2011). Dabei haben im Zeitverlauf die Entwicklungen auf dem Gebiet der Medientechnologie Einfluss auf diesen Diskurs genommen, der sich nun zu einem großen Teil als medienkritisch erweist. Bevor im folgenden Abschnitt die konträren Positionen der sogenannten „Technikpessimisten" und „Technikoptimisten" erläutert werden, soll zunächst eine kurze Einführung in die Bedeutungszusammenhänge der politischen Dimension von Online-Privatheit gegeben werden.

1.1 Das Ende von Privatheit im Überwachungsstaat

Die Frage nach der Rolle des Staates ist zentral für das Gelingen von Privatheit in einer Gesellschaft. Grundsätzlich gelten dabei liberale, demokratische Staatsordnungen als privatheitsbegünstigend, wohingegen autoritäre oder totalitäre Systeme der Privatheit als entgegenstehend betrachtet werden (Westin 1970, 2003). Letztere dulden keine Autonomie oder Individualität ihrer Bürgerinnen und Bürger, sondern verlangen vollständige Loyalität (Westin 1970: 23). In autoritären Staaten sind Techniken der Überwachung und Kontrolle gängige Mittel; Privatheit ist ihnen untergeordnet und demokratische Grundrechte, wie die Meinungs-, Presse-, Religions- oder Versammlungsfreiheit, sind stark eingeschränkt oder gar nicht existent. Im Gegensatz dazu fungiert in einer Demokratie das Volk als Regulativ des Staates. Bürgerinnen und Bürger und die journalistischen Medien kontrollieren die Regierung, indem sie Politik öffentlich diskutieren; dass dabei häufig auch kritische Meinungen kundgetan werden, gilt als ein inhärenter Bestandteil demokratischer Diskurskultur (Kerchner 2006). Im demokratischen Staat werden außerdem die Individualität der Bürger, ihre politische, religiöse und soziale Freiheit, also ihre Privatheit, respektiert und geschützt.

Allerdings können die „demokratischen Balancen" von Staat zu Staat und mit ihnen die „over-all social balances of privacy" variieren (Westin 1970: 26). Das bedeutet, dass die Aufgabe des demokratischen Staats, die individuelle Freiheit der Bürger zu sichern, bisweilen mit anderen sozialstaatlichen Zielen kollidieren kann, vor allem in Hinblick auf die innere Sicherheit oder das öffentlichen Abgabewesen (Hotter 2011: 23). Das Tarieren zwischen diesen individuellen und über-individuellen Interessen bedeutet zugleich das Balancieren zwischen den Grenzen staatlich-öffentlicher Relevanz und der Privatheit des Einzelnen. Im Idealfall wird die Bestimmung dieser Grenzen im gesellschaftlichen, rationalen Diskurs getroffen. Jedoch werden realiter die Grenzen nicht basisdemokratisch und konsensual, sondern vom Staat selbst festgelegt (Hotter 2011: 23). Damit ist der demokratische Staat der Kritik ausgesetzt, liberale, grundrechtliche Werte zu missachten und das Staatswohl über das Wohl des Einzelnen zu stellen; denn wo der Staat einerseits Informationen über seine Bürger sammelt, um für Sicherheit, soziale Gerechtigkeit und Ordnung sorgen zu können, so muss er sich auf der anderen Seite stets dem Vorwurf der Privatsphärenunterwanderung stellen (ebd.).

Die Unsicherheiten, dass demokratische Staaten immer mehr zu Überwachungsstaaten werden könnten, haben sich im Zuge der Ausbildung neuer Informations- und Kommunikationstechnologien und den Möglichkeiten der digitalen Datenspeicherung weiter verstärkt. Der demokratische Staat benötigt für die Erfüllung seiner Aufgaben in Zeiten fortschreitender technischer Standardisierung und erhöhter Mobilität der Menschen neue Mechanismen und Lösungen sozialer Kontrolle (Hotter 2011: 86). Dabei können digitale Datenverarbeitungs- und Datenspeichersysteme helfen, die wachsenden Ansprüche des Staates effizient zu erfüllen. Dies erfordert allerdings ein großes Vertrauen von Seiten der Bürgerinnen und Bürger, dass ihre Daten von staatlicher Seite nicht zweckentfremdet und weiter verwertet werden. Aktuelle Fälle stellen dieses Vertrauensverhältnis zunehmend in Frage, wie am Beispiel der sogenannten „Snowden-Leaks" im Jahr 2013 deutlich wurde. Hier wurde durch den ehemaligen US-Geheimdienstmitarbeiter Edward Snowden bekannt, dass unter anderem der US-amerikanische Geheimdienst NSA sowie der britische Geheimdienst GCHQ die Internet- und Telefonkommunikationsdaten in- und ausländischer Bürgerinnen und Bürger sowie hochrangiger Politiker systematisch abfangen und auswerten. Gerechtfertigt werden derartige Spionageaktivitäten zumeist mit dem Verweis auf die staatliche Pflicht zum Schutz der Bevölkerung vor Gefahren (etwa durch Terrorismus) und zur Prävention von weiteren Sicherheitsrisiken (Bendrath 2007: 3).

In der Bevölkerung wächst die Befürchtung, dass eine zunehmende staatliche Überwachung mithilfe der digitalen Medien zu einem „Ende der Privatsphäre" (Schaar 2007) führt und somit auch das Ende der freien Meinungsäußerung bedeutet (Sofsky 2007). Dahinter steht die These, dass Menschen es in einer Gesellschaft, in der sie sich beobachtet und bewacht fühlen, nicht riskieren, ihre (politischen) Standpunkte offenzulegen, zumal sie staatliche Sanktionen befürchten, die sich auch auf ihr Sozialleben auswirken könnten. Ähnlich wie in Orwells Science-Fiction Roman „1984" dargestellt, würde dadurch schließlich eine undifferenzierte, unkritische Einheitsgesellschaft entstehen, die als intellektuell und sozial rückständig anzusehen ist.

Fundamentalkritik an der Medientechnologie: Medien als Feinde der Freiheit

Mit der Angst vor einem Überwachungsstaat geht nicht selten auch eine Fundamentalkritik an der Medientechnologie einher. Demnach sind Medien Mittel zur „alltäglichen Spionage" (Sofsky 2007: 13) und für die Zerstörung des Intimen verantwortlich (Garfinkel 2001). In einer Extremposition wird Medientechnik dabei als allein dem Zweck dienend angesehen, zu manipulieren und die Privatsphäre zu unterwandern:

> „'Technology is neutral' is a comforting idea, but it's wrong. History is replete with the dehumanizing effects of technology. Although it's possible to use technology to protect or enhance privacy, the tendency of technological advances is to do the reverse" (Garfinkel 2001: 258).

Hinter diesem grundsätzlichen Misstrauen gegenüber jeglicher Form von Medien und Medientechnologien steht die Angst vieler Bürger, zum „gläsernen Untertan" zu werden, welcher die Kontrolle über seine persönlichen Daten längst an den Staat abgegeben hat (siehe z. B. Brenton 1964, Brin 1998, Sofky 2007, Bendrath 2007). Jede Neuerung auf dem Gebiet der Medientechnik verstärkt dabei die Befürchtungen, dass Privatheit in einer zunehmend mediatisierten Gesellschaft keinen Bestand haben wird. Vor allem das Internet bzw. die digitalen Medien werden in diesem Zusammenhang als Ausgangspunkt eines Kontrollverlustes des Einzelnen über seine (informationelle) Privatheit angesehen (Seemann 2014). Sowohl der Staat als auch wirtschaftliche Unternehmen verfügen zunehmend über das Wissen, wie persönliche Daten gespeichert oder gelöscht werden können. Für den einzelnen Bürger hingegen werden die vielfältigen Erfassungs-, Vernetzungs- und Speicherungstechniken immer undurchschaubarer (Solove 2006, Rooy/Bus 2010). So gelten etwa die Ausstattung von Menschen, Tieren und Waren mit Funkchips (RFID-Chips) zur eindeutigen Identifikation oder Rückverfolgung (Oertel/Wölk 2006), die Überwachung von öffentlichen Plätzen über Kameras mit integrierter Technologie für die automatische Gesichtserkennung (Gates 2002) oder Nacktscanner an Flughäfen (Kilian 2013) als Techniken, die den „gläsernen Bürger" formen und die Möglichkeiten zur Privatheit minimieren. Das Recht auf informationelle Selbstbestimmung, das ursprünglich als „Abwehrrecht" gegen den Zugriff des Staates konzipiert wurde (Bialobrzeski/Ried 2011: 75, Rossnagel/Richter/Nebel 2012: 285), wird aus dieser medienpessimistischen Perspektive heraus als irreal oder unwirksam erachtet. Als Konsequenz, zur Vermeidung der Dystopie und zum Schutz der Privatheit, fordern Vertreter der medien- und technikkritischen Perspektive eine Abkehr vom Mediendeterminismus. Eine demokratische Gesellschaft sei demnach mit einer fortschreitenden Mediatisierung nicht zu bewahren, denn Medien seien die „Feinde der Freiheit" (Sofsky 2007: 146).

1.2 Neue Demokratie durch digitale Privatheit

In der aktuellen Debatte zum politischen Wert der Privatheit existieren auch Positionen, die in diesem Zusammenhang überwiegend Vorteile in den digitalen Medien sehen. „Medieneuphoriker" gehen nicht von einem Ende der Privatheit durch die Technologie und ihre Möglichkeiten der Überwachung aus, sondern sehen digitale Medien für das politische Wirken und Mitbestimmen jedes Individuums in der mediatisierten Gesellschaft als eine zentrale Voraussetzung an.

Unter Bezugnahme auf die strukturellen Besonderheiten des Social Web, die eine unkomplizierte Teilhabe an der digitalen Öffentlichkeit für das Individuum eröffnen, gehen Vertreter der medienoptimistischen Position von einer Stärkung der Zivilgesellschaft durch die online global vernetzten Aktionsräume aus. Dabei bilden die einzelnen privaten Sphären der Individuen die Schnittstelle zwischen dem Selbst und der politischen Sphäre: „The power that is afforded by the technological architectures of the private sphere emerges in networked mode, thus establishing the autonomy of each private sphere, as well as the collective power of conjoined private spheres" (Papacharissi 2010: 166). Die Politik wird demnach aus der „sicheren Privatheit" heraus mitbestimmt, die wiederum zwar individuell gebildet, aber dennoch kollektiv verwaltet wird. In dieser Hinsicht sind private Sphären also keine Orte, an denen Menschen von der Öffentlichkeit abgeschirmt oder isoliert sind, sondern Bereiche, die von Individuen als privat deklariert und zum Zweck der ungestörten und sicheren politischen Partizipation kultiviert werden (Papacharissi 2010). Die Verbindung dieser Sphären untereinander dient der gemeinsamen politischen Partizipation. Auf diese Weise, so wird angenommen, erfährt die demokratische Ordnung eine Stärkung und die Angst vor staatlicher Kontrolle sinkt: „Der Einzelne ist auf eine lebendige Kultur angewiesen, die seine Würde achtet und ihm die Chance gibt, im Schutz der Privatheit Zivilcourage zu entwickeln und als informierter ‚Citoyen' angstfrei am öffentlichen und privaten Leben teilzunehmen" (Tinnefeld 2008: 60).

Das Social Web spielt in der medienoptimistischen Perspektive demnach eine entscheidende Rolle. Es bringt neue Kulturtechniken wie Crowdsourcing und Online-Kollaboration hervor, die dazu beitragen, die „Mitverwaltung und Mitsprache, sowie die Akzeptanz und Integration kultureller Werte" zu fördern (Schäfer 2010). So erwächst eine Art der Interaktion und „bottom-up"-Partizipation, die mit der Hoffnung auf Entstehung einer neuen Form der (elektronischen) Demokratie verbunden ist (z. B. Barber 1998, Grunwald/Banse/Coenen/ Hennen 2006, Bucher 2009, Leggewie 2010, Petrik 2010, Thimm et al. 2012a). In der digitalen Öffentlichkeit gewinnen die Idealvorstellungen des egalitären politischen Diskurses, wie er bereits im Aristotelismus postuliert wird (siehe hierzu Kapitel I.2.1), wieder an Relevanz. Allerdings geht es dabei heute weniger um das Wiederbeleben der antiken Ideale von Öffentlichkeit und Privatheit, sondern vor allem um eine zeitgemäße Adaption selbiger, bei der auch Prozesse wie die Pluralisierung und Individualisierung der Gesellschaft einbezogen werden: „We try to distinguish between the public sphere (the public) and the making of publics (our publics). We are redefining our idea of public" (Jarvis 2011: 77). In dieser Hinsicht können Online-Plattformen sogar als Möglichkeit der individuellen Neuformulierung diskursiver Öffentlichkeit gelten, in der die Nutzerinnen und Nutzer an einem gemeinsamen, kontinuierlichen Deliberationsprozess teilnehmen, „where every proposal is considered and discussed according to its own merits" (Velikanov 2011: 366). In der digitalen Umgebung ist das Private in der medien- bzw. technikoptimistischen Perspektive mithin im Öffentlichen eingebettet und fest verankert. Vielmehr, hier bedingt das öffentliche Politische das digitale Private.

1.3 Datenfreiheit: Das digitale Zeitalter ist post-privat

Die bisherigen Ausführungen zum politischen Wert von Online-Privatheit legten zwei gegensätzliche Positionen offen: Die eine sieht im medientechnologischen Fortschritt eine Gefahr für die Privatheit und eine politische Entmündigung des Einzelnen und legt das Leben im Überwachungsstaat als dystope Zukunftsvision an. Die andere Position sieht die individuelle Privatheit aufgrund der zunehmenden Mediatisierung nicht als gefährdet, sondern versteht sie vielmehr als eine notwendige Voraussetzung dafür, in der digital vernetzten Gesellschaft Demokratie und Mitbestimmung umsetzen zu können.

Neben der medienkritischen und medieneuphorischen Perspektive lässt sich noch eine dritte, tendenziell neutrale Position ausmachen, in der die – wie auch immer geartete – Zukunft der Privatheit in der digitalen Gesellschaft pragmatisch angenommen wird. Die noch junge *Post-Privacy*-Bewegung (auch „Nach-Privatheit" oder „Post-Privatheit") geht davon aus, dass der Kontrollverlust des Einzelnen über seine persönlichen Daten eine unweigerliche Konsequenz der Digitalisierung darstellt, gegen den es nicht anzukämpfen lohnt. Demzufolge scheint es wenig zweckvoll, Privatsphäre im Online-Zeitalter zu schützen oder bewahren zu wollen, da Privatheit online ohnehin nicht existieren könne. Die Anhänger der Post-Privacy-Bewegung sehen zwar die Risiken der digitalen Datenspeicherung und die damit zusammenhängenden Missbrauchsmöglichkeiten kritisch, nehmen sie jedoch zugleich als gegeben an. Ihrer Meinung nach gibt es keine Alternative zur fortschreitenden „Verdatung" des Menschen (Berlinghoff 2013), da sich vor der Online-Welt niemand völlig verschließen könne. So fänden auch Menschen, die nie online gingen, persönliche Daten von sich im Netz (vgl. Solove 2007a: 10).

Der Kerngedanke der Post-Privacy lautet, dass Datenschutz oder Technikverweigerung keine effektiven Maßnahmen gegen Überwachung oder Privatsphärenverletzung darstellen, zumal Staat, Unternehmen und Organisationen dem Individuum stets einen Schritt voraus sind. Die Grundthesen der Post-Privacy-Bewegung lassen sich in drei Punkten zusammenfassen: Inadäquatheit traditioneller Vorstellungen von Privatheit, Datenschutzparadoxon und Datenfreiheit.

(1) Inadäquatheit traditioneller Vorstellungen von Privatheit: In der Post-Privacy-Bewegung wird das klassische Konzept von Privatheit als überholt angesehen und unter einem kritischen Standpunkt diskutiert. Die Vorstellung von Rückzugsräumen ist demnach für das Internetzeitalter nicht mehr adäquat, da die Grenze zwischen privat und öffentlich hier nicht jederzeit selbstbestimmt gezogen werden kann bzw. gar nicht existent ist. Leben in der digitalen Welt funktioniert nur zum Preis der Privatheit. Die Pauschalannahme „Privatsphäre ist das Gute, Öffentlichkeit das Schlechte" muss somit revidiert werden

(Seemann/Heller 2010, 47:15 Min.), nicht zuletzt, da Privatsphäre auch isolieren und vereinsamen kann.

(2) Datenschutzparadoxon: Datenschutzbemühungen für das Internet halten Post-Privacy-Anhänger für widersinnig. Sie sind der Auffassung, dass (persönliche) Daten im Netz überhaupt nicht geschützt werden *können*, da selbst Daten, die heute als sicher gelten oder die es noch gar nicht gibt, Potenzial enthalten können, das morgen bereits als Grund für Missbrauch dienen kann (Seemann 2014: 35). Trotz vermeintlich abgesichertem Online-Modus oder selbst mit bestimmten privaten Sicherheitseinstellungen von Webseiten, ist man im Netz nicht unbeobachtet oder „sicher". Mechanismen zu entwickeln, die Daten verschlüsseln oder schützen sollen, ist demnach wirkungslos.

(3) Datenfreiheit: Das Datenschutzparadoxon ist für Post-Privacy-Anhänger in den Grundsatz der Datenfreiheit eingebettet. Demnach behindert der Datenschutz die Netzfreiheit. So lautet ein zentrales Post-Privacy-Postulat „Freiheit" (Heller 2011): Freiheit der Daten, Freiheit des Netzes, Freiheit der Selbstbestimmung. Die Grundüberzeugung lautet, dass alle Daten jedem gehören. Zwar sehen die Post-Privacy-Anhänger die totale Transparenz der Gesellschaft wie Brin (1998), der die staatliche Überwachung durch Technik bereits als allgegenwärtig und die vollständige Offenlegung der Daten eines jeden Bürgers sowie des Staates selbst konzipiert, im Kern als erstrebenswertes Ziel oder zumindest als die bessere Alternative zum „Orwell'schen Panoptismus" (Heller 2011: 119) an. Dennoch empfinden sie diese Vorstellung als zu extrem, da so die „totale Demokratisierung der Überwachung (...) Privatsphäre untereinander unmöglich machen" würde (Heller 2011: 119).

    Tatsächlich steht hinter der Sichtweise der Post-Privacy-Anhänger eine die Mediatisierung bzw. Digitalisierung grundsätzlich befürwortende Position, die sich gegen eine staatliche Überwachung und für eine unregulierte Kommunikation im Internet einsetzt. Datentransparenz und das Schwinden von Privatheit sind somit teilweise zwar unerwünschte, doch hinzunehmende Folgen dieser Entwicklung.

Der politische Wert von Online-Privatheit, der sich aus einer medien- und technikzentrierten Sichtweise heraushebt, lässt sich schlussfolgernd als Verknüpfung zwischen Normativität und Funktionalität (vgl. Hotter 2011: 43f.), bzw. zwischen institutionellem und individuellem Paradigma darstellen. Das institutionelle Paradigma von Online-Privatheit betrifft den Fragenkomplex, inwieweit staatliche und andere gesellschaftliche Institutionen auf die persönlichen Daten des Individuums zugreifen können sollen, während sich das individuelle Paradigma in diesem Zusammenhang auf die Frage bezieht, ob und inwiefern der Einzelne seine persönlichen Daten gegenüber anderen Personen und Institutionen tatsächlich (physisch oder psychisch) zu kontrollieren vermag. Die Balance zwischen diesen beiden Paradigmen entscheidet schließlich über den Wert der politischen Debatte, in der gesamtgesellschaftlich relevante Argumente gegenüber der Individualperspektive abgewogen werden müssen.

2. Datenschutz – conditio sine qua non für Online-Privatheit?

Der folgende Abschnitt beschäftigt sich mit den Risiken der Datenpreisgabe im Netz sowie den Herausforderungen, die sich in Hinblick auf den Schutz der Online-Privatheit ergeben. Zu klären ist, wie, vor wem und aus welchen Anlässen heraus private Daten online zu schützen sind. Hier lautet eine These, dass der Datenschutz eine notwendige Bedingung für das Gelingen von individueller Online-Privatheit darstellt.

2.1 Das Internet als Blackbox: Zwischen Unsicherheit und Unwissen

Während das Internet einerseits für den Großteil der deutschen Bevölkerung für ihre alltägliche Kommunikation unverzichtbar geworden ist (über 63 Prozent aller Deutschen über 14 Jahren nutzen das Internet täglich, siehe Frees/Koch 2015), zeigt sich andererseits eine wachsende Unsicherheit der Online-Nutzer in Bezug auf die Sicherheit ihrer mehr oder weniger wissentlich im Netz preisgegebenen Daten. Die Datenschutz- und Sicherheitsbedenken bestehen dabei vornehmlich bei älteren Menschen (Croll/Weber 2012, Sicherheitsreport 2014, D21-Digital-Index 2014). Doch obwohl jüngere Online-Nutzer die Risiken der Internetnutzung allgemein als geringer einschätzen (Latzer/Just/Metreveli/ Saurwein 2013, D21-Digital-Index 2014: 32, Sicherheitsreport 2014: 10), befürchten auch sie, dass sie bei oder aufgrund ihrer Internetnutzung „beobachtet und identifiziert" werden können (Ochs/Löw 2012: 41).

Die verstärkten Datenschutzbedenken in der Bevölkerung lassen sich hauptsächlich auf zwei Sachverhalte zurückführen: Zum einen können sie als eine Reaktion auf die Berichte über zunehmende Fälle von Online-Datenlecks, Datenmissbrauch oder Cyberkriminalität gewertet werden (auf einzelne dieser Problematiken wird im nachfolgenden Abschnitt 2.2 näher eingegangen); zum anderen kann festgestellt werden, dass sich immer mehr Menschen den damit verbundenen Anforderungen an ihre Online-Nutzungskompetenz nicht gewachsen fühlen und deshalb mitunter sogar auf Aktivitäten in der Online-Welt verzichten (D21-Digital-Index 2014). Das Internet stellt sich für viele Menschen als eine „unüberschaubare Komplexität" (Ochs/Löw 2012: 41), als „Blackbox", dar, deren Aufbau und grundsätzliche Funktionslogik ihnen unbekannt ist. Die Empfänger ihrer Nachrichten stellen in vielen Fällen eine anonyme, disperse Masse dar und der Verbleib ihrer Daten scheint ungewiss.

Obschon hinsichtlich der Datenschutzbedenken teilweise Alters- oder sogar Generationsunterschiede bestehen, so kann dies für die Nutzungskompetenz im

Internet bzw. die *Internetkompetenz* (Hipeli 2012: 60) nicht kategorial angenommen werden, wie es beispielsweise in der Theorie mit der Gegenüberstellung der jungen, kompetenten „Digital Natives" und den älteren, unwissenden „Digital Immigrants" postuliert wird (siehe Prensky 2001; siehe hierzu auch die Diskussion in Kapitel IV.1 dieses Buches). Grundsätzlich sind weitaus mehr, individuell variierende, Komponenten zur Bewertung von Internetkompetenz oder „Anwendungswissen" (Ochs/Löw 2012: 31) heranzuziehen. Dies nicht zuletzt, weil auch innerhalb einer wie auch immer gearteten Anwendergruppe unterschiedliche Wissensbestände hinsichtlich der Online-Nutzung vorliegen können. Hierzu zählen etwa wie häufig jemand das Internet und spezielle Anwendungen im Einzelnen nutzt oder welche Informationen er dabei wie selektiert. Auch die Frage nach der Intendiertheit von Informationsproduktion bei der Online-Nutzung spielt eine wichtige Rolle, wie später noch zu zeigen sein wird (siehe Kapitel III.2). Zudem können auch formale Faktoren wie der Bildungsgrad oder infrastrukturelle Gegebenheiten Einfluss darauf haben, wie kompetent sich ein Nutzer in der Online-Umgebung bewegt (Iske/Klein/ Kutscher 2004).

Festzuhalten ist an dieser Stelle, dass das Bewusstsein darüber, welche Daten bei der Internetnutzung produziert werden und für welchen Personenoder Organisationskreis diese von Interesse sein können, sowie das Wissen, auf welche Weise sich persönliche Daten im Netz am besten schützen lassen, bei Internetnutzern prinzipiell unterschiedlich ausgeprägt ist. Dabei ist das *individuelle Anwendungswissen* im Netz einer permanenten Neubewertung zu unterziehen, zumal es auch Einflüssen unterliegt, die vom Nutzer selbst nicht steuerbar sind. Hierzu zählt insbesondere die Dynamik der technischen Weiterentwicklung, die ein wesentliches Kennzeichen der Web-Architektur darstellt. So können Anpassungen von Funktionen, Designs oder Interfaces, die Betreiber an ihrer Webseite oder Online-Plattform vornehmen, zu unerwarteten Änderungen führen, die den einzelnen Anwender verunsichern können und seine gewohnte Nutzung dieser Seite erschweren. Im September 2012 hatte zum Beispiel die Einführung der sogenannten Facebook-Chronik, ein neuer Anzeigemodus für die Profilseiten und Nachrichten im sozialen Netzwerk Facebook, zur Folge, dass viele, teilweise Jahre ältere Einträge, die im alten Design aufgrund ihrer Inaktualität nicht mehr präsent waren, nun auf der persönlichen Profilseite eines Nutzers wieder hervorgehoben wurden. Diese unerwartete Sichtbarmachung von „längst vergessenen" persönlichen Kommunikaten führte zu Konfusionen unter Facebook-Nutzern. Es wurde ein Datenleck vermutet, das zu einer Veröffentlichung von Facebook-Privatnachrichten auf der öffentlichen Pinnwand führe (Stern.de 28.09.2012). Diese Annahme erwies sich jedoch als falsch. Die vermeintlichen Privatnachrichten waren tatsächlich ältere, vom betroffenen Nutzer selbst veröffentlichte Status-Updates oder Pinnwandeinträge seiner Online-Freunde; in der nachträglichen Betrachtung *wirkten* sie jedoch privater als dies von ihm selbst zu diesem späteren Zeitpunkt gewünscht war.

Das beschriebene Beispiel mit dem veränderten Facebook-Design verweist auf zwei wesentliche Problematiken privater Online-Kommunikation: Erstens wird dadurch deutlich, wie sehr die Medienlogik digitaler Anwendungen die Art und Weise ihrer Nutzung prägt und welche Herausforderungen die dynamische Anpassung technischer Funktionen an den einzelnen User in Hinblick auf dessen Nutzungskompetenz stellt. Zweitens zeigt sich, wie flüchtig die Kommunikation im Netz auf der einen Seite in der Wahrnehmung durch den Nutzer und auf der anderen Seite wie beständig diese aufgrund ihrer digitalen Fixiertheit tatsächlich ist.

Ein zentraler Gesichtspunkt der „Unüberschaubarkeit" des Internets für die Anwender ist die Intransparenz hinsichtlich der Archivierung ihrer Daten und Inhalte. Während auf der einen Seite nicht alle User wissen, *dass* ihre Daten bei der Nutzung einer Online-Plattform automatisch vom Betreiber erfasst und gespeichert werden (können), so ergibt sich auf der anderen Seite die Schwierigkeit, dass die Art und Weise, *wie* und *zu welchen Zwecken* Anbieter die Daten sammeln, im Allgemeinen unbekannt ist. So ist nicht hinlänglich bekannt, dass Facebook die hier erstellten Nachrichten bereits *während ihres Entstehens* speichert. Das heißt, selbst wenn ein Nutzer seine Mitteilung vor dem Absenden oder dem öffentlichen Teilen auf der Plattform wieder löscht („Last-Minute-Selbstzensur", Das/Kramer 2013), hat Facebook den entsprechenden Inhalt bereits registriert. Problematisch ist hierbei nicht allein die Tatsache, dass die meisten Nutzerinnen und Nutzer über dieses Verfahren nicht explizit aufgeklärt werden (die Technik des simultanen Data-Mining führte Facebook erst nachträglich ein), sondern vor allem auch, dass dieses Vorgehen per se eine Privatsphärenverletzung für die User darstellt. Zumeist erklären sich Webseitenbetreiber wie Facebook dabei mit den gültigen Datenverwendungsrichtlinien, in die jeder User (konkludent) bei der Nutzung einer Plattform einwilligt. Tatsächlich ist hier zwar die Information aufgeführt, dass bestimmte Daten erhoben und weiter verwertet werden können, allerdings fehlen in den meisten Fällen entsprechende Detailauskünfte, wie etwa Namen von potenziellen Drittnutzern der Daten (zum Beispiel werbetreibende Unternehmen, siehe hierzu auch nächster Abschnitt 2.2).

Abschließend soll noch auf den Aspekt der *Kontrollillusion* eingegangen werden, der im Zusammenhang mit der Unwissenheit oder Desinformation vieler Online-User bei ihrer privaten Kommunikation im Netz steht. Dieser bezieht sich auf den Umstand, dass viele Nutzer annehmen, sämtliche ihrer online produzierten Inhalte regulieren und kontrollieren zu können, obwohl dies – wie bereits dargestellt – de facto nicht zutreffend ist (Houghton/Joinson 2010: 86, Trepte/ Reinecke 2011b: 62, Wang/Xu/Grossklags 2011, Krasnova/Kift 2012: 7). So führt mitunter etwa die Annahme, Daten oder eigens produzierte Inhalte im Nachhinein wieder löschen zu können, zu einer tendenziellen Unvorsichtigkeit bei der Online-Nutzung. Allerdings sind auf einer Plattform gelöschte

Informationen nicht zwangsläufig auch „aus dem Netz" gelöscht, wie am Beispiel einer Online-Privatnachricht deutlich wird: Nur weil der Absender sie aus seinem Account entfernt, bedeutet das nicht, dass die Nachricht deswegen auch vollständig gelöscht ist; sie kann nach wie vor noch beim Interaktionspartner oder auf dem Server des Webseitenbetreibers abrufbar sein. Die Problematik der Kontrollillusion wird auch bei der späteren theoretischen und empirischen Betrachtung individueller Strategien zur Privatheitskonstruktion im Rahmen dieses Buches noch eine zentrale Rolle spielen.

2.2 Techniken der Erfassung und Verwertung privater Daten

Nutzungsdaten oder personenbezogene Daten, die User während ihrer Kommunikation im Netz mehr oder weniger bewusst produzieren und preisgeben, können für Dritte, wie etwa werbetreibende Unternehmen, von hohem ökonomischen Wert sein. Sie dienen unter anderem der Entwicklung von zielgruppenspezifischen Werbeanzeigen oder bestimmten Webservices (wie Online-Games). Ein User erhält dann aufgrund seiner Aktionen im Netz oder seines Profils auf einer bestimmten Webseite auf ihn zugeschnittene, *personalisierte* Angebote. Die genaue Zielgruppenansprache, das sogenannte „Targeting", hat für werbetreibende Unternehmen den Vorteil, dass die zum Produkt passende Zielgruppe ohne große Streuverluste direkt erreicht wird, wodurch sich die Effizienz des Werbeeinsatzes bei gleichzeitiger Kostenminimierung steigert (Hess/Schreiner 2012: 106). Für den User selbst kann die auf sein Profil zugeschnittene Werbung ebenfalls vorteilhaft sein, zumal die Wahrscheinlichkeit groß ist, dass ihn das beworbene Produkt tatsächlich interessiert – schließlich sind von ihm bereits online getätigte Einkäufe, Produktrezensionen oder besuchte Internetseiten die Bezugsbasis.

Im Folgenden werden einige der gängigen Personalisierungs- und Datengewinnungstechniken im Internet kurz vorgestellt, bevor in Abschnitt 2.3 einige der möglichen Datenschutzmaßnahmen, die ergriffen werden können, diskutiert werden.

Eine einfache Methode, mit der Webdienstbetreiber oder Unternehmen Nutzerdaten im Internet erfassen, stellt der Einsatz von Browser-Cookies dar. Mithilfe von sogenannten „Tracking-Cookies" werden über einen kurzen oder längeren Zeitraum einzelne Navigationsschritte oder Suchanfragen eines Users gesammelt, woraus sich dann ein spezifisches Nutzungsprofil dieser Person erstellen lässt (Eickmeier/Hansmersmann 2011: 111). Je mehr Daten eines Users im Zeitverlauf auf diese Weise erhoben werden, desto genauere Aussagen lassen sich über seine Gewohnheiten und Interessen treffen. Für werbetreibende Unternehmen werden die Online-Aktionen dieses Nutzers damit zunehmend berechenbarer. Die Tatsache, dass Cookies vom Anwender selbst in den

Browsereinstellungen gelöscht oder präventiv über sogenannte „do not track"-Software abgewehrt werden können, hilft dabei nur bedingt (zumal ein Nutzer davon zunächst einmal Kenntnis haben muss); so ersetzen immer mehr Werbenetzwerke die konventionellen Cookies durch neuere Technologien wie Flash-Cookies, die sich nicht manuell über den Browser ausschalten lassen (Eickmeier/Hansmersmann 2011: 111).

Je mehr Daten Unternehmen und Institutionen von einer Person besitzen und je detailreicher diese aufgrund ihrer Kombinationsstärke sind, umso wertvoller sind sie für die Unternehmen. Bei einem auf Basis von Webseitenbesuchen erstelltem Nutzerprofil wird „die Personalisierung perfekt", wenn durch getätigte Online-Einkäufe der Person auch ihr Name, Anschrift und die Bankverbindung verknüpfbar werden (Schaar 2007: 191).

Nicht selten werden Daten, die aus der Internetkommunikation einer Person gewonnen wurden, auch offline nutzbar gemacht. Dies ist in besonderem Maße beim sogenannten *Scoring* der Fall – einer Datenkombinations- und Bewertungstechnik, die bereits mit analogen Daten ausgeführt wurde. Dabei werden verschiedene personenbezogene Informationen miteinander in Zusammenhang gebracht, wie das Geburtsdatum, der Wohnort, Beruf, Informationen aus dem Handyvertrag und vieles mehr, um auf diese Weise die Kreditwürdigkeit und Zahlungskraft dieser Person zu bestimmen (Schaar 2007: 198 ff., Kurz 2008). Bisher war Scoring eine Maßnahme, die vor allem von der „Schufa" angewandt wurde, einem Unternehmen in Deutschland, das darauf spezialisiert ist, Dienstleistern verschiedener Branchen anhand eigens durchgeführter, sogenannter Bonitätsrankings, Auskünfte über die Kreditwürdigkeit von Bürgern zu geben. Mittlerweile versuchen mehr und mehr Unternehmen selbst mithilfe der verschiedenen digitalen Tracking- und Datenkombinationsmethoden Vermutungen und Berechnungen über die Zahlungskraft ihrer (potenziellen) Kunden anzustellen, wie etwa auf Basis gesammelter Daten von Kundenkarten.

Dabei ist es vor allem die Kombination und Interpretation der dekontextualisiert erhobenen Daten, über die sich – mitunter fragwürdige – Verbindungen herstellen lassen: „That I buy fertilizer isn't telling until I go to a web site about making bombs with it" (Jarvis 2011: 100). So kann eine einzelne Information zu einer Person oder über eine ihrer Online-Aktionen an sich noch nicht viel aussagen; doch in Verbindung mit weiteren Informationen (im Zeitverlauf) können sich so relevante Hinweise zur Person des Nutzers ergeben.

Zunehmend werden auch personenbezogene Daten aus sozialen Online-Netzwerken zum Scoring und für Werbezwecke herangezogen. In Online-Communities gesammelte Daten sind für werbetreibende Unternehmen besonders wertvoll, zumal die zahlreichen Aktionen und Interessen einer Person hier für einen längeren Zeitraum gelistet und mit den Aktionen oder Profilen anderer Personen verknüpft sind. Das massenhafte Sammeln von Nutzerdaten wird damit erleichtert. Die Nutzer selbst wissen in den meisten Fällen wenig über die

Existenz und Ziele derartiger Methoden (siehe oben in diesem Kapitel unter 2.1).

Doch nicht nur die Datenerfassungsmethoden selbst, sondern auch die aus der Verknüpfung der Daten gewonnen Schlüsse und Interpretationen sind hinsichtlich ihrer Korrektheit und Reliabilität mitunter fragwürdig. Die erhobenen Daten liefern Anhaltspunkte (oder auch „Verdachtsmomente"), die allerdings nicht mit dem tatsächlichen Verhalten oder den Interessen einer Person übereinstimmen müssen. Ein Grund dafür ist, dass die Technik, mit der Nutzerdaten online gesammelt, zusammengeführt und ausgewertet werden, größtenteils automatisiert ist. Nicht Menschen kombinieren die Daten und überlegen oder wägen ab, welche Aussagen sich damit treffen lassen. Es sind Algorithmen, also Programme, die nach vorgegebenen Regeln die Daten im Netz analysieren und filtern (Mager 2012, Dang-Anh/Einspänner/Thimm 2013). Aufgrund algorithmischer Berechnungen werden dem Nutzer, erkennbar über die IP-Adresse seines Computers oder Cookies, bestimmte Produkt- oder Nutzungsempfehlungen angezeigt. Diese sind so programmiert, dass sie vornehmlich Inhalte anzeigen, von denen auf Basis der Berechnungen angenommen wird, dass sie den Nutzer interessieren könnten.

Abgesehen von der Undurchsichtigkeit der Funktionsweise von Algorithmen werten Kritiker die Form der algorithmisierten Inhaltsempfehlung im Netz als Einschränkung des intellektuellen Bezugsfeldes. Demnach erschaffen Empfehlungsalgorithmen für jeden Online-Nutzer ein individuelles Informationsuniversum, das aus allein auf seine Interessen zugeschnittenen Inhalten besteht. In einer derartigen „Filter Bubble" (Pariser 2011) befinden sich automatisch selektierte Inhalte, von denen der Nutzer weder weiß, weshalb sie ihm angezeigt werden noch ob und warum andere Inhalte nicht dargestellt werden. Anstelle einer „Filter Bubble" wird hier auch von einem „Echo-Chamber" gesprochen (Sunstein 2001, 2007), bei dem das personalisierte Internet für jeden Anwender stets die immer gleichen Inhalte ausgibt, die dem entsprechen, wofür er sich ohnehin interessiert („Widerhall"). Kritisiert wird dabei, dass es für den einzelnen User zunehmend schwieriger, wenn nicht unmöglich, wird, eine derartige „Filter Bubble" bzw. das „Echo-Chamber" zu erkennen und sich aus der Algorithmisierung seiner Informationswelt zu befreien (siehe weiter unten für eine Darstellung der Gegenargumente).

Im Vergleich zu den eher versteckt operierenden Berechnungsalgorithmen ist die Funktionsweise der sogenannten *Social Bots* (auch: *social media robots*) mehr oder weniger bekannt, obschon auch diese für den einzelnen Internetnutzer nicht zwangsläufig erkennbar sind. Ein Social Bot ist eine Automatisierungssoftware, die zur systematischen Datenaggregation und Datenmanipulation im Social Web eingesetzt wird. Das Ziel von Bot-Angriffen ist die Vernetzung mit Internetnutzern, um auf diese Weise Daten über sie zu erhalten, die bei der „normalen" Internetnutzung nicht abgefangen werden können. In einem sozialen Netzwerk kann ein Bot einen Account imitieren und darüber netzwerktypische Aktivitäten ausführen, wie Freundschaftsanfragen versenden oder Nachrichten verfassen (Boshmaf/Muslukhov/Beznosov/Ripeanu 2011, Wagner/Mitter/Körner/Strohmaier 2012). User, die einen Bot fälschlicherweise als „Freund" in das eigene Netzwerk aufnehmen, geben ihm und dem dahinter stehenden Verwender freien Zugriff auf ihre persönlichen und die aus der Verknüpfung mit anderen Usern entstehenden Daten. Dabei kommt es nicht selten vor, dass NutzerInnen die Freundschaftsanfrage eines Social Bots annehmen, obgleich sie die „Fake-Person" gar nicht kennen (Boshmaf et al. 2011). Obschon viele Netzwerkbetreiber den Einsatz von Social Bots auf ihren Plattformen missbilligen, bleibt für viele Kritiker die Angemessenheit der Gegenmaßnahmen fraglich, die sie zur Erkennung der Bots ergreifen: In der Regel setzen sie wiederum Algorithmen und spezielle Software ein, die das „abnormale" Nutzerverhalten von Bots aufdecken sollen. Die Anti-Bot-Software überprüft auf diese Weise sämtliche Userprofile hinsichtlich der Quantität von ausgetauschten Nachrichten, Anzahl von im Netzwerk befindlichen Freunden und sämtlicher „read and write action" (Stein/Chen/Mangla 2011). Was mit den auf diese Weise aggregierten Daten geschieht, bleibt unklar.

2.3 Privacy Awareness als Voraussetzung für erfolgreichen Datenschutz

Die Bedrohungen für die Nutzer und ihre persönlichen Daten im Netz sind mannigfaltig und für Laien kaum zu überblicken. Es zeigt sich, dass die Kreativität, mit der immer neue Tools und Techniken zum Auslesen, Kombinieren und Interpretieren von Nutzerdaten erschaffen werden, scheinbar grenzenlos ist. Die offene Struktur, die das Social Web aufgrund seiner zugänglichen Programmierschnittstellen (APIs) bietet, ist zwar auf der einen Seite für die Entwicklung von Open Source Tools und -Plattformen von großem Wert, erlaubt es jedoch auf der anderen Seite auch vielen Schadprogrammen, Informationen in die Plattformen zu schreiben und ebenfalls aus ihnen zu erhalten (Boshmaf et al. 2011). Gerade die APIs von sozialen Netzwerken wie Facebook, Twitter, Google Plus oder Foursquare werden häufig genutzt, um dort veröffentlichte Mitteilungen und Inhalte zu scannen oder nach bestimmten Kriterien zu filtern.

Viele Webdienste verwenden die „Open Search APIs" von Plattformen, um mit den darüber gewonnen Daten ihr eigenes Angebot zu verbessern (zum Beispiel Personensuchmaschinen wie People123 oder Yasni). Doch es existieren auch Online-Dienste, die mit der Präsentation der Datengewinnungsmöglichkeiten über die offenen Suchschnittstellen auf die Unvorsichtigkeit der User im Netz aufmerksam machen sollen. So ist es das Ziel verschiedener Aggregationsseiten, wie etwa „We know what you are doing" oder „Social Leaks[3], Internetnutzerinnen und -nutzern vor Augen zu führen, wie ungeschützt ihre Profile in den sozialen Netzwerken oftmals sind. Auf Basis gezielter Suchanfragen wie „I hate my boss", „got drunk last night" oder „my new phone number" können Statusmitteilungen angezeigt werden, die von Usern mit entsprechendem Inhalt in einem der ausgewählten sozialen Netzwerke, insbesondere Facebook, Twitter oder Google Plus, für jedermann einsehbar veröffentlicht wurden.

Die Risiken, die sich für den einzelnen User in Hinblick auf die Sicherheit seiner Daten im Netz ergeben, können dabei präventiv unter Zuhilfenahme einiger Maßnahmen minimiert werden. Hierzu zählen die Benutzung von anonymen oder pseudonymen Identitäten oder multiplen Email-Adressen sowie das Löschen von Cookies in den Browsereinstellungen; auch ein häufiges Überprüfen und Anpassen der eigenen Privatsphäre-Einstellungen im persönlichen Online-Profil oder das regelmäßige Erneuern der verwendeten Passwörter gelten als hilfreiche Datenschutzmaßnahmen (Broers/Pauls 2009, Joinson/Houghton/Vasalou/Marder 2011, Schallbruch 2012).

Es existieren ferner immer mehr Plattformen, die sich als Alternative bekannter Dienste verstehen und damit werben, die Privatsphäre ihrer Nutzer zu schützen, etwa indem sie deren Daten gerade nicht sammeln, auswerten oder an Dritte weitergeben. Bekannt ist in diesem Zusammenhang das soziale Netzwerk Diaspora, das seinen Nutzerinnen und Nutzern unter dem Motto „own your data" ermöglicht, ihre Daten auch auf andere Server auszulagern und damit selbst zu „hosten" (diasporaproject.org). Hinzukommen diverse Tools und Software-Anwendungen (wie zum Beispiel „Privacyfix" oder „Ghostery"), die helfen sollen, unsichere Daten oder „Spyware" auf dem PC und auf den besuchten Webseiten zu entdecken, zu verwalten und gegebenenfalls zu löschen. Allerdings stellt es für den einzelnen User eine Herausforderung dar, zu entscheiden, welche dieser Tools welchen Nutzen oder Mehrwert bieten. Fraglich ist zudem, ob derartige Programme selbst überhaupt sicher sind – schließlich erhält eine Anti-Viren-Software bei der Installation zugleich Zugriff auf den eigenen Computer und entsprechende Daten.

Die erfolgreiche Zukunft des Datenschutzes basiert auf einer „Allianz von Recht und Technik", das heißt, wenn neue mediale Systeme bereits entsprechende Datenschutzmechanismen inkorporieren (Schaar 2012: 265). Bisher steht der Datenschutz jedoch in Hinblick auf praktikable und nutzerfreundliche Verfahren noch recht am Anfang (ebd.: 371). So sind Verschlüsselungstechnologien zwar in der Regel sicher und sinnvoll, jedoch meistens sehr kompliziert und unflexibel in der Anwendung. Im Gegenzug sind auch der Entwicklung von Schadprogrammen keine Grenzen gesetzt, so dass trotz einer verwendeten Datenschutzsoftware auch die Möglichkeit besteht, dass die privaten Daten

---

3 http://www.weknowwhatyouredoing.com/ und http://www.social-searcher.com/social-leaks/.

entschlüsselt und de-anonymisiert werden (Narayanan/Shmatikov 2009, Acquisti/Gross/Stutzman 2011).

Es lassen sich in der öffentlichen Debatte auch Positionen finden, die gegen den Einsatz von Datenschutzmaßnahmen sprechen (siehe auch die Post-Privacy-Debatte in Abschnitt 1.3 in diesem Kapitel). So werden Datenschutzanstrengungen bisweilen mit dem „Ich habe doch nichts zu verbergen"- Argument bagatellisiert (Solove 2007b, Bendrath 2007: 11, Kulhay 2013: 68), wobei hierfür häufig allgemeines Desinteresse oder Unwissen der Grund sind. Allerdings besteht bei vielen Online-Usern offenbar auch der Wunsch, personalisierte Werbung und Nutzungsempfehlungen zu erhalten. So empfinden sie es als praktisch und zeitsparend, sofort auf passende oder vermeintlich interessante Webseiten und Inhalte verwiesen zu werden; den Eintausch ihrer persönlichen Daten nehmen sie dabei mitunter bewusst als Kompromiss in Kauf (Joinson/Paine 2011: 244).

Als Argument *für* eine algorithmisierte Präselektion und Personalisierung von Online-Inhalten wird ferner aufgeführt, dass sich so in der Unmenge an Informationen im Netz Orientierungshilfen bieten, die dazu beitragen können, die Frustrationsgrenze des Users, die durch das Testen vieler unpassender Treffer (nach Suchanfragen) schnell überschritten ist, minimal zu halten (Hanani/Shapira/Shoval 2001). Weiterhin wird in Hinblick auf das „Filter Bubble"-Phänomen (siehe Abschnitt 2.2 in diesem Kapitel) angemerkt, dass der kompetente Umgang mit algorithmischen Rankings und Filtermodellen auch erlernt werden kann und es so möglich wird, den Informationsfluss in der „Filter Bubble" gezielt zu steuern oder zu durchbrechen (Carlson 2003). Zudem wird – zumeist von den Daten sammelnden Organisationen selbst – argumentiert, dass es bei der Erstellung personalisierter Webangebote gar nicht auf personenidentifizierende Merkmale ankommt, sondern dass es dabei hauptsächlich um das Erkennen von Nutzungsmustern geht:

> „Es gehört zu den Mythen der Sicherheitsforschung, dass es personenbezogene Daten sein müssen, die von Relevanz für die Wirtschaft seien. Statt der persönlichen Identifikation sind Unternehmen eher an statistischen Klassifizierungen interessiert, die zu Mustern des Konsumentenverhaltens bzw. zur Klassenbildung führen. Muster sind im Gegensatz zu Profilen nicht einem Individuum zugeordnet" (Müller/Flender/Peters 2012: 150).

Trotz dieser vermeintlich abschwächenden Argumente in Bezug auf die Gefahr der Datensicherheit im Netz stellt die Intransparenz der verschiedenen Datenerfassungs-, speicherungs- und -verwertungstechniken und seiner Verwender für den einzelnen User nach wie vor eine große Herausforderung dar. Abgesehen von der Voraussetzung zu wissen, dass eine Gefahr des Datenmissbrauchs grundsätzlich oder auch situativ besteht, erfordert es ein hohes Maß an Nutzungskompetenz, Reflektionsvermögen, Zeit und Aufwand, um die jeweiligen

Datenschutzeinstellungen im Browser oder auf einzelnen Webseiten zu verwalten und das Aussenden oder Abfangen der eigenen Daten zu kontrollieren.

Die Ausführungen machen deutlich, wie groß die Gefahren der Online-Kommunikation in Hinblick auf die Sicherheit persönlicher Daten einerseits sind und wie wenig viele User oftmals im Vergleich dazu gegen die Erfassung, Speicherung und Weiterverwertung ihrer Daten durch Dritte andererseits wissen oder unternehmen. Technischer Datenschutz, etwa über den Einsatz von Anti-Virus-Programmen oder die Anpassung von Privatsphäre-Einstellungen im Browser oder auf einer Plattform, stellt keine hinreichende Bedingung für den Schutz der individuellen Online-Privatheit dar. Im Gegenteil, die technische Sicherung von Informationsnetzwerken und Computern „ist nur *ein* Aspekt des Datenschutzes" (Broers/Pauls 2009: 7). In der Hauptsache geht es um die Ausbildung eines *Bewusstseins* darüber, welche Daten jemand bei der Kommunikation im Netz mehr und weniger bewusst und zielgerichtet preisgibt und welche Konsequenzen sich daraus in Hinblick auf die eigene Online-Privatheit ergeben. Dieses Bewusstsein wird auch als (Online-) *Privacy Awareness* bezeichnet (Pötzsch 2009: 228, Richard/Grünwald/ Recht/Metz 2010: 27). Hierzu zählt nicht nur die subjektive Einschätzung der zu konstruierenden Privatheit, sondern auch die Fähigkeit, den objektiven „Privatheitsgehalt" und damit das Risiko für Privatsphärenverletzungen zu beurteilen und entsprechend verantwortungsvoll mit den Inhalten umzugehen. Der reflektierte Umgang mit den eigenen privaten Daten im Netz in Verbindung mit einer guten Kenntnis möglicher technischer Datenschutzmaßnahmen sowie dem entsprechenden Hintergrundwissen gelten als wesentliche Voraussetzungen für eine sichere Kommunikation im Netz und den Schutz der individuellen Online-Privatheit (siehe ausführlich Kapitel III).

3. Motive privaten Verhaltens im Social Web

Im vorherigen Abschnitt wurde die Bedeutung des Datenschutzes für den Umgang mit privaten Inhalten im Netz betrachtet. Dabei wurde deutlich, dass Online-Kommunikation mit zunehmender Konventionalisierung mehr Achtsamkeit von den Nutzerinnen und Nutzern erfordert. Je alltäglicher und intuitiver die Nutzung des Internets für den Einzelnen wird, umso größer werden die Anwendungsfelder, die online bedient werden – und somit auch die potenziellen Anwendungsrisiken. Nutzer sind ob der Gefahren bei der Datenpreisgabe im Netz besorgt, nicht zuletzt aufgrund der verstärkten öffentlichen Debatte, die in Politik, Medien und Erziehung darüber geführt wird. Die Wichtigkeit, die der Online-Datenschutz für viele Internetnutzer persönlich besitzt, wird häufig betont; und dennoch veröffentlicht eine Mehrheit entgegen ihrer Aussagen etliche, teilweise höchst sensible Daten online (Tufekci 2008a, Reinecke/Trepte 2008, Acquisti et al. 2011):

> „Nobody is literally forced to join an online social network, and most networks we
> know about encourage, but do not force users to reveal – for instance – their dates of
> birth, their cell phone numbers, or where they currently live. And yet, one cannot help
> but marvel at the nature, amount, and detail of the personal information some users
> provide" (Acquisti/Gross 2006: 37).

Dieses paradox anmutende Verhältnis, nach dem das theoretische Wissen bzw.
die Besorgnis über die Risiken privater Inhalte im Netz von dem tatsächlichen
Kommunikationsverhalten vieler Internetnutzer abweicht, wurde bereits mehrfach in wissenschaftlichen Studien belegt (Barnes 2006, Utz/Kramer 2009,
Pötzsch 2009, Taddicken 2011, Young/Quan-Haase 2013). Das sogenannte *Privacy Paradox* wirft die Frage auf, ob die zahlreichen Online-Preisgaben allein
Zeichen mangelnder Datenschutzkompetenz sind oder ob nicht noch tiefer liegende Gründe für das offenkundige Bedürfnis privater Online-Kommunikation
verantwortlich sind (ausführlich zum Privacy Paradox siehe Kapitel IV.2.2).

Die folgenden Ausführungen sollen nun dazu dienen, die (motivationalen)
Faktoren zu bestimmen, die individuelles Privatheitshandeln in der Online-Welt
beeinflussen. Die einzelnen privatheitsrelevanten Online-Handlungen, die eine
Person in der zur Gestaltung ihrer Privatheit im Netz ausführt, werden in ihrer
Gesamtheit auch als *Privacy Management* bezeichnet (vgl. Palen/Dourish 2003,
Waters/Ackermann 2011).

3.1 Gratifikationen von Online-Privatheit

Eine Erklärung dafür, dass Menschen online Privates von sich preisgeben, bietet
der „Uses and Gratifications"-Ansatz (Nutzen- und Belohnungsansatz). Damit
ist die Annahme verbunden, dass Menschen mit der Veröffentlichung persönlicher Inhalte über sich im Netz bestimmte psychische oder soziale Vorteile (Gratifikationen) zu erzielen hoffen. Der Uses and Gratifications-Ansatz stammt aus
der traditionellen Publikums- und Massenmedienforschung und geht davon aus,
dass Menschen bestimmte Medien oder Medieninhalte aktiv und zielgerichtet
rezipieren, um dabei verschiedene (kognitive, affektive oder soziale) Bedürfnisse zu befriedigen (Katz/Blumer/Gurevitch 1973, Schweiger 2007: 60 ff.). Je
nach aktueller Stimmung und Situation wenden sich Menschen demnach dem
Medium und den Inhalten zu, die am ehesten ihrem aktuellen Verlangen entsprechen.

Menschen nutzen Medien, um bestimmte persönliche Bedürfnisse zu befriedigen und entsprechende Belohnung daraus zu erhalten. Gemäß dem Uses
and Gratifications-Ansatz sind die jeweiligen Vorteile, die sich eine Person aus
ihrer Mediennutzung verspricht, folglich zugleich die Motive für ihre Medien-
wahl. Bei der Adaption dieser Theorie auf die Nutzung des Social Webs steht

der aktive Rezipient im Mittelpunkt, der sich bewusst und selektiv den entsprechenden Online-Angeboten zuwendet und dabei auch eigene Inhalte produziert und verbreitet (Quan-Haase/Young 2010, Taddicken/Jers 2011, Jungnickel/Schweiger 2014). Dabei zeigt sich, dass im Social Web vor allem soziale und selbstbezogene Anreize vor die Information und Unterhaltung als wichtige Beweggründe für die Mediennutzung treten: Zu den sozialen Gratifikationen gehören beispielsweise der interpersonale Meinungs- und Gedankenaustausch, die Interaktion mit Bekannten, Freunden oder der Familie sowie positives Feedback und Unterstützung. Zu den selbstbezogenen Motiven zählen insbesondere die mit Selbstoffenbarungen oder Selbstdarstellungen verbundenen Gratifikationen (Taddicken/Jers 2011: 150, Jungnickel/Schweiger 2014: 29, Trepte/Reinecke 2013). Beide Dimensionen verbindend identifizieren Masur, Reinecke, Ziegele und Quiring (2014: 377/378) insgesamt drei zentrale intrinsische Bedürfnisse, die Menschen dazu verleiten, Social Web-Plattformen – insbesondere Online-Communities – zu nutzen: (1) das Bedürfnis nach Autonomie und Selbstständigkeit, verbunden mit der Abwesenheit äußerer Zwänge, (2) der Wunsch, die eigene Kompetenz bei der Online-Nutzung einzusetzen bzw. zu testen und dabei das Gefühl zu haben, etwas Bedeutungsvolles zu tun, (3) das Bedürfnis nach Nähe und Verbundenheit mit anderen Menschen.

In Hinblick auf privates Verhalten im Netz muss dabei trotz des Postulats des aktiven Mediennutzers im Uses-and-Gratifications-Ansatzes zwischen passiver und aktiver Online-Partizipation unterschieden werden. Erstgenannte bezieht sich auf die Nutzung von Angeboten, ohne dabei zwangsläufig Informationen über sich selbst preiszugeben, etwa beim Ansehen von Videoclips oder dem Lesen von Blogeinträgen (Befriedigung von Informations- oder Unterhaltungsbedürfnissen, Taddicken/Jers 2011: 151). Zweitgenanntes, die aktive Partizipation an Social Web-Angeboten, involviert hingegen in der Regel auch die Produktion und Preisgabe von persönlichen Informationen, insbesondere bei der Kommunikation in sozialen Netzwerken. Dabei gilt das Produzieren dezidiert privater Inhalte online, wie durch Selbstoffenbarungen oder Selbstdarstellungen, als zentraler Mechanismus zum Erreichen bestimmter Gratifikationen, insbesondere dem Erleben von Anerkennung durch die Mitmenschen: „In technologically mediated sociality, being seen by those we wish to be seen by, in ways we wish to be seen, and thereby engaging in identity expression, communication and impression management are central motivations" (Tufekci 2008a: 21).

Obschon demnach auf der einen Seite davon auszugehen ist, dass die Nutzung des Social Web und die Preisgabe privater Informationen beim Anwender zielgerichtet, zum Zweck des Gratifikationserhalts, erfolgt, so kann auf der anderen Seite angenommen werden, dass die affektiven Beweggründe dabei nicht immer rational begründbar oder gar vom User selbst steuerbar sind. So kann der Wunsch nach Anerkennung oder Verständnis beim Gegenüber auch erst in der Kommunikationssituation valent werden und den User dazu verleiten, zunehmend mehr Informationen über sich preiszugeben. Dieser Umstand bzw. das Entstehen des intrinsischen Bedürfnisses nach sozialer Gratifikation kann dem User beim einen Mal mehr, beim anderen Mal weniger bewusst sein.

Die folgenden drei Faktoren lassen sich als zentrale Motivationsgründe für die Konstruktion und Gestaltung individueller Online-Privatheit ausmachen: die Aussicht auf positives Feedback vom Interaktionspartner, der Wunsch nach Vermehrung von Sozialkapital sowie das Erleben von Intimität.

(1) Positive Rückmeldungen vom Interaktionspartner

Das Feedback vom Gegenüber spielt grundsätzlich eine entscheidende Rolle für die Konstruktion und Verwaltung individueller Privatheit (Altman 1976). Die Reaktion des Interaktionspartners ist ein Signal dafür, ob man mit einer Handlung oder dem Gesagten die Privatheitsgrenzen einhält oder sie möglicherweise bereits übertreten hat. Altman bringt in diesem Zusammenhang das Beispiel einer Person, die ohne Anzuklopfen einen privaten Raum betritt und daraufhin gebeten wird, diesen Raum wieder zu verlassen (Altman 1976: 17). Während dies eine eindeutige Reaktion darstellt, dass eine Privatheitsgrenze überschritten wurde, müssen andere Rückmeldungen hingegen tiefer interpretiert werden, etwa, wenn das Feedback nicht klar verständlich, sondern indirekt kommuniziert wird. Die Sensibilisierung auf die gegenseitigen Rückmeldungen, die in der Face-to-Face-Interaktion sowohl verbal als auch nonverbal erfolgen können, bestimmt nicht nur den Verlauf einer Interaktionssituation, sondern ist zugleich ein zentraler Regulationsmechanismus für die Herstellung von Privatheit einer Person. So konstatieren Pearce und Sharp (1973: 419), dass sich Menschen tendenziell eher den Personen gegenüber offenbaren, die sie mögen oder denen sie vertrauen. Damit ist die Annahme verbunden, dass sie sich bei der Selbstoffenbarung von diesen Personen eher „kognitiv konsonantes" Verständnis und Feedback erhoffen.

Bei der Kommunikation im Social Web bieten sich verschiedene Möglichkeiten des Feedbacks, die für die Interpretationsleistung eines Users mehr oder weniger eindeutig sein können. So gibt es die Möglichkeit, ein Kommentar als Reaktion auf den Beitrag eines Users zu schreiben, bestimmte Rating- und Bewertungssysteme zu nutzen (wie etwa „Likes" auf Facebook oder „Favorites" auf Twitter) oder die Beiträge eines Users weiterzuleiten („Sharing"). Während sich dabei Kommentare, die Gefallen oder Missfallen ausdrücken, eher zu eindeutigem Feedback zählen lassen, kann sich das „Like", mit dem ein User einen Beitrag auf Facebook versieht, hingegen sowohl auf dessen konkreten Inhalt beziehen (der selbst auch negativ oder positiv gerahmt sein kann) als auch als Zeichen dafür gewertet werden, dass der Beitrag registriert und mithin anerkannt wurde. Wie eine Rückmeldung vom User selbst interpretiert wird, hängt dabei ganz wesentlich vom ursprünglichen Ziel, das er etwa mit dem Veröffentlichen privater Informationen erreichen wollte, ab.

In jedem Fall stellt das (positive) Feedback von anderen Usern ein zentrales intrinsisches Bedürfnis und somit ein wichtiges Motiv für die Konstruktion, Gestaltung und Regulierung von Privatheit im Social Web dar (Valkenburg/Peter/Schouten 2006, Reinecke/Trepte 2008: 207, Krasnova/ Spiekermann/Koroleva/Hildebrand 2010, Reinecke/Vorderer/Knop 2014). Dabei gilt, dass positive Rückmeldungen zugleich weiteres positives Feedback evozieren (zum Beispiel Danksagungen für erbrachtes Feedback), weniger gutes Feedback hingegen zu einer zunehmenden Negativierung der Tonalität in der nachfolgenden Interaktion führt (Turkle 2012: 327). Da das Feedback in den meisten Fällen auch von anderen Nutzern der jeweiligen Web-Plattform eingesehen werden kann (etwa wenn es sich um einen Kommentar auf der virtuellen „Pinnwand" im sozialen Netzwerk handelt), erhöht dies den Wert der Rückmeldungen für den einzelnen User. Negatives Feedback kann schnell als beleidigend empfunden werden und das Selbstwertgefühl einer Person heruntersetzen, während positives Feedback, das öffentlich einsehbar ist, ihr Selbstbewusstsein steigern und zugleich Teil des gezielten Identitätsmanagements werden kann (Valkenburg et al. 2006). Das Bedürfnis, positives Feedback, etwa in Form von Anerkennung und Lob zu erhalten, ist ein wesentliches Motiv für die Produktion bzw. Veröffentlichung persönlicher Inhalte im Web.

(2) Der Wunsch nach Stärkung von Sozialkapital

Ein weiteres zentrales Motiv zur Veröffentlichung persönlicher Informationen im Social Web ist das Bilden und Pflegen von interpersonalen Kontakten und damit das Schaffen von Sozialkapital (Ellison/Steinfield/Lampe 2007, Debatin/ Lovejoy/Horn/Hughes 2009, Quan-Haase/Young 2010, Ellison/Vitak/Steinfield/ Gray/Lampe 2011, Stutzman/Vitak/ Ellison/Gray/Lampe 2012, Trepte/Reinecke 2013). Soziales Kapital bezeichnet alle Ressourcen, auf die eine Person über ihr persönliches Beziehungsnetzwerk Zugriff hat und die sie über die Kontaktaufnahme mit anderen stetig neu zu schaffen vermag (Bourdieu 1983, Coleman 1988, Putnam 2000, Lin 2001, Putnam/Gross 2002). Das bedeutet, dass Individuen von den Beziehungen zu anderen Akteuren symbolisch oder materiell profitieren können, indem sie über die Struktur des Beziehungsnetzwerkes an bestimmte Ressourcen oder Leistungen, die andere zur Verfügung stellen, gelangen und diese für sich nutzbar machen. Je größer ein Netzwerk ist und je ergiebiger sich eine Tauschbeziehung ausgestaltet, umso höher steigt der individuelle sowie der kollektive Sozialkapitalbestand. Bourdieu spricht in diesem Zusammenhang von einem „Multiplikatoreffekt" (Bourdieu 1983: 192), durch den sich Sozialkapital in einer Gruppe anhäuft und konzentriert.

Die Beziehungspflege zu anderen Akteuren innerhalb eines Netzwerks ist für den Einzelnen besonders wichtig, da sich nur auf diese Weise und über den direkten Kontakt das so entstehende Sozialkapital in verwertbare Ressourcen konvertieren lässt. Dabei lassen sich zwei grundsätzliche Typen von Beziehungen unterscheiden, die jeweils verschiedene Formen von Sozialkapital hervorbringen: Dies ist auf der einen Seite die intensive und vertraute Beziehung, das heißt ein enger sozialer Kontakt, nach Granovetter (1973) auch als „strong tie" bezeichnet, und auf der anderen Seite die weniger intensive, eher schwache Verbindung zwischen Menschen, ähnlich einer flüchtigen Bekanntschaft, auch als „weak tie" bezeichnet (ebd.). Intensive zwischenmenschliche Beziehungen bringen demnach sogenanntes „dickes" Sozialkapital und lockere Beziehungen „dünnes" Sozialkapital hervor („thick versus thin social capital", Putnam/Goss 2002: 10). Neben der Intensität von Beziehungen haben auch bestimmte soziodemografische Faktoren Einfluss auf die Entstehung von Sozialkapital. Putnam und Goss (2002: 11) formulieren hier die Unterscheidung zwischen „bonding" und „bridging" Sozialkapital, gemäß welcher bindendes („bonding") Sozialkapital Menschen ähnlicher ethnischer oder sozialer Herkunft, ähnlichen Geschlechts, Alters etc. miteinander vereint und überbrückendes („bridging") Sozialkapital Menschen, die diesbezüglich eher verschieden sind, zusammenbringt.

Im Kontext sozialer Online-Netzwerke wird die Sozialkapitaltheorie häufig als erklärendes Wirkungsprinzip zwischenmenschlicher Beziehungen herangezogen, nicht zuletzt, da sich hier unterschiedliche Formen von Beziehungen und mithin unterschiedliche Ressourcenverteilungen beobachten lassen. Dabei wird davon ausgegangen, dass in und über Online-Netzwerke vergleichsweise viel Sozialkapital angehäuft werden kann (Ellison et al. 2007, 2011, Debatin et al. 2009, Stutzman et al. 2012). Als eine wichtige Voraussetzung dafür wird die Bereitschaft eines Users gesehen, mit seinen Online-Kontakten regelmäßig zu interagieren und die Beziehung zu ihnen aufrechtzuerhalten: „If users want to extract the greatest benefits from their network, it is important that they are interacting with that network" (Stutzman et al. 2012). Dabei gilt es, die Interaktionen durch verschiedene Möglichkeiten, die das Netzwerk bietet, persönlich aufzuwerten, zum Beispiel durch das Hinterlassen einer Grußbotschaft auf der virtuellen Pinnwand oder über automatische Funktionen wie „Anstupsen" auf Facebook, das Weiterleiten eines Beitrags (Share/Retweet) oder eine andere Form der digitalen Kontaktaufnahme („social grooming", siehe hierzu Tufekci 2008b, Stutzman et al. 2012). Als Schlüssel des digitalen Beziehungserhalts wird dabei Selbstoffenbarung erachtet (Ellison et al. 2011, Stutzman et al. 2012): Öffnet sich eine Person ihren Kontakten, können auf der einen Seite lose Beziehungen intensiver und vertraulicher werden, während auf der anderen Seite „dickes" Sozialkapital entsteht (Stutzman et al. 2012). Diese spezifische Art des Beziehungsaufbaus und -erhalts durch Selbstoffenbarung funktioniert unter anderem, da Selbstoffenbarungen Reziprozität hervorrufen können, das heißt, wiederum Selbstoffenbarungen vom Gegenüber evozieren (Cozby 1972, Konert/Hermanns 2002: 450, Trepte/Reinecke 2013); Reziprozität, also Gegenseitigkeit, ist dabei ein wesentliches Kriterium bei der Generierung von Sozialkapital (Bourdieu 1983).

Wird also ein bestimmtes Maß an Privatheit preisgegeben, kann dies in sozialen Online-Netzwerken zuträglich für die Bildung von digitalem Sozialkapital sein. Jedoch konfligieren Selbstoffenbarungswünsche dabei oftmals mit den persönlichen Datenschutzbedenken und der Angst, „zu viel" oder Inadäquates von sich preiszugeben. Diese Befürchtungen, die einerseits wichtige Vorbehalte bei der Online-Informationspreisgabe darstellen, können somit andererseits ein Hindernis für das Bilden neuen Sozialkapitals sein, zumal hierdurch die Selbstoffenbarung eingeschränkt wird (Ellison et al. 2011, Stutzman et al. 2012). Das Verhältnis zwischen Privatheit und Sozialkapital stellt sich online mithin als ambivalent heraus, da sich beide Konzepte sowohl gegenseitig bedingen als auch zugleich in gewisser Weise widersprechen: „The relationship between privacy and social capital may indeed be ‚paradoxical' in that privacy can both cost and enhance social capital in context" (Stutzman et al. 2012, Hervorheb. i. Orig.).

(3) Erleben und Inszenierungen von Intimität in der Online-Interaktion

Wenn Menschen im Netz ihre Gefühle oder Gedanken offenbaren und eigens produzierte Inhalte stark emotionalisiert darstellen, dann geschieht dies häufig aus dem Wunsch heraus, Intimität herzustellen und zu erleben (Barak/Gluck-Ofri 2007, Jensen/Sørensen 2013). Auf diese Weise kann sich bei der selbstoffenbarenden Person im interpersonalen Austausch mit anderen Usern, die auf die intimen Darstellungen reagieren, ein therapeutischer Effekt einstellen, etwa wenn sie über Probleme oder Sehnsüchte sprechen (Petronio 2002: 6). Auch lassen sich über intime Selbstoffenbarungen zwischenmenschliche Beziehungen gezielt aufbauen, pflegen und vertiefen (Döring 2003a, Jensen/Sørensen 2013) und somit Sozialkapital schaffen oder Vertrauen gewinnen (Joinson/Paine 2007). In dieser Hinsicht wird Intimität über das Offenbaren innerer Gefühle, die eine starke Emotionalität besitzen, ausgedrückt (Döring 2003a, Stempfhuber 2012). Daneben kann Intimität auch im Sinne von Sexualität und Körperlichkeit interpretiert werden, wobei hier physische Nacktheit, Körperhygiene, Erotik oder Pornografie häufige Bezüge darstellen (vgl. Rössler 2001: 17, Wittern 2004: 213ff, Fechner 2010: 34, Bächle 2014).

Die medialen Modalitäten, in denen sich Intimität konstruieren und transportieren lässt, sind mannigfaltig. Wyss (2000: 188 ff.) stellt anhand einer sich anbahnenden Paarbeziehung vom ersten Kennenlernen (über eine Kontaktanzeige) über ein persönliches Treffen bis hin zu einem andauernden intimen Briefwechsel beispielhaft einige Entfaltungsstufen von Intimität dar, die an verschiedene Medien geknüpft sind: Beginnend bei computervermittelter, text-basierter Kommunikation (interpersonaler Email-Austausch), über eine Fax-nachricht (Handschrift) und die Stimme (Telefonat) bis hin zum persönlichen Face-to-Face-Gespräch (Hinzutreten der Social Cues) werden unterschiedliche *Inszenierungsgrade* von Intimität erläutert. Demnach sind die Verwendung von Kosenamen in der Anrede oder bestimmte Formulierungen bei einer Verab-schiedung typische Indikatoren von Intimität auf symbolischer, sprachlicher Ebene (Wyss 2000: 190).

Der Ansatz von Wyss zur Identifikation möglicher Konstruenten von Inti-mität, der sich vorrangig auf die schriftsprachliche Kommunikation in Briefen stützt, kann dabei auf die Online-Kommunikation übertragen werden. Denn auch hier findet ein großer Teil des interpersonalen Austauschs textbasiert statt, der jedoch zusätzlich um weitere Modi und Stimuli (visuell, auditiv) angerei-chert wird. In verschriftlichten Online-Dialogen (Chats oder Pinnwand-Konver-sationen) und in Online-Monologen (Blogeinträge, Status-Updates etc.) lassen sich sprachliche Kodierungen von Intimität in vergleichbaren Strukturen finden, etwa in Grußformeln, über Kosenamen oder Diminutive und eine starke Ver-wendung von Personalpronomen (vgl. Wyss 2000, Huffaker/Calvert 2005, Walther 2007, Houghton/Joinson 2012). Abgesehen von den rein textsprachli-chen Elementen ermöglichen die vielfältigen medialen Möglichkeiten von On-line-Plattformen daneben auch subtilere Formen intimer Kommunikation. So können Gefühle auch über Musik (eingebettete Videoclips oder Audiofiles) oder bildsprachlich (Fotos, Grafiken etc.) vermittelt werden. Während Intimitätsmo-mente online damit auf der einen Seite kreativ konstruiert werden können, müs-sen auf der anderen Seite die Empfänger der Botschaft sie zugleich aber auch zu dekodieren wissen. Vor allem Jugendliche nutzen die technischen Möglichkeiten von Online-Plattformen geschickt, um über „Insider", die nur für einen be-stimmten Empfängerkreis verständlich sind, intime Momente herzustellen (Boyd/Marwick 2011, siehe auch Kapitel IV.3.1).

Eine weitere Besonderheit der Kommunikation in sozialen Netzwerken stellt in diesem Zusammenhang die Tatsache dar, dass Kommunikate hier einen bedeutend größeren Empfängerkreis erreichen können als dies bei traditionellen intimen Interaktionen offline der Fall ist. Intimität kann online in verschiedenen Stufen öffentlich oder teilöffentlich kommuniziert und somit auch inszeniert werden. Obgleich dabei auf der einen Seite ein kleiner Personenkreis über priva-te Nachrichten oder eingeschränkte Empfängerlisten direkt adressiert werden kann, erhalten auf der anderen Seite mitunter auch unbekannte, nicht gezielt adressierte Personen Einblick in diese private Gedankenwelt (siehe hierzu auch Abschnitt 4.1 in diesem Kapitel). Als Beispiele sind hier Selbstoffenbarungen in narrativer Form, wie etwa beim „Digital Storytelling" (Poletti 2011), die biswei-len auch anonym veröffentlicht werden können, oder pornografische Selbstdar-stellungen in Video-Communities (Bächle 2014) anzuführen.

Allerdings ist es fraglich, ob sich diese öffentlichen oder teilöffentlichen Kommunikate, die von einem großen, unbestimmten Personenkreis rezipiert werden können, überhaupt als intime Kommunikate definieren lassen. So argumentiert Flaßpöhler (2010: 219), dass Intimität bei Online-Darstellungen sexueller Akte zwischen Paaren gar keine Bedeutung haben *kann* und Bächle (2014: 77) stellt fest, „dass Intimität hier überhaupt nicht sichtbar ist", da sie auf der „öffentlichen Bühne" überstilisiert und „überschwemmt mit Zeichen" ist. Ferner legen neuere Untersuchungen zur Wahrnehmung von Intimität in der Online- und Offline-Umgebung den Schluss nahe, dass durch die inhärente Heterogenität und fragmentierte Beziehungsnähe zwischen den Interaktionspartnern in bestimmten Online-Kontexten, etwa in sozialen Netzwerken, das Empfinden von Intimität und emotionaler Unterstützung deutlich geringer ist als in der Face-to-Face-Kommunikation (Trepte/Dienlin/Reinecke 2014).

Damit lässt sich festhalten, dass Intimität in der Online-Welt, ähnlich wie im traditionell-normativem Verständnis, für die Interaktionspartner dann besonders erlebbar wird, wenn sie im Rahmen enger Beziehungen oder in einem kleinen, definierten Personenkreis hergestellt wird (vgl. Konzept der „intimacy" von Westin 1970: 31).

Die Ausführungen machen deutlich, dass sich privates Verhalten im Netz auf der einen Seite als zweckgerichtetes, auf den Erhalt sozialer oder psychischer Gratifikationen zielendes, strategisches Handeln vollzieht, das auf der anderen Seite zu einem großen Teil affektiv und bedürfnisgeleitet geschieht. Der intrinsische Wunsch einer Person, sich bei der Online-Kommunikation selbst zu offenbaren, kann ihr in der jeweiligen Kommunikationssituation mehr oder weniger bewusst sein, wobei sich vor allem emotionale Motivationsgründe in seltenen Fällen rational begründen lassen. Die These, dass ein Online-Nutzer die Konstruktion und Gestaltung seiner Online-Privatheit bewusst antizipiert und in einem rationalen Abwägungsprozess ex ante aushandelt, wird im Konzept des Privacy Calculus vertreten, das im Folgenden vorgestellt wird.

3.2 Online-Privatheit als Kalkül

Eine weitere Erklärung dafür, dass Menschen trotz bekannter Risiken und Gefahren private Informationen im Netz von sich veröffentlichen, liefert das sogenannte Konzept des *Privacy Calculus* (Privatheitskalkül). Der ursprünglich ökonomisch verankerte Ansatz, mit dem vor allem im Marketing und E-Commerce hinsichtlich der Frage argumentiert wird, welche Kosten-Nutzen-Bewertung User beim Onlineshopping und der Preisgabe ihrer privaten Daten treffen, wird zunehmend auch aus einer sozialpsychologischen Perspektive betrachtet (Culnan/Bies 2003, Milne/Culnan 2004, Dinev/Bellotto/Hart/Russo/Serra/

Colautti 2006, Krasnova et al. 2010, Xu 2012). Hier wird in Anlehnung an die Rational Choice-Theorie davon ausgegangen, dass sich Menschen permanent in einen Abwägungsprozess begeben, wenn sie Privates über sich preisgeben und entsprechend handeln möchten. Demnach antizipiert eine Person die möglichen Konsequenzen aus ihrem Handeln und richtet dieses danach aus: „Simply stated (...) the individual has to ask himself/herself: If I am seen engaging in this behavior or am seen with this person or that person, what are the consequences for me in the future, in new situations, and so on?" (Laufer/Wolfe 1977: 35, 36). Dabei können zwei grundsätzliche Szenarien unterschieden werden (ebd.): Geht eine Person davon aus, die zukünftigen Konsequenzen der eigenen Handlungen absehen und kontrollieren zu können, verhält sie sich entsprechend selbstbewusst und geht das Risiko, das ein entsprechend privates Verhalten mitbringen mag, ein. Ist sie hingegen unsicher, ob und wie sie die preisgegebenen Informationen später noch zufriedenstellend verwalten und kontrollieren kann, dann wird sie eher davon absehen, so zu handeln, dass sich negative Konsequenzen ergeben können.

In Bezug auf die Preisgabe persönlicher Informationen im Netz wird im Privacy Calculus angenommen, dass der Einzelne bei seiner Entscheidung, sich zu offenbaren, die Nutzen und Kosten des Handelns gegeneinander abwägt und *hierbei der erhoffte Nutzen zumeist überwiegt*. Der Nutzen des Handelns entspricht dabei den zu erwartenden Gratifikationen, zum Beispiel wie oben beschrieben, der Hoffnung auf Bildung von Sozialkapital, auf positive Rückmeldungen oder auf die Herstellung von Intimität (siehe die Ausführungen zum Uses and Gratifications-Ansatz in Kapitel II.3.1). Als Kosten sind hingegen etwa Risiken der Datensicherheit zu sehen, der Zeitaufwand erfolgreicher privater Kommunikation im Netz oder die Nichterfüllung des entsprechenden Bedürfnisses, das zum jeweiligen selbstoffenbarendem Verhalten geführt hat.

Bei der Kalkulation zwischen den Vor- und Nachteilen des privaten Verhaltens im Netz spielen nun ganz bestimmte Faktoren eine Rolle, welche der Einzelne zur Legitimation seiner Entscheidung vor sich selbst heranzieht, sogenannte *Kosten minimierende Faktoren* („cost-mitigating-factors", Krasnova et al. 2010). Sie sollen eine potenziell entstandene kognitive Dissonanz beim User ausgleichen helfen, wenn er persönliche Informationen von sich im Netz preisgeben möchte (um Gratifikationen zu erhalten), obwohl er die damit zusammenhängenden Risiken kennt. Zu diesen Kosten minimierenden Faktoren zählt etwa das Vertrauen in den Webseitenbetreiber (oder den Online-Händler bzw. Kommunikationspartner), dass dieser die preisgegebenen Informationen nicht missbraucht (etwa durch Ökonomisierung der Daten, Bullying etc., Krasnova et al. 2010). Auch das Gefühl, den Verbleib der eigenen Informationen auf der Online-Plattform kontrollieren zu können (zum Beispiel über die Möglichkeiten der Anpassung von Privatsphäre-Einstellungen), ist der Herstellung von Privatheit online zuträglich (Krasnova et al. 2010). Zu den Kosten minimierenden

Faktoren gehören darüber hinaus auch die positiven Erfahrungen, die jemand bei der Selbstoffenbarung online gemacht hat: „The more benefits [users] perceive from information disclosure, the more likely they are to provide their information to a Web site" (Youn 2005: 101). Im Zeitverlauf kann sich aufgrund vieler positiver Erfahrungen mithin ein Verstärkereffekt einstellen, bei dem ein User dazu verleitet wird, weiterhin und noch mehr Selbstoffenbarungen zu tätigen – bei gleichzeitiger Inkaufnahme einhergehender Risiken.

Die Entscheidungen für die Konstruktion von Online-Privatheit werden individuell und situativ getroffen. Kommt selbstoffenbarendes Verhalten zustande, deutet dies gemäß dem Privacy-Calculus-Modell darauf hin, dass die zu erwartenden Gratifikationen überwogen und die Kosten mithin in Kauf genommen wurden. Neben den individuellen Vorstellungen können ferner auch gewisse normative Bestimmungen bei der Konstruktion, Gestaltung oder Verwaltung individueller Online-Privatheit eine Rolle spielen: So ist die Aufnahme von Personen in das persönliche Netzwerk oft nicht nur eine soziale, sondern auch eine politische Entscheidung: „In choosing who to include as Friends, participants more frequently consider the implications of excluding or explicitly rejecting a person as opposed to the benefits of including them" (Boyd 2011: 44). Das bedeutet, dass Menschen nicht nur kalkulieren, welche Vorteile der virtuelle Kontakt oder die Preisgabe von Informationen gegenüber einer bestimmten Person mit sich bringen kann, sondern dass sie diese auch gegen die Nachteile abwägen, die sich ergeben können, wenn sie diese Person aus dem sozialen Online-Umfeld exkludieren. Unter Umständen stellen sich so im Nachhinein die Kosten für das *nicht* erfolgte Handeln (im Sinne eines Unterlassens), also zum Beispiel das Nicht-Einbeziehen einer Person, mithin als höher heraus als sie für das aktive Handeln, also das Inkludieren der Person in den privaten Kreis, wären.

Der Uses and Gratifications-Ansatz und der Privacy-Calculus stellen zwei der wichtigsten Konzepte dar, die in der aktuellen Forschung zur Erklärung der Gründe für individuelles privates Verhalten im Netz herangezogen werden. Auf Basis dieser Ansätze wird es möglich, einerseits die zugrunde liegenden kognitiven und affektiven Prozesse, die das private Verhalten des Einzelnen im Netz steuern, zu systematisieren, und andererseits das damit verbundene Handeln besser nachvollziehen zu können. Dabei zeigt sich, dass der Wunsch nach Bedürfnisbefriedigung und sozialen Gratifikationen bei der Preisgabe persönlicher Informationen im Social Web oftmals stärker ist als die rationalen Bedenken, die *gegen* eine Selbstoffenbarung oder gegen eine bestimmte privatheitsrelevante Handlung sprächen. Das Bewusstsein über das vorliegende, intrinsische Handlungsmotiv kann beim einzelnen User dabei unterschiedlich stark ausgeprägt sein. Die genannten Zusammenhänge werden im Rahmen des Modells der User Generated Privacy in Kapitel III ausführlich diskutiert.

Allein die psychologische Konstitution einer Person oder ihre Erwartungen an den interpersonalen Austausch können privates Verhalten online allerdings nicht erklären. Es muss zudem der jeweilige Online-Kontext, in dem Privatheit konstruiert und verhandelt wird, als ein entscheidendes Kriterium mit einbezogen werden.

4. Der Angebotscharakter des Social Web und dessen Einfluss auf individuelles Privacy Management

In diesem Buch wird der Standpunkt vertreten, dass die technischen Funktionalitäten einer spezifischen Online-Umgebung einerseits und deren thematische Rahmung andererseits einen entscheidenden Einfluss auf den Konstruktions- und Gestaltungsprozess individueller Online-Privatheit besitzen. Es wird angenommen, dass die thematische Ausrichtung oder Zweckbestimmung einer Online-Plattform Privatheit sogar zu einem gewissen Grad vorbedingen. Dies ist etwa bei Beratungsforen im Netz der Fall wie therapeutischen Interaktionsportalen, auf denen Selbstoffenbarungen einer Person zum Zweck der Hilfesuche wesentliche Voraussetzung sind. Entsprechend ist der Grad an Privatheit auf derartigen Plattformen deutlich höher als etwa in Diskussionsforen (Barak/Gluck-Ofri 2007). Auch bei Web-Plattformen, deren Ziel explizit der interpersonale Austausch ist (wie in sozialen Netzwerken), ist der „private Input und Output" als grundsätzlich höher einzustufen als bei eher themenfokussierten oder informationsorientierten Netzwerken (wie etwa bei Twitter als Newsmedium oder FlickR als Foto-Sharing-Netzwerk) (Niemann/Schenk 2012b: 196).

Neben dem sozialen Kontext bzw. der thematischen Rahmung einer Online-Plattform kommt es insbesondere auch auf die jeweils zur Verfügung stehenden technischen Funktionen und Eigenschaften der Online-Umgebung an, in der Privatheit konstruiert und ausgestaltet wird. Hierbei kann angenommen werden, dass die Medienlogik eines Online-Kontextes einerseits den Handlungsrahmen vorgibt, andererseits die gegebenen technischen Anwendungsmöglichkeiten vom Nutzer selbstbestimmt und für seine jeweiligen Kommunikationsziele situationsspezifisch genutzt und entsprechend adaptiert werden. Diese These ist Ausgangsbasis des sogenannten „Affordanzkonzepts", das nun im Folgenden vorgestellt und diskutiert wird.

Bereits in den frühen Jahren der Online-Kommunikation war es ein Anliegen der Forschung herauszufinden, inwiefern die spezifischen medialen Funktionen, Bedingungen und vielfältigen Nutzungsoptionen computervermittelter Kommunikation, ihr *Angebotscharakter*, auch als (engl.:) *Affordances* oder (dt.:) *Affordanzen* bezeichnet, die Sozialisations- und Kommunikationspraktiken der Menschen beeinflussen. Die Untersuchungen bezogen sich zu Beginn vor allem auf die *Unterschiede* zwischen computervermittelter Kommunikation (cvK) und (nicht mediatisierter) Face-to-Face-Kommunikation (F2F), während die nachfolgenden und aktuellen Theorien auf die *Wechselwirkungen* zwischen F2F-Kommunikation und cvK fokussieren. Dabei wird in diesem Zusammenhang häufig auf das Affordanzkonzept von James Gibson rekurriert (1977, 1979, weiter elaboriert von Eleanor Gibson, z. B. 1982), das als funktionalistischer Ansatz von einer gegenseitigen Einflusswirkung der Beschaffenheit einer Lebensumwelt und dem Verhalten seiner Lebewesen ausgeht.

Während das Konzept von Gibson ursprünglich die Natur und das Verhalten von Tieren und später die menschliche Entwicklungspsychologie behandelte, haben sich nachfolgende Ausdifferenzierungen verstärkt mit den Bedingungen der Technologie (im Sinne einer technologischen Umwelt) für das menschliche Sozialverhalten beschäftigt (z. B. Hutchby 2001, Livingstone 2008, Boyd 2011, Pentzold et al. 2013). Angewandt auf die cvK postuliert das Affordanzkonzept demnach eine Wechselwirkung zwischen einem spezifischen medialen Setting und seinen sich daraus ergebenden Nutzungs- oder Anwendungsoptionen. Die Nutzungsmöglichkeiten der digitalen Kommunikation sind dabei nicht festgelegt, sondern – so die hier vertretene Annahme – entstehen situations- und kontextspezifisch. Technische und soziale Gegebenheiten beeinflussen sich gegenseitig, wobei einmal das technisch-mediale Arrangement die Kommunikationssituation bestimmt und ein anderes Mal die technischen Gegebenheiten von den Nutzern gemäß ihrer individuellen Präferenzen angewandt, modifiziert und ausgeschöpft werden. In dieser Explikation spiegelt das Affordanzkonzept einen zentralen Aspekt des aktuellen Mediatisierungsdiskurses wider (siehe hierzu ausführlich Kapitel I.5), nach welchem die spezifischen Logiken medialer Angebote und die korrespondierenden soziokulturellen Nutzungsmuster reziprok aufeinander einwirken: Demnach stellt sich der besondere Angebotscharakter eines Online-Kontextes mit seinen formalen, design-technischen und sozialen Implikationen als eine Ansammlung „spezifischer Bündel" dar, „die vom Gebrauchenden gerade wegen ihres konkreten Arrangements als Aufforderung zu einer bestimmten Verwendungsweise wahrgenommen und demnach handlungsleitend werden" (Grenz 2014: 34).

In Hinblick auf die Ausgestaltung von Privatheit in mediatisierten Kontexten lässt sich das Affordanzkonzept nun operationalisieren, indem die Wechselwirkungen zwischen dem jeweiligen medialen Angebotscharakter und dem entsprechenden Handeln untersucht werden. Erste Studien konnten dabei einen positiven Zusammenhang zwischen den Bedingungen der (anonymen) computervermittelten Kommunikation und der Herstellung und Verwaltung von individueller Privatheit feststellen (z. B. Joinson 2001, Tidwell/Walther 2002, Döring 2003b). So unterstützen die visuelle Anonymität sowie die physische Distanz und die damit zusammenhängende Abwesenheit von Social Cues, also der visuell sichtbaren Signale in der Interaktion, das subjektive Gefühl einer selbstbestimmten Kommunikationssituation. Diese ist durch ein besonderes Erleben von Kontrolle charakterisiert, zumal sich die Beteiligten bei der privaten Kommunikation meist in einer selbst gewählten Umgebung befinden, in der sie sich sicher fühlen können (etwa zu Hause), und die sie sozusagen „mit einem Klick" wieder verlassen können. Daneben führt gemäß der Theorie der Hyperpersonalität sowie der Filter- und Kanalreduktionstheorie das Nichtvorhandensein („Herausgefiltertsein") von nonverbalen Zeichen in der textbasierten cvK neben der Möglichkeit, Identitätsmerkmale auszuschalten, zu einer Idealisierung des Gegenübers, was schließlich den interpersonalen Austausch enthemmt und intimer wirken lässt (Tidwell/Walther 2002: 320, Döring 2003b: 154ff, Walther 2007). Der psychische und emotionale Druck durch den Interaktionspartner wird hier als geringer empfunden als in der F2F-Interaktion: Der Interaktionspartner kann – zumindest in der rein textbasierten Kommunikation – nicht anhand seines Aussehens, Alters, Geschlechts, Hautfarbe oder seiner Art zu sprechen und sich zu bewegen beurteilt werden. Die Einordnung geschieht stattdessen allein auf Basis der manifesten Signale, die sich in der anonymen Online-Kommunikation in der Regel auf den Namen oder Nicknamen, ein Profilfoto und die jeweiligen Kommunikate im Dialog beschränken. Der dadurch entstehende Abbau von Schüchternheit führt schließlich zu einem höheren Grad an Selbstoffenbarung und Selbstdarstellung.

Ferner wird das Erleben von Anonymität bei der computervermittelten Interaktion oftmals als Schutz empfunden und der digitale Handlungsspielraum daher offen, ehrlich und egalitär betreten (Döring 2003b: 155). Dies kann wiederum privates Verhalten fördern. Allerdings unterscheidet sich das Anonymitäts*empfinden* häufig von der tatsächlichen Anonymität (Baier 2005: 16): Mit Erstgenanntem ist das subjektive Gefühl des Einzelnen gemeint, der sich im virtuellen Dasein unbeobachtet fühlt, ohne dabei auch bestehende Risiken der Datensicherheit mit einzukalkulieren, wohingegen tatsächliche Anonymität nur durch ein „höchstes Maß an Datensparsamkeit" gewährleistet ist (Baier 2005: 65). Dabei ist für die Online-Kommunikation festzustellen, dass nicht jeder hier die Möglichkeiten der Anonymität oder Pseudonymität vollends ausschöpft. So versehen viele Nutzer ihre Avatare im Netz mit Merkmalen, die auch ihrer Offline-Identität entsprechen, zum Beispiel Geschlecht, Alter oder ethnische Herkunft (Davis 2011: 636), was zwar ihrem subjektiven Empfinden von Anonymität entsprechen mag, sie von tatsächlicher Anonymität jedoch wieder entfernt.

Es zeigt sich, dass der spezifische Angebotscharakter der (anonymisierten) computervermittelten Kommunikation bei vielen Nutzerinnen und Nutzern die Bereitschaft zu einer offenen Interaktion und zur Preisgabe persönlicher Informationen erhöht. Kritiker dieser Theorie merken jedoch an, dass die Form der Interaktion dabei nicht immer positiver Natur ist, da die enthemmende Wirkung aufgrund der empfundenen Anonymität im Netz auch antisoziales Verhalten hervorbringen kann (Flaming, Cybermobbing, Shitstorms) (Joinson 2001: 178).

So begeben sich einige User gezielt anonym in die cvK, um sich abnorm zu verhalten und dann nicht zur Verantwortung gezogen werden zu können („Anomie-These", Döring 2010: 176).

Die vielfältigen Möglichkeiten der Kommunikationsgestaltung im Social Web haben zu einer weiteren Ausdifferenzierung des Affordanzkonzepts geführt. Besonders relevant sind in diesem Zusammenhang soziale Online-Netzwerke, deren Strukturmerkmale neue Praktiken „digitaler Sozialität" (Einspänner-Pflock/Reichmann 2014) und schließlich des Privacy Managements befördern (Livingstone 2008, Boyd 2011, Ellison 2013). In der Sozialwissenschaft bezeichnet ein „soziales Netzwerk" ein „Geflecht miteinander verbundener Akteure", über welches soziale Beziehungen gepflegt werden (Schmidt 2011: 26). In der Öffentlichkeit hat sich dieser Begriff jedoch auch als Bezeichnung für Online-Communities durchgesetzt. Streng genommen stellen Online-Communities jedoch lediglich die mediale Abbildung von sozialen Netzwerken dar, die aufgrund einer spezifischen technischen Darstellung auf diese Weise nachvollziehbar werden. Nichtsdestotrotz wird aus pragmatischen Gründen auch im vorliegenden Buch der Begriff „soziale Netzwerke" als Synonym zu Online-Communities, sozialen Online-Netzwerken, Social Networking-Seiten, Netzwerkplattformen etc. verwendet.

4.1 Audience Management: Regulierung des informationellen Zugangs in sozialen Online-Netzwerken

Soziale Netzwerkseiten bieten ihren Nutzerinnen und Nutzern verschiedene Möglichkeiten zur Erschaffung, Ausgestaltung und Vermittlung von Facetten ihrer privaten und öffentlichen Identitäten (Boyd/Ellison 2007, Livingstone 2008, Schmidt 2011, Boyd 2011, Niemann/ Schenk 2012a: 32 ff.). Besonders hervorzuheben sind dabei Anwendungen wie das Erstellen einer persönlichen Profilseite, das Verwalten eines Freundesnetzwerks oder auch die diversen Möglichkeiten zur Interaktion mit anderen Usern auf der Plattform. Neben den oben bereits genannten Vorteilen der Produktion und Mitteilung privater Inhalte im Social Web, wie der Herstellung von Intimität oder Vermehrung von Sozialkapital, sind damit allerdings auch einige Risiken und Nachteile verbunden, die sich insbesondere auf die Verschmelzung (semi-)öffentlicher und privater Kontexte beziehen. So finden auf den persönlichen Profilseiten im Netz mitunter private Unterhaltungen statt, die auch von anderen Personen im Netzwerk verfolgt werden können („conversations happen *on* profiles", Boyd 2011: 43, Hervorheb. i. Orig.). So stehen Selbstoffenbarungen einer Person neben „fremden" Inhalten, die von anderen produziert und auf der Profilseite geteilt wurden. Konfundieren verschiedene Freundes- oder Bekanntenkreise eines Users innerhalb eines Netzwerks, spricht man hier von einem *Context Collapse* (Marwick/Boyd

2011a, Boyd 2011, Stutzman et al. 2012). Die ungeordnete Zusammenführung persönlicher Kontakte und unterschiedlich privater Informationen ist dabei eine gängige Problematik in sozialen Online-Netzwerken, zumal es dem einzelnen User kaum möglich ist, eine singuläre authentische Identität aufzubauen, mit denen er allen Beziehungen – engen wie losen – gerecht werden kann (Marwick/Boyd 2011a: 122). Für den User ergibt sich dadurch ein Spannungsverhältnis zwischen den verschiedenen Beziehungsgruppen bzw. den verschiedenen Identitäten, mit denen er sich den jeweiligen Personenkreisen normalerweise offenbart. Ein Grund für den Context Collapse liegt oftmals darin, dass die „Freunde" in einem sozialen Netzwerk selten den engsten oder besten Freunden in der Realität entsprechen. Vielmehr handelt es sich dabei häufig um mehr oder weniger entfernte Bekannte, die durch einen großzügigen Selektionsprozess als Kontakt in das eigene Netzwerk aufgenommen werden (Gross/Acquisti 2005, Jensen/Sørensen 2013): „The majority of participants simply include all who they consider a part of their social world" (Boyd 2011: 44).

In der Folge einer unreflektierten oder unregulierten Verteilung von Informationen an alle Kontakte gleichermaßen (Output) sowie dem entsprechend unkontrollierten Erhalt von privaten Informationen all dieser Personenkreise (Input) kann sich die Situation von *Digital Crowding* ergeben (Joinson et al. 2011, in Anlehnung an Altmans Konzept des „Crowding"; siehe dazu auch Kapitel I.3.2 dieses Buches). Beim Empfänger entsteht auf der Inputseite durch den Empfang übermäßig preisgegebener, nicht selten als banal empfundener Informationen das Gefühl einer sozialen Überforderung. Persönliche Inhalte im Netz werden zu einer redundanten Massenware und werden von den Mitmenschen im Online-Netzwerk als uninteressant oder störend empfunden. Dies kann in der Folge zu einer Beeinträchtigung der zwischenmenschlichen Beziehung führen, etwa weil das Gegenüber (auf der Inputseite) das Gefühl erhält, „zu viel" über die selbstoffenbarende Person zu wissen und den Kontakt mit ihr in der Konsequenz meidet (durch Blockieren der Person oder das Abstellen ihrer Benachrichtigungen): „We will end up knowing more about people, and [it is] also more likely that we end up disliking them because of it" (Joinson et al. 2011: 39). Auf der Outputseite, also für die selbstoffenbarende Person, hat die Auflösung eines Online-Kontakts unmittelbar den Verlust wichtiger Nutzungsgratifikationen zur Folge wie das Ausbleiben von Feedback oder den Rückgang von Sozialkapital.

Die meisten soziale Online-Netzwerke bieten ihren Usern jedoch verschiedene Möglichkeiten und Funktionen, Zustände eines Context Collapse und des Digital Crowding zu reduzieren. Einzelne technische Optionen können dazu beitragen, verschiedene Empfängerkreise gleichzeitig gezielt zu verwalten und einem regulierten Informationsfluss zu unterstellen. Diese Technik des Privacy Managements wird als *Audience Management* bezeichnet (Boyd 2007a, Tufekci 2008a, Litt 2012). Einige Online-Plattformen bieten eine Auswahl an Gruppierungsmöglichkeiten der Empfängerkreise, die Zugang zur persönlichen

Profilseite oder bestimmten Inhalten erhalten dürfen. Bei Facebook beispielsweise können die Nutzerinnen und Nutzer die Einsehbarkeit ihres persönlichen Profils für folgende Publika variieren:

- für Nicht-Mitglieder der Plattform (höchst mögliche Publizitätsstufe)
- für alle Facebook-Mitglieder
- für die Facebook-Kontakte der eigenen Facebook-Freunde
- für die eigenen Facebook-Freunde
- für ausgewählte Facebook-Freunde
- oder auch nur für sich selbst.[4]

Daneben ist es auf vielen Online-Netzwerken möglich, Inhalte nur für einen ganz bestimmten, individuell definierten Personenkreis einsehbar zu machen und vor diesem zu verbergen: Über das Anlegen von sogenannten Freundeslisten lassen sich die virtuellen Beziehungen nach selbst gewählten Kriterien gruppieren und hierarchisieren. Für diese Gruppen können alle zukünftigen Inhalte auf der eigenen Seite dann entweder pauschal frei geschaltet und blockiert oder die Sichtbarkeit für jeden einzelnen „Upload" direkt angepasst werden. Daneben können auch einzelne Personen „geblockt" und damit von sämtlichen Interaktionen mit dem jeweiligen Nutzer ausgeschlossen werden.

Gelungenes Audience Management stellt besondere Anforderungen an den einzelnen User. Eine Herausforderung liegt in der grundsätzlich hohen Reflektionsleistung, die der Einzelne in Bezug auf den Wirkungsgrad seiner veröffentlichten Inhalte erbringen muss. Dies erfordert im Grunde ein permanentes Hinterfragen der möglichen Interpretationsweisen eines jeden Beitrags, auf den mehrere Personen unterschiedlicher Kontexte Zugriff haben. Dies ist jedoch nicht nur zeitaufwändig, sondern läuft auch dem grundsätzlich spontanen Charakter von Social Web-Interaktionen zuwider. Eine weitere Herausforderung für gelungenes Audience Management stellt das wiederholte Treffen und möglicherweise Revidieren von Entscheidungen darüber dar, welche Freunde welche Informationen erhalten dürfen bzw. davon ausgenommen bleiben sollen. Dies setzt den Einzelnen allerdings einem Selektions- und Bewertungsprozess aus, der ihn zu einer Klassifizierung seiner Freunde zwingt. Drittens erfordert gelungenes Audience Management auch ein gewisses Maß an Nutzungskompetenz, zumal die zur Verfügung stehenden Regulierungsmechanismen nur dann sinnvoll angewendet werden können, wenn ihre Funktionalitäten dem Nutzer auch bekannt sind. Empirische Studien belegen, das tatsächlich nicht alle Nutzer sozialer Netzwerke eine umfängliche Kenntnis von den verschiedenen

---

4 Anzumerken ist, dass die Betreiber der Plattform – und bisweilen auch Dritte – in jedem Fall Zugriff auf die persönlichen Daten des Nutzers haben, auch wenn er sie nur auf die Sichtbarkeit „für sich" eingestellt hat (Stand 2015).

Regulierungsmöglichkeiten besitzen oder diese schlicht als zu kompliziert empfinden (van Dijck 2011: 172, Madden et al. 2013: 48).

Die Herausforderungen für gelungenes Audience Management können sich für den Einzelnen aus vielfältigen Gründen als sehr anspruchsvoll erweisen (zu zeitintensiv, kompliziert etc.) und so schließlich zu einem Verzicht auf den Einsatz derartiger Kontrolltechniken führen. Die Konsequenz aus unzulänglichem Audience Management ist das Auseinanderfallen von intendiertem und tatsächlichem Publikum, das heißt, dass bestimmte Personen Zugriff auf Inhalte haben, denen diese eigentlich verborgen bleiben sollten (Schmidt 2011: 118, Litt 2012). Wurden dabei dezidiert private Informationen geteilt, divergieren somit auch das erwünschte und das erreichte Level von Online-Privatheit (vgl. die Unterscheidung „desired" vs. „achieved level of privacy", Altman 1976: 23 f.; sowie Kapitel I.3.2 dieses Buches). Gelungenes Audience Management hingegen ist als eine zentrale Maßnahme für das individuelle Online- Privacy Management zu erachten (Hogan 2010, Attrill 2012), da der Nutzer auf diese Weise ein erhöhtes Gefühl von Kontrolle und schließlich ein besonders intensives Erleben von Privatheit erfährt (Trepte/Reinecke 2011b: 62).

4.2 Selbst- und Fremddarstellung: Chancen und Risiken der Identitätsgestaltung in sozialen Online-Netzwerken

Grundsätzlich entscheidet in der Interaktion mit anderen das Bild, das man vom Gegenüber erhält, darüber wie wir diese Person einschätzen (siehe hierzu auch Kapitel I.3.3). In der Face-to-Face-Kommunikation tragen die Physiognomie und das ouverte Verhalten des Gegenübers bereits beim ersten Kennenlernen zu der Entscheidung bei, wie viel Sympathie eine Person der anderen entgegenbringen möchte. Der Aufbau und die Pflege eines positiven, „zielkonformen" (Döring 2003b: 334) Bildes des Selbst (Identitäts- oder „Impression Management") sind ein zentraler Mechanismus in der interpersonalen Interaktion, um in der sozialen Umwelt akzeptiert zu werden. Für ihr eigenes „Impression Management" wenden Menschen dabei verschiedene Strategien ganz gezielt an. Dazu gehört unter anderem das Herausstellen bestimmter Stärken, aber auch die Betonung von Schwächen, um sympathischer zu wirken (Döring 2003b: 334). Nicht selten wird das Identitätsmanagement daher oft als Täuschung oder Angeberei empfunden (siehe Lee/Im/Taylor 2008), wenngleich dessen Relevanz für die zwischenmenschliche Kommunikation auf der anderen Seite nicht abzustreiten ist: „Engaging in impression management is not manipulative or deceptive, but rather a natural aspect of human relationships that in many ways can make interactions flow more smoothly and enable individuals to meet their personal and professional goals" (Ellison 2013: 4).

Bei der Kommunikation im Internet ist eine bedachte Außendarstellung der eigenen Person ebenso wichtig für die Interaktion mit anderen wie offline, nicht zuletzt, da allein die digital verfügbaren, zu einem großen Teil aktiv selbstgestalteten Attribute der Online-Identität den Kommunikationspartnern als Interpretationsgrundlage dienen. So geschieht die Selbstdarstellung im Online-Kontext stets vermittelt (mediatisiert) und hochgradig partiell, zumal je nach Interaktionssituation nur bestimmte Aspekte der Persönlichkeit auch relevant und daher zweckgerichtet betont werden (*selektive Selbstdarstellung*). Ein Gesamteindruck, wie er oftmals in der Face-to-Face-Begegnung entsteht, ergibt sich online mithin stark fragmentiert – sofern man in diesem Zusammenhang überhaupt von einem „Gesamtbild" ausgehen kann. Während zwar auch in Offline-Kontexten einzelne Facetten einer Identität unterschiedlich und zweckgerichtet betont werden (siehe Kapitel I.3.3), so lassen sich in der Online-Kommunikation multiple Identitäten simultan darstellen (Ellison 2013: 2). Ermöglicht wird dies durch die Nutzungsoptionen von Online-Plattformen, mit denen sich Identitäten gezielt (neu) konstruieren und nach eigenen Wünschen ausgestalten lassen. Für den Einzelnen stellen die typischen Bedingungen der computervermittelten Kommunikation wie die Abwesenheit von Social Cues und das erhöhte Anonymitätsempfinden und damit zusammenhängend die gestalterische Freiheit bei der Selbstdarstellung einen Gewinn an Kontrolle dar. User wenden folglich die einzelnen Funktionen, welche ihnen die jeweilige Online-Umgebung bietet, gezielt an, um ihre Identität im Netz möglichst positiv zu gestalten: „As a rule, people want to create positive impressions and will act in ways consistent with this goal, meaning they will take advantage of the opportunities presented by mediated communication to do so" (Ellison 2013: 4). *Online-Identität* kann somit definiert werden als ein „Produkt der Auseinandersetzungen mit den Vorgaben und Vorlagen der Plattformen und eigenen Vorstellungen" der Nutzerinnen und Nutzer (Wagner et al. 2009: 17).

In sozialen Online-Netzwerken existiert eine Vielzahl an Optionen, die eigene Identität zu gestalten. So lässt sich das persönliche Online-Profil entweder textbasiert-deskriptiv, beispielsweise über das Schreiben von Statusmitteilungen, oder eher symbolhaft-modulierend, etwa über das Onlinestellen persönlicher Fotos, auf spezifische Weise akzentuieren und multimedial anreichern (Wagner et. al. 2009: 47). Aufgrund der Fülle an Möglichkeiten, Facetten des Selbst online auszugestalten, ergibt es sich, dass je kreativer und außergewöhnlicher die Selbstdarstellung erfolgt, diese auch als umso gelungener angesehen wird: „Sichtbarmachung meint nicht: zeigen, wie man ist, sondern: gestalten, wie man sein kann und sein will" (Benkel 2012: 1). Davon zeugen auch die sogenannten „Selfies", also fotografische Selbstportraits, die in sozialen Netzwerken verbreitet werden, für die sich Nutzer zum Teil mit ungewöhnlichen Posen oder besonderen Motiven in Szene setzen. Je spontaner und ausgefallener ein

Selfie wirkt, umso strategisch wertvoller ist es für die Selbstdarstellung, da es Kreativität und Einzigartigkeit symbolisiert.

Tatsächlich ist der Aspekt der *Strategie* ein entscheidender Faktor beim Identitätsmanagement. Strategisches Handeln bedeutet in diesem Kontext, durch den Einsatz der zur Verfügung stehenden medialen Mittel ein bestimmtes Ziel zu erreichen, das als eine wie auch immer geartete Form der Außenwirkung definiert werden kann (vgl. Münch 2004: 265). Allein, dass sich Menschen nach außen hin in einem besonders positiven Licht darstellen möchten und dabei bestimmte Facetten ihrer Selbst neu schaffen oder eher kaschieren, belegt eine Strategie, die sowohl von Ansprüchen an das Selbst als auch von sozialen und kulturellen Normen gelenkt ist. Döring (2003b: 336) vertritt dabei die These, dass Selbstdarstellung nur dann erfolgreich sein kann, wenn sie auch taktisch zielgerichtet ist. Als ein zentrales strategisches Element des Identitätsmanagements stellen sich insbesondere Selbstoffenbarungen heraus. So geben Nutzer von sozialen Netzwerken „persönliche Details, Neuigkeiten, Stimmungen, Meinungen, Gedanken und Überzeugungen" auf ihrer persönlichen Profilseite einem bestimmten Personenkreis preis, um darüber verschiedene Gratifikationen, etwa positives Feedback, zu erhalten (Krasnova/Veltri/Günther 2012: 124). Dabei macht es die Medienlogik von sozialen Online-Netzwerken oftmals erforderlich, dass der Einzelne zum Zweck der Interaktion mit anderen zunächst etwas von sich selbst preisgibt, um sich auf diese Weise einer bestimmten Gruppe als zugehörig zu erkennen zu geben und so die Basis für den gemeinsamen Austausch zu schaffen (etwa durch Angabe von Hobbys, Musikgeschmack etc.). Unter diesem Aspekt kann die Selbstoffenbarung mithin auch eine soziale Notwendigkeit und damit eine Bürde für den User darstellen, die er unter Umständen – nicht zuletzt unter den Aspekten des Datenschutzes – im Grunde gar nicht anwenden möchte (Wagner et al. 2009: 28).

An dieser Stelle wird deutlich, dass Online-Identitätsmanagement nicht nur eine kreative Beschäftigung zur Imagesteigerung darstellt, sondern hierbei auch stark normative Elemente der Social Web-Kommunikation maßgeblich sind (Schmidt 2011: 76, Joinson et al. 2011). Als für die eigene Online-Privatheit besonders relevant stellt sich ferner die Tatsache heraus, dass die Online-Identität einer Person nicht nur von ihr selbst konstruiert wird, sondern auch von anderen Personen sowie den Algorithmen einer Plattform mitgestaltet wird. Dabei kann diese besondere Form des Identitätsmanagements, die auch als Fremddarstellung bezeichnet werden kann, vom Einzelnen gezielt strategisch in die eigene Identitätsarbeit einbezogen werden, wie im Folgenden näher erläutert wird.

Technische und soziale Fremddarstellung als Strategie im Identitätsmanagement

Bestimmte technische Funktionen einer Plattform können dazu beitragen, einzelne Facetten der Online-Identität eines Users besonders zu betonen, indem sie diese quantifizierbar machen. So werden bestimmte Daten, die bei einzelnen Aktionen des Users auf einer Online-Plattform entstehen, algorithmisiert und automatisch seinem persönlichen Profil hinzugefügt. Hierzu gehören die Anzahl der Kontakte eines Nutzers im Netzwerk oder die Zahl der Kommentare und „Likes", die er für bestimmte selbst gestaltete Inhalte erhalten hat. Die Anzeige derartiger Informationen wird in der Regel automatisch gesteuert und kann vom Einzelnen weder gezielt modifiziert noch abgestellt oder beeinflusst werden. Dadurch wird das Profil eines Nutzers auf spezifische Art und Weise angereichert, wodurch es nicht nur mit dem Profil anderer User vergleichbar wird, sondern somit auch Rückschlüsse auf den sozialen Status dieser Person im Netzwerk gezogen werden können. So wird ein Netzwerknutzer mit einer hohen Anzahl an Freunden (zum Beispiel mit über 200 Kontakten auf Facebook) als attraktiver und beliebter angesehen als eine Person mit vergleichsweise wenigen Kontakten auf dieser Plattform (40 oder weniger) (Kleck/Reese/Ziegerer/ Behnken/Sundar 2007, Tom Tong/Van Der Heide/ Langwell/Walther 2008).

Der hohe Stellenwert quantitativer Aspekte im sozialen Online-Kontext führt dazu, dass einige User diese gezielt zu beeinflussen versuchen, etwa indem sie die Anzahl ihrer Freunde im Netzwerk strategisch erhöhen – ohne dabei zwangsläufig auf die Qualität der Beziehungen zu achten (Boyd 2011: 44, Benkel 2012: 3): Da sich ein Großteil der Kontakte in einem Online-Netzwerk aus weniger intensiv ausgeprägten Beziehungen („weak ties") zusammensetzt, die „schwachen Bindungen" dabei aber mit besonders vielen sozialen Gratifikationen, wie Sozialkapital, zusammenhängen, kann eine hohe Anzahl an Freunden mithin auch eine große Menge sozialer Gratifikationen bedeuten (Ellison et al. 2011, Stutzman et al. 2012, siehe auch oben Kapitel II.3.1). Die automatische Anzeige der Zahl der Online-Freunde auf der eigenen Profilseite wird auf diese Weise zu einer Art Statussymbol von Usern in sozialen Netzwerken, und stellt mithin ein wichtiges Kriterium im individuellen Identitätsmanagement dar. Da jedoch nur die konkrete Zahl derartiger quantitativer Interaktionskomponenten vom Nutzer selbst bis zu einem gewissen Grad beeinflusst werden kann, die Sichtbarmachung bzw. die Anzeige ebendieser jedoch algorithmisch gesteuert ist, kann diese Form der Selbstdarstellung daher auch als Fremddarstellung oder als *technische Fremddarstellung* bezeichnet werden.

Dabei können nicht nur Algorithmen die Online-Identität eines Users „fremddarstellen", auch andere Nutzer im Netzwerk können passiv oder aktiv dazu beitragen. Die *aktive soziale Fremddarstellung* (auch: *Co-Creation*, Joinson et al. 2011: 35) ergibt sich zum Beispiel daraus, dass mit einer Person befreundete User im Netzwerk Inhalte produzieren, verlinken und weiterverbreiten, die mit dieser Person assoziiert sind. So kann sie in Fotos oder Videos markiert („getaggt"), in Statusmitteilungen verlinkt (durch Erwähnen/Adressieren) oder an bestimmten physischen Orten „eingeloggt" (durch sogenanntes Geotagging) werden. *Passive soziale Fremddarstellung* kann sich hingegen bereits dadurch ergeben, dass ein User mit bestimmten Personen befreundet ist und sich dadurch als zu einer besonderen kulturellen oder sozialen Gruppe zugehörig zeigt. Allein das Bestehen einer derartigen Verbindung (obschon diese wieder aufgelöst werden kann) kann folglich die Online-Identität einer Person mitgestalten.

In einigen Fällen sind die User von Online-Netzwerken bemüht, einzelne Elemente sozialer Fremddarstellungen gezielt für ihr Identitätsmanagement zu nutzen. So kann ein User nur die Verlinkungen bestimmter Inhalte mit seinem Online-Profil zulassen, die seinem Selbstbild entsprechen und damit dem Identitätsmanagement zuträglich sind. Durch das aktive Reagieren auf soziale Fremddarstellungen, etwa durch das Kommentieren eines Fotos, auf dem man markiert wurde, erhöht sich auch die Sichtbarkeit im Netzwerk, zumal die Aktion des Kommentierens und damit auch der zugehörige Bezugsinhalt (Foto) auf diese Weise als ein neuer Beitrag an alle Freunde im Netzwerk versendet werden. In vielen Fällen können die Beiträge anderer mithin für die Gestaltung der eigenen Online-Identität förderlich sein.
Allerdings ist bei der strategischen Implementierung fremder Inhalte, insbesondere in Hinblick auf die Standardeinstellung des Akzeptierens von Markierungen und Verlinkungen, aber auch in Hinblick auf den Verbleib der eigenen Daten, *Vertrauen* in die Online-Umgebung, also in die persönlichen Kontakte sowie in den Plattform-Betreiber, ein wesentliches Kriterium (Joinson/Paine 2007, Krasnova et al. 2010). Abgesehen vom Risiko der unfreiwilligen Datenpreisgabe an Dritte (siehe hierzu Kapitel II.2.2), liegt dies nicht zuletzt in der Tatsache begründet, dass soziale Fremddarstellungen nicht unbedingt der eigenen Identitätsstrategie zuträglich sind, sondern mitunter auch unerwünscht erfolgen. So können die von anderen Usern online gestellten Inhalte, auf die eine Person verlinkt wird, unvorteilhaft, unwahr oder sogar verletzend sein und die Person so in einen negativen Zusammenhang setzen. Je nach Ausmaß können derartige Inhalte dem Ansehen einer Person, aber auch ihrer Psyche, schaden, etwa bei absichtlich diffamierenden Fremddarstellungen wie im Fall von Cybermobbing (siehe hierzu ausführlich: Fawzi 2009).

Zusammengefasst ist zu konstatieren, dass Identitätsmanagement im Netz in vielen Fällen die Fremddarstellung über automatisch generierte Daten oder über die Inhalte anderer Online-Kontakte miteinschließt. Während dabei auf der einen Seite die Online-Identität einer Person von anderen Nutzern der jeweiligen Plattform ungewollt mitgestaltet wird und sich für die Person dabei unerwünschte Effekte ergeben, so können derartige Fremddarstellungen auf der anderen Seite auch gezielt und strategisch avisiert werden, um Facetten der eigenen Identität mit (vermeintlich authentischen) Belegen von anderen Nutzern zu unterstreichen. In beiden Fällen ist Vertrauen in die Plattform, also den Webseitenbetreiber, sowie in die Interaktionspartner von großer Bedeutung. Schließlich hängt die Gestaltung der eigenen Identität grundsätzlich nicht allein davon ab, wem gegenüber wir uns darstellen, sondern eher, wem wir zutrauen, „dass er zu unserem Selbstverständnis beiträgt" (Kruse 1980: 174).

Die Konstruktion individueller Privatheit im Netz unterliegt neuen strukturellen und funktionslogischen Bedingungen, die sich ganz wesentlich von denen der Offline-Welt unterscheiden. Zwar gelten hier ähnliche zugrunde liegende sozialpsychologische Mechanismen (affektive, kognitive und soziale Bedürfnisse), die im Zentrum der Entscheidung des einzelnen Users stehen, sich privat zu verhalten; dennoch sind die besonderen technischen Gegebenheiten der digitalen sozialen Welt und die damit zusammenhängenden Gefahren und Risiken der Datensicherheit entscheidende Faktoren, die das Entstehen und Wahren der Aspekte individueller Privatheit in dieser Umgebung wesentlich beeinflussen. Diese These soll in den folgenden Ausführungen als Grundlage für die Entwicklung eines theoretischen Modells dienen, dessen Ziel es ist, den Herstellungs-, Ausgestaltungs- und Regulierungsprozess individueller Online-Privatheit unter Einbezug der zusammenwirkenden technischen, sozialen und psychologischen Mechanismen theoretisch zu operationalisieren und so auch empirisch nachvollziehbar zu machen.

III Das Modell der User Generated Privacy

Ziel ist es nun, auf Basis der theoretisch erarbeiteten Erkenntnisse ein Modell zu entwickeln, welches die sozialpsychologisch und situativ relevanten Faktoren abbildet, die für den Herstellungs-, Ausgestaltungs- und Regulierungsprozess individueller Privatheit im Social Web als zentral anzunehmen sind. Im Gegensatz zur Mehrheit der bisher existierenden Ansätze, in denen der Online-Kontext entweder gar nicht oder lediglich als eine Adaptionsmöglichkeit berücksichtigt wird (so verweisen etwa Trepte und Dienlin (2014: 57) darauf, dass sich ihr Modellvorschlag auch „auf die digitale Welt von Twitter, einer Facebook-Gruppe oder einem öffentlichen Forum übertragen" ließe), wird bei der hier vorgestellten Modellierung die Komponente ‚Online-Umgebung' fest integriert. Dies bedeutet, dass der spezifische Angebotscharakter von Online-Plattformen und deren medienlogischen Besonderheiten als ein entscheidender, gar ausschlaggebender, Aspekt im Modell der User Generated Privacy (UGP) berücksichtigt werden.

Bei der Modellierung sollen normative Positionen hinsichtlich der Konstruktion von Online-Privatheit keine Rolle spielen; vielmehr wird ein vornehmlich deskriptiver Ansatz gewählt, der zugleich eine analytische Perspektive auf den Untersuchungsgegenstand ermöglicht. Ein Grund hierfür ist das übergeordnete Ziel des vorliegenden Buches, wonach unter Bezugnahme auf empirische Befunde überprüft werden soll, wie Menschen ihre Privatheit im Netz konzeptionieren und gestalten. Eine Vorgabe, wie sie dies tun sollten, stünde diesem wissenschaftlich-analytischen Ziel entgegen. Mithilfe des hier gewählten Ansatzes soll es also möglich sein, Rückschlüsse darauf zu ziehen, wie und warum ein Individuum im Online-Kontext „privat handelt" und wie Privatsphärenverletzungen aus dieser Perspektive einzuordnen sind. Weshalb gibt ein Individuum im Netz bewusst private Informationen über sich selbst preis, wenn es doch davon ausgehen muss, dass sein Handeln zu Privatsphärenverletzungen führen kann? Der Faktor „Bewusstheit" bei privatheitsrelevantem Online-Handeln, auch als Privacy Awareness bezeichnet, wird dabei im Modell der UGP einen zentralen Stellenwert einnehmen.

Im Folgenden werden einige Vorüberlegungen angestellt, die als Grundlage für die zentralen Prämissen der angestrebten Modellierung fungieren. Hierbei wird zunächst ein Rückgriff auf die allgemeine soziologische Handlungstheorie vorgenommen (in Anlehnung an Weber 1922/1980 sowie spätere Theoretiker wie Schimank 2000, Esser 2000 oder Kroneberg 2011), mithilfe derer wichtige Grundbegriffe sozialen Handelns erläutert werden. In den weiteren Ausführungen werden auch Aspekte der analytischen Handlungstheorie relevant, welche sich konkret auf die Beschreibung von Kommunikations- und Sprachhandlungen bezieht (u. a. Harras 1983, Thimm 1990). Ferner fließen auch neuere Ansätze aus der Handlungspsychologie mit in die Überlegungen ein (u. a. Mayerl 2009, Heckhausen/Heckhausen 2010, Hommel/Nattkemper 2011). Dabei wird der Handlungsbegriff trotz der Verweise auf einzelne Theoretiker, welche sich einer bestimmten handlungstheoretischen Schule zuordnen lassen, möglichst weit gefasst und verbleibt im Bereich der Grundlagentheorie, um eine intersubjektive (und interdisziplinäre) Nachvollziehbarkeit zu gewährleisten. Ziel ist es, den medienwissenschaftlichen Ansatz dieses Buches mithilfe der handlungstheoretischen Perspektive zu konsolidieren, um damit sowohl den strukturellen als auch den individuell-sozialpsychologischen Besonderheiten von Online-Privatheit theoretisch fundiert nachgehen zu können.

1. Handlungstheoretischer Rahmen und Vorüberlegungen

Zur Klärung der Frage nach den Motiven, Gründen und Determinanten privatheitsrelevanten Handelns, bietet sich zunächst ein Rückbezug auf das Grundkonzept sozialen Handelns nach Max Weber an. Webers Werk gilt als ein zentraler „Referenzpunkt soziologischer Handlungstheorien" (Kaufmann 2009: 15), aus dem zahlreiche weitere Ansätze der theoretischen Erklärung sozialen Handelns hervorgegangen sind (für einen Überblick zur soziologischen Handlungstheorie siehe zum Beispiel Kroneberg 2011 oder Miebach 2014). Für das vorliegende Buch ist die Theorie Webers in ihren Grundzügen deshalb von Interesse, weil sie „von vornherein auf Unterschiede in der Handlungsverursachung" fokussiert (Kroneberg 2011: 117) und damit besonders anschlussfähig ist für eine Systematisierung „bewussten" oder „unbewussten" privatheitsrelevanten Handelns.

Weber (1922/1980: 1) definiert soziales Handeln als „ein menschliches Verhalten (einerlei ob äußeres oder innerliches Tun, Unterlassen oder Dulden), (...) welches seinem von dem oder den Handelnden gemeinten Sinn nach auf das Verhalten anderer bezogen wird und daran in seinem Ablauf orientiert ist". In der Definition Webers sind zwei Aspekte besonders hervorzuheben: der subjektive Sinn und das auf andere Personen gerichtet Sein von Handlungen. Beide Faktoren, die nachfolgend genauer erläutert werden, sind eng miteinander verwoben und begründen nur in ihrer Verbindung soziales Handeln.

Zunächst unterscheidet Weber Handeln im Gegensatz zum Verhalten anhand von Sinnhaftigkeit. Demnach ist Handeln ein planvolles oder absichtsvolles Tun einer Person, das von bloßem, nicht auf soziale Effekte abzielenden Verhalten (motorischen Reflexhandlungen) abzugrenzen ist. Mit dem Handlungssinn ist somit die Intention zu handeln gemeint. Allerdings sind Handeln und Verhalten oft nicht klar voneinander zu differenzieren: So kann ein beobachtbares Tun einmal bewusstes Handeln, das andere Mal unwillkürliches Verhalten sein; an den Vorgängen selbst ist dies nicht ablesbar (Kaufmann 2009: 19). Zum Beispiel kann das Heben der Hand als „Grüßen" und damit als Handlung gedeutet werden; es kann aber auch sein, dass der Akteur sich lediglich reckte und deshalb den Arm hob, was nicht als soziales Handeln, sondern als Verhalten zu interpretieren wäre. Umgekehrt könnte es jedoch auch sein, dass ein Außenstehender annimmt, eine Person recke sich lediglich, obwohl diese jedoch die Intention hatte zu grüßen.

Die Unterscheidung zwischen Handeln und Verhalten und damit zwischen vermeintlicher Intention und mangelnder Absicht stellt nicht nur eine besondere analytische Herausforderung dar, weil sich der subjektive Sinn des Individuums zu handeln, objektiv grundsätzlich schwer bestimmen lässt, sondern auch, weil das Individuum im Alltag zahlreiche Dinge unbewusst tut, das heißt, ohne selbst das Motiv seines Handelns benennen zu können oder zu reflektieren: „Das reale Handeln verläuft in der großen Masse seiner Fälle in dumpfer Halbbewusstheit oder Unbewusstheit seines ‚gemeinten Sinns'" (Weber 1980: 10, Hervorheb. i. Orig.). Insbesondere routinemäßige Handlungen, die der Akteur nicht weiter nach ihrer Zweckgerichtetheit hinterfragt, sind hier einzuordnen. Ein anschauliches Beispiel nennt Kaufmann (2009: 20, Hervorheb. i. Orig.) in diesem Zusammenhang: „Wer könnte schon, gefragt, warum er nach dem Aufstehen eine Hose anzieht, eine präzise Antwort geben: ‚Weil es draußen kalt ist', ‚weil man nicht ohne Hose auf die Straße geht' [usw.]". Eine derartige Handlung hat zwar einen Grund und ist sinnhaft (und ist damit ein Handeln und nicht bloßes Verhalten), gleichwohl muss dieser Grund auch vom Handelnden selbst nicht zwangsläufig präzisierbar sein. Weber fasst derartige Formen des Handels unter den Typus des „traditionalen Handelns", nach dem Menschen aus Gewohnheit handeln, zur Nachahmung oder „weil es ‚Mode' ist" (Weber 1980: 12, Hervorheb. i. Orig.).

Neben dem genannten traditionalen Handeln (heute auch: Alltagshandeln) nennt Weber noch drei weitere Idealtypen des Handelns, die er nach ihrem Bestimmungsgrund einteilt: affektuelles, wertrationales und zweckrationales Handeln. Affektuelles Handeln (heute ist der Begriff des affektiven Handelns gebräuchlicher, der auch im vorliegenden Buch geführt wird) ist Handeln aus einer inneren Motivlage heraus, die emotional begründet ist, etwa durch Zorn, Eitelkeit, oder durch Gefühle der Rache oder Eifersucht; Weber (1980: 4) bezeichnet affektiv bedingtes Handeln auch als „irrational motivationsmäßig". Eine Person handelt dabei zumeist spontan, ohne die Folgen ihrer Handlung zu bedenken (oder bedenken zu wollen) und reagiert „hemmungslos (...) auf einen außertäglichen Reiz" (Weber 1980: 12). Affektuelles und traditionales Handeln haben somit die Gemeinsamkeit, dass Handeln hier ohne Reflexion oder vorausschauende Überlegung erfolgt. Anders verhält es sich hingegen bei wert- und zweckrationalem Handeln in der Weberschen Definition. Während wertrationales

Handeln ein bewusstes, intendiertes Tun beschreibt, das unter Missachtung möglicher Folgen allein nach bestimmten (ethischen, religiösen) Werten und innersten Überzeugungen ausgeführt wird (ideelle Motivation), erfolgt zweckrationales Handeln wohl überlegt und an möglichen Folgen und Nebenfolgen orientiert. Zentraler Bestandteil zweckrationalen Handelns ist dabei ein Abwägungsprozess, bei dem der zukünftige Zustand einer Situation im Sinne eines Kosten-Nutzen-Vergleichs kalkuliert wird. Verschiedene „kollidierende Zwecke" einer Handlung werden vor Ausführung ebendieser in Betracht gezogen und „bewusst abgewogen" (Weber 1980: 13).

Die vorgestellten Handlungsformen sind in der Regel selten so klar umrissen und differenzierbar wie hier beschrieben. Weber (1980: 10) selbst betont, dass es sich bei den vier Handlungsformen um Idealtypen handelt, die vor allem der soziologisch analytischen Rekonstruktion individuellen Handelns dienen sollen. Während dabei in der herkömmlichen Interpretation das zweckrational orientierte Handeln als „wichtigster Standardtypus" angesehen wird (Kron/Winter 2009: 41), sehen neuere Theorien zunehmend das Emotionskonzept im Fokus soziologischer Erklärungsansätze (Schützeichel 2008, Flam 2010). Für den vorliegenden Kontext und die avisierte Modellierung privatheitsrelevanten Online-Handelns rücken später insbesondere die Aspekte des zweckrationalen sowie des affektiven Handelns in Hinblick auf die Bewusstheit ihrer Ausführung in den Mittelpunkt.

Es soll nun auf den zweiten zentralen Aspekt des Handelns in der Begriffsbestimmung von Weber eingegangen werden: die Orientierung des Handelnden am zu erwartenden Verhalten der anderen Akteure. Dieser Punkt ist insofern entscheidend, als dass er Handeln erst als sozial definiert. Dabei ist es unerheblich, „ob die Einschätzung des erwartbaren Verhaltens anderer zutreffend ist oder nicht" (Kruse/Barrelmeyer 2012: 92). Es kommt vielmehr auf die Ausrichtung des individuellen Handelns auf die soziale Umwelt bzw. auf das vermutete Handeln des Gegenübers an. Jemand tut etwas intentional im Rahmen eines gegebenen sozialen Kontextes und richtet sein Handeln auf das Verhalten anderer Menschen. Wichtig ist hier, wie oben geschildert, der subjektive Sinn des Individuums, warum es wie handelt – etwa, um andere Personen zu beeindrucken, um in einem sozialen Kontext möglichst wenig aufzufallen oder um gezielt den Kontakt zu anderen zu suchen. Dabei müssen die anderen Personen nicht zwangsläufig in die Handlung involviert sein oder auf diese reagieren; entscheidend ist allein die Perspektive des Individuums, das so handelt, dass es in der konkreten sozialen Situation für sich selbst Sinn ergibt. Erläutert werden kann dies mit dem Beispiel einer Unterlassungs- oder Duldungshandlung, die gemäß der Weberschen Definition ebenfalls soziales Handeln darstellen. Hierbei handelt eine Person, indem sie eine bestimmte Aktion gerade nicht ausführt (oder einen Zustand erduldet), um damit bestimmte Folgen zu verhindern oder erst zu evozieren; etwa jemanden nicht zu grüßen, um ein mögliches anschließendes Gespräch zu umgehen.

Im Folgenden soll nun erörtert werden, welche Rückschlüsse sich aus den Grundthesen sozialen Handelns für das Konzept von Privatheit und privatheitsrelevantes Handeln im Online-Kontext ziehen lassen und inwiefern diese in eine entsprechende Modellierung einzubinden sind.

Parameter sozialen (privatheitsrelevanten) Handelns im Onlinekontext

Zunächst soll soziales Handeln als kommunikatives Handeln[5] konkretisiert werden, dessen zentrales Merkmal die Interaktion von Menschen über (symbol-)sprachliche Zeichen ist (Esser 2007: 41f.). Aus der hier diskutierten übergeordneten Perspektive der Mediatisierungstheorie, in der sich „soziales Handeln immer in Reaktion auf Medien und im Rahmen von und durch Medien mitgestalteten Umwelt ergibt" (Thomas/Krotz 2008: 29), kann das kommunikative Handeln zudem als *Medienhandeln* bezeichnet werden. Damit wird betont, dass das soziale Handeln von interagierenden Individuen im mediatisierten Umfeld – im vorliegenden Fall in einer spezifischen Online-Umgebung – stattfindet und nur in dieser auch Gültigkeit erlangt.

Als im Online-Kontext privatheitsrelevant gelten Handlungen, die sich positiv oder negativ auf das individuelle Privatheitsempfinden des handelnden Individuums (zum Teil auch das der Interaktionspartner, wie im Fall der Fremdoffenbarung) auswirken. Eine Besonderheit dieser noch recht allgemeinen Definition, die im Begriff des Auswirkens liegt, betrifft die Tatsache, dass eine Handlung häufig auch erst im Nachhinein privatheitsrelevant wird. So muss zum Beispiel die Handlung „ein persönliches Foto online stellen" nicht zwangsläufig auch einen Einfluss auf die individuelle Privatheit des Handelnden haben, sie kann jedoch abhängig von den weiteren Entwicklungen im Handlungsprozess privatheitsrelevant werden. Drei Faktoren, die zueinander eng in Beziehung stehen, sind hierbei besonders entscheidend: (1) Zum einen sind dies die Logik des Online-Kontextes (Medienlogik) sowie die technischen Mechanismen, welche die Eigenschaften von Handlungsfolgen in dieser Umgebung erheblich beeinflussen können. (2) Zum Zweiten sind das die sozialen Handlungen anderer Menschen im gegebenen Online-Kontext, die mit den eigenen Handlungszielen interferieren können und somit ebenso Einfluss auf den Handlungsprozess bzw. die Handlungsfolgen nehmen können. (3) Drittens muss als wichtiger Faktor, der weniger als situativer Einflussfaktor denn als genereller Parameter

---

5 Der Begriff des kommunikativen Handelns wird im vorliegenden Buch ohne Abgrenzung zum gesellschaftssoziologischen, sprachwissenschaftlichen oder philosophischen Diskurs im wörtlichen Sinne übernommen (siehe hierzu etwa Habermas (1981a, b): Die Theorie des kommunikativen Handelns, Band 1 und 2. Frankfurt a.M.: Suhrkamp).

menschlichen Handelns gilt, der „prozesshafte Charakter" sozialen Handelns berücksichtigt werden, der den zeitlichen Verlauf und die Folgenentwicklung betrifft. Dieser ist jedoch im Online-Kontext besonderen Bedingungen wie der Fixiertheit und Nachvollziehbarkeit der Kommunikate unterworfen (Rückschluss zu (1)). Die drei genannten Faktoren, die privatheitsrelevantes Online-Handeln näher definieren, sollen nachfolgend genauer erläutert werden.

(1) Die digitale Verfasstheit des Handelns in der Online-Umgebung und die technische Funktionsweise ebendieser sind für die Modellierung subjektiv erfahrbarer Online-Privatheit zentrale Faktoren. Dabei spielt vor allem das Theorem eines drohenden Kontrollverlustes, welches jedem Online-Handeln unterschwellig ist (siehe hierzu ausführlich Kapitel II), eine wichtige Rolle. Die spezifische Funktionalität und Wirkungsweise einer Online-Umgebung können nicht nur zuträglich, sondern für die Konstruktion individueller Privatheit auch hinderlich sein. Soziales Handeln im Netz wird stets vor dem Hintergrund einer generellen Ungewissheit in Bezug darauf vollzogen, wie die konkrete Handlung (etwa das Verfassen eines Beitrages in einem sozialen Netzwerk) auf die Interaktionspartner wirkt, welchen Modifikationen der manifeste Inhalt von außen es unterliegt (etwa Kommentare von anderen) und welche Auswirkungen sie schließlich in Kombination mit anderen Handlungen (bzw. Inhalten) haben wird. Damit geht die Unwissenheit einher, in welchem Umfang die im Rahmen der Kommunikation entstehenden Daten von Dritten (Suchmaschinen, Provider, Webseitenbetreiber, andere Nutzer etc.) erfasst, gesammelt und verwertet werden. Das Bewusstsein darüber ist bei Online-Usern unterschiedlich stark ausgeprägt und kann im Einzelfall zu unintendierten (selbst- oder fremd verschuldeten) Folgen, wie Privatsphärenverletzungen, führen.

Die besondere Funktionsweise der Online-Umgebung betrifft dabei auch die Interpretationsmöglichkeiten beobachtbarer Handlungen, die sich in vielen Fällen als Handlungsfragmente darstellen. So müssen die Interaktionspartner[6] im Netz eine hohe Abstraktionsleistung dessen erbringen, was einmal als eine zusammenhangslose Ansammlung digitaler Daten wahrzunehmen ist und ein anderes Mal als User Generated Content und somit als Ausdruck individuellen sozialen (und privatheitsrelevanten) Handelns zu verstehen ist. Obgleich die manifesten Kommunikate, wie eigens erstellte Online-Inhalte, den Interaktionspartnern als „Interpretationsschlüssel" dienen (vgl. Miebach 2014: 23), kann

---

6 Wenn im Folgenden von „Interaktionspartnern" die Rede ist, können damit sowohl das direkte Gegenüber (eine Einzelperson), als auch ein konkretes oder unspezifisches (unbekanntes) größeres Publikum gemeint sein. Die Tatsache, dass der Interaktionspartner im Netz auch nicht menschlich sein kann (Stichwort Mensch-Maschine-Interaktion), spielt an dieser Stelle eine eher untergeordnete Rolle, zumal bei der Kommunikation in sozialen Netzwerken die *interpersonale* Interaktion im Vordergrund steht. Die Funktionsweise von Algorithmen und deren potenzieller Einfluss auf eine Kommunikationssituation findet im Aspekt der „Medienlogik" Berücksichtigung.

von diesen nicht immer auch auf die Handlungsintention des Individuums geschlossen werden. Maßgebend für die Interpretation sozialen Online-Handelns ist neben dem sozialen situativen Kontext die technische Einbettung. Hier lautet die Annahme, dass die Handlungen eines Individuums, mit denen es seine individuelle Privatheit in einer bestimmten Online-Umgebung konstruiert (und reguliert), nur auch in ebendiesem Umfeld auf Grundlage der möglichen (verfügbaren) technischen Verwendungshinweise gedeutet werden können. Für privatheitsrelevantes Online-Handeln besteht eine spezifische Kontextgebundenheit, die – abgesehen von der sozialen Rahmensituation – am jeweiligen medialen Angebot der Online-Umgebung ausgerichtet ist. Im Fall sozialer Online-Netzwerke ermöglichen die technischen Gegebenheiten verschiedene Formen und Muster sozialen Handelns, wobei die Dekodierung dessen nur über die Kenntnis der Funktionen in Gänze gelingen kann. Folglich stellt die jeweilige Online-Plattform mit ihren Funktionen und Anwendungsoptionen einen geteilten kommunikativen Rahmen dar, in welchem Handlungen einerseits vom Individuum intentional vollzogen, andererseits auf Basis der manifesten Kommunikate von Dritten interpretiert werden. Eine zentrale Herausforderung für privatheitsrelevantes Handeln ergibt sich dabei für das handelnde Individuum, die vielfältigen Interpretationsmöglichkeiten des eigenen beobachtbaren Handelns abschätzen und in Hinblick auf die eigene Privatheit einordnen zu können.

Ein weiterer wichtiger Punkt im Zusammenhang mit privatheitsrelevantem Handeln und dessen digitaler Verfasstheit ist der Aspekt der Strategie. Die verschiedenen technischen Nutzungsoptionen einer Online-Umgebung bieten dem Individuum diverse Möglichkeiten, sein Handeln strategisch auszugestalten, um die Handlungsziele bestmöglich zu erreichen. In Anlehnung an Münch (2004: 265 ff.) wird strategisches Handeln hier als eine spezielle Form instrumentellen Handelns definiert, das unter bestimmten situativen Bedingungen und unter Zuhilfenahme der verfügbaren medialen Mittel auf das Herbeiführung konkreter Handlungsfolgen ausgerichtet ist. In Hinblick auf die Konstruktion oder Wahrung individueller Online-Privatheit in sozialen Netzwerken stellen vor allem die technischen Funktionen zur Regulierung des Informationsflusses wertvolle strategische Instrumente dar. Mit der Möglichkeit, informationelle und interpersonale Grenzen dynamisch und individuell anpassen zu können, verleihen die automatisierbaren Regulierungsoptionen dem Nutzer ein besonders intensives Erleben von Kontrolle und somit von Privatheit (Trepte/Reinecke 2011b: 62). Wichtig sind hier etwa die technischen Nutzungsoptionen, die sowohl präventiv (als Voreinstellung), exekutiv (im Zuge einer Handlung) als auch korrektiv (nachträgliches Anpassen oder Löschen) verwendet werden können, um den Zugang anderer User zu den persönlichen Informationen im jeweiligen Online-Kontext zu regulieren.

Allerdings ist nicht allein die Verfügbarkeit der technischen Optionen ein wichtiger Faktor für erfolgreiches strategisches Online-Handeln, auch deren

Bedienbarkeit (Usability) kann (neben der Nutzungskompetenz, siehe weiter unten in III.2) Einfluss auf den Handlungsprozess haben. So wird davon ausgegangen, dass eine wenig intuitive Benutzeroberfläche (etwa durch schlecht auffindbare technische Einstellungen), eine häufige Design- und Strukturänderung der jeweiligen Online-Umgebung oder auch ein technisches Problem dafür verantwortlich sein können, dass ein Nutzer von diesen Optionen keinen Gebrauch macht. Auf die Privatheitsrelevanz seines Handelns kann dies Auswirkungen haben, etwa weil dadurch private Inhalte nicht wie gewünscht verwaltet oder reguliert werden können.

(2) In Verbindung mit den technischen Parametern sind weiterhin die Handlungen anderer Online-User als externe Einflussfaktoren in den Handlungsprozess mit einzubeziehen. Sogenannte soziale Interferenzen, oder nach Schimank (2000: 175) „Intentionsinterferenzen", können ein Grund dafür sein, dass eine Handlung nicht wie geplant verläuft (oder ihre Folgen nicht wie antizipiert eintreten). Sogleich bedeutet dies, dass die Handlungsabsichten der beteiligten Akteure im gegebenen sozialen Kontext konfligieren können, da jeder seine persönlichen Ziele verfolgt und dadurch das Handeln eines Anderen beeinflusst. Je nach individuellem Empfinden und im Abgleich mit seiner Handlungsstrategie kann sich der jeweilige Akteur dazu veranlasst sehen, seine Handlungspläne zu verwerfen, anzupassen oder gar zu reformulieren.[7]

Im Online-Kontext tritt zu den schwer kalkulierbaren Handlungen anderer Personen die Medienlogik der jeweiligen Online-Umgebung als Einflussfaktor hinzu (siehe ad 1), der mitunter verstärkend wirken kann (z. B. schnellere Distribution digitaler Inhalte). Insbesondere für privatheitsrelevante Handlungen kann dies entscheidend sein, wenn etwa online veröffentlichte Inhalte einer dritten Person aufgrund der Weiterverbreitung durch andere User einem breiteren Empfängerkreis zugänglich gemacht werden. Hierbei kann sich eine von den technischen Gegebenheiten des Internets begünstigte Eigendynamik der Inhalte entwickeln, die sich der Kontrolle des Individuums entzieht (Kontrollverlust) und die so einen nicht vorhersehbaren Einfluss auf ihre Online-Privatheit haben kann (im Fall günstiger Auswirkungen zum Beispiel Fremdoffenbarungen, die vorteilhafter sind als erwartet, oder die im negativen Fall völlig unerwünscht erfolgen; siehe hierzu auch Kapitel II.4.2).

Der Einfluss durch medienlogische Mechanismen oder die Handlungen der Interaktionspartner muss dabei nicht in jeder Handlungssituation gleichermaßen determinierend sein. Relevant werden diese Größen insbesondere bei der Be-

---

7 Aus einer systemtheoretischen Perspektive werden die hier angesprochenen verschiedenen Formen reziproker, interpersoneller Handlungsbeeinflussung unter den Schlagworten „Akteurskonstellation" oder „Interaktionsmodi" diskutiert, wobei insbesondere das Konkurrenz-, Konflikt- oder Kooperationshandeln im Mittelpunkt der Analysen stehen. Eine Übersicht der aktuellen Diskussion hierzu im Rahmen mediatisierter Öffentlichkeiten bietet zum Beispiel Neuberger (2014).

wertung der eingetretenen Handlungsfolgen durch den Akteur, wenn er diese mit seinen Handlungsintentionen abgleicht. Entsprechend wird er über die Gewichtung der verschiedenen externen Einflüsse entscheiden und sie als entweder eher zuträglicher oder für sein Handeln als abträglich definieren. Welche Implikationen sich hieraus für einen konkreten Privatheitsprozess ergeben, ist Gegenstand der Überlegungen in Abschnitt 3.2.

(3) Der dritte wichtige Faktor, der für die Modellierung privatheitsrelevanten Handelns im Online-Kontext berücksichtigt werden muss, ist die Prozesshaftigkeit sozialer Handlungen. Prozesshaftigkeit bedeutet im Zusammenhang mit Online-Privatheit vor allem zweierlei: Erstens bezieht sich der Aspekt darauf, dass sich das Privatheitsempfinden (auch: Privatheitslevel) eines Akteurs hinsichtlich konkreter Online-Handlungen im Zeitverlauf ändern kann. So ist es möglich, dass der Handelnde mit einem selbstoffenbarenden Posting ein in der gegebenen Situation für ihn optimales Privatheitsempfinden verbindet, welches sich jedoch aufgrund bestimmter Handlungsfolgen zu einem späteren Zeitpunkt anders darstellt (im ungünstigen Fall verschlechtert). Demnach können auch vergangene Handlungen im Netz, die vom Individuum zunächst als erfolgreich bewertet wurden, nachträglich noch unerwünschte Auswirkungen auf sein Privatheitslevel haben. Dies ist nicht zuletzt der medienlogischen Strukturierung von Online-Kommunikation geschuldet.

Zweitens bringt der Aspekt der Prozesshaftigkeit mit sich, dass Handlungen eines Akteurs, die auf Handlungen anderer Personen Bezug nehmen können, in eine Abfolge mehrerer Einzelhandlungen zerlegbar sind (vgl. z. B. Mayerl 2009: 75, Hommel/ Nattkemper 2011: 131). So können einzelne aufeinander aufbauende (selbstoffenbarende) Handlungen dazu beitragen, dass sich zwischen einer Person und ihrem Interaktionspartner im Zeitverlauf eine gewisse Vertraulichkeit einstellt. Hierbei wird die Prozesshaftigkeit von Privatheit besonders deutlich, da sich so entstandenes Vertrauen nicht auf eine einzige, sondern auf die Kumulation einzelner erfolgter Handlungen gründet, die von den Interaktionspartnern als „Vertrauensbeweise" gewertet werden. Aus dem Theorem der Reziprozität individueller Privatheitskonstruktionen (siehe hierzu Kapitel I.3.3) lässt sich zudem ableiten, dass sich eine entsprechende Handlungskette dann stetig weiter fortsetzt, je kontrollierter sich die Grenzziehung zwischen den Beteiligten gestaltet und je vertrauter sich somit die Situation für selbige ergibt (online zum Beispiel im Fall privater Kommunikation in einem abgegrenzten Bereich eines sozialen Netzwerks): „Demgemäß führt eine gegebene Situation im ersten Schritt zu einer bestimmten Empfindung an Intimität und Vertrautheit, welche den Grad einer darauf folgenden möglichen Selbstoffenbarung [in der Interaktion] bedingt" (Trepte/Dienlin 2014: 56/57).

Online-Privatheit im analytisch-strukturellen Sinn konstituiert sich somit aus einer Ansammlung verschiedener, miteinander in Bezug stehender, mehr oder weniger abgeschlossener Handlungen und Teilhandlungen, von denen zudem einige überlappen können oder wiederum kausal für andere sind. Dabei kann auch eine Handlung, die als eine in sich geschlossene Aktion interpretiert wird, in Einzelhandlungen oder Handlungsschritte zerlegt werden. So besteht beispielsweise die Handlung „ein Foto online stellen" aus zahlreichen Handlungsschritten wie etwa: „das Foto im digitalen Ordner auf dem technischen Gerät suchen", „das Foto über den entsprechenden Link auf die jeweilige Online-Plattform hoch laden" und „das Foto publizieren (oder „absenden")" usw.; je nach Perspektive ließen sich dabei noch weitere Handlungsschritte ausmachen, etwa der einzelne Mausklick oder die jeweilige Mausbewegung.

Es zeigt sich, dass Prozesshaftigkeit von Handeln generell und insbesondere in Bezug auf die Konstruktion individueller Online-Privatheit auf verschiedenen Ebenen relevant wird. Wichtig ist hierbei für die Analyse, den jeweils übergeordneten Sinnzusammenhang herzustellen (vgl. Dimbath 2011: 77), der sich durch die einzelnen identifizierbaren Handlungsschritte, Teilhandlungen oder Handlungsabfolgen in Handlungsmustern abbildet. Die Privatheitsrelevanz von Online-Handeln bzw. „einer Handlung" lässt sich somit nicht generalisieren sondern ist in erster Linie nur im Rückbezug auf den individuellen, situativen Kontext (demzufolge in der Betrachtung des konkreten Einzelfalls) begreifbar.

2. Modellierung privatheitsrelevanten Online-Handelns

Mit dem Modell der User Generated Privacy (UGP) soll auf Basis der Vorüberlegungen eine Systematik sozialen Handelns im Netz vorgestellt werden, in welcher die zugrunde liegenden Mechanismen abgebildet sind, mit denen sich Handlungsprozesse zur Konstruktion, Gestaltung und Regulierung individueller Online-Privatheit nachvollziehen und beschreiben lassen. An dieser Stelle soll noch darauf hingewiesen werden, dass als Online-Kontext für die Modellierung, im Rahmen dessen privatheitsrelevantes Handeln betrachtet werden soll, soziale Netzwerkseiten (wie Facebook) als Beispiel dienen. Dies gründet sich zum einen darauf, dass Online-Netzwerke prinzipiell eine hochgradig wichtige Umgebung für die Konstruktion individueller Online-Privatheit darstellen; zum anderen können die Mechanismen privatheitsrelevanten Online-Handelns durch den Fokus auf eine konkrete Online-Umgebung besser nachvollziehbar dargestellt werden. Gleichwohl ist das Modell so konzipiert, dass es sich auch für andere Online-Kontexte adaptieren lässt.

Den Erläuterungen zum Modell der UGP soll folgende Abbildung vorangestellt werden:

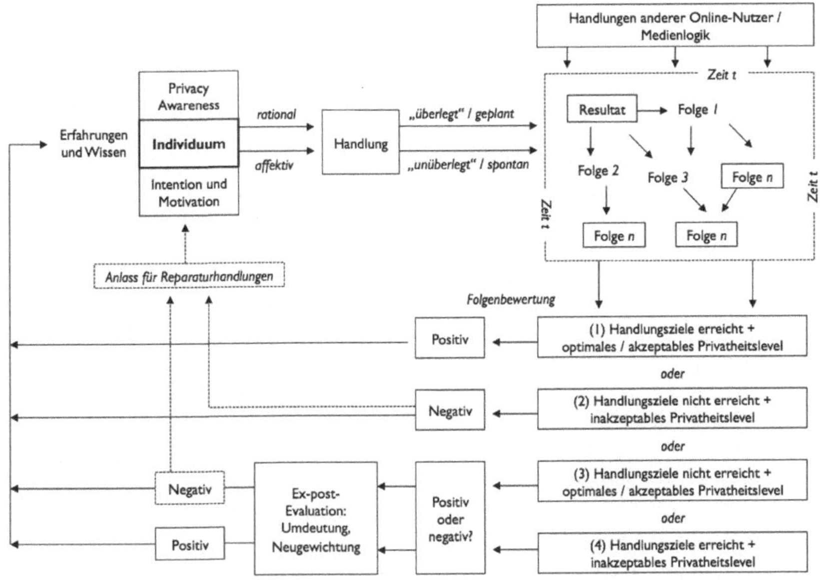

Abbildung 1: Modell der User Generated Privacy. Darstellung eines exemplarischen Prozesses privatheitsrelevanten Handelns in der Online-Interaktion (Kontext: soziales Online-Netzwerk). *Eigene Darstellung.*

Zur Beschreibung wird im Folgenden zunächst auf den Aspekt der Handlungsintention sowie weiter unten auf die Privacy Awareness des handelnden Individuums eingegangen. Daran anknüpfend werden die Handlungsfolgen, die Folgenbewertung und schließlich die „Handlung" selbst definiert.

Intention und Motivation privatheitsrelevanten Online-Handelns

Bei der Betrachtung von Online-Privatheit rückt die Frage in den Mittelpunkt, warum eine Person im Netz auf eine bestimmte Weise gehandelt hat und somit für ihre individuelle Privatheit aussagekräftige Folgen evoziert. Auf der Analyseebene werden hierbei neben dem Faktor der Privacy Awareness, welcher weiter unten erläutert wird, zunächst folgende zwei Konzeptionen relevant: Zum einen der Aspekt der Intentionalität – welche Absicht steht hinter einer bestimmten, beobachteten Handlung, die schließlich einen Effekt auf die Online-Privatheit des Akteurs hat – und zum anderen der Aspekt der Motivation, also der situativen Handlungsgründe.

Aus psychologischer Sicht ist analytisch betrachtet die Motivation der Intentionsbildung vorgelagert, das heißt, die Absicht einer Person zu handeln, resultiert aus den zugrunde liegenden determinierenden Motivationstendenzen (Heckhausen/Heckhausen 2010: 7). Zu diesen zählen unter anderem die aktuelle Stimmungs- und Gefühlslage des Akteurs, die sich jeweils wiederum aus verschiedenen psychologischen und außer-individuellen Einzelfaktoren zusammensetzen. Bestimmte motivationale Aspekte können anderen dabei vorrangig sein. Eine Motivationstendenz ergibt sich durch eine Akkumulation der Faktoren, die sich für das Individuum in der konkreten Handlungssituation als dominant erweisen. Hier stehen nicht selten emotionale Bedürfnisse, kognitive Repräsentationen und externe Parameter (physische Umwelt) miteinander in Konkurrenz. Im Rahmen der Intentionsbildung hierarchisiert das Individuum die unterschiedlichen intrinsischen und extrinsischen Motivationen und entwirft so einen Handlungsplan.[8] Im Fall privatheitsrelevanten Online-Handelns können beispielsweise das Gefühl der Einsamkeit eines Individuums oder der Wunsch nach sozialer Anerkennung selbstoffenbarendes Verhalten fördern, welches sich etwa in Form von persönlichen Inhalten äußert, die das Individuum in einem sozialen Online-Netzwerk veröffentlicht (mit dem Ziel Rückmeldungen von anderen Personen als Gratifikation zu erhalten). Das Bedürfnis nach Selbstoffenbarung kann anderen emotionalen oder kognitiven Motiven überlagert sein, wie im genannten Beispiel dem Bedürfnis, die eigene Online-Privatheit zu schützen (und entsprechend gerade möglichst wenige persönliche Informationen über sich preiszugeben). Wie konkret die Intentionsbildung und somit der Handlungsplan ablaufen, entscheidet sich danach, welche Hierarchisierung der verschiedenen Motivationstendenzen das Individuum vornimmt (Privacy Calculus).

Der innere Hierarchisierungsprozess intrinsischer Motivationen kann dabei je nach situativem Kontext einmal ganz bewusst und überlegt durchgeführt werden, etwa unter Bezugnahme auf rationale Argumente, oder ein anderes Mal von affektiven, emotionalen Motiven gesteuert sein und somit unüberlegt und spontan erfolgen. Entscheidend sind hierfür neben den situativen Einflussparametern auch persönliche Dispositionen. Im vorliegenden Fall sind dies vor allem die Erfahrungen, die eine Person mit Privatheit mit Netz bereits gemacht hat, sowie ihr Bewusstsein und das Wissen, ob und inwiefern die eigenen Online-Handlungen privatheitsrelevant sein könnten (Privacy Awareness). Bevor diese Aspekte als wichtige Determinanten privatheitsrelevanten Online-Handelns weiter unten genauer erläutert werden, sollen zunächst die beiden Typen der Intentionsbildung skizziert werden, die einmal rationales, „überlegtes" Handeln (a) und das andere Mal affektives, „unüberlegtes" Handeln (b) begründen.

---

8 Für eine tiefer gehende Erörterung von Intentionsbildungsprozessen im Zusammenspiel mit der psychologisch motivationalen Orientierung des Akteurs sei auf die Ausführungen in Heckhausen/ Heckhausen 2010: 7ff. verwiesen.

An dieser Stelle soll noch einmal darauf verwiesen werden, dass Intentionalität als sozialem Handeln inhärent verstanden wird; die Aufschlüsselung von Intentionsbildung und („späterer") Handlung erfolgt hier aus analytisch-pragmatischen Gründen, wie Harras (1983: 19/20) expliziert: „Die Absicht oder Intention eines Handelnden ist nicht als ein geistiges Ereignis zu verstehen, das neben dem Tun, [der ausgeführten Aktivität], eine zweite Handlungskomponente darstellt, sondern die Absicht oder Intention besteht im Tun selbst."

(a) Rationales, „überlegtes" Handeln und Privacy Calculus: Im Fall des rationalen Handelns trifft das Individuum in einer konkreten Kommunikationssituation seine Handlungsentscheidungen auf Basis eines kalkulierten Abwägungsprozesses. Hierbei imaginiert es potenzielle zukünftige Zustände und versucht, diese mit einem bestimmten Handeln zu erreichen oder gezielt zu vermeiden. Das Individuum handelt also überlegt, indem es Vor- und Nachteile des zukünftigen Handelns durchdenkt und anschließend entsprechend agiert. Dabei spielt im sozialen Online-Kontext das Erreichen bzw. Halten eines der Situation angemessenen Privatheitslevels eine wichtige Rolle, welche das Individuum bei der Erwägung der potenziellen Handlungsfolgen mit einbezieht. Mit Rückgriff auf das Privacy Calculus-Konzept (siehe Kapitel II.3.2) ist anzunehmen, dass das Individuum dabei stets so handelt, dass es möglichst viele positive Effekte erzielt („Nutzenmaximierung") und dabei die Risiken des eigenen Handelns minimiert. Es gleicht hier die erhofften Handlungsziele mit den möglichen Risiken, wie etwa den negativen Auswirkungen des Handelns auf die individuelle Privatsphäre, ab. Ist ihm das Risiko (einer Privatheitsgefährdung) zu hoch und übersteigt dieses den erwarteten Nutzen, wird das Individuum seinen Handlungsplan verwerfen. Erscheint das Risiko, die eigene Privatsphäre verletzbar zu machen, im Vergleich zum erhofften Nutzen der jeweiligen Handlung für das Individuum akzeptabel, wird es sein Handeln entsprechend durchführen. Der Akteur geht in diesem Fall strategisch vor, das heißt, er richtet sein Handeln unter Zuhilfenahme der verfügbaren Mittel, wie den technischen Optionen der Online-Plattform, auf das Erreichen des Handlungsziels und Vermeiden der negativen Folgen aus.

Das rationale Handeln wie im vorliegenden Kontext beschrieben ist dadurch gekennzeichnet, dass das Individuum dezidiert die Vorteile und Risiken des eigenen Handelns kalkuliert und durchdenkt. Dabei kann es auch sein, dass es sich aufgrund seiner Überlegungen für ein risikoreiches Handeln entscheidet, um den Nutzen zu maximieren und das Handlungsziel zu erreichen. In diesem Fall nimmt der Akteur die drohenden Risiken bewusst in Kauf, etwa, weil es sich von seinem Handeln emotionale, soziale oder gar ökonomische Vorteile verspricht (vgl. Acquisti/Grossklags 2005, Xu 2012). In Hinblick auf privatheitsrelevantes Handeln im Online-Kontext kann hier zur Erläuterung folgendes Beispiel angeführt werden: Ein User hat das Ziel, positive Rückmeldungen von möglichst vielen Menschen seiner Online-Community zu erhalten; dieses Ziel möchte er mithilfe eines persönlichen Fotos erreichen, welches er zu diesem Zweck online stellen möchte[9]. Er wägt ab, ob er das persönliche Foto auf seine Profilseite in einem sozialen Online-Netzwerk (z. B. Facebook) online stellen soll. Einerseits erhofft er sich dadurch viele positive Kommentare aus seinem Netzwerk, andererseits sieht er aber auch verschiedene Probleme und unerwünschte Konsequenzen, die sich für ihn über den Upload des Fotos ergeben könnten. Zu den Letztgenannten zählen keine positiven, sondern überwiegend negative Kommentare zu erhalten, welche sein Selbstwertgefühl herabsetzen könnten, oder auch die Tatsache, dass er durch den Foto-Upload zugleich auch Nutzungsrechte für sein Foto an den Plattformbetreiber bzw. potenzielle Werbetreibende abtritt. Davon abgesehen besteht die grundsätzliche Problematik des Kontrollverlusts, wonach das Individuum nicht weiß, was mit seinem Foto im Netz im Lauf der Zeit passiert. Nach Abwägung der verschiedenen Vor- und Nachteile kann der Online-User entweder von seinem Vorhaben Abstand nehmen, oder wie hier angedeutet, sich bei bewusst risikoreichem Handeln für die Inkaufnahme der Risiken zugunsten des erwarteten Nutzens, nämlich dem Erhalt emotionaler und sozialer Gratifikationen, entscheiden und das Foto online stellen. Wie im Privacy Calculus-Konzept postuliert, bezieht der Handelnde an dieser Stelle im Abwägungsprozess verschiedene „Kosten minimierende Faktoren" ein, die ihn in seiner nutzengesteuerten Entscheidung unterstützen und die entstehenden kognitiven Dissonanzen auszugleichen helfen sollen. Für das vorgestellte Beispiel kann dies die optimistische Annahme sein, dass die negativen Konsequenzen nicht eintreten oder dass seine Interaktionspartner oder der Plattformbetreiber verantwortungsvoll mit seinen Daten umgehen werden („Vertrauen in die Online-Partner", vgl. Krasnova et al. 2010 und Kapitel II.3.2 dieses Buches).

Bewusst risikoreiches Online-Handeln, welches Auswirkungen auf die individuelle Privatheit haben kann, ist folglich das Ergebnis eines rationalen Abwägungsprozesses, bei dem das Individuum die Vorteile, die mit dem Erreichen seines Handlungsziels verbunden sind, stärker gewichtet als die potenziellen Nachteile. Dabei ist herauszustellen, dass rational in diesem Zusammenhang nicht „vernünftig" im Sinne einer normativen Kategorie und im Gegensatz zu emotional gesteuertem Handeln bedeutet. Vielmehr liegt der Akzent bei dieser Definition auf dem Prozess des Kalkulierens und Abwägens potenzieller Handlungsfolgen, der zugleich das bewusste, planvolle und durchdachte Handeln

---

9 Für die vorliegende Ausarbeitung ist eine genaue Unterscheidung von *Handlungszielen* und *Handlungszwecken* nicht erforderlich. Es soll jedoch an dieser Stelle auf die Definition von Thimm (1990: 33) verwiesen werden, die hier treffend erscheint: Demnach sind „Handlungsmuster und Handlungstypen mit Zwecken verknüpft, während Handelnde keine Zwecke, sondern Ziele haben. (...) Handlungen sind Mittel zur Erreichung von Handlungszielen. Handlungen müssen einen Zweck haben, zweckfreie Handlungen gibt es nicht".

hervorhebt und somit im Gegensatz zu unüberlegtem, spontanem Handeln steht (siehe Punkt b). Mit diesem Ansatz lassen sich auch vermeintlich paradox erscheinende Verhaltensweisen eines Individuums im Netz erklären, wonach es trotz des Wissens um potenzielle Risiken, die sich durch sein Handeln für seine Online-Privatheit ergeben können, bewusst persönliche Informationen von sich im Netz preisgibt („Privacy Paradox", siehe hierzu Kapitel II.3 und IV.2.2).

(b) Affektives, „unüberlegtes" Handeln: Zu einem großen Teil ist das Online-Handeln mit privatheitsrelevanten Folgen allerdings kein Resultat eines durchdachten Handlungsprozesses, wie unter (a) skizziert, sondern erfolgt in erster Linie aufgrund von situativ vorherrschenden und individuell variierenden affektiven Motiven auf Basis intrinsischer Bedürfnisse des Individuums (vgl. Kapitel II.3.). Während beim Privacy Calculus zwar auch Affektionen und emotionale Bedürfnisse, wie der Wunsch nach sozialem Austausch oder das menschliche Grundbedürfnis nach Selbstoffenbarung („need for disclosure", Petronio 1991), Gründe für die jeweilige Handlungsentscheidung sein können, wird beim „unüberlegten" Online-Handeln davon ausgegangen, dass die affektive Handlungsmotivation dem Individuum selbst nicht zwangsläufig auch bewusst ist (vgl. Weber 1980:4 oder Dietz 2004: 55: „irrationales Handeln"), denn es entscheidet „aus dem Bauch heraus". Demzufolge wägt der Akteur hier gerade nicht den denkbaren Verlauf seines Handelns mitsamt der möglichen positiven und negativen Folgen ab, sondern handelt spontan, impulsiv und emotionsgeleitet.

Im Rahmen der Intentionsbildung sind beide Handlungsformen (a) und (b) nicht als gegensätzliche Entscheidungen zu verstehen, sondern können sich auch vermischen oder überlagern, wobei je nach Situation entweder der rationale oder der affektive Aspekt überwiegt. Die Handlungsentscheidung wird dabei zu einem großen Teil von dem vorhandenen Privatheitsbewusstsein des Akteurs gelenkt. Hierbei lassen sich verschiedene Typisierungen ausmachen, die nun nachfolgend zu beschreiben sind.

Privacy Awareness und ihre Determinanten

Die Privacy Awareness – auch als Privatheitsbewusstsein bezeichnet – ist ein komplexer Faktor, der die Fähigkeit eines Individuums beschreibt, die Auswirkungen der eigenen Online-Aktionen auf seine Privatheit zu kennen, abschätzen und kompetent reflektieren zu können (Pötzsch 2009: 228, Richard et al. 2010: 27). Wie stark oder schwach das Privatheitsbewusstsein eines Individuums ausgeprägt ist, hängt unter anderem von der Zusammenwirkung verschiedener individualzentrierter Komponenten ab, die den Faktor Privacy Awareness konstituieren (Prädiktoren). Hierzu zählen unter anderem die Charaktereigenschaften und soziodemografische Merkmale des Individuums, sein Privatheitsverständnis in Verbindung mit dem vorhandenen Hintergrundwissen, persönliche (privatheitsrelevante Online-) Erfahrungen sowie die Online-Nutzungskompetenz.

Der Charakter einer Person ist für den Konstruktionsprozess von Online-Privatheit insofern wichtig, als dass von Natur aus extrovertierte Menschen eher gewillt sind, offline sowie online persönliche Dinge von sich preiszugeben als introvertierte Menschen, die dabei insgesamt eher zurückhaltend sind (Reinecke/Trepte 2008: 208, Trepte/Reinecke 2013). Demnach besteht bereits eine gewisse Prädisposition in Bezug darauf, wie sehr eine Person bei der Interaktion mit anderen im Netz Aspekte ihrer Privatheit mit einbringt. Dabei spielen insbesondere im Online-Kontext auch Wesenszüge wie Ängstlichkeit oder generelles Misstrauen anderen gegenüber eine Rolle, die sich in Kombination mit weiteren Faktoren, wie dem Datenschutzwissen oder dem Vertrauen in das Gegenüber, in Form von mehr oder weniger starken Bedenken hinsichtlich privater Online-Inhalte ausdrücken. Demzufolge kann beispielsweise ein großes Vertrauen, das eine Person in Bezug darauf besitzt, dass die Betreiber der betreffenden Kommunikationsplattform sowie die Interaktionspartner verantwortungsvoll mit den persönlichen Online-Inhalten umgehen werden, sie dahingehend beeinflussen, dass sie eher bereit sein wird, hier private Informationen preiszugeben (vgl. Krasnova et al. 2010, Joinson/Reips/Buchanan/ Paine Schofield 2010). Im Gegensatz hierzu kann je nach persönlicher Neigung das Wissen um die Risiken und Gefahren der Netzkommunikation die Sorgen und Bedenken einer Person hinsichtlich ihrer Online-Privatheit erhöhen und somit ihre Privacy Awareness beeinflussen.

Ferner sind hier auch alters- oder geschlechterspezifische Besonderheiten denkbar, wonach bei Letztgenanntem für die Privacy Awareness der Umstand eine Rolle spielen kann, dass Frauen im Vergleich zu Männern (offline sowie online) eher dazu tendieren, persönliche Informationen von sich preiszugeben (Krasnova et al. 2012). Geschlechterspezifische Aspekte in Bezug auf die Privacy Awareness können zudem auch in Verbindung mit den Sorgen und Ängsten weiblicher Online-User stehen, die diese etwa aufgrund von Online-Stalking oder der Gefahr von Sexting hegen. Studien verweisen darauf, dass Frauen häufiger Opfer von Cyberbulling oder Online-Stalking werden als Männer (Thellwall 2011). Altersspezifische Differenzen betreffen wiederum das Privatheitsverständnis einer Person, das einen wichtigen Faktor ihrer Privacy Awareness darstellt. Demnach ziehen junge Menschen ihre Privatheitsgrenzen grundsätzlich weniger eng als Erwachsene, die ein gesteigertes Bedürfnis nach Sicherheit und Privatheit haben (Petronio 2002: 8). Entsprechend ist das Privatheitsbewusstsein bei Jüngeren vergleichsweise weniger stark ausgeprägt. Dabei ist an dieser Stelle die Frage noch unbeantwortet, inwiefern sich ein altersspezifisches Privatheitsbewusstsein, das im Offline-Kontext besteht, im Online-Kontext widerspiegelt, bzw., ob dieses sich aufgrund der online vorherrschenden, veränderten Handlungslogiken hier neu formiert (etwa durch dynamisch evolvierende Normsetzungen, die nur online Gültigkeit erlangen). Auch der Einfluss weiterer Faktoren wie etwa der Intensität der Online-Nutzung auf die Privacy Awareness ist im Zusammenhang mit möglichen altersspezifischen Unterschieden zu prüfen.

Das Privatheitsverständnis des Handelnden ist, wie erwähnt, ein zentraler Parameter von Privacy Awareness. Es kann individuell variieren, dabei aber bestimmten kulturellen oder sozialen Kontexten entstammen. Das Verständnis einer Person davon, was für sie privat bedeutet, ist als ihre persönliche Einstellung zu Privatheit online oder offline zu beschreiben. Es ist davon auszugehen, dass je nach Sozialisationsgrad des Einzelnen im Online-Kontext hier neue Normen und Werte für ihn relevant werden, die wiederum auch sein generelles Privatheitsverständnis (für Offline-Bezüge) beeinflussen können. Die Fähigkeit verschiedene Normen zwischen Online- und Offline-Welt zu hinterfragen, kann ebenfalls eine wichtige Komponente von Privacy Awareness darstellen.

Weiterhin wird die Privacy Awareness vom bestehenden Hintergrundwissen geformt, das eine Person in Bezug auf das Thema Online-Privatheit und damit verwandte Bereiche wie etwa den Online-Datenschutz, besitzt. Informationen von außen, vermittelt von Mitmenschen, Medien oder Institutionen, können dem Einzelnen helfen, Chancen und Risiken der Netzkommunikation kennenzulernen und in Hinblick auf seine Online-Privatheit besser einzuschätzen. Ist entsprechendes Hintergrundwissen nicht vorhanden, das heißt, stehen relevante Informationen nicht zur Verfügung oder werden vom Individuum nicht wahrgenommen, begünstigt dies unreflektiertes Handeln und erhöht mithin die Gefahr von Privatsphärenverletzungen (vgl. Acquisti/Grossklags 2005).

Neben dem Fakten- oder Kontextwissen sind zudem die Erfahrungen, die eine Person im Rahmen ihres privatheitsrelevanten Online-Handelns im Laufe der Zeit sammelt, ein wesentlicher Bestandteil ihrer Privacy Awareness. Sie bilden für ihr zukünftiges Handeln in der jeweiligen digitalen Umgebung eine wesentliche Entscheidungsgrundlage (vgl. Laufer/Wolfe 1977: 25). Es wird davon ausgegangen, dass positive Erfahrungen ein tendenziell risikoreicheres Privatheitshandeln im Zusammenhang mit einer eher geringen Privacy Awareness bewirken und negative Erfahrungen wie Privatsphärenverletzungen mit einer eher hohen Privacy Awareness und einer größeren Vorsicht des Individuums einhergehen. In jeder neuen Interaktionssituation in der betreffenden Online-Umgebung greift das Individuum auf seinen bis dahin weiter angewachsenen Erfahrungs- und Wissensbestand zurück und bringt diesen bei seinem Handeln mit ein.

Schließlich hat auch die Online-Nutzungskompetenz einer Person Einfluss auf ihre Privacy Awareness. Demnach sind das Wissen und die Fähigkeiten, wie mit verschiedenen Arten von Anforderungen, Problemen und Situationen mit privaten Daten im Netz umzugehen ist, ein wesentliches Kennzeichen privatheitsbewussten Handelns.[10] In diesem Zusammenhang gilt, dass eine hohe Nutzungskompetenz (und Privacy Awareness) vorliegt, wenn das notwendige Wissen von Funktionen und Strukturen der Online-Umgebung mit einer reflektierten und sozialverträglichen Nutzung einhergeht und im Einklang mit der eigenen Bedürfnisbefriedigung steht (vgl. Hipeli 2012: 60 ff.). So ist es einem gelungenen bzw. erfolgreichen Privatheitshandeln im Online-Kontext zuträglich, wenn ein Nutzer die Medienlogik der Plattform versteht, ihre Wirkungsweise kennt und zielgerichtet einzusetzen weiß, um so den privaten Informationsoutput und -input gemäß seiner Handlungsintentionen ausgestalten und regulieren zu können. Weiß eine Person die relevanten Funktionen der jeweiligen Online-Umgebung nicht anzuwenden, sind etwa die Privatsphäreneinstellungen einer Seite nicht bekannt, wird dies der Regulierung und Wahrung der eigenen Online-Privatheit eher abträglich sein. Entscheidend für den Faktor der Nutzungskompetenz ist dabei insbesondere die Tatsache, wie lange und intensiv jemand bereits eine bestimmte Online-Anwendung nutzt und welche Erfahrungen hinsichtlich seiner Privatsphärengestaltung er hier bereits sammeln konnte.

Wie bereits angedeutet, stehen die einzelnen Determinanten einer Privacy Awareness zueinander in Bezug und können sich gegenseitig beeinflussen. So lässt sich etwa eine gewisse Wechselwirkung von Hintergrund- oder Erfahrungswissen und der Nutzungskompetenz annehmen, wonach ein ausgeprägtes Wissen im Themengebiet der Online-Privatheit, etwa zum Thema Datenschutz, auch für die praktische Umsetzung dieses Wissens in der Online-Umgebung sensibilisiert, wohingegen ein grundsätzlich geringes Interesse an Kontextinformationen (Medienberichte, Erlebnisse anderer, Datenschutzbestimmungen usw.) auch das Reflexionsvermögen und die Weitsicht für die möglichen Konsequenzen privatheitsrelevanten Online-Handelns einschränkt. Ähnlich verhält es sich bei den charakterlichen Eigenschaften oder soziodemografischen Faktoren (Alter und formaler Bildungsgrad) und der Aneignung von Wissen sowie dem Interesse an privatheitsrelevanten Themen der digitalen Kommunikation.

Generelle und situative Privacy Awareness

Insgesamt sind verschiedene (Wechsel)wirkungen zwischen den einzelnen Komponenten denkbar, die den komplexen Faktor der Privacy Awareness einer Person formen. Wichtig für die weiteren Überlegungen ist hierbei, wie viel Bedeutung den individualzentrierten Faktoren jeweils in einer konkreten Handlungssituation entgegengebracht wird. So soll unterschieden werden in die gene-

---

10 Zur Definition von Medien- bzw. Online-Nutzungskompetenz siehe auch Aufenanger 1997, Treumann/Meister/Sander/Burkatzki/Hagedorn/Kämmerer/Strotmann/Wegener 2007: 32, Wagner/Brüggen/Gebel 2010: 1)

relle Privacy Awareness, die sich auf die grundlegende Einstellung und das Wissen oder die Kompetenz eines Individuums bezüglich subjektiver und objektiver Online-Privatheit (und der damit zusammenhängenden Bereiche) bezieht, und in die situative Privacy Awareness, die das Privatheitsbewusstsein des Individuums in einer konkreten Handlungssituation im Netz betrifft. Beide Formen müssen nicht zwangsläufig konform gehen. So kann es sein, dass ein Akteur grundsätzlich als privatheitsbewusst und datenschutzaffin gilt, jedoch in einer bestimmten Online-Interaktionssituation eher unreflektiert oder gar leichtsinnig hinsichtlich seiner privaten Daten handelt. In diesem Fall gehen generelle und situative Privacy Awareness auseinander, sind unterschiedlich stark ausgeprägt. Der beschriebene Effekt wird später insbesondere mit Blick auf die Handlungsfolgen relevant.

Ein Grund für das Auseinanderfallen von genereller und situativer Privacy Awareness ist die Tatsache, dass situativ noch weitere (externe) Einflussfaktoren wirken, die das Blickfeld des Handelnden hinsichtlich der privatheitsrelevanten Folgen hier beeinträchtigen können.

Ein wichtiger Faktor, der die situative Privacy Awareness beeinträchtigen kann, ist ein beschränkter Zeit- bzw. Aufmerksamkeitshorizont des Handelnden. Dies bedeutet, dass viele der Folgen, die zeitlich näher am Handlungsakt liegen, vom Einzelnen als greifbarer empfunden werden und damit besser vorstellbar sind, als in der Zukunft liegende Ereignisse. Wenn angenommen werden kann, dass eine Person bei der Interaktion im Netz grundsätzlich bemüht ist, die eigene Privatheit zu schützen und so zu handeln, dass sie zwar einerseits ihre Handlungsziele erreicht, dabei andererseits ein optimales Privatheitsempfinden wahrt und Privatsphärenverletzungen möglichst vermeidet[11], dann wird der Aspekt eines begrenzten Aufmerksamkeitshorizonts hier besonders relevant: Denn während die Risiken und Gefahren von Online-Handeln auf die individuelle Privatheit oftmals mit zeitlich weiter entfernt liegenden, nicht mit Gewissheit eintretenden und eher abstrakten Problematiken in Zusammenhang stehen (zum Beispiel Gefährdung individueller Online-Privatheit durch Datenerfassung durch Dritte, sukzessive Privatheitsverletzungen durch Reputationsschaden, Folgeschäden durch Datenmissbrauch usw.), beziehen sich die unmittelbaren Folgen häufig auf positive Effekte, die sich der Akteur von seinem Handeln verspricht. So sind etwa die jeweilige Bedürfnisbefriedigung oder der Erhalt positiver Rückmeldungen Handlungsfolgen, die vom Einzelnen nicht nur gewünscht und somit antizipiert sind, sondern die ihm auch vergleichsweise greifbar erscheinen. Hinzu kommt, dass Menschen grundsätzlich dazu tendieren, ihre Aufmerksamkeit auf die möglichen positiven Folgen ihres Handelns zu lenken und unerwünschte Konsequenzen oder mögliche Handlungsfehler eher ausblenden

---

11 In Übereinstimmung mit dieser Annahme werden vorliegend die Begriffe „negative privatheitsrelevante Folgen" und „Privatsphärenverletzungen" synonym verwendet.

(„optimistische Wirksamkeitserwartung", Heckhausen/Heckhausen 2010: 2).

Ein beschränkter Aufmerksamkeits- oder Zeithorizont ist also Einflussfaktor für eine verminderte situative Privacy Awareness. Es kommt damit zunächst auf die Fähigkeit des Individuums an, die Folgen im Moment seines Handelns abzusehen und einzuschätzen. Somit kann gelten: Je besser ein Online-Nutzer die privatheitsrelevanten Folgen seines Handelns antizipiert, das heißt je mehr er diese in den Prozess der Handlungsentscheidung mit einbezieht, umso stärker ist seine situative Privacy Awareness ausgeprägt. Bedenkt das Individuum die möglichen (negativen) Konsequenzen, die sein Handeln auf seine Privatheit mittelbar oder unmittelbar haben kann, nicht oder nur unzulänglich, ist die situative Privacy Awareness eher gering ausgeprägt (oder nicht vorhanden). Die generell bestehende Privacy Awareness spielt nun insofern eine wichtige Rolle, als dass sie dem Akteur bei der Bewertung unintendierter Handlungsfolgen (eine geringe situative Privacy Awareness lag vor) eine wichtige psychologische Stütze sein kann, wenn sie hoch ausgeprägt ist, und einen nachteiligen Effekt für sein Privatheitsempfinden haben kann, wenn sie gering ausgeprägt ist. So ist denkbar, dass eine Person mit einem generell hohen Datenschutzbedenken sowie einer ausgeprägten Online-Kompetenz besser mit eingetretenen unintendierten Handlungsfolgen umzugehen weiß, als eine Person, die ein vergleichsweise gering ausgeprägtes Verständnis für die Privatheitsproblematik im Netz besitzt. Doch selbst wenn das Individuum sein Handeln in der konkreten Situation durchdenkt (also eine hohe situative Privacy Awareness vorliegt), ist das Eintreten unintendierter negativer Handlungsfolgen aufgrund einer generell geringen Privacy Awareness wahrscheinlicher – zum Beispiel wegen nicht vorhandener Online-Kompetenzen oder mangelndem Hintergrundwissen (der Akteur „weiß es einfach nicht besser") – als wenn generell eine hohe Privacy Awareness besteht.

Nun muss berücksichtigt werden, dass ein Individuum niemals alle potenziellen (privatheitsrelevanten) Folgen seines (Online-)Handelns absehen kann, selbst dann nicht, wenn ihm sämtliche Informationen über die drohenden Privatheitsrisiken sowie die Möglichkeiten, diese zu umgehen, zur Verfügung stehen: „Even if individuals have access to complete information about their privacy risks and modes of protection, they might not be able to process vast amounts of data to formulate a rational privacy-sensitive decision" (Acquisti/ Grossklags 2005: 30). Abgesehen von der Tatsache dieser „angeborenen begrenzten Rationalität" („innate bounded rationality", Acquisti/ Grossklags 2005: 27), die also immer ein Grund für das Eintreten nicht intendierter Handlungsfolgen sein kann, besteht jedoch auch die Möglichkeit, dass ein Individuum bestimmte (negative) Folgen absichtlich ignoriert und nicht beachtet. Dies ist, wie oben dargestellt, zum Beispiel bei rationalem Online-Handeln gemäß dem Privacy Calculus der Fall, wenn das Individuum die Vorteile, die mit dem Erreichen eines bestimmten Handlungsziels verbunden werden, gegenüber potenziellen

Nachteilen, die sich bei Verfehlen des Handlungsziels ergeben, priorisiert. Weiterhin ist es auch möglich, dass das Individuum zwar grundsätzlich die Folgen seines Handels absehen könnte, etwa weil es bereits über entsprechendes Erfahrungswissen verfügt, aber aufgrund affektiver Motive unüberlegt handelt und potenzielle negative Konsequenzen unbeachtet lässt.

Mit Bezug auf das vorhandene Privatheitsbewusstsein einer Person gilt im Fall des Eintretens unintendierter und unerwünschter privatheitsrelevanter Folgen, dass der Akteur in diesem Fall über eine situativ eingeschränkte Privacy Awareness verfügte. Gemäß der vorliegenden Definition war sich das Individuum demnach in der Handlungssituation nicht bewusst, hat also nicht (ausreichend) darüber nachgedacht, welche negativen, privatheitsrelevanten Folgen es mit seinem Handeln evozieren würde. Damit lässt sich im Umkehrschluss festhalten, dass eine geringe situative Privacy Awareness die Gefahr unerwünschter, da unerwarteter, privatheitsrelevanter Folgen für den Akteur erhöht. Weist der Akteur in der konkreten Handlungssituation hingegen eine hohe Privacy Awareness auf, reflektiert also die möglichen privatheitsrelevanten Folgen seines Handelns, ist die Gefahr für Privatsphärenverletzungen vergleichsweise gering. Dabei ist zu betonen, dass weder eine hohe noch eine geringe Privacy Awareness das Eintreten bzw. Ausbleiben privatheitsrelevanter, positiver oder negativer Folgen bedingen. Allerdings kann der Verlauf des weiteren Handlungsprozesses, und hier insbesondere die individuelle Folgenbewertung, wesentlich von der Sensibilität des Akteurs hinsichtlich der möglichen Konsequenzen abhängen, die wiederum zu einer mehr oder weniger starken Beeinträchtigung seines Privatheitsempfindens führt.

Mit Rückbezug auf die zuvor erfolgte Unterscheidung zwischen rational-überlegtem und affektiv-unüberlegtem Online-Handeln, kann damit gelten: Handelt ein Individuum überwiegend affektiv, bedenkt es die möglichen (unerwünschten) privatheitsrelevanten Folgen seines Online-Handelns nicht; es liegt demnach eine tendenziell situativ geringe Privacy Awareness vor. Handelt es hingegen überwiegend rational und bedacht, liegt eine eher hohe situative Privacy Awareness vor.

Ob die Privacy Awareness einer Person in einer konkreten Handlungssituation als eher hoch oder gering einzustufen ist (und ob sie sich hierbei von seiner generellen Privacy Awareness unterscheidet), lässt sich erst unter Betrachtung der eingetretenen Handlungsfolgen genauer bestimmen. So wird die Frage nach dem vorhandenen Privatheitsbewusstsein erst dann überhaupt relevant, wenn die Folgen negative Auswirkungen auf die Online-Privatheit des Handelnden haben. Bevor die Diskussion an dieser Stelle fortgesetzt wird, ist zunächst zu klären, was unter dem Handlungsresultat und der oder den Handlungsfolge(n) genau zu verstehen ist.

Handlungsziele, Resultat und (privatheitsrelevante) Folgen

Eine vollzogene Online-Handlung führt zu bestimmten unmittelbaren und mittelbaren Ergebnissen, die in Anlehnung an Harras (1983: 23/24) als Resultat bzw. Folgen definiert werden. Das Resultat ist demnach der Zustand oder das Ereignis, den/das der Nutzer unmittelbar durch seine Handlung herbeiführt. Die Folge(n) sind die Konsequenzen, die sich über das Herbeiführen des Handlungsresultats, also mittelbar, ergeben. Ein Beispiel: Eine selbstoffenbarende Handlung auf Facebook wird mittels einer Statusmeldung (reine Textform) realisiert. Das Resultat der Handlung ist ein auf der Online-Profilseite des Users veröffentlichtes Posting. Eine mögliche Folge, die sich aus der Verfügbarkeit dieses Postings auf der Plattform ergeben kann, sind die verschiedenartigen Rückmeldungen der Interaktionspartner, wie etwa Kommentare, „Likes" oder „Shares".

Resultat und Folgen einer Handlung lassen sich im Online-Kontext nicht immer klar voneinander trennen. Beide Komponenten können in bestimmten Fällen auch miteinander verschmelzen, etwa indem die Folgen das Resultat, bzw. dessen Bedeutung, verändern. Mit Blick auf eben genanntes Beispiel kann das heißen, dass die Folge „Rückmeldungen" das Resultat „in einer bestimmten Form veröffentlichtes Posting" modifiziert, da die Reaktionen die Bedeutung oder Wertigkeit des Inhalts verändern. Das ist unter anderem bei einer hohen Anzahl an technischen Sympathisierungsbekundungen („Likes", „Shares") der Fall, da die Quantität derartiger Reaktionen in der Geltungslogik des Social Web die Form eines Gütekriteriums betreffender Inhalte darstellt (Gerlitz 2013). Daneben können in der Folge weitere Postings (z. B. Nutzerkommentare, Links, multimediales Material) anderer User weiterführende Informationen liefern, die neue Interpretationen des ursprünglichen Inhalts zulassen. Dabei bleibt das ursprüngliche Resultat zwar als solches bestehen, es wird jedoch durch die Reaktionen der Interaktionspartner semantisch erweitert.

Resultate privater Handlungen in Online-Netzwerken sind demnach in den meisten Fällen als Momentaufnahmen zu begreifen (sofern sie als Inhalt in Erscheinung treten), die aufgrund der Medienlogik innerhalb kurzer Zeit modifiziert werden können. Handlungsresultate unterscheiden sich dabei je nach Handlungstyp (siehe weiter unten), zumal nicht jedes Resultat einer Online-Handlung auch automatisch für andere Personen sichtbar ist (etwa im Fall von Unterlassungshandlungen oder vorgenommenen Änderungen in den persönlichen Profileinstellungen).

Für eine Handlung gibt es in der Regel immer genau ein Resultat; Folgen kann es jedoch mehrere geben, wobei deren Anzahl und konkrete Ausgestaltung jeweils im Einzelfall zu beurteilen sind (vgl. Harras 1983: 24). Die verschiedenen Folgen einer Handlung können gleichzeitig oder nacheinander eintreten, sich überschneiden und verschiedene weitere Folgen und Nebenfolgen nach sich ziehen, die sich ebenfalls überschneiden oder aufeinander aufbauen können.

Als privatheitsrelevant werden Folgen bezeichnet, die mittelbar oder unmittelbar Einfluss auf das Privatheitsempfinden des Handelnden haben.[12] In Anlehnung an die sozialpsychologische Privatheitstheorie (vgl. Kapitel I.3), in der das Privatheitsempfinden als Privatheitslevel bezeichnet wird, kann formuliert werden: Ein Individuum erreicht in einer konkreten Online-Handlungssituation sein optimales Privatheitslevel, wenn die Handlungsfolgen zu dem im gegebenen sozialen Kontext erwünschten Privatheitsempfinden des Individuums führen (stets unter Berücksichtigung der hinzutretenden unabsehbaren Folgen, die sich aus dem Handeln anderer Online-Akteure oder dem Einfluss der Medienlogik ergeben). Ein akzeptables Privatheitslevel liegt vor, wenn die Handlungsfolgen hinsichtlich des individuellen Privatheitsempfindens gerade noch erwünscht oder noch nicht unerwünscht sind. Hingegen kann von einem inakzeptablen Privatheitslevel gesprochen werden, wenn eine Diskrepanz zwischen erwünschtem und tatsächlich erreichtem Privatheitsempfinden besteht, dieses also vom Individuum als unerwünscht begriffen wird (vgl. Altman 1976: 23, „desired vs. achieved level of privacy", siehe hierzu auch Kapitel I.3.2 dieses Buches).

Es wird festgehalten, dass individuelles Online-Handeln eine Vielzahl an (privatheitsrelevanten) Folgen entstehen lässt, die nicht alle vom Handelnden auch intendiert oder erwünscht sind. Vielmehr konzentrieren sich Menschen in der Regel auf nur eine oder wenige konkrete Folgen ihres Handelns, die Handlungsziele, die sie zu erreichen versuchen; Handlungsziele erhalten damit immer die Zuschreibung ‚intendiert'. Alle darüberhinausgehenden, abseits der Hauptziele (zeitlich weiter entfernt) liegenden Folgen werden als Nebenfolgen bezeichnet (vgl. etwa Dietz 2004, Böschen/Kratzer/May 2006). Ein erreichtes Privatheitslevel kann als eine der wichtigsten Nebenfolgen sozialen Online-Handelns bezeichnet werden. So besitzt ein Individuum stets ein gewisses Privatheitsempfinden, das sich jedoch als Folge seines Handelns (auch im Zeitverlauf) verändern kann. Dass dieses optimal (oder akzeptabel) bleibt, mag vom Individuum dabei gewünscht sein; allein vorhersehen kann es das nicht. An dieser Stelle greift auch der Vergleich zwischen zeitlich weiter entfernt liegenden und weniger greifbaren Handlungsfolgen (siehe oben: situativ beschränkter Aufmerksamkeitshorizont). Der Effekt, den das Handeln auf die eigene Privatheit haben kann, erscheint vernachlässigbar, zumal andere, zu erreichende Folgen wie soziale Gratifikationen greifbarer erscheinen. Im Anschluss daran ergibt sich für den Erfolg oder das Scheitern einer (privatheitsrelevanten) Handlung im

---

12 Die Tatsache, dass privatheitsrelevante Folgen im Online-Kontext auch die Folgen beschreiben, die auf das Privatheitsempfinden anderer Akteure einwirken, bleibt an dieser Stelle unerwähnt. Grundsätzlich ist dieser Aspekt jedoch im Faktor der Privacy Awareness mit berücksichtigt (ein hohes Privatheitsbewusstsein bzw. Online-Kompetent bedeutet auch die Sozialverträglichkeit des eigenen Online-Handelns). Streng genommen müssten die im Text angesprochenen Handlungsfolgen als „subjektiv privatheitsrelevant" bezeichnet werden.

Online-Kontext: Sie gilt als erfolgreich, wenn ihr Ziel bzw. die erwünschten Folgen eingetreten sind; eine Handlung gilt als gescheitert, wenn ihr Resultat und/oder ihr Ziel nicht erreicht wurden (vgl. Harras 1983: 24).

Bewertung der Handlungsfolgen und Ex-post-Evaluation

Für das Modell User Generated Privacy lassen sich die erreichten Handlungsziele unter Einbezug des jeweiligen Privatheitslevels nun in vier folgende Kategorien unterteilen:

(1) Handlungsziele erreicht + optimales / akzeptables Privatheitslevel: die intendierten Handlungsfolgen sind eingetreten und die Auswirkungen, die sich auf das Privatheitsempfinden des Individuums ergeben haben, sind von ihm erwünscht (bzw.: das Privatheitslevel wurde nicht negativ tangiert)
(2) Handlungsziele nicht erreicht + inakzeptables Privatheitslevel: die intendierten Handlungsfolgen sind nicht eingetreten, die Auswirkungen, die sich auf das Privatheitsempfinden des Individuums ergeben haben, sind von ihm nicht erwünscht (zum Beispiel: erlebte Privatsphärenverletzungen)
(3) Handlungsziele nicht erreicht + optimales / akzeptables Privatheitslevel: die intendierten Handlungsfolgen sind nicht eingetreten, es haben sich jedoch keine unerwünschten Auswirken auf das Privatheitsempfinden des Individuums ergeben (bzw.: es haben sich zudem positive Auswirkungen auf das Privatheitsempfinden ergeben)
(4) Handlungsziele erreicht + inakzeptables Privatheitslevel: die intendierten Handlungsfolgen sind eingetreten, jedoch haben sich vom Individuum unerwünschte Auswirkungen auf sein Privatheitsempfinden ergeben (zum Beispiel: erlebte Privatsphärenverletzungen)

In den ersten beiden Fällen gestaltet sich der Bewertungsprozess des Handelns anhand der eingetretenen Handlungsfolgen als recht eindeutig. Demnach bewertet das Individuum sein Handeln im ersten Fall als erfolgreich und die eingetretenen Folgen als positiv, zumal die Handlungsziele hier erreicht wurden und das Individuum zudem ein erwünschtes Privatheitsempfinden wahrnimmt. Im zweiten Fall sind die erwünschten Handlungsfolgen nicht eingetreten und das Individuum hat ein inakzeptables Privatheitslevel erreicht; es bewertet sein Handeln mithin als gescheitert und die Folgen als negativ. Diese Feststellung wird das Individuum dazu veranlassen, mit einer neuen Handlung sein (ursprüngliches oder ein alternatives) Ziel zu erreichen und entstandene negative Folgen zu korrigieren („Anlass für Reparaturhandlung").
    Der dritte und vierte Fall gestalten sich mit Blick auf die Folgenbewertung hingegen komplexer. So wurden im dritten Fall die gewünschten Handlungsziele nicht erreicht. Es wäre somit davon auszugehen, dass das Individuum den

Handlungsprozess als gescheitert erachtet. Zugleich haben sich allerdings vorteilhafte privatheitsrelevante Folgen dergestalt ergeben, dass sie einen zuträglichen Effekt auf das Privatheitsempfinden des Individuums haben. Fraglich ist nun, welchem Handlungsergebnis das Individuum mehr Bedeutung beimisst: der Abwesenheit der intendierten Folgen (nicht erreichte Handlungsziele) – dann fällt die Folgenbewertung negativ aus und das Individuum wird sich für entsprechende Reparaturhandlungen entscheiden – oder dem Eintreten der positiven Nebenfolgen, also dem erreichten optimalen Privatheitslevel – dann ist die Folgenbewertung positiv.

Ähnlich verhält es sich beim vierten Fall, bei dem zwar die gewünschten Handlungsziele erreicht und somit die intendierten Folgen eingetreten sind, sich jedoch als eine Nebenfolge ein nachteiliger Effekt auf das Privatheitslevel des Individuums ergeben hat. Auch hier kann die Folgenbewertung individuell verschieden sein; überwiegt die Tatsache, dass das Handlungsziel erreicht wurde (positive Folgenbewertung) oder eher das Eintreten eines inakzeptablen Privatheitslevels (negative Folgenbewertung)?

Die finale Entscheidung, welche Folgenkonstellation schließlich bedeutsamer scheint und ob das eigene Handeln damit als erfolgreich oder gescheitert zu betrachten ist, trifft das Individuum im Ex-post-Evaluationsprozess. Der Annahme folgend, dass Menschen bei ihrem Handeln grundsätzlich eine optimistische Wirksamkeitserwartung besitzen (siehe oben), ist für die nachträgliche Bewertung der eingetretenen Folgen anzunehmen, dass sie ihre Handlungserfolge in den meisten Fällen vor die -misserfolge setzen, um so kognitive Dissonanzen zu vermeiden. Das heißt, sie gewichten die positiven Folgen zunächst stärker als die negativen Folgen, unabhängig davon, ob Erstgenannte intendiert sind oder eher zufällig eintreten. Bei der Ex-post-Evaluation versucht ein Akteur nun unter Hinzunahme verschiedener Pro- und Contra-Argumente (ähnlich wie bei der Intentionsbildung) sein Handeln nachträglich zu legitimieren und die eingetretenen negativen Folgen als erwünscht „umzudeklarieren" (Dietz 2004: 52). Schimank (2003: 444) bezeichnet diese Reaktion als „Umfreuen", wonach ein Akteur die ursprünglich von ihm als unerwünscht gedachten Handlungsfolgen, nachdem sie von ihm herbeigeführt wurden, „dann doch ganz akzeptabel findet".

Für die im Modell vorgestellten Fälle drei und vier bedeutet dies, dass in einem Ex-post-Evaluationsprozess das Individuum bei Erstgenanntem den positiven privatheitsrelevanten Folgen mehr Gewicht einräumt als den negativen Folgen des nicht erreichten Handlungsziels und sich im vierten Fall allein auf die erreichten Handlungsziele als positive Folgen konzentriert und die nachteiligen privatheitsrelevanten Folgen ausblendet. Welche Implikationen eine solche Entscheidung wie im letztgenannten Fall auf die Privatheit des Individuums haben kann, müsste unter Einbezug der vorherrschen persönlichen oder situativen Einflussfaktoren im Einzelfall diskutiert werden. Demnach ist es wichtig, die Folgenbewertung stets in Rückbezug zur Handlungsintention und damit zur Frage nach der Absehbarkeit der Handlungsfolgen einzubeziehen: Für den Fall, dass sich der Akteur im Vorhinein bereits Gedanken über die möglichen Konsequenzen seines Handelns gemacht hat (rational motiviert / hohe Privacy Awareness), treffen ihn einige der negativen Handlungsfolgen, wie Privatsphärenverletzungen, weniger unvorbereitet, als wenn er eher unüberlegt (affektiv) handelt, hierbei unbewusst Risiken für seine Online-Privatheit eingeht (geringe Privacy Awareness) und so schließlich unerwartet negative privatheitsrelevante Folgen erfährt.

Die Ausführungsmöglichkeiten privatheitsrelevanten Online-Handelns: Handlung und Handlungsmuster

In den bisherigen Ausführungen wurde vor allem den psychologischen Mechanismen privatheitsrelevanten Online-Handelns Beachtung geschenkt; mit dem Modell der User Generated Privacy soll darüber hinaus jedoch auch eine Möglichkeit der Beschreibung einer privatheitsrelevanten Handlung selbst geboten werden.

Zur besseren Systematisierbarkeit sollen „Online-Privatheitshandlungen" nun, in Adaption von Thimms (1990) Vorschlag von Handlungsbeschreibungen, auf zwei Analyseebenen differenziert werden: Erstens auf Ebene der Handlungstypen, deren spezifische Ausführungsmöglichkeiten im Online-Kontext private Handlungen konstituieren; und zum Zweiten auf Ebene der Handlungsmuster, die sich über eine Verknüpfung von Handlungstypen und ihren Ausführungsmöglichkeiten bilden. Grundsätzlich kann der Modus einer privaten Handlung im Netz dabei sowohl Aktion als auch Reaktion sein (Informationsoutput/Informationsinput).

Ein Handlungstyp wird als eine Klasse von Handlungen definiert, die auf den jeweiligen Handlungszweck verweist; die Ausführungen dieser Handlungen können je nach Kontext unterschiedlich sein. Zum Beispiel: Ein Handlungstyp zur Konstruktion von Online-Privatheit ist „Selbstoffenbaren", der im gegebenen Online-Kontext über das Posten einer Textmitteilung, eines Fotos, eines Pinnwandeintrags usw. durchgeführt werden kann (Ausführungsmöglichkeit). Grundsätzlich sind die Ausführungsmöglichkeiten dabei zwar aufgrund der technischen Realisierbarkeit begrenzt, jedoch können über das Aneignen der Medienlogik auch situativ neue Ausführungsmöglichkeiten entstehen oder vorhandene Realisierungsformen individuell modifiziert werden. So ist es möglich, dass auch das „Weiterleiten eines Beitrags" eines anderen Nutzers im Online-Kontext („Share") eine Selbstoffenbarungshandlung darstellt, wenn der Akteur diese als solche intendiert oder sie von anderen Usern so interpretiert werden kann.

Einen weiteren Handlungstyp stellt eine Regulierungshandlung dar. Diese kann eine Tätigkeit des Individuums im Netz beschreiben, mit welcher es in einer konkreten Interaktionssituation seinen privaten Informationsinput oder -output reguliert, um damit das optimale oder ein akzeptables Privatheitslevel zu wahren oder auch, um Privatsphärenverletzungen zu vermeiden.

Eine privatheitsrelevante Online-Handlung ist also nicht zwingend eine verbale (schriftsprachliche) Äußerung, die nach außen hin sichtbar wird (wie im Fall einer geposteten Selbstoffenbarung), sondern kann, wie am Beispiel der Regulierungshandlung gezeigt, auch ein nach außen hin nicht sichtbares Handeln (auch Dulden oder Unterlassen) bezeichnen, mit dem ein Nutzer im gegebenen kommunikativen Arrangement sein Privatheitslevel halten, regulieren oder kontrollieren möchte. Im Gegensatz zum Modellvorschlag von Trepte und Dienlin (2014), in dem unter „Privatsphärenverhaltensweisen" all die Vorgänge subsumiert werden, „die eine Selbstoffenbarung beinhalten" (ebd.: 58), ist der Handlungsbegriff in der vorliegenden Modellierung somit deutlich differenzierter.

Handlungstyp	→	Ausführungsmöglichkeiten
Selbstoffenbarung		Statusmitteilung posten (Text)
		Einen Inhalt „liken"
		Kommentar zu fremdem Inhalt verfassen
Selbstdarstellung	→	Persönliches Foto posten
		Profilinformationen eingeben/anpassen
		Pinnwandnachricht verfassen
Regulierung (des Privatheitslevels)	→	Privatsphäreneinstellungen (für eigenen Informationsoutput) anpassen Freundeslisten anlegen
		Persönlichen Eintrag löschen
		Informationsinput von bestimmten Personen blockieren
Privatheit zu anderen herstellen oder ausbauen	→	Privatnachricht verfassen
		Freunde in einem Beitrag (oder Foto, Video) markieren
		Eine Freundschaftseinladung annehmen
		Pinnwandnachricht verfassen
...	→	...

Tabelle 1: Beispiele möglicher Handlungsmuster zur Konstruktion individueller Online-Privatheit auf Facebook (nicht extensionale Listung).

In Tabelle 1 sind exemplarisch mögliche Handlungstypen zur Konstruktion, Gestaltung und Regulierung von Online-Privatheit und einige ihrer Ausführungsmöglichkeiten aufgelistet; als Beispiel zur besseren Illustration dient hier die Online-Umgebung Facebook. Dabei gilt Tabelle 1 nicht als eine erschöpfende Auflistung von Handlungsformen zur Privatheitskonstruktion auf Facebook. Grundsätzlich sind die Ausführungsmöglichkeiten von Handlungstypen äußerst vielfältig und theoretisch unbegrenzt, da zum einen stets auch neue Ausführungsmöglichkeiten entstehen können (durch technische Weiterentwicklungen und/oder durch kreative Aneignung der Technik durch den Nutzer) und zum anderen, weil jede Ausführungsmöglichkeit erst über den Einbezug der damit verbundenen Intention des Akteurs als eine entsprechende privatheitsrelevante Handlung identifiziert und gedeutet werden kann. So kann die Veröffentlichung eines privaten Foto-Postings auf der persönlichen Facebook-Profilseite als eine unspezifische Selbstoffenbarung („an alle, die Zugriff haben") oder aber als eine gezielte Adressierung eines vom Individuum imaginierten Publikums gemeint sein. Dies macht zunächst aus einer objektiven Perspektive kaum einen Unterschied, zumal das Posting in beiden Fällen das gleiche manifeste Resultat („auf der Profilseite veröffentlichtes Foto") bedeutet. Allerdings kommt es nach Maßgabe des Modells der User Generated Privacy an dieser Stelle darauf an, inwieweit die Handlung vom Akteur selbst intendiert war und er daher die jeweilige Ausführungsmöglichkeit wählte.

Weiterhin ist zu definieren, dass sich ein Handlungsmuster aus einer „dadurch-dass-Verknüpfung" (symbolisiert mit →) von Handlungstypen und den jeweiligen Ausführungsmöglichkeiten ergibt, wobei vor der Verknüpfung nur ein Handlungstyp und nach der Verknüpfung mindestens eine Ausführungsmöglichkeit bis endlich viele stehen können (vgl. Thimm 1990: 29). Das bedeutet, dass ein Handlungstyp entweder auf genau eine Art ausgeführt wird oder aber auch auf mehrere Arten zugleich. So ist es vorstellbar, dass eine Selbstoffenbarungshandlung über das Posten eines Fotos oder über das Posten eines Fotos und eines zusätzlichen Textbeitrages realisiert wird. Wie bereits in III.1 erwähnt, stellen sich Handlungen damit als eine Abfolge von Teilhandlungen (oder Handlungsschritten) dar, die je nach Analyseebene ab einem bestimmten „Auflösungsgrad" als „typisch" und somit als Handlungsmuster zu begreifen sind (Dimbath 2011: 77/78).

Kombiniert werden können hierbei auch mehrere Handlungsmuster (Abfolge von mehreren Kombinationen der Art „Handlungstyp → Ausführungsmöglichkeiten"), was insbesondere bei komplexeren, privatheitsrelevanten Handlungen (wie Handlungen des Identitätsmanagements) relevant wird. Während Thimm (1990) in ihrer Modellierung an dieser Stelle weiter differenziert und verschiedene Schreibweisen für alternative oder simultane Ausführungsmöglichkeiten vorschlägt, soll hier der Verweis auf die Möglichkeit unterschiedlicher Kombinatorik genügen.

3. Zusammenfassung: Das Modell der User Generated Privacy

Individuelle Online-Privatheit ist ein dynamisches Konstrukt, das sich in einem permanenten Prozess des Ausgestaltens und Regulierens von Informationsoutput und Informationsinput formt und dabei unter dem Einfluss der besonderen technischen Funktionsweisen des Online-Umfelds sowie der hier gültigen sozialen Interaktionsmechanismen steht. Dabei geht es für das Individuum nicht allein darum, Informationen preiszugeben oder zu verbergen, sondern vor allem um das Verständnis des Einzelnen davon, welche Funktionen und Mechanismen den Online-Informationsfluss steuern und welche Besonderheiten sich dabei für die interpersonale Kommunikation ergeben. Der Aspekt der Privacy Awareness, wie er hier modelliert wird, betrifft diese Fähigkeit eines Online-Users, über die möglichen Konsequenzen seines Handelns und dessen Privatheitsrelevanz zu reflektieren und entsprechend agieren zu können.

In Bezug auf die sozialpsychologischen Prozesse, die bei der Generierung von Online-Privatheit relevant werden, ist festzuhalten, dass soziales Handeln im Netz intentional, zu einem gewissen Teil auf Basis zweckrationaler Kosten-Nutzen-Überlegungen und zu einem anderen Teil affektiv motiviert erfolgt. Dabei wirken in der konkreten Kommunikationssituation verschiedene intrinsische und extrinsische Einflussfaktoren auf die Fähigkeit des handelnden Online-Users, die Folgen seines Handelns abzusehen und in Hinblick auf sein erwünschtes Privatheitslevel einzuschätzen. Entsteht dadurch eine eingeschränkte Aufmerksamkeit und ein mangelndes Bewusstsein des Nutzers hinsichtlich des Privatheitsrelevanz und der möglichen Konsequenzen seiner avisierten Handlungen, liegt eine situative geringe Privacy Awareness vor; es steigt zugleich die Gefahr des Eintretens unerwarteter und unerwünschter (zumal unvorhergesehener) Folgen, wie Privatsphärenverletzungen. Während zwar auch eine hohe situative Privacy Awareness, das heißt ein reflektiertes Privatheitshandeln, aufgrund der unkalkulierbaren technischen oder sozialen Einflussparameter im Netz das Ausbleiben unintendierter, unerwünschter Handlungswirkungen nicht sichert, so trägt sie im Gegensatz zu einer geringen Privacy Awareness zumindest zu einer grundsätzlich besseren (inneren) Vorbereitung des Users auf mögliche negative Effekte bei.

Wenngleich es bei der Betrachtung privatheitsrelevanten Handelns in erster Linie auf die konkrete Handlungssituation und damit das situative Privatheitsbewusstsein des Akteurs ankommt, so kann eine generell stark oder schwach ausgeprägte Privacy Awareness hier ebenfalls den sozialpsychologischen Handlungs- (und letztlich den Bewertungs-) prozess bestimmen.

Für das situative Privatheitsempfinden einer Person im Online-Kontext ist vor allem ihre Bewertung der eingetretenen Handlungsfolgen entscheidend. Sofern die Erwartung positiver Folgen nicht mit dem eingetretenen Ergebnis übereinstimmen und das Individuum sein Handeln nicht eindeutig als erfolgreich oder gescheitert bewerten kann, so die Argumentation, wird es in einem Ex-post-Evaluationsprozess die Vor- und Nachteile der eingetretenen (positiven und negativen) Folgen abwägen. Erst aus diesem Abwägungsprozess heraus, der in erster Linie zur Vermeidung kognitiver Dissonanzen dient, trifft das Individuum weitere, auf diesem Handlungserfolg oder -misserfolg aufbauende, Handlungsentscheidungen. Obschon die Empfindung der Schwere einer negativen Handlungsfolge für den gesamten Bewertungsprozess eine zentrale Rolle spielt (je gravierender der „Schaden", umso eher wird das Individuum sein Handlung als gescheitert ansehen), ist grundsätzlich jedoch davon auszugehen, dass das Individuum die eingetretenen Folgen als möglichst positiv zu deuten versucht oder aber diese umdeutet. Ist eine Re-Interpretation der unerwünschten Konsequenzen als positiv (oder zumindest der Situation angemessen) nicht mehr möglich, werden ergänzende Reparaturhandlungen nötig, mit denen der Nutzer die Folgen zu korrigieren und ein alternatives Handlungsziel zu erreichen versucht.

Im Modell wird außerdem eine Systematik vorgeschlagen, nach welcher eine Handlung zur Herstellung, Gestaltung oder Regulierung von Online-Privatheit in Handlungstypen (z. B. Selbstoffenbarungshandlung, Regulierungshandlung usw.) und Ausführungsmöglichkeiten (z. B. ein Foto posten, eine Statusmitteilung verfassen, Freundeslisten anlegen etc.) gegliedert wird, die zusammen spezifische Handlungsmuster bilden (Kombinationsmöglichkeiten von Handlungstypen und ihren Ausführungsvarianten). Diese Definition einer privatheitsrelevanten Handlung erlaubt nicht nur eine strukturierte Analyse einzelner individueller Online-Aktionen, die auf die Privatheit von an der Online-Interaktion beteiligten Individuen einwirken können, sondern bietet auch aufgrund der Offenheit dieser Systematik Ergänzungs- und usuelle Erweiterungsmöglichkeiten für die Darstellung individuellen Privacy Managements. Somit wird die Modellierung an dieser Stelle grundsätzlich auch für die Analyse sozialer Online-Handlungen in weiteren Kontexten außerhalb sozialer Online-Netzwerke und abseits des Privatheitsparadigmas anwendbar.

Abschließend soll noch einmal betont werden, dass das in diesem Kapitel präsentierte theoretische Modell der User Generated Privacy die Darstellung eines Schemas ist, wie privatheitsrelevantes Handeln im Netz aus der Perspektive eines einzelnen Nutzers ablaufen *kann*. Realiter funktioniert ein Handlungsprozess als zügige Abfolge der einzelnen Komponenten, ohne dass ihre Zwischenschritte oder (Rück-)Bezüge klar heraustreten würden. So ist es etwa beim Aspekt der Folgenbewertung in der Praxis in vielen Situationen oft gar nicht möglich, die negativen Folgen völlig auszublenden und allein auf die positiven Folgen zu fokussieren. Auch lassen sich privatheitsrelevante Folgen nicht kategorisch von „anderen" Handlungsfolgen unterscheiden oder abgrenzen; dies geschieht hier allein zu analytischen Zwecken. Weiterhin ist anzumerken, dass ein

Handlungsprozess an unterschiedlichen Stellen abgebrochen werden oder sich mit weiteren Handlungsprozessen verbinden kann, was vorliegend nicht weiter expliziert wurde. Die hier gewählte Form der Aufschlüsselung eines idealtypisch strukturierten Handlungsprozesses soll der besseren Nachvollziehbarkeit und theoretischen Analyse der zugrunde liegenden sozialpsychologischen Mechanismen sowie ihren möglichen Einflussfaktoren dienen, die bei der Privatheitskonstruktion im Online-Kontext eine Rolle spielen.

In den nachfolgenden Kapiteln stehen jugendliche Online-User und ihr privates Verhalten im Netz im Mittelpunkt der Betrachtungen. Ziel ist es, mögliche Besonderheiten im Herstellungs- Gestaltungs- und Regulierungsprozess von Online-Privatheit bei Jugendlichen auszumachen, diesen anhand des Modells der UGP theoretisch zu systematisieren (Kapitel IV) und schließlich in einer mehrstufigen empirischen Untersuchung zu überprüfen (Kapitel V). Das Modell der User Generated Privacy soll dabei einerseits aufgrund der hierin formulierten Hypothesen analyseleitend sein, andererseits aber auch für eine weitere Anpassung und Ausdifferenzierung auf Basis der empirischen Befunde offen sein.

IV Jugendliche im 21. Jahrhundert: Die „digitale Generation"

Ein wesentlicher Aspekt in der Diskussion um den gesellschaftlichen Wandel durch die digitalen Medien betrifft die zunehmend entscheidende Rolle, die das Kommunizieren in und über Online-Medien für den Lebensalltag von jungen Menschen spielt. Jugendliche gelten als „Pioniere in der Entwicklung einer Lebensführung", die nicht nur von aktuellen politischen, ökonomischen oder sozio-kulturellen Prozessen beeinflusst wird, sondern die sich (aus Sicht der Jugendlichen) möglichst von den traditionellen Entwürfen der älteren Generationen abheben soll (Hurrelmann 2012: 10). Die Digitalisierung befördert nun aufgrund ihres hohen Partizipationsfaktors neue Kompetenzen und Werte, die für ein autonomes, flexibles und interkulturell offenes Handeln der Jugendlichen für ihre Entwicklung und Positionierung in der mediatisierten Gesellschaft wichtig sind (Calmbach/Thomas/Borchard/Flaig 2012: 19, Knop/Hefner/Schmitt/Vorderer 2015: 5). Allerdings mehren sich zugleich die Sorgen über die zunehmende Mediensozialisation Jugendlicher (hierzu ausführlich: Hoffmann/Mikos 2010). Hier wird nicht nur im Anschluss an ältere Diskussionen argumentiert, dass Medieninhalte und die hierüber vermittelten Bilder die Normempfindungen, Denk- und Wahrnehmungsmuster Jugendlicher in besonderem Maße prägen (Röll 2010: 215), sondern nun liegt der Fokus auf „neuen" Gefahren, die eine unvorsichtige Online-Kommunikation für die psychische und soziale Entwicklung Jugendlicher mitbringen kann (z. B. Cyberbullying). Dieser Aspekt ist gerade für die Alltagskommunikation Jugendlicher im Netz relevant, wenn sie im interpersonalen Austausch mit ihren Freunden oder auch unbekannten Personen verschiedene Facetten ihrer Persönlichkeit ausbilden und austesten und dadurch wesentliche Elemente ihrer Privatheit einer Netzöffentlichkeit preisgeben. Die entscheidende Frage ist, inwiefern Jugendliche dabei ein Bewusstsein für die Gefahren und Risiken, die sich im Zusammenhang mit ihrer privaten Online-Kommunikate ergeben, besitzen und welche Maßnahmen zur Kontrolle ihrer Privatheit sie kennen und bewusst einsetzen.

Das vorliegende Kapitel dient zum einen der Darlegung der wesentlichen Charakteristika der „digitalen Jugend des 21. Jahrhunderts" und ihres Lebens und Handelns im Netz. Zum anderen sollen aufbauend auf der aktuellen Forschungsliteratur die wesentlichen sozialpsychologischen Mechanismen und Handlungsstrategien herausgearbeitet werden, die den Konstruktions-, Gestaltungs- und Regulierungsprozess von Privatheit bei Jugendlichen im Rahmen ihrer Online-Interaktion bestimmen. Die Befunde sollen schließlich dazu dienen, das allgemeine theoretische Modell der User Generated Privacy speziell auf die Gruppe der Jugendlichen anzupassen, um dieses anschließend in Kapitel fünf als Rahmenmodell für die empirische Analyse zugrunde legen zu können.

1. Mediatisierte Jugend

Im vorliegenden Buch wird Jugend als der Lebensabschnitt eines jungen Menschen verstanden, in dem sich bei diesem sowohl in biologischer als auch in soziologischer und psychologischer Hinsicht besondere Prozesse vollziehen, die wichtige Voraussetzungen für dessen Verhalten und Erfahren im weiteren Leben schaffen (Schneider/Lindenberger 2012). Dabei bezieht sich diese, auch als Pubertät bezeichnete Lebensphase, in der Regel auf Menschen im Alter zwischen 12 und 19 Jahren.

Einen wichtigen Identifikationsaspekt dieser Entwicklungsstufe stellt die Abgrenzung zur Erwachsenenwelt dar. Bedeutsam sind für Jugendliche hier insbesondere gemeinsame Freizeitaktivitäten und Treffen mit gleichaltrigen Freunden („Peers" oder „Clique") außerhalb des Familien- oder Schullebens. Durch den engen Kontakt mit ihren Freunden erhalten sie nicht nur Einblicke in neue Erfahrungswelten, die mitunter von anderen Werten geprägt sind als die, die sie aus ihrem familiären oder institutionell-pädagogischen Umfeld kennen, sondern die Clique ist für Jugendliche auch der Ort, an dem Identitäten ausgehandelt werden (Schneider/Lindenberger 2012: 248). Dies ist gerade für das Erlernen des Umgangs mit der eigenen Privatsphäre wichtig: Für Kinder und Jugendliche stellt das Regulieren der eigenen Privatheit in der Abgrenzung zu anderen Menschen außerhalb der Familie eine große kognitive Leistung dar, die erst im Laufe des Erwachsenenalters beherrschbar wird (Petronio 2002: 7). Im Zuge ihrer psychologischen Entwicklung und Identitätsausbildung lernen Jugendliche verschiedene Möglichkeiten kennen, ihre persönlichen Grenzen und die ihrer Mitmenschen verstehen und verwalten zu können.

Beim Austesten der Privatheitsgrenzen sind in der Lebens- und Erfahrungswelt Jugendlicher auch die Medien ein zentraler Einflussfaktor. Medien dienen Jugendlichen einerseits als Mittel zur Unterhaltung, Information und Kommunikation sowie zur selbstständigen Orientierung in der Gesellschaft. Andererseits fungieren Medien für Jugendliche als wichtige Vermittlungsinstanz von Rollenbildern und Wertvorstellungen (Baacke/Ferchhoff/Vollbrecht 1997, Treumann et al. 2007, Hugger 2010, Schulz 2012). Medien sichern auf diese Weise nicht nur den „internen kulturellen Versorgungskreislauf" von Jugendlichen, sondern sie perfektionieren auch deren „kulturelle Stilbildungen" (Friedrichs/Sander 2010: 25) (siehe zur normativen Prägekraft von Medien auch Kapitel I.5).

Medien sind im Lebensumfeld Jugendlicher zunehmend eingebettet und wirken so auch infrastrukturell auf Wohnsituation, Lern- und Arbeitsweisen sowie Alltagsroutinen ein (Röser/Peil 2012). Im häuslichen und familiären Miteinander können sich dabei medienspezifische Kompetenz- und Autoritätsverschiebungen ergeben (Karmasin 2006: 48), zumal Jugendliche heute „erstmals in der Geschichte der Menschheit mit einer wichtigen gesellschaftlichen Neuerung leichter zurechtkommen als ihre Eltern" (Hugger 2010: 12). In vielen Familien bilden sich so Diskrepanzen zwischen Mediennutzung, Medienerziehung und familiärer Sozialisation heraus, zumal die Eltern nicht immer über ausreichende Kompetenzen im Umgang mit (neuen) Medien verfügen und ihre Kinder diesbezüglich nicht adäquat anleiten können (Kulhay 2013). Dabei hat sich im Laufe der Zeit nicht nur der Umfang der Medienausstattung in den Haushalten, in denen die Jugendlichen leben, merklich vergrößert, auch deren eigener Gerätebesitz steigt zunehmend: Aktuell besitzen gut 60 Prozent aller Jugendlichen in Deutschland zwischen 12 und 19 Jahren ein eigenes Radiogerät, MP3-Player oder einen Fernseher, knapp die Hälfte eine eigene Digitalkamera oder Spielkonsole und rund 76 Prozent sind in Besitz eines eigenen Computers oder Laptops (JIM 2015: 7). Weitere online-fähige Mobilgeräte, vor allem Tablet PCs, sind bei Jugendlichen ebenfalls zunehmend beliebt: Aktuell besitzt gut ein Drittel der 12- bis 19-Jährigen ein eigenes Tablet (ebd.).

Das am weitesten verbreitete Mediengerät, das Jugendliche in Deutschland selbst besitzen, ist das Mobiltelefon. Insgesamt 98 Prozent aller Jugendlichen besitzen ein eigenes Handy, 92 Prozent verfügen sogar über ein eigenes Smartphone (JIM 2015: 7). Das Handy ist mittlerweile „so sehr Bestandteil des Lebens dieser jungen Menschen, dass [es] zu einer Art Phantom-Körperteil" geworden ist, wie Turkle (2012: 50) illustriert: „Jugendliche erzählen mir, sie würden ihr Handy mit ins Bett nehmen, und selbst wenn sie es nicht bei sich trügen – zum Beispiel weil sie es gezwungenermaßen im Schulspind deponieren mussten – ‚würden sie spüren, wenn das Handy vibriert". Gerade Smartphones sind für Jugendliche besonders attraktiv, da sie verschiedene Medienfunktionen integrieren (neben Telefonie und Kurznachrichtendiensten auch Internetzugang, MP3- oder Radiofunktion, Foto- bzw. Videokamera) und über die sogenannten „Apps" („Applications"/Anwendungen) einen schnellen Zugriff auf beliebte Medienanwendungen wie Spiele, soziale Netzwerke oder Messenger-Dienste ermöglichen. Die Besonderheit von Smartphones, ihren Funktionen und Apps liegt unter anderem in der instantanen Verknüpfung von realen und virtuellen

Welten. So führen beispielsweise Navigationsapps in nahegelegene Geschäfte oder Restaurants und Fitnessapps ermöglichen das Bemessen sportlicher Leistungen und den Austausch darüber in virtuellen Communities („Livelogging", vgl. Selke 2014). Mit der mobilen Zugangsmöglichkeit und sekundenschnellen Aktivierbarkeit digitaler Apps verschmelzen Offline- und Online-Umgebung auf dem Smartphone. Obschon die Annahme, Jugendliche definierten heute ihr soziales Leben nur noch als „string of ordered apps" (Gardner/Davis 2013: 7), etwas überspitzt sein mag, so erfüllt die sofortige Verfügbarkeit und Vernetzung in der digitalen Welt für viele eine wichtige soziale Funktion und bedeutet zugleich eine flexiblere Organisation ihrer kommunikativen Praktiken (Schulz 2012: 278).

Die multimediale Funktionalität von Smartphones steht exemplarisch für ein Mediatisierungsphänomen, das als *Medienkonvergenz* bezeichnet wird. Dahinter stehen die technische Verknüpfbarkeit oder auch „Verschmelzung" mehrerer Medienbereiche miteinander und die daraus resultierenden sozialen, inhaltlichen oder kommerziellen Zusammenhänge (Schuegraf 2008: 18 ff.). Technisch gesehen bedeutet Medienkonvergenz Fernsehen über das Internet, Radiohören mit dem Handy oder im Netz Surfen mit dem MP3-Player. Die so entstehende Multimodalität und die mediale Anreicherung der Realität hat besonders auf die sozialpsychologische Entwicklung von Jugendlichen einen großen Einfluss, zumal sich die Kumulierung von Medieninhalten und Medienerfahrungen eng mit lebensweltlichen Eindrücken verzahnen und auf die Identitätsbildung einwirken (Theunert 2009). Konvergente Medienumwelten tragen zu einer Verfestigung der inneren Repräsentation von vermittelten Eindrücken und Bildern bei und lassen sie so jederzeit abrufbar werden. Durch das zunehmend medienkonvergente Interaktionsumfeld ergeben sich Möglichkeiten zum permanenten Zugriff auf Informationen, die das soziale Handeln Jugendlicher beeinflussen. Insbesondere die nahezu ubiquitäre Einbindung digitaler Informations- und Kommunikationszugänge suggeriert, man könnte in jedem Moment wieder online gehen, vernetzt sein und interagieren. Für heutige Jugendliche sind das Internet und die digitalen Formen der Kontaktaufnahme und Informationsgewinnung „normal [und] etwas, das schon immer da gewesen ist" (Calmbach et al. 2012: 51). Selbst wenn sie einmal gerade nicht „on" sind, so fühlen sie sich nicht zuletzt über die digitalen Darstellungen der eigenen Identität permanent in der Online-Welt verankert.

1.1 Die Generation der „Digital Natives"

Ein wachsendes Selbstverständnis im Umgang mit digitalen Medien ist kennzeichnend für das Leben in einer medienkonvergenten Umwelt. Die Auswirkungen auf die Sozialisation von Jugendlichen durch die medial induzierte Herausbildung neuer Nutzungskontexte und -modalitäten werden als derart einschneidend erachtet, dass die heutige Generation der Jugendlichen unser Gesellschaft daher auch als ‚mediatisierte Jugend' (Treumann et al. 2007: 28) oder ‚Jugend der Medien' (Friedrichs/Sander 2010: 26) bezeichnet wird. Steht dabei im Besonderen der Einfluss der digitalen Medien im Fokus, werden die Jugendlichen der Generation der nach 1980 Geborenen (siehe Schulmeister 2009: 69), auch als „Digital Natives" (auch: „digitale Eingeborene") bezeichnet (Prensky 2001). Gemäß Prenskys Theorie verändern die digitalen Medien die Denkmuster und Lernprozesse von Heranwachsenden: Jugendliche, die sich heute permanent in Interaktion in der digitalen Umgebung befinden, denken und verarbeiten Informationen demnach grundsätzlich anders – nämlich schneller, besser und intuitiver – als ihre Vorgänger, die sogenannten „Digital Immigrants" (auch: „digitale Einwanderer"). Jugendliche, die als Digital Natives bezeichnet werden, wachsen demzufolge als Muttersprachler der digitalen Sprache auf, wohingegen die „digitalen Einwanderer" den Umgang mit der neuen Technologie wie eine Fremdsprache erst mühsam erlernen müssen (ebd.).

Das Konzept der Digital Natives ist in der Wissenschaft allerdings umstritten (ausführlich hierzu: Schulmeister 2009, Thomas 2011). Kritisiert wird dabei zum einen die dogmatische Gegenüberstellung der jungen, vermeintlich technologieaffinen Generation mit der älteren, eher technologiefernen Generation, zumal der Erstgenannten dabei eine quasi-biologische Prädisposition unterstellt wird, die sie befähige, geradezu automatisch Kenntnisse digitaler Technologien und Anwendungen zu erwerben. Die Älteren hingegen hätten bei der Aneignung einer neuen digitalen Technik eine geringere Auffassungsgabe als junge Menschen: „Today's older folk were ‚socialized' differently from their kids, and are now in the process of learning a new language. And a language learned later in life, scientists tell us, goes into a different part of the brain" (Prensky 2001: 3, Hervorheb. i. Orig.). Mit der Dichotomisierung von junger und alter Generation digitaler Nutzer wird jedoch übersehen, dass auch junge Menschen, die mit digitalen Medien aufwachsen, den Umgang mit diesen nicht nur selbst auch erlernen müssen, sondern sich darüber hinaus ebenso stetig weiter bemühen müssen, um mit der Dynamik der Entwicklungen Stand zu halten. Daneben existieren bisher keine empirischen Belege dafür, dass ältere Menschen, die digitale Medien nutzen, die Aneignungs- und Lernprozesse „schlechter" leisten können als junge Mediennutzer (Bennett/Maton 2011).

Ein zweiter Kritikpunkt am Konzept der Digital Natives bzw. der Digital Immigrants richtet sich auf die inhärente Überzeichnung und undifferenzierte

Gleichbetrachtung der Angehörigen beider Bereiche. In Bezug auf die Jugendlichen kommt es dabei oft zu einer Idealisierung ihrer Fähigkeiten (Bennett/Maton 2011: 181), während den Älteren eine digitale Kompetenz grundsätzlich aberkannt wird. Dadurch, dass alle, die mit den digitalen Medien aufwachsen, und alle, die noch vor der Einführung des Internets geboren sind, konzeptionell jeweils zusammengefasst werden, werden generationenübergreifende oder individuelle Besonderheiten außer Acht gelassen. Dabei kann eine genauere Betrachtung der jeweiligen Nutzungsweisen, Kontexte oder Kompetenzen auch differenzierte Aussagen zulassen. So gibt es innerhalb der Gruppe der „Digital Natives" auch weniger versierte Nutzer digitaler Medienangebote, ebenso wie es bei den „Digital Immigrants" Nutzer gibt, die sich sehr gut mit digitaler Technik oder bestimmten Anwendungen auskennen.[13] Nicht zuletzt weil die Interessen und Präferenzen hinsichtlich einzelner Medienanwendungen stark variieren und somit auch die Kompetenzen auf den jeweiligen Gebieten unterschiedlich gewichtet sind (Treumann et al. 2007, Bennett/Maton 2011, Kulhay 2013), ist eine Pauschalierung technologienaher und -ferner Generationszugehöriger folglich nicht sinnvoll.

Zusammenfassend zur Debatte um das Konzept der Digital Natives bleibt zu konstatieren, dass die zwei ursprünglichen Postulate, (1) junge und alte Generationen lassen sich über die Art und Weise, wie sie digitale Technologien anwenden, voneinander unterscheiden und (2) Jugendliche von heute nutzen alle neuen Medien auf die gleiche Art und Weise, so nicht haltbar sind (Palfrey/Gasser 2011: 188). Vielmehr nimmt die aktuelle „digital sensible Jugendmedienforschung" (Hugger 2010: 15/16) einen differenzierteren Standpunkt bei der Betrachtung Heranwachsender an, bei dem nicht von einer Generation Jugendlicher mit gemeinsamen Merkmalen, sondern von einzelnen Jugendkulturen ausgegangen wird, deren Besonderheiten gerade in der Vielfältigkeit ihrer sozialen und medienbezogenen Orientierungen liegen. Diese rührt von den unterschiedlichen „soziokulturellen Logiken", die sich im steten Wechselspiel zwischen den individuellen physischen und psychischen Dispositionen und den äußeren, sozialen und physischen Bedingungen im Alltag der Jugendlichen ergeben (Hurrelmann 2012: 8). Eine besondere Rolle spielt dabei das Internet, da es jeder erdenklichen Jugendszene „einen geradezu unüberschaubaren Möglichkeitsraum [bietet], sich mit einem spezifischen Webangebot zu präsentieren, zu inszenieren, zu stilisieren, zu orientieren und zu vergemeinschaften" (Hugger 2010: 14).

---

13 Grundsätzlich wird hier (wie auch im Konzept der Digital Natives) von einer Gesellschaft ausgegangen, in denen die infrastrukturelle Verfügbarkeit digitaler Medien prinzipiell außer Frage steht.

Fest steht, dass sich die Internetnutzung immer stärker im Alltag Jugendlicher verankert. In der Europäischen Union nutzen im Schnitt 93 Prozent aller 9- bis 16 Jährigen das Internet mindestens einmal in der Woche und 60 Prozent nutzen es täglich (Livingstone/Haddon/Görzig/Olafsson 2011: 25, 26), wobei hier große länderspezifische Unterschiede zu berücksichtigen sind: So stehen die skandinavischen und viele nordeuropäische Länder, in denen die Internetnutzung am stärksten verbreitet ist, an der Spitze der Statistik (Schweden, Dänemark, Norwegen, Finnland), wohingegen in vielen ost- und südeuropäischen Ländern die Internetnutzung bei Jugendlichen geringer ausfällt (zum Beispiel in Rumänien oder Griechenland) (Hasebrink/Lampert 2012: 636). In Deutschland hat die Internetnutzung seit dem Jahr 2010 mit 100 Prozent der Jugendlichen zwischen 14 und 19 Jahren, die zumindest gelegentlich das Internet nutzen, eine Sättigung erreicht (Frees/Koch 2015). Zugleich zeigt sich, dass das Interneteinstiegsalter weiter sinkt. Im EU-Durchschnitt liegt das Alter, in dem Kinder das erste Mal das Internet nutzen, bei neun Jahren (Hasebrink/Lampert 2012: 636). In Deutschland geht fast ein Drittel der Sechsjährigen gelegentlich ins Internet und bei den Dreijährigen schon jedes zehnte Kind (DIVSI 2015). Diese Statistiken sind als ein weiterer Indikator für die zunehmend frühere Sozialisation von Kindern und Jugendlichen mit dem Internet zu werten.

1.2 Jugendliche in sozialen Online-Netzwerken

Die Internetangebote, die Jugendliche am häufigsten in ihrer Freizeit nutzen, sind soziale Netzwerke. Dabei stellt dies einen weltweiten Trend unter jugendlichen Onlinern dar: In den USA nutzen 81 Prozent aller Internetnutzer zwischen 12 und 17 Jahren soziale Netzwerke (allein 77 Prozent nutzen Facebook) (Madden et al. 2013: 19) und auch in der EU zählen Besuche in Online-Communities für Jugendliche zu den wichtigsten Anwendungen im Social Web (Hasebrink/Lampert 2012: 641, Livingstone/Mascheroni/Ólafsson/Haddon 2014). Allein in Deutschland nutzen circa 73 Prozent der Jugendlichen zwischen 12 und 19 Jahren täglich oder mehrmals in der Woche soziale Online-Netzwerke, wobei diese bei den etwas älteren Jugendlichen, den 16- bis 19-Jährigen, besonders beliebt sind (JIM 2015: 37). Hinsichtlich geschlechterspezifischer Unterschiede zeigt sich, dass Mädchen Online-Communities besonders gerne nutzen, während Jungen daneben auch informationsorientierte bzw. Video-, Audio- und Spieleangebote nutzen (Hasebrink/Rohde 2009: 93, JIM 2015).

Das derzeit beliebteste Online-Netzwerk ist Facebook: Nach offiziellen Angaben waren im März 2015 weltweit 1,44 Milliarden Menschen mindestens einmal im Monat auf Facebook aktiv („monthly active users"), 936 Millionen davon sogar täglich (http://newsroom.fb.com/company-info/). In Deutschland wächst die Zahl der Facebook-Nutzer stetig: Innerhalb einen Jahres konnte

Facebook hier knapp dreieinhalb Millionen Nutzerinnen und Nutzer gewinnen, Ende 2013 sind mehr als 23 Millionen Nutzer in Deutschland regelmäßig auf Facebook aktiv, fast ein Viertel aller Deutschen (19 Millionen) sogar täglich (facebook.com 16.09.2013, Busemann 2013: 392). Mitte 2014 sind bereits 28 Millionen Deutsche auf Facebook (Statista 2015). Während sich zunehmend mehr ältere Menschen neu auf der Plattform anmelden (55+), wird bei der Gruppe der Jugendlichen ein tendenzieller Rückgang in den Facebook-Nutzerzahlen und eine Verschiebung zu Messenger-Dienste wie WhatsApp sichtbar (JIM 2015: 38f.). Gleichwohl ist Facebook nach wie vor die meistgenutzte Online-Community unter Jugendlichen (ebd.).

Für Jugendliche sind Online-Netzwerke die Erweiterung ihrer sozialen Welt, die sie betreten können wann immer sie möchten und die sie auch ein Stück weit selbst gestalten können. Die Möglichkeiten, das Freizeit- Schul- oder Liebesleben hierüber zu organisieren und zu illustrieren und bestimmte Elemente hervorzuheben oder auszublenden, wollen viele nicht missen. Sie schätzen die Möglichkeit, sich in sozialen Netzwerken mit mehreren ihrer Freunde oder Bekannten gleichzeitig treffen zu können und die Grenzen ihres privaten Bereichs gezielt zu variieren oder auch bewusst offen zu lassen (Boyd/Marwick 2011: 9). Die verschiedenen sozialen Gratifikationen, die durch die Nutzung von Online-Netzwerken erzielt werden, können dabei das Online-Suchtpotenzial erhöhen: „The benefits of large online social networks may potentially lead people to excessively engage in using them, which, in turn, may purport addictive behaviors" (Kuss/Griffith 2011). Man spricht hier auch von einem *Lock-in-Effekt* (Neuberger 2011: 46), der die Nutzer in der sozialen Community hält und den Ausstieg erschwert: Aufgrund der starken Einbindung im Netzwerk, über welches Alltag und Freizeit geplant und Freundschaften gepflegt werden, empfinden viele Jugendliche den Preis für ihren Ausstieg aus dem sozialen Netzwerk als zu hoch, da er mit dem Verlust sozialer Kontakte verbunden sein kann. Tatsächlich kommt es einem „sozialen Faux-Pax" (Tufekci 2012: 338) oder einer „Selbstausgrenzung" (Calmbach et al. 2012: 53) gleich, nicht bei Facebook, WhatsApp oder Instagram zu sein.

2. Strategien des Privacy Managements Jugendlicher

Die hohe Akzeptanz und schnelle Konventionalisierung von sozialen Online-Netzwerken bei Jugendlichen hat das wissenschaftliche Interesse an der Ergründung der damit zusammenhängenden Kommunikations- und Sozialisationsprozesse deutlich erhöht. Die Analyse privaten Verhaltens Jugendlicher im Social Web, ihrer verschiedenen Strategien und Techniken des Privacy Managements sowie ihrer Einstellungen zum Datenschutz, stellt dabei ein zentrales Anliegen der aktuellen Forschung dar. Im Folgenden sollen die wichtigsten Erkenntnisse aus der aktuellen Jugend- und Privatheitsforschung diesbezüglich herausgearbeitet und schließlich für den Kontext des vorliegenden Buches in Bezug auf das Modell der User Generated Privacy diskutiert werden.

2.1 Gestaltungsformen von Online-Privatheit in Online-Netzwerken

Unter Gestaltungsformen von Online-Privatheit sind die verschieden Möglichkeiten zu verstehen, nutzergenerierte Inhalte im Netz strategisch zur Selbstoffenbarung oder Selbstdarstellung zu nutzen. Mit Schmidt (2010: 164, 2011: 73) lassen sich die Gestaltungshandlungen auch unter die zentralen Kommunikationstechniken im Social Web subsumieren, wie das Identitäts- und Beziehungsmanagement. Schmidt nennt daneben noch das Informationsmanagement als dritte Technik, mit welcher Aktivitäten im Netz beschrieben werden, Informationen zu selektieren und zu ordnen und sich so mit einer bestimmten Thematik auseinanderzusetzen. Für die genauere Betrachtung des privatheitsrelevanten Handelns Jugendlicher sind jedoch insbesondere die beiden erstgenannten Praktiken von Interesse, zumal hier das sich Auseinandersetzen mit der eigenen Person und dem sozialen Umfeld im Netz im Mittelpunkt stehen. Zum Identitätsmanagement zählen verschiedene Selbstoffenbarungs- und Selbstdarstellungsstrategien, mit denen Jugendliche Aspekte des Selbst anderen Nutzern online zugänglich machen; zum Beziehungsmanagement gehören die Strategien, die Jugendliche zum Aufbau und zur Pflege ihrer Online-Freundschaften anwenden.

Impression Management und Authentizität

Wie bereits ausführlich geschildert, sind die von anderen einsehbaren persönlichen Online-Inhalte für die Identitätsgestaltung Jugendlicher in sozialen Netzwerken zentral. Im Vergleich zu Privatnachrichten, die nur für einen exklusiven Kreis an Personen einsehbar sind, dienen Inhalte auf der persönlichen Online-Profilseite in besonderem Maße der Selbstdarstellung. In ihrer Studie zu Online-Profilen jugendlicher NutzerInnen im Alter von 14 bis 20 betrachten Wagner, Brüggen und Gebel (2009: 10) insgesamt 26 Selbstdarstellungen auf fünf verschiedenen sozialen Netzwerkplattformen (myspace.com, bloggorilla.de/ bloggospace.de, youtube.com, lokalisten.de und flickr.com). Dabei stellen sie drei thematische Schwerpunktsetzungen in den Selbstdarstellungen der Jugendlichen heraus, die sie als „(medienaffine) Interessen", „Alltag und Freunde" sowie „Gefühle, Werte, Lebensziele" kategorisieren (Wagner et al. 2009: 39 ff.) Demnach betreffen die meisten der von ihnen untersuchten Selbstdarstellungen Jugendlicher die beiden erstgenannten Kontexte, insbesondere in Hinblick auf Musik, Videos oder Filme und Sport sowie Schilderungen von Freizeitaktivitäten mit Freunden oder Erlebnissen aus dem Alltag. Daneben geben die

Jugendlichen auf ihrer Profilseite im Netz häufig auch ihre innere Gefühlswelt preis, die in erster Linie mit Themen wie Liebe und Partnerschaft assoziiert ist oder sich auf „Orientierungsfragen hinsichtlich des eigenen Lebens" bezieht (Wagner et al. 2009: 43). Zu dieser Kategorie zählen Wagner et al. ferner auch einen starken Ich-Bezug, der unter anderem über Fotos oder Kommentare zu bestimmten Medieninhalten sichtbar wird, in denen die Jugendlichen Schönheitsideale, den eigenen Körper oder gesundheitliche Aspekte diskutieren (ebd.).

In Bezug auf die Ausgestaltung der Selbstdarstellungen zeigen Wagner et al. (2009: 53f.), dass die Jugendlichen besonderen Wert auf die Individualität ihrer selbst produzierten Inhalte legen, die sich beispielsweise über eine kreative Ausgefallenheit hinsichtlich des Designs oder der verwendeten medialen Modi vermittelt. Auch die Einbettung fremd produzierter Inhalte und die Erweiterung dieser über Kommentare oder Bewertungen verweisen auf einen hohen Grad an gestalterischem Impetus. Die Jugendlichen nutzen die Affordanzen der jeweiligen Online-Plattform gezielt zur Selbstdarstellung, indem sie die dargebotenen Optionen – wie die Möglichkeit des Online-Musiknetzwerks Myspace, Musik in das eigene Profil mit einzubinden – mit privaten Inhalten anreichern und sich so möglichst kreativ und individuell ihren Online-Freunden präsentieren (Wagner et al. 2009: 53).

Ähnlich wie sich Jugendliche in der Offline-Welt über ihre Kleidung oder andere materielle Statussymbole definieren, so dienen die selbstrepräsentativen Elemente nutzergenerierter Privatheit der Identitätsgestaltung im Netz. Dabei ist davon auszugehen, dass einzelne Identitätsmerkmale, die Jugendliche über die selbstdarstellerischen Inhalte online vermitteln, zugleich auch als Belege oder Verstärkungselemente in der Offline-Umgebung gültig werden. Dies zeigt sich insbesondere dann, wenn die Selbstdarstellungen auf die eigene Herkunft oder den soziokulturellen Hintergrund (z. B. Zugehörigkeit zu „Szenen") Bezug nehmen (Wagner et al. 2009: 72f.). Die Inhalte und Informationen über sich, die Jugendliche auf ihre persönliche Profilseite stellen, unterliegen dabei stets einer gewissen Richtigkeitsprüfung durch die Peergroup, zumal die Freunde „schauen, ob du die Wahrheit sagst" (Turkle 2012: 312). Authentizität und Glaubwürdigkeit sind daher zentrale Kriterien für die Identitätsgestaltung Jugendlicher im Netz.

Ein Spannungsfeld kann sich allerdings dadurch ergeben, wenn Jugendliche sich selbst einerseits wahrheitsgemäß darstellen möchten (Haferkamp 2011), zugleich aber auch permanent versucht sind, ihr Leben besonders spannend und aufregend klingen zu lassen (Turkle 2012: 309). In dieser Hinsicht bedeuten Online-Selbstdarstellungen Stress für die Jugendlichen, weil sie sich stets überlegen müssen, welche Details aus ihrem Privatleben sie online erwähnen und wie sie diese kommunizieren sollen, um ein vorteilhaftes, doch nicht unglaubwürdiges Bild von sich zu vermitteln:

> „Sie zerbrechen sich den Kopf darüber, welche Fotos sie von sich hoch laden. Sie bearbeiten ihre Facebook-Fotos, um besser auszusehen. Doch trotz all dieses Aufwandes ist die Facebook-Seite letztlich eine Fiktion, die vorgaukelt, dass der Inhalt mit einer Art aristokratischer Lässigkeit erstellt wurde. Luis sagt: „[…] Eigentlich soll es auf Facebook ja so aussehen, als hätte man sich nicht viele Gedanken gemacht. Aber keiner glaubt an das Märchen: ‚Oh, ich hab nur schnell ein bisschen Zeug hochgeladen… Ich bin total cool. Ich hab so viele andere Sachen zu tun‘“ (Turkle 2012: 461).

Die strategische Zurschaustellung und Inszenierung der eigenen Persönlichkeit beim Impression Management im Netz dient den Jugendlichen dazu, bestimmte Kommunikationsziele zu erreichen wie Anerkennung zu erhalten oder neue Kontakte zu knüpfen (Buckingham 2007: 6, Boyd 2007b, Chester/Bretherton 2007). Jugendliche suchen die Aufmerksamkeit der persönlichen Netzöffentlichkeit. Vereinzelt gelingt es ihnen, sich auch über den Freundes- oder Bekanntenkreis hinaus eine Art Fangemeinde im Netz aufzubauen, die sie mit persönlichen Inhalten (Fotos, Videos, Texte usw.) regelmäßig informieren. Dieses Phänomen der Darbietungspraxis, bei welcher Menschen mithilfe ihrer nutzergenerierten Inhalte an Popularität gewinnen, wird auch als Micro-Celebrity („Mikroberühmtheit") bezeichnet (Senft 2008, Marwick/Boyd 2011b). Zentrale Elemente dieser Strategie sind gezielte Selbstoffenbarungen zum Zweck der Unterhaltung des Publikums sowie die Aufmerksamkeitserzeugung über ausgefallene Inhalte oder Darstellungstechniken.

Im Gegensatz zu derartig offenkundigen Strategien des Identitätsmanagements wenden Jugendliche oftmals auch subtile Techniken an, um ihre Privatheit zu konstruieren und zielgerichtet auszugestalten. Hierzu zählt auch die Kommunikation von „Insidern", über die private Informationen ohne Anwendung einzelner Regulierungsmechanismen selektiv an das Netzwerk weitergegeben werden sollen. Diese und ähnlich subtile Gestaltungsformen ihrer Online-Privatheit sind Gegenstand des folgenden Abschnitts.

Implizite Selbstoffenbarungen und Privacy-Codes – soziale Steganografie

Die Preisgabe von privaten Informationen ist für Jugendliche bei der Kommunikation in sozialen Netzwerken wichtig, um Vertrauen zu anderen aufzubauen und Kontakte zu pflegen (Palfrey/Gasser 2008: 29, Boyd/Marwick 2011, Valkenburg/Sumter/Peter 2011). Die Peergroup ist sowohl in der Offline- als auch in der Online-Welt Orientierungshilfe für die Persönlichkeitsgestaltung von Jugendlichen, zumal sich die Gleichaltrigen im selben Maße im Identitätsmanagementprozess befinden; sie stellt somit eine wichtige Konstante für Jugendliche dar: „Through self-disclosure to friends, adolescents get feedback that can help to determine the appropriateness of their beliefs, attitudes, and behaviours and, thus, to validate their identity" (Valkenburg et al. 2011: 254). Das Treffen mit den Freunden in privaten Online-Räumen ist für Jugendliche gerade dann besonders wichtig, wenn sie darüber hinaus keine Möglichkeiten haben, sich miteinander zu verabreden: „As physical spaces for peer sociability have disappeared or been restricted, and as teens have found their access structurally or socially curtailed, the value of mediated spaces where teens can gather has increased" (Boyd/Marwick 2011: 8).

Jugendliche treffen sich in sozialen Netzwerken auch, weil sie sich hier der Aufsicht ihrer Eltern entziehen und unter sich sein können (Boyd 2014: 55 ff.). Daher stellen sich oft solche Situationen für Jugendliche als Herausforderung dar, in denen sie über die Aufnahme der eigenen Eltern, Lehrer oder anderer Erwachsener in ihr Online-Freundesnetzwerk entscheiden müssen (Christofides/Muise/Desmarais 2011: 53). Oftmals trauen sie sich dabei nicht, die Freundschaftsanfrage des eigenen Vaters oder der Lehrerin abzulehnen (Boyd/Marwick 2011: 21, 22). Dabei entstehen jedoch zum Teil unerwünschte Vermischungen sozialer Kontexte, die das Online-Handeln der Jugendlichen vor allem mit Blick auf ihr Audience Management vor eine große Aufgabe stellt. So gibt es zwar verschiedene Optionen der restriktiven Informationsverteilung, die es ermöglichen, den Eltern den Zugang zu bestimmten Inhalten nur eingeschränkt zu gewähren, doch empfinden viele Jugendliche derartige Regulierungsmaßnahmen häufig als zu kompliziert oder zu zeitintensiv (van Dijck 2011: 172, Madden et al. 2013: 48). Jugendliche nutzen daher andere Wege, um auch im öffentlichen Bereich der jeweiligen Online-Plattform, private Inhalte selektiv kommunizieren zu können.

Boyd und Marwick (2011) stellen fest, dass Jugendliche Informationen, die nur für einen bestimmten Personenkreis gedacht sind, derart kodieren, dass sie auch nur für diesen Nutzerkreis Bedeutung enthalten, hingegen für andere, Außenstehende, schwer zu interpretieren sind. Die Autorinnen bezeichnen diese Kommunikationsstrategie als soziale Steganografie („social steganography") (Boyd/Marwick 2011, Marwick/Boyd 2014, Boyd 2014). Die Besonderheit steganografischer Nachrichten liegt darin, dass bei ihrer Übermittlung dahinterliegende Informationen unentdeckt mit übertragen werden können (Franz/Pfitzmann 1998, Singh 2006). Die Übermittlung selbst funktioniert dabei ganz offenkundig, die eigentliche Botschaft, allein ihre Existenz, bleibt jedoch geheim (ähnlich der Kryptografie). Bei der Kommunikation mit ihren Freunden im Netz nutzen Jugendliche diese Strategie, mithilfe der von ihnen hoch geladenen Inhalte Informationen zu vermitteln, die nur von einem bestimmten Empfängerkreis dekodiert werden können. Dabei nutzen sie zwar keine echten steganografischen Verbergungsmethoden, bei denen geheime Nachrichten beispielsweise innerhalb eines digitalen Watermarking-Systems mit niedrigwertigen Bits versteckt werden (Franz/Pfitzmann 1998), doch die Kommunikation funktioniert nach einem ähnlichen Prinzip: Über einen öffentlich (oder semi-öffentlich) einsehbaren Kanal werden Inhalte vermittelt, die nach außen hin etwas anderes ausdrücken als sie eigentlich bedeuten. So teilen Jugendliche ihren Freunden im sozialen Netzwerk oftmals über das Posten von Songtexten, Gedichten oder Spruchweisheiten auf sublime Art und Weise ihre Gefühle oder Gedanken mit.

Steganografische Inhalte sind zumeist mehrdeutig, das heißt, sie lassen noch weitere Interpretationsmöglichkeiten zu, damit die eigentliche Botschaft verborgen werden kann: „Plausible deniability is an important part of this strategy" (Boyd/Marwick 2011: 23). So kann das Posten einer Textzeile eines Songs oder des dazugehörigen Videoclips nach außen hin vielerlei bedeuten – dass das Lied, die Sänger oder der Text an sich gefallen –; doch kann damit auch eine andere Botschaft vermittelt werden, deren Erkennen nur Insidern vorbehalten ist. Boyd und Marwick (2011: 22; siehe auch: Marwick/Boyd 2014: 1058) beschreiben, wie eine 17-Jährige ihre Facebook-Freunde über ihren Liebeskummer in Kenntnis setzen wollte, dabei allerdings ihre Mutter, mit der sie ebenfalls auf Facebook befreundet war, nicht mit negativen Nachrichten beunruhigen wollte. Also postete das Mädchen den Songtext des Liedes „Always look on the bright side of life". Dieses Posting wurde von ihrer Mutter als Zeichen gewertet, dass es ihrer Tochter gut gehe. Die Freunde des Mädchens verstanden jedoch die Intention des Beitrags und die Ironie in der Textzeile: Diese entstammt einer Filmszene, in dem der Hauptdarsteller, der das Lied singt, hingerichtet werden soll (Monty Python: „Life of Brian"). Sie kontaktierten das Mädchen daraufhin, um die näheren Umstände ihrer vermeintlich unerfreulichen Gefühlslage zu erfahren.

Das angeführte Beispiel verdeutlicht die Strategie, die hinter der Verschlüsselung von Inhalten in sozialen Online-Netzwerken steht. Demnach soll keiner der Freunde im persönlichen Netzwerk von den Informations-Updates ausgeschlossen werden. Um jedoch den Unterschieden in der Beziehungshierarchie, gemäß welcher nicht alle Freunde auch die gleichen Informationen erhalten sollen, gerecht zu werden, werden die Nachrichten kodiert, damit sie nur von einem ausgewählten Personenkreis gedeutet werden können. Steganografische Selbstoffenbarungen können demzufolge auch als eine Form des qualitativen Audience Managements betrachtet werden, bei der einzelne Personen nicht qua struktureller Hierarchisierung (z. B. über eine Listeneinteilung) exkludiert werden, sondern deren Interpretation bestimmter Inhalte über eine spezifische Form der Insidersprache zu umgehen versucht wird. Implizite Selbstdarstellungstechniken sind folglich als wesentliche Strategien Jugendlicher zur Konstruktion von Online-Privatheit zu verstehen, deren Ziel es ist, selbst und gezielt zu entscheiden, welche Informationen für welchen Empfängerkreis wie zugänglich sein sollen.

Während bei der Technik der sozialen Steganografie in Online-Communities insbesondere Textnachrichten wie Status-Updates oder Kommentare verschlüsselt werden, steht bei der Strategie des „showing without telling", wie Zhao, Grasmuck und Martin (2008: 1825) implizite Selbstdarstellungstechniken in sozialen Netzwerken bezeichnen, verstärkt der gestalterische Aspekt im

Vordergrund. Hierbei werden multimediale Online-Inhalte wie persönliche Fotos oder Videos gezielt im Online-Netzwerk positioniert und mit den Inhalten anderer Online-Kontakte verknüpft, um die eigene Identität über die Verbindungen im sozialen Beziehungssystem auszudrücken: „The visual self – projected via the inclusion of large numbers of peer photographs – can be thought of as the ‚self as social actor'. It is as if the user is saying, ‚watch me and know me by my friends'" (Zhao et al. 2008: 1825). Über die Auflistung der persönlichen Kontakte in den öffentlich einsehbaren Freundeslisten in Verbindung mit einzelnen Aktionen (Gruß auf der Pinnwand hinterlassen usw.), die ihre Sichtbarkeit im Netzwerk erhöhen, drücken Jugendliche gezielt ihre Zugehörigkeit zu bestimmten sozialen Gruppen aus („passive soziale Fremddarstellung", vgl. Kapitel II.4.2).

Unintendierte Selbstenthüllung

Aktuelle Studien belegen, dass sich viele Jugendliche nicht bewusst sind, welche Inhalte sie welchen Personen im Online-Netzwerk zugängig gemacht haben (rückblickend), welchen Empfängerkreis sie mit einem zukünftigen Eintrag erreichen würden oder welche für ihre Privatsphäre relevanten Assoziationen die von ihnen preisgegebenen Informationen bei ihren Kontakten erwecken (Moll/ Pieschl/Bromme 2014). Wenn junge Netznutzer persönliche Inhalte auf ihrer Profilseite posten, stellen sie sich zumeist einen ganz bestimmten Personenkreis vor („imagined audience"), für den diese Informationen bestimmt sind (Boyd 2007a, Litt 2012). Allerdings unterscheidet sich der vorgestellte, intendierte Personenkreis dabei häufig vom realen, meist weitaus größeren, Empfängerkreis, der die Informationen tatsächlich rezipiert. So besteht die Möglichkeit, dass auch ein „unintendiertes Publikum" (Schmidt 2011: 118) Informationen erhält, die es eigentlich nicht erhalten sollte, was wiederum zu unbewussten Selbstenthüllungseffekten und damit zu unerwünschten privatheitsrelevanten Folgen wie Privatsphärenverletzungen auf Senderseite führen kann.

Obschon viele Jugendliche gezielt und bewusst private Informationen im Netz von sich preis geben, verfügen sie dabei jedoch nicht immer auch über die erforderliche Weitsicht, das Reflektionsvermögen oder das Wissen, die Wirkungen ihrer Nachrichten auf andere, möglicherweise weniger involvierte Personen abzuschätzen. Über eine Befragung von 45 Schülerinnen und Schülern einer Realschule in Deutschland im Alter von 14 bis 19 stellen Moll et al. (2014) fest, dass Jugendliche in vielen Fällen eher wissen, welche privaten Informationen sie auf ihrer Profilseite im Netz veröffentlicht haben, als welchen Personen sie diese im Einzelnen zugänglich gemacht haben: „A direct comparison of content and audience correctness showed that students were significantly better at knowing which contents they had disclosed in comparison to knowing the corresponding audience" (Moll et al. 2014: 217).

Zur Illustration dieses Phänomens unintendierter Selbstenthüllung kann an dieser Stelle die Online-Plattform ask.fm herangezogen werden. Hier beantworten die – überwiegend jugendlichen – Teilnehmerinnen und Teilnehmer an sie gerichtete Fragen, die ihnen von anderen Personen in der Regel anonym gestellt werden. Diese Fragen sind dabei recht intim und beziehen sich fast ausschließlich auf das Privatleben der Teenager (z. B.: „Wie war dein Ex-Freund so?" oder „Willst du Sex?"). Es zeigt sich, dass die Jugendlichen, die ein Profil bei ask.fm besitzen, diese Form der Selbstoffenbarung mitunter sehr ernst nehmen und bemüht sind, auch auf alle Fragen einzugehen. Die Fragen und Antworten sind dabei von jedem Besucher dieser Seite, auch von nicht registrierten Mitgliedern, einsehbar.

In Bezug auf den hohen Öffentlichkeitsgrad der ask.fm-Profile heißt es in den Richtlinien:

> „Deine Antworten sind öffentlich sichtbare Daten. Deine Antworten auf Fragen, die du über ask.fm sendest, werden auf anderen Webseiten veröffentlicht. Du bist verantwortlich für das, was veröffentlicht wird. Das, was du in das ask.fm Antwortfeld eingibst, wird veröffentlicht und kann umgehend öffentlich sichtbar sein, sobald du auf ‚Senden' drückst" (ask.fm/about/privacy).

Es kann angezweifelt werden, dass sich die Jugendlichen auf ask.fm des hohen Öffentlichkeitsgrads ihrer Selbstoffenbarungen bewusst sind. Nicht nur, dass die Interaktionspartner hier zu einem großen Teil anonym sind, auch die Tatsache, dass die von den Jugendlichen preisgegebenen Inhalte auch „auf anderen Webseiten veröffentlicht" werden (ask.fm/about/privacy), macht es für sie unmöglich, den potenziellen Empfängerkreis ihrer Nachrichten abzuschätzen. Bei einer stichprobenartigen Durchsicht von ask.fm-Einträgen einiger Jugendlicher wird deutlich, dass diese sich offenbar keineswegs darüber bewusst sind, dass auch völlig unbeteiligte, fremde Personen problemlos ihre Beiträge einsehen können. Ferner zeigt sich, dass gerade die Möglichkeit der anonymisierten Teilhabe einige Besucher der Plattform dazu verleitet, unhöfliche Bemerkungen oder Beleidigungen zu posten, die in Cybermobbing oder Cyberbullying ausarten können. So haben sich in den Jahren 2012 und 2013 fünf Jugendliche (aus Irland, den USA und England) – wie vermutet wird aufgrund anhaltenden Mobbings auf ihren ask.fm-Profilen – das Leben genommen (taz.de 09.08.2013). Für das Bestehen oder die Struktur der Plattform hatten diese Vorfälle keinerlei Konsequenzen.

Soziodemografische Einflussfaktoren

Nicht alle Jugendlichen geben in hohem Maße persönliche Informationen von sich im Web preis. So stellen Niemann und Schenk (2012b: 230 ff.) fest, dass jüngere und formal weniger gebildete Nutzer tendenziell am meisten von sich preisgeben („Vieloffenbarer"), während die „Wenigoffenbarer", die in der angesprochenen Studie im Übrigen die größte Gruppe darstellen, eher älter sind (im Schnitt knapp 20 Jahre). Ähnliche Befunde in Bezug auf den Zusammenhang zwischen dem Selbstoffenbarungsverhalten Jugendlicher und ihrem Alter (Tufekci 2008a: 27) bzw. der formalen Bildung (Paus-Hasebrink/Wijnen/Brüssel 2009: 127, Taddicken 2011: 294, Davis 2012: 1533) stellen auch andere Studien heraus.

Für die Variable Geschlecht sind die Befunde hingegen uneinheitlich: Tufekci (2008a: 27) und Kulhay (2013: 37) stellen fest, dass eher Jungen als Mädchen private Daten, wie die eigene Handynummer, online preisgeben, wohingegen Valkenburg et al. (2011: 260) festhalten, „that both online and offline self-disclosure were higher for girls than for boys". Auch Davis (2012) sowie Livingstone et al (2014) stellen fest, dass es eher die Mädchen sind, die private Informationen von sich online teilen.

Obschon die Heterogenität derartiger Befunde einerseits zu kritisieren ist (die Gründe hierfür liegen u. a. in den unterschiedlichen kulturellen Kontexten, aus denen die Daten stammen, aber auch in den verschiedenen methodischen Settings der Studien), wird andererseits deutlich, dass soziodemografische Variablen wie Alter und Geschlecht für privatheitsrelevantes Handeln Jugendlicher im Netz keine sehr große Rolle spielen, da sie „nicht sehr stark ausgeprägt" sind (Paus-Hasebrink et al. 2009: 128) oder „nur eingeschränkt Einfluss auf das Online-Selbstoffenbarungsverhalten" Jugendlicher haben (Niemann/Schenk 2012b: 230). Es müssen also andere Gründe dafür verantwortlich sein, dass Jugendliche in so unterschiedlichem Maße Informationen über sich im Internet preisgeben. Der folgende Abschnitt soll dazu dienen, zu ermitteln, welche Einstellungen Jugendliche in Bezug auf den Datenschutz bzw. die Datensicherheit im Netz haben und welche Faktoren im Einzelnen ihr persönliches Risiko-Nutzen-Management bei der Online-Preisgabe privater Inhalte beeinflussen.

2.2 Revision des Privacy Paradox? Der Wert des Datenschutzes bei Jugendlichen

Das Thema Datenschutz ist eines, das Jugendlichen zumeist von Eltern, Schule oder Medien nähergebracht wird. Erwachsene reagieren häufig besorgt, wenn sie sehen, dass Jugendliche persönliche Informationen über sich und andere in sozialen Netzwerken austauschen. Ein Grund hierfür ist in dem generellen Generationenunterschied hinsichtlich des Privatheitsbedürfnisses zu sehen: Während Kinder und Jugendliche zunächst noch keine persönlich festgelegten Privatheitsgrenzen kennen und erst lernen müssen, ihre Privatheit in der Interaktion mit anderen zu regulieren, so lernen sie im Laufe des Erwachsenlebens, private Informationen über sich und andere zu verwalten. Zunächst sind die eigenen

Privatheitsgrenzen demnach noch verhältnismäßig weit und durchlässig, werden aber mit einem steigenden Bedürfnis nach Sicherheit im Laufe des Erwachsenalters enger gezogen; in einem späteren Lebensalter, wenn Menschen auf die Unterstützung und Hilfe anderer angewiesen sind, werden die persönlichen Grenzen wieder lockerer und Menschen mitteilungsbedürftiger (Petronio 2002: 8/9). Dies bedeutet, dass sich die Art und Weise der Ausbildung von Privatheit und der Regulierung von Privatheitsgrenzen im Leben eines Individuums stetig verändert und jeweils an die persönliche Situation angepasst wird.

Wenn junge Social Web-User nun von Erwachsenen als eine Generation beschrieben werden, „that has many friends but little sense of privacy and a narcissistic fascination of self-display" (Livingstone 2008: 393), dann wird hier unter anderem auf die Tatsache abgezielt, dass Jugendliche und Erwachsene verschiedene (lebenssituationsspezifische) Vorstellungen für die Konstruktion ihrer individuellen Privatheit besitzen. Zusammengefasst lässt sich die allgemein vorherrschende Meinung entsprechend formulieren: „Adults are concerned about invasion of privacy, while teens freely give up personal information" (Barnes 2006: 3). Hinsichtlich der Regulierung von Online-Privatheit wird dieses Diskrepanzverhältnis außerdem dadurch verstärkt, dass Eltern ihren Kindern zwar als Vorbild dienen möchten, dies ihnen jedoch im Kontext von Online-Privatheit nicht immer gelingt: Während Erwachsene zumeist ein hohes Datenschutz- und Privatheitsverständnis für sich beanspruchen, welches sie Jugendlichen generell eher absprechen, verfügen sie selbst jedoch oftmals über deutlich weniger Nutzungserfahrung und Anwendungswissen, um ihre Online-Privatheit zu verwalten, als viele Jugendliche (Wagner/Brüggen/Gebel 2010: 1, Hugger 2010: 12, Christofides et al. 2011). Entsprechend können sie ihren Kindern nicht immer auch praktische Unterstützung bei der Regulierung von Online-Privatheit bieten. Dieser Aspekt trägt dazu bei, dass die Kluft zwischen einem „erwachsenen" und einem „jugendlichen" Privatheitsverständnis zumindest solange bestehen bleibt, bis sich Kompetenz-, Wissens- und Wahrnehmungsunterschiede hinsichtlich der Mechanismen von Online-Sozialisation und Privatheit eingeebnet haben.

Diskrepanz zwischen Einstellung und Verhalten

Die Annahme, Jugendliche kümmerten sich nicht um ihre Privatsphäre online, besteht in der öffentlichen Debatte bereits seit Aufkommen sozialer Online-Netzwerke (Raynes-Goldie 2012: 72). Ein Grund hierfür ist unter anderem die Tatsache, dass Studien wiederholt das Phänomen des Privacy Paradox belegen, bei dem das Selbstoffenbarungsverhalten Jugendlicher im Netz nicht zwangsläufig auch mit ihrer geäußerten Meinung zum Thema Online-Datenschutz konform ist (Acquisti/Gross 2006, Barnes 2006, Tufekci 2008a, Debatin et al. 2009, Pötzsch 2009, Niemann/Schenk 2012b). Demnach erachten Jugendliche nach eigener Aussage den Schutz ihrer privaten Daten online als sehr wichtig und sind sich der Risiken der Preisgabe privater Informationen bewusst, jedoch lässt die Analyse ihres tatsächlichen Verhaltens im Social Web gegenteilige Annahmen zu. So stellen Debatin et al. (2009) mithilfe quantitativer und qualitativer Befragungen von insgesamt 119 jungen Netzwerknutzern fest, dass 91 Prozent der Befragten zwar angeben, mit den Privatsphäre-Einstellungen auf Facebook vertraut zu sein, dennoch offenbart eine Mehrheit detaillierte Informationen zur eigenen Person (z. B. Name, Geburtsdatum, Geschlecht, Email-Adresse, Hobbies, Interessen, Familienfotos, Schulbesuche etc.) einer großen Gruppe potentieller, teilweise unbekannter Personen (Debatin et al. 2009: 100).

Weiterhin stellt sich heraus, dass Jugendliche die verschiedenen Datenschutzeinstellungen von Webseiten oft nicht anzuwenden wissen oder gar nicht kennen (Livingstone 2008). Dass die Jugendlichen zugleich den hohen Stellenwert betonen, den die überlegte Selbstoffenbarung und Datenpreisgabe im Netz für sie besitzt, ist dabei umso bemerkenswerter. Das Paradoxe ergibt sich also daraus, dass viele Jugendliche auf der einen Seite offenbar ihre Privatsphäre schätzen und diese auch schützen wollen, sie auf der anderen Seite aber eben nicht schätzen und nicht schützen (Nissenbaum 2010: 104). Allerdings zeigt es sich, dass die Bewertungen der Jugendlichen in Bezug auf die Privatheit ihrer Daten oder persönlichen Informationen individuell variieren. So bestehen unterschiedliche Meinungen über die Gefahr der Preisgabe personenbezogener Daten wie der Adresse, Telefonnummer oder dem Geburtsdatum etc. (Wagner et al. 2010). Auch die Angabe der persönlichen religiösen Ansichten oder politischen Meinung im Netz wird von den Jugendlichen unterschiedlich vertreten: Während die einen religiös oder politisch motivierte Diskriminierungen befürchten, bewerten andere die Veröffentlichung derartiger Informationen als eher unproblematisch (Wagner et al. 2010: 23). Es lassen sich mithin kaum allgemeingültige Kriterien dafür finden, welche Informationen Jugendliche als privat und unveröffentlichbar oder als wenig privatheitsrelevant und mithin veröffentlichbar einstufen.

Obgleich zahlreiche wissenschaftliche Studien auf die Existenz eines Privacy Paradox hindeuten, sind die meisten dieser Untersuchungen, insbesondere in ihrer Gegenüberstellung, jedoch aufgrund unvergleichbarer Datensamples oder methodischer Uneinheitlichkeiten (z. B. qualitative Tiefeninterviews versus standardisierte Online-Befragungen) kritisch zu bewerten. So werden einmal sehr junge, ein anderes Mal eher ältere Jugendliche und Studierende befragt oder es befinden sich deutlich mehr Mädchen als Jungen im jeweiligen Sample. Dies ist insofern relevant, da in Bezug auf das Datenschutzempfinden bei Jugendlichen (im Gegensatz zu ihrem Selbstoffenbarungsverhalten) durchaus Geschlechterdifferenzen bestehen: So stellen Hasebrink und Rohde (2009: 115) fest, dass Mädchen stärker auf einen bewussten Umgang mit privaten Informationen achten als Jungen, und auch Niemann/Schenk (2012b: 222) sowie

Tufekci (2012: 345) kommen zu dem Schluss, dass Mädchen ihre Privatsphäre-Einstellungen auf einer sozialen Netzwerkseite eher überprüfen und anpassen als Jungen.

Die Befunde zum Privacy Paradox sind ferner auch deshalb kritisch zu betrachten, weil die abgefragten Items in den vorliegenden Studien dazu mitunter sehr verschieden sind: In einigen Untersuchungen wird die Übereinstimmung des geäußerten Wissens um den Datenschutz und die entsprechenden technischen Einstellungen im sozialen Netzwerk überprüft, in anderen werden hingegen Nutzer nach ihren grundsätzlichen Meinungen in Bezug zum Datenschutz befragt und diese dann mit ihrem privaten Online-Verhalten in Zusammenhang gesetzt. Auch wird die Erfahrung, die ein Jugendlicher bereits mit privaten Daten in der Online-Umgebung gemacht hat, oder die Dauer seiner Mitgliedschaft in einem Online-Netzwerk nicht immer systematisch mit einbezogen, obwohl gerade dieser Aspekt als besonders wichtig herausgestellt wurde (z. B. Lewis/ Kaufmann/Christakis 2008, Patchin/Hinduja 2010, Lenhart/Madden/ Smith/ Purcell/Zickuhr/Rainie 2011, Christofides/Muise/Desmarais 2012).

Es existieren darüber hinaus immer mehr Studien, in denen das Privacy Paradox angezweifelt wird. So zeigen Utz und Krämer (2009), dass die Datenschutzbedenken der von ihnen befragten Personen durchaus mit ihren Privatsphäre-Einstellungen im genutzten sozialen Netzwerk konform sind und auch im Zeitverlauf positiv korrelieren. Die Forscherinnen werten die Ergebnisse dahingehend, „that the privacy paradox is slowly becoming resolved" (Utz/ Krämer 2009: 6). Trotz einiger Limitationen ihrer dreigliedrigen Studie (Online-Fragebogen, Experiment, Paper-Pencil-Fragebogen), die sie für den vorliegenden Kontext nur bedingt anwendbar macht – zum Beispiel das recht hohe Durchschnittsalter der Befragten, das zwischen 21 und 26 Jahren liegt, der hohe formale Bildungsgrad (Studierende) sowie die unausgeglichene Geschlechterverteilung (deutlich mehr weibliche als männliche Studienteilnehmer) – verweist diese auf einen Trend, wonach sich das Privacy Paradox langsam aufzulösen scheint. Auch Young und Quan-Haase (2013) finden eindeutige Belege dafür, dass junge Nutzer (auch in diesem Fall handelt es sich um Studierende), die Risiken und Gefahren der Online-Kommunikation richtig einschätzen können und entsprechend mit den Privatsphäre-Einstellungen von Online-Plattformen umzugehen wissen.

An dieser Stelle kann festgehalten werden, dass immer mehr Befunde aus der Forschung den Schluss eines sich in seiner Dogmatik sukzessive abschwächenden Privacy Paradox nahelegen. Gleichwohl kann das Bestehen eines ungleichen Verhältnisses zwischen geäußertem Datenschutzbedenken und ouvertem Selbstoffenbarungsverhalten bei Jugendlichen nicht durchweg negiert werden. Vielmehr können noch andere Erklärungen für das vermeintliche Paradoxon in Betracht gezogen werden.

Das Control Paradox und affektives Handeln

In der öffentlichen Debatte wird stets auf die (normative) Notwendigkeit verwiesen, die Datenschutzeinstellungen der besuchten Webseiten regelmäßig zu überprüfen und anzupassen. Insbesondere Jugendliche werden angehalten, mit persönlichen Informationen im Netz möglichst sensibel umzugehen. Allerdings zeigen neuere Studien, dass allein die Anwendung technischer Kontrollfunktionen und die regelmäßige Anpassung der Privatsphäre-Einstellungen in sozialen Netzwerken nicht zwangsläufig auch zu mehr Datensicherheit führt. So verweisen Brandimarte, Acquisti und Loewenstein (2012) darauf, dass je mehr Regulierungsmaßnahmen junge Nutzer zur vermeintlichen Sicherung ihrer persönlichen Informationen in ihrem Online-Profil einsetzen oder je mehr sie davon ausgehen, diese Maßnahmen grundsätzlich einsetzen zu können, desto höher zugleich auch die Wahrscheinlichkeit für Privatsphärenverletzungen ist. Die Forscher bezeichnen dieses Phänomen als *Control Paradox*. Demzufolge vermitteln die verfügbaren Regulierungsfunktionen und Privatsphäre-Einstellungen von Online-Plattformen den Nutzerinnen und Nutzern ein hohes Gefühl der Sicherheit und Kontrolle, was wiederum ihre Datenschutzbedenken beeinflusst und entsprechend die Sorge vor Privatsphärenverletzungen senkt. In der Folge geben diese Nutzer tendenziell mehr private Informationen preis und achten weniger auf die Datensicherheit, was auch die Wahrscheinlichkeit des potenziellen Missbrauchs ihrer Daten erhöht. Brandimarte et al. (2012) resümieren, dass Informationskontrolle zwar eine notwendige, doch offenbar keine hinreichende Bedingung für die Wahrung von Online-Privatheit ist: „Our results provide evidence that control over personal information may be a necessary (in ethical or normative terms) but not sufficient condition for privacy protection" (Brandimarte et al. 2012: 345). Mit Blick auf die Ausführungen in Kapitel zwei und drei lässt sich hier wiederholt die Relevanz des Faktors der Privacy Awareness betonen, bei dem nicht nur das Reflexionsvermögen über die Bedeutung preisgegebener Inhalte im Netz, sondern auch die Fähigkeit zur praktischen Anwendung der Kontroll- und Regulierungsoptionen eine große Rolle spielen.

Das sich nach außen hin als paradox darstellende Verhältnis von Aussagen Jugendlicher über große Datenschutzbedenken und ihrem beobachtbaren privatheitsrelevanten Handeln lässt sich dabei nicht allein über die Prüfung ihrer Nutzungsweisen oder ihrer Kenntnis von vorhandenen Datenschutzoptionen im Netz begründen. Es ist daneben auch zu vermuten, dass die Handlungsentscheidungen Jugendlicher in der sozialen Netzkommunikation nicht immer rational begründet erfolgen. So kann sich eine Jugendliche zwar durchaus um ihre privaten Daten im Netz sorgen und sich als kompetent im Umgang mit den Datenschutzanwendungen erweisen, dabei aber dennoch nach außen hin vermeintlich paradox handeln. Debatin et al. (2009: 99) beschreiben einen Fall, bei dem ein Jugendlicher, dessen Facebook-Profil mehrere Male gehackt wurde, jedes Mal ein neues Online-Profil mit neuem Passwort erstellte. Obwohl auch veränderte Privatsphäre-Einstellungen die Hacker nicht abhalten konnten, die im Namen des Jungen zahlreiche Aktionen im Netzwerk durchführten (z. B. verfassten sie Statusmitteilungen, luden inadäquate Fotos hoch oder änderten die Einstellung „sexuelle Neigung" auf homosexuell), konnte oder wollte dieser nicht auf seine Facebook-Präsenz verzichten. Die Vorteile, die sich für den Jugendlichen über die Vernetzung mit anderen auf Facebook ergaben, überwogen die negativen Folgen: „This case illustrates that the benefits and gratifications from using Facebook as a social tool can override the effects of even extremely negative experiences" (Debatin et al. 2009: 99).

Viele Jugendliche entscheiden sich bei der sozialen Online-Kommunikation offenbar eher bewusst für die Preisgabe privater Inhalte im Netz als gegen ein restriktives Audience- oder Content Management. Krämer und Haferkamp (2011) verweisen darauf, dass einige der Datenschutzfunktionen in sozialen Netzwerken von ihren Nutzern als nachteilig empfunden werden, da die Einteilung von Freunden in Listen oder die Einschränkung der Sichtbarkeit eigener Beiträge hinderlich für die Interaktion mit der Peergroup seien. Auf diese Weise erhielten ein Großteil der Personen im Netzwerk, weniger enge Bekannte etwa, keine oder nur sehr spärliche Informationen über die Persönlichkeit eines Nutzers, was jedoch dem Gedanken des sozialen Netzwerkens grundsätzlich widerspräche (Krämer/Haferkamp 2011: 135f.). Auch Wagner et al. (2010) stellen fest, dass affektive Motive, insbesondere situative Gefühlslagen und Emotionen den bereits bestehenden rationalen Gründen gegen ein bestimmtes privatheitsrelevantes Handeln im Netz bei Jugendlichen oftmals übergeordnet sind. Dies zeigen sie anhand des Beispiels eines 17-Jährigen, der zwar grundsätzlich ein hohes Datenschutzbewusstsein für Online-Inhalte besitzt, im sozialen Netzwerk aber dennoch „mehr von sich zeigen" möchte, da ihm die Kommunikation hier sonst „zu unpersönlich" erscheine (Wagner et al. 2010: 38).

Abschließend kann festgehalten werden, dass die Gründe für die auftretenden Diskrepanzen zwischen dem Datenschutzbedenken Jugendlicher und ihrem Online-Selbstoffenbarungsverhalten vielfältig sind. Während einerseits mangelndes Hintergrundwissen oder die fehlende Kenntnis von bestimmten Datenschutzeinstellungen eine Erklärung für das Verhalten Jugendlicher sein können, sind andererseits auch affektive Motive Gründe für privatheitsrelevantes Handeln. So entscheiden sich viele Jugendliche in einer konkreten Kommunikationssituation oft impulsiv für die Preisgabe von persönlichen Informationen und folgen etwa dem inneren Bedürfnis danach, soziale Gratifikationen zu erhalten; potenzielle Gefahren der Datenpreisgabe oder mögliche Handlungsfolgen werden dabei nicht bedacht.

3. Anpassung des theoretischen Modells der User Generated Privacy auf die Gruppe der Jugendlichen

Die Befunde aus der aktuellen Forschung, die im vorliegenden Kapitel dargestellt wurden, lassen einige Besonderheiten erkennen, die bei der Online-Kommunikation von Jugendlichen hinsichtlich ihres privatheitsrelevanten Handelns eine wichtige Rolle spielen. An dieser Stelle sollen die zentralen Erkenntnisse kurz zusammengefasst und in Form von Thesen als Modifikationen in das theoretische Modell der User Generated Privacy eingebracht werden.

Es wurde deutlich, dass Jugendliche heute jederzeit digital verfügbar und so mit ihren Freunden permanent verbunden sein wollen. In sozialen Online-Netzwerken können sie ohne elterliche Aufsicht mit Gleichaltrigen interagieren und über das Austauschen diverser Online-Inhalte eigene Interessensräume gestalten. Die Entdeckung und Verteidigung ihrer Privatsphäre, aber auch die strategische Nutzbarmachung dieser mittels Selbstdarstellungen und Selbstoffenbarungen, stellen dabei wichtige Aspekte ihres Online-Handelns dar. Allerdings wurde auch deutlich, dass viele Jugendliche ihre Online-Privatheit nicht gezielt schützen, etwa, weil sie die technischen Regulierungs- und Kontrolloptionen nicht nutzen (wollen oder können) und ihnen eine uneingeschränkte Kommunikation mit ihren Online-Freunden schlicht wichtiger scheint. Gleichwohl sagen viele Jugendliche von sich, dass ihnen ihre Online-Privatheit viel bedeutet und sie diese auch schützen wollen. Diese Beobachtungen verweisen auf eine offensichtlich bestehende Diskrepanz zwischen Einstellung und Verhalten vieler Jugendlicher hinsichtlich ihrer Online-Privatheit, die nach wie vor in zahlreichen Forschungsstudien belegt wird (Privacy Paradox).

Es ergibt sich so schließlich das Bild von online-affinen Jugendlichen, denen die private Interaktion mit ihren Freunden in sozialen Netzwerken wichtiger ist, als der Schutz ihrer Online-Privatsphäre, obschon ihnen der Schutz ihrer Privatheit (entgegen der vorherrschenden öffentlichen Meinung) nicht gleichgültig ist. Es scheint bei Jugendlichen vielmehr eine besondere Hierarchisierung von Ansprüchen an das eigene Online-Handeln zu existieren, bei welcher der Privatheitsschutz nicht die oberste Stelle einnimmt. Die Feinheiten derartiger Beobachtungen herauszustellen und auch empirisch zu belegen, ist Ziel der Untersuchung im nachfolgenden Kapitel. Hierfür gilt es zuvor die angestellten Überlegungen an die Terminologie des Modells der User Generated Privacy anzupassen, und die Theorie dadurch für die Gruppe der Jugendlichen auszudifferenzieren. Folgende fünf Thesen lassen sich formulieren:

1. Ausschlaggebend für das Online-Handeln Jugendlicher ist ein starker innerer Wunsch nach sozialem Austausch mit den Gleichaltrigen und den damit verbundenen Gratifikationen. Das Erhalten positiver Rückmeldungen und anerkennender Online-Kommentare stellt demzufolge ein zentrales

Handlungsziel Jugendlicher im Netz dar. Dabei dominiert die Aussicht auf derartige soziale Gratifikationen, die Jugendliche mit der Veröffentlichung privater Informationen zu erhalten hoffen; potenziell unerwünschte Nebenfolgen ihres privatheitsrelevanten Online-Handelns wie drohende Privatsphärenverletzungen, werden häufig ausgeblendet. Nach Maßgabe des Modells der UGP bedeutet dies, dass Jugendliche bei ihrem privatheitsrelevanten Online-Handeln vorrangig affektiv bzw. impulsiv entscheiden und entsprechend eine geringe situative Privacy Awareness besitzen.

2. Die erste These lässt sich nun zu der Annahme weiterentwickeln, dass Jugendliche selbst im Fall eines rational-überlegten Online-Handelns, also bei einer situativ hohen Privacy Awareness, aufgrund der hohen Gratifikationserwartung eher gewillt sind, unerwünschte privatheitsrelevante Folgen in Kauf zu nehmen. Eine besondere Risikofreude kennzeichnet mithin das Online-Handeln Jugendlicher.

3. Es wird weiterhin angenommen, dass Jugendliche auch generell über eine vergleichsweise geringe Privacy Awareness verfügen, die in einem allgemein verminderten Wissens- und Erfahrungsbestand hinsichtlich sozialer Interaktionen (auch Online-Interaktionen) begründet liegt.

4. Auf Handlungsmusterebene wird in Anlehnung an die allgemeinen Hypothesen im Modell der UGP auch für die Gruppe der online-affinen Jugendlichen angenommen, dass sie die technischen Funktionen der Online-Umgebung (Regulierung des Informationsoutputs und -inputs / Audience- und Content Management usw.) strategisch und kreativ zum Erreichen ihrer Handlungsziele einsetzen. Damit geht die These einher, dass Jugendliche eine vergleichsweise hohe Online-Kompetenz besitzen, die sich im geübten Umgang mit den Affordanzen des Social Webs manifestiert. Obgleich eine ausgeprägte Online-Nutzungskompetenz gemäß vorliegender Definition Prädiktor für eine hohe Privacy Awareness ist, bleiben die Annahmen in Bezug auf das Online-Handeln Jugendlicher mit überwiegend geringer Privacy Awareness (Thesen 1 und 3) davon weitestgehend unberührt. Vielmehr eröffnet sich hier sogar die Möglichkeit der Analyse, wie bewusst die Jugendlichen die Online-Medienlogik und Affordanzen zum Zweck ihrer Privatheitskonstruktion mit einbeziehen.

5. In Hinblick auf den Bewertungsprozess der Handlungsfolgen wird im Fall unerwünschter privatheitsrelevanter Folgen hypothetisiert, dass Jugendliche hier eine vergleichsweise hohe Toleranz besitzen und eher dazu tendieren, negative Folgen als positiv (oder noch akzeptabel) umzudeuten, sofern sie ihre (Haupt-) Handlungsziele erreicht haben (siehe unten, Abbildung 2). Diese Annahme betrifft in erster Linie die vermeintlich uneindeutigen Fälle 3 und 4 der Folgenbewertung im Modell der User Generated Privacy („Handlungsziele nicht erreicht + optimales/akzeptables Privatheitslevel" und „Handlungsziele erreicht + inakzeptables Privatheitslevel") und wird

nun wie folgt erläutert: Es wird angenommen, dass die Befriedigung des Interaktionsbedürfnisses und der Erhalt positiver Reaktionen aus der Peergroup die zentralen Ziele des Online-Handelns eines Jugendlichen darstellen und diese erreicht werden; daneben ergeben sich jedoch auch Privatheitsverletzungen, die vom Akteur nicht vorhergesehen waren. Laut Modell der UGP (Fall 4) ist das Individuum bei der Folgenbewertung hier zunächst unentschieden („positiv oder negativ?") und entscheidet sich erst im Ex-post-Evaluationsprozess nach genauer Abwägung der Vor- und Nachteile der eingetretenen Folgen für eine Bewertung und somit das Durchführen zukünftiger Handlungen. Für die Gruppe der Jugendlichen wird angenommen, dass ein Akteur hier eher zu einer positiven Bewertung tendiert und somit sein Handeln trotz unerwünschter privatheitsrelevanter Folgen aufgrund der erreichten Handlungsziele als erfolgreich (oder zumindest nicht als gescheitert) deklariert als für den Durchschnittsnutzer (allgemeines Modell der UGP) angenommen. Demnach ist das Halten bzw. Erreichen eines akzeptablen oder optimalen Privatheitslevels für Jugendliche weniger wichtig als das Erreichen der Handlungsziele, die in Verbindung mit ihrer Online-Kommunikation stehen. Umgekehrt formuliert und wie für Fall 3 der Folgenbewertung postuliert: Der Umstand, dass sie ihre Handlungsziele für ihr affektiv gesteuertes Online-Handeln nicht erreicht haben, ist entscheidend für die Folgenbewertung; die Tatsache, dass sie dennoch ein optimales Privatheitslevel wahren konnten und keine Privatsphärenverletzung erfahren haben, kann diese Empfindung nicht aufwiegen.

Im Vergleich zum allgemeinen Modell der UGP, in dem bereits die Möglichkeit genannt wird, dass ein Individuum den erreichten oder nicht erreichten Handlungszielen bei der Folgenbewertung mehr Beachtung schenken könnte als dem damit einhergehenden optimalen oder inakzeptablen Privatheitslevel (Nebenfolge), wird für die Gruppe der Jugendlichen also angenommen, dass sie Erstgenanntem deutlich mehr Relevanz gegenüber Zweitgenanntem beimessen. Überlegungen hinsichtlich möglicher Korrektur- oder Reparaturhandlungen treffen Jugendliche demnach vorwiegend im Fall nicht erreichter Handlungsziele. Haben sie ihre Handlungsziele erreicht, aber negative Privatheitserlebnisse gemacht, tendieren sie dennoch dazu, hier keine Korrekturhandlungen vorzunehmen, sondern mit dem positiven Handlungserfolg den negativen zu überblenden. Durch diese Form der Umdeutung legitimieren Jugendliche ihr (aus einer objektiv-normativen Perspektive „unvernünftiges" oder „gescheitertes") Privatheitshandeln im Nachhinein, um den eingetretenen Handlungserfolg, der ihnen so viel bedeutet (zum Beispiel erhaltene positive Rückmeldungen), nicht herabzuwürdigen.

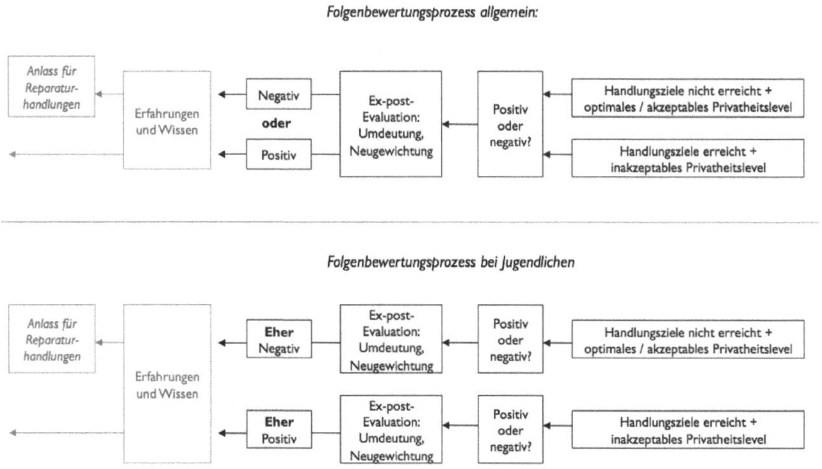

Folgenbewertungsprozess allgemein:

Anlass für Reparaturhandlungen — Erfahrungen und Wissen — Negativ oder Positiv — Ex-post-Evaluation: Umdeutung, Neugewichtung — Positiv oder negativ? — Handlungsziele nicht erreicht + optimales / akzeptables Privatheitslevel / Handlungsziele erreicht + inakzeptables Privatheitslevel

Folgenbewertungsprozess bei Jugendlichen

Anlass für Reparaturhandlungen — Erfahrungen und Wissen — Eher Negativ — Ex-post-Evaluation: Umdeutung, Neugewichtung — Positiv oder negativ? — Handlungsziele nicht erreicht + optimales / akzeptables Privatheitslevel — Eher Positiv — Ex-post-Evaluation: Umdeutung, Neugewichtung — Positiv oder negativ? — Handlungsziele erreicht + inakzeptables Privatheitslevel

Abbildung 2: Darstellung des Folgenbewertungsprozesses bei privatheitsrelevantem Online-Handeln Jugendlicher *(unten im Bild)* im Vergleich zu einem durchschnittlichen Online-Nutzer wie im allgemeinen Modell der User Generated Privacy *(oben im Bild)* angenommen: Stärkere Gewichtung der erreichten oder nicht erreichten Handlungsziele gegenüber des optimalen/akzeptablen oder inakzeptablen Privatheitslevels bei Jugendlichen.

Es wird betont, dass mit der fünften These eine Tendenz beschrieben werden soll, die das Online-Handeln vieler Jugendlicher charakterisiert. Gleichwohl ist es nicht unwahrscheinlich, dass ein Jugendlicher auch trotz erreichter Handlungsziele aufgrund unerwünschter Privatheitsfolgen eine negative Ex-post-Folgenbewertung durchführt und damit seinem inakzeptablen Privatheitslevel gegenüber den erreichten Handlungszielen Vorrang gibt (je nach tatsächlich empfundener Schwere der erlittenen Privatsphärenverletzung). Die These lautet also, dass Jugendliche bei der Ex-post-Bewertung unintendierter und unerwünschter privatheitsrelevanter Folgen ihres Online-Handelns (wie erlittenen Privatsphärenverletzungen) eine höhere „Reizschwelle" besitzen, bis sie ihr Handeln als gescheitert werten und entsprechende Korrektur- oder Reparaturhandlungen durchführen, als das allgemein wie im Modell der UGP formuliert der Fall ist. Bezogen auf das Privatheitsempfinden Jugendlicher lässt sich entsprechend annehmen, dass das akzeptable Privatheitslevel gegenüber des inakzeptablen Privatheitslevels deutlich erweitert ist.

Mit Prüfung der vorgestellten Thesen wird auch eine Untersuchung von Ausprägung und Konstellationen der verschiedenen intrinsischen und extrinsischen Einflussparameter im Privatheitsprozess Jugendlicher anzustellen sein. So ist etwa mit Blick auf die Annahme eines überwiegend unvorsichtigen Privatheitshandelns Jugendlicher im Netz fraglich, ob das Vorliegen einer geringen Privacy Awareness nun generell, nur bei bestimmten Altersgruppen, geschlechterspezifisch oder individuell ganz unterschiedlich beobachtet werden kann. Damit geht die Überlegung einher, dass möglicherweise verschiedene Abstufungen einer geringen Privacy Awareness bei Jugendlichen existieren, die sich etwa auf ein allgemein geringes Reflektionsvermögen, ein schwach ausgeprägtes Gefahrenbewusstsein oder auf eine situativ existierende Risikobereitschaft beziehen. Weiterhin ist in Bezug auf die dritte These zu klären, inwiefern eine hohe Online-Nutzungskompetenz sowie ein vergleichsweise hoher Erfahrungsschatz hinsichtlich privatheitsrelevanten Online-Handelns Jugendlicher den postulierten Aspekt einer geringen situativen Privacy Awareness unterminieren.

In Zusammenhang mit der fünften These stellt sich zudem die Frage, welche Rolle der Faktor „Erfahrung" beim Privatheitshandeln Jugendlicher im Netz spielt, wenn davon auszugehen ist, dass diese einen geringeren Teil unintendierter und erwünschter Privatheitserlebnisse als negativ bewerten. Zum einen ist hier zu klären, ab welchem Punkt unerwünschte und unintendierte Handlungsfolgen von den Jugendlichen als so schwerwiegend eingestuft werden (die „Reizschwelle" überschritten ist), dass sie nicht mehr umgedeutet werden können und somit als negative Erfahrungswerte ihr zukünftiges Online-Handeln beeinflussen. Zum anderen gilt es zu prüfen, inwiefern eine negative Folgenbewertung (nach Ex-post-Evaluation) das Privatheitsbewusstsein der Jugendlichen nachhaltig beeinflusst. So ist es möglich, dass die von den Jugendlichen schließlich als negativ eingestuften Privatheitsfolgen, die sich nicht mehr umdeuten lassen, mit einer tendenziell höheren Privacy Awareness im Sinne einer höheren Vorsicht einhergehen und dadurch die Gefahr für zukünftige Privatsphärenverletzungen reduziert werden kann. Hingegen ist zu vermuten, dass eine positive Umdeutung unintendierter, unerwünschter Privatheitsfolgen auch zukünftig zunächst eher nicht zu einer Verhaltensänderung führen, da der Aspekt „negative privatheitsrelevante Erfahrung" von ihnen zugunsten der erreichten Handlungsziele verdrängt wurde.

Ob und unter Berücksichtigung welcher Faktoren sich das mit den vorgestellten Thesen modifizierte Modell der User Generated Privacy bei Jugendlichen nun in der praktischen Anwendung verifizieren (oder falsifizieren) lässt, soll im nachfolgenden Kapitel untersucht werden.

V Empirische Untersuchung: Online-Privatheit bei Jugendlichen

Die bisherigen Ausführungen dienten der theoretischen Erfassung und Beschreibung des multidimensionalen Konzepts der Privatheit unter besonderer Berücksichtigung seiner Rolle im Kontext von Social Web-Kommunikation. Dabei konnte herausgestellt werden, dass die Konstruktion und Verhandlung digitaler Privatheit gerade bei Jugendlichen eine hohe Relevanz erlangt, da junge Menschen einen immer größer werdenden Teil ihrer Persönlichkeit und Sozialisationspraktiken im Netz ausbilden.

In der aktuellen Jugend-Privatheitsforschung lassen sich zwei zentrale Forschungsdesiderate ausmachen. Zum einen gibt es kaum umfassende Studien, die auch tiefer gehende theoretische Erörterungen von Online-Privatheit enthalten, wie etwa die Modellierung normativer Konzepte oder eines spezifischen Verständnisses von Privatheit im Online-Kontext. Vielmehr überwiegen Untersuchungen zu singulären Aspekten von Online-Privatheit, wie dem Selbstdarstellungsverhalten Jugendlicher oder ihrem informationellen Kontrollverhalten bei der Online-Kommunikation. Zum anderen erschweren die verschiedenen methodischen Herangehensweisen in den verfügbaren Studien die Verwertbarkeit und Vergleichbarkeit der Forschungsergebnisse, zumal dabei oft ganz unterschiedliche Lösungswege zur Beantwortung ähnlicher Forschungsfragen herangezogen werden. So nutzen beispielsweise Wagner et al. (2009) die Methode der Materialanalyse, in der sie öffentlich zugängliche Online-Profile von Jugendlichen in Deutschland untersuchen, um die verschiedenen inhaltlichen und gestalterischen Schwerpunktsetzungen von Selbstdarstellung zu erforschen. Ihre Beobachtungen beruhen dabei ausschließlich auf den Vermutungen, die sie aus untersuchten Online-Kommunikaten abgeleitet haben; eine fundierte Analyse von Identitätskonstruktionen Jugendlicher und deren Motive oder Herstellungsmechanismen von Online-Privatheit ließe sich jedoch – wie die Autoren selbst bemerken – „nur unter Einbezug der Jugendlichen selbst klären" (Wagner et al. 2009: 73). Diesem Aspekt wird zwar in einigen anderen Studien nachgegangen, in denen ausführliche Befragungen von Jugendlichen verschiedenen Alters durchgeführt wurden, um auf diese Weise deren Einstellungen, Motive und Nutzungsmuster in Bezug auf ihre Social Web-Kommunikation zu eruieren (z. B. Schmidt/Paus-Hasebrink/Hasebrink 2009, Schenk et al. 2012). Allerdings fehlt es hier wiederum oft an einer umfänglichen forschungspraktischen Einbindung des entsprechenden Materials, zumal die Befragungen meist losgelöst von den jeweiligen Online-Kommunikaten stattfinden.

Das Ziel der anstehenden Untersuchung ist es, über den konzeptionellen Einbezug und die Nutzbarmachung der bisher erzielten theoretischen Befunde die in der vorhandenen Forschung angewendeten methodologischen Ansätze durch eigene, innovative Herangehensweisen zu erweitern. Die Kombination von Materialanalysen und Befragungsmethoden soll helfen, die angesprochenen Forschungsdesiderate auszugleichen und so schließlich einen entscheidenden Beitrag zur aktuellen Mediatisierungsforschung im Kontext von Online-Privatheit bei Jugendlichen zu leisten.

1. Qualitative Medienforschung: Forschungsfragen und Studiendesign

Aufbauend auf den bisherigen Erkenntnissen ergeben sich darauf folgend zwei umfassende Fragen, die für die anstehende empirische Untersuchung leitend sind:

F1: Welches Verständnis besitzen Jugendliche von Privatheit bzw. Online-Privatheit?

F2: Wie konstruieren, gestalten und regulieren Jugendliche Privatheit in sozialen Online-Netzwerken?

Die erste Forschungsfrage bezieht sich dabei auf das grundlegende Konzept von Privatheit und Online-Privatheit in der subjektiven Wahrnehmung durch Jugendliche. So soll festgestellt werden, inwiefern die starke Verlagerung der kommunikativen Praktiken Jugendlicher in die digitalen Medien (Online-Medien) und die Auseinandersetzung mit dem Selbst in diesem Umfeld ein eigenes, verändertes Verständnis von Privatheit hervorbringt. Es soll untersucht werden, wie Jugendliche Privatheit allgemein und in Bezug auf den Online-Kontext im Besonderen definieren und wo sie so die Grenzen zwischen privat und nicht-privat sehen. Die gewonnenen Erkenntnisse sollen auch Hinweise für die These einer mediatisierten Privatheit liefern, wonach sich das Privatheitsverständnis Jugendlicher nicht mehr ohne den Einbezug digitaler Medien begreifen lässt.

Die zweite Forschungsfrage verweist spezifischer auf die Praktiken privater Kommunikation Jugendlicher in sozialen Netzwerken und ist konkret an einer empirischen Überprüfung des theoretischen Modells der User Generated Privacy (vgl. Kapitel III bzw. IV.3) ausgerichtet. Zu fragen ist, welche Handlungsmuster Jugendlicher im konkreten digitalen Kontext als konstitutiv für Online-Privatheit zu werten sind. Dabei soll als Maßstab kein normativer Ansatz angelegt werden, sondern die Perspektive der Jugendlichen und ihr Verständnis davon, was als privat gelten darf oder soll, als Interpretationsebene zugrunde gelegt werden. Anhand konkreter empirischer Fälle wird danach gefragt, aufgrund welcher Motive und Intentionen Jugendliche ihre Privatheit im Netz konstruieren und welche Strategien der Ausgestaltung, Bewertung und Regulierung ihrer privaten Kommunikate sie einsetzen. Dabei sollen in der Untersuchung das Vorkommen der im Modell der UGP postulierten Faktoren, deren Zusammenhänge sowie ihre Gewichtung überprüft werden, um so auch die empirische Validität des theoretischen Modells zu testen.

Herausforderungen qualitativer Medienforschung

Die gewählte Forschungsperspektive, aus welcher sich dem Gegenstandsbereich der Online-Privatheit bei Jugendlichen empirisch genähert werden soll, kann dem Feld der qualitativen Medienforschung bzw. qualitativen Sozialforschung zugerechnet werden. Ziel qualitativer Medienforschung ist es, die Mechanismen und Prozesse sozialer Welten in ihrer Tiefenstruktur zu erörtern, um somit das Leben und Handeln von Menschen mit Medien (*Medienhandeln*) besser deuten und beschreiben zu können (Baacke/Kübler 1989, Mikos/Wegener 2005, Moser 2007, Bergmann 2011). Das auf die Konstruktion von Privatheit gerichtete, individuelle Handeln im Online-Kontext ist eine spezifische Form von Medienhandeln (siehe hierzu auch Kapitel III), die als ein wesentliches Element mediatisierter Kulturtechnik zu sehen ist. Aus diesem Grund wird eine Erforschung des „privaten Online-Handelns" mithilfe überwiegend qualitativer Methoden im Rahmen der vorliegenden Studie als adäquat erachtet.

Qualitative Forschung ist vom *Prinzip der Offenheit* bestimmt, demgemäß die Forscherin erst im Laufe des empirischen Forschungsprozesses eine Theorie entwickelt und so stets offen für potenzielle Neuentdeckungen, die es in die spätere Theorie zu integrieren gilt, bleiben soll (Mayring 2002, Brüsemeister 2008, Helfferich 2011, Strübing 2013). Mit dieser Prämisse geht zugleich die Forderung nach einem „bewussten Verzicht auf definitive Vorannahmen" einher (Strübing 2013: 22), mit denen keine grundlegenden Konzeptualisierungen oder theoretische Neuformulierungen mehr möglich seien. Vorab-Hypothesen sind in streng an qualitativer Methodologie orientierten Ansätzen eher unkonventionell. Eine der wichtigsten Herangehensweisen, die diesem strikt induktiven Forschungsparadigma zugeordnet wird, ist zum Beispiel die *Grounded Theory*. Mit diesem Verfahren, das im Bereich der sozialwissenschaftlichen Hermeneutik liegt, werden Hypothesen und Theorien zu einem Forschungsgegenstand erst im Datenanalyseprozess selbst generiert. Die Grounded Theory wird vornehmlich angewandt, um empirische Forschung idealiter ohne vorgegebene theoretische Konzepte durchzuführen (Glaser/Strauss 1967, Strauss/Corbin 1994, Strübing 2008, Breuer 2010).

Gleichwohl bedeutet das Einbinden eines vorhandenen theoretischen Konzepts in den empirischen Forschungsprozess oder das Arbeiten mit Hypothesen nicht automatisch eine Unwirksamkeit der Postulate qualitativer Forschung. Im

Gegenteil; zunehmend finden sich mehr Forschungsstudien mit kombinierten Zugängen, die zu einer sukzessiven Aufweichung der Grenzen zwischen beiden Positionen in der Debatte führen (Mayring 2002, Flick 2005, Kelle 2008, Flick 2011). Von einigen Forschern wird so die Verwendung forschungsleitender Hypothesen in einem qualitativen Studiendesign nicht als Widerspruch, sondern sogar als unabdingbare Voraussetzung für einen erfolgreichen Forschungsprozess gesehen (z. B. Meinefeld 1997: 30 ff., Brüsemeister 2008: 24):

> „Natürlich gehen qualitative ForscherInnen niemals mit ganz leeren Händen in ein Untersuchungsfeld. Man würde (...) einem naiven Empirismus aufsitzen, würde man glauben, qualitative ForscherInnen würden jeweils bei Null beginnen, Daten sammeln und aus den einzelnen empirischen Bausteinen nach und nach induktiv eine Theorie erstellen. Stattdessen arbeiten auch qualitative ForscherInnen notwendigerweise mit Anfangshypothesen oder Theorien. Denn wie sollte man ohne sie überhaupt auf etwas Bestimmtes aufmerksam werden?" (Brüsemeister 2008: 24).

Ein solch kombiniertes Vorgehen aus induktivem und deduktivem Vorgehen wird auch für das Forschungsdesign der vorliegenden Studie vorgeschlagen. So soll diese einerseits über das explorative und somit rein induktive Erforschen des Gegenstandsbereichs den grundsätzlichen Ansprüchen qualitativer wissenschaftlicher Verfahren genügen. Andererseits soll dabei jedoch nicht vollständig auf Vorab-Hypothesen verzichtet werden. Vielmehr kann das theoretische Modell der UGP als Forschungsrahmen dienen, mithilfe dessen die Existenz, Bedeutung und die Zusammenhänge der präsupponierten theoretischen Konstrukte belegt werden können. Durch die gleichzeitige Offenheit gegenüber neuen Entdeckungen werden konzeptionelle Anpassungen und Weiterentwicklungen im Modell möglich, die schließlich zur Entstehung einer neuen oder auch zur Bestätigung der gültigen Theorie beitragen.

Studiendesign

Die empirische Untersuchung ist in zwei Forschungsphasen mit je einer Erhebungs- und einer Analysephase aufgeteilt (siehe unten, Abbildung 3 zur Veranschaulichung des Forschungsprozesses). In der ersten Forschungsphase liegt der Fokus auf Jugendlichen im Alter zwischen 12 und 14 Jahren und der unteren sowie mittleren Bildungsstufe zugehörig (Gesamt- und Realschüler); in der zweiten Forschungsphase bilden 15- bis 18-jährige GymnasialschülerInnen den Schwerpunkt.

Die Wahl der Jugendlichen nach verschiedenen Alters- und formalen Bildungsschichten erklärt sich unter anderem daraus, dass ein möglichst breiter Bereich der für die wissenschaftliche Bearbeitung des Themas relevanten Gruppen abgedeckt werden soll. Hierbei wird davon ausgegangen, dass jüngere Nutzer im Vergleich zu älteren Online-Usern noch eher wenig Erfahrung mit privater Online-Kommunikation besitzen und daher auch unterschiedliche Handlungsmuster bei der Konstruktion und Gestaltung ihrer Online-Privatheit erkennbar sind. So steht bei den 12- bis 14-Jährigen vor allem das Erkunden der Online-Umgebung im Mittelpunkt, während ältere Jugendliche Online-Plattformen differenzierter nutzen, etwa zur Ausbildung ihrer Identität oder zur Privatheitsgestaltung (vgl. Hasebrink 2012: 37). Es ist anzunehmen, dass der Themenbereich Online-Privatheit insgesamt bei den älteren Schülern eine größere Rolle spielen wird, als dies bei den 12- bis 14-Jährigen der Fall ist (vgl. hierzu auch Reinmann/Schnurr 2012: 117). Weiterhin steht der bildungsformale Hintergrund möglicherweise im Zusammenhang mit der Online-Nutzungskompetenz sowie der damit einhergehenden individuellen Privacy Awareness. Es ist anzunehmen, dass sich die formal niedriger Gebildeten Anwendungsmodi im Netz weniger schnell und flexibel aneignen als die formal höher Gebildeten (vgl. Hugger 2010: 11), was wiederum Einfluss auf deren Regulierungs- und Gestaltungskompetenz privater Inhalte im Netz haben kann.

Schließlich soll neben den Hypothesen zu alters- und bildungsspezifischen Konstruktionformen von Online-Privatheit bei Jugendlichen auch geprüft werden, ob und inwiefern dabei geschlechterspezifische Unterschiede bestehen. So ist etwa zu klären, ob Jungen und Mädchen bei ihren privaten Online-Interaktionen ein unterschiedliches Risikoempfinden besitzen und falls ja, inwiefern sich dieses auf ihr Privatheitsbewusstsein auswirkt.

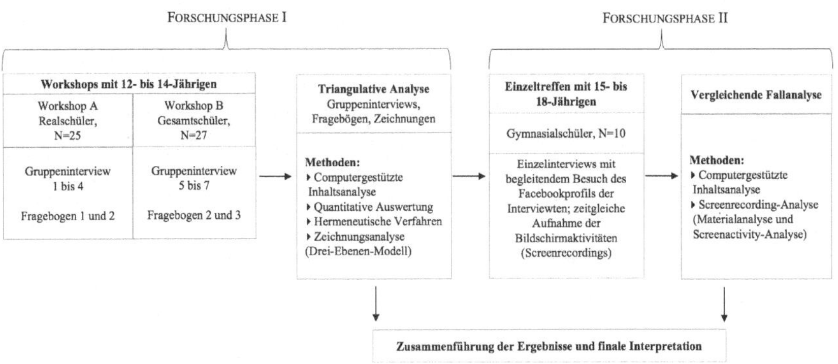

Abbildung 3: Studiendesign. Illustration der Erhebungs- und Analyseschritte der empirischen Untersuchung.

Der Ablauf des empirischen Forschungsprozesses wird wie folgt beschrieben: Im Rahmen zweier mehrstündiger Workshops zum Thema „Privatheit und Online-Nutzung" mit zwei Schulklassen (7. Klasse einer Realschule, 7. Klasse einer integrierten Gesamtschule) wurden in der ersten Erhebungsphase insgesamt sieben Gruppeninterviews und verschiedene schriftliche Befragungsmodule durchgeführt. Mehrere Fragebögen waren von den Schülerinnen und Schülern während der Workshops in Einzel- oder Gruppenarbeit auszufüllen und enthielten neben quantitativ auswertbaren Befragungselementen auch offene, qualitativ zu analysierende Fragen und Übungsaufgaben, wie etwa die Aufgabe, Gedanken und Assoziationen zum Thema individueller Privatheit zu zeichnen („male deine Privatsphäre"). Das Ziel der Workshops war es, mit den 12- bis 14-Jährigen über die verschiedenen Vorzüge und Nachteile der Nutzung sozialer Online-Netzwerke zu diskutieren und auf diesem Wege herauszufinden, inwiefern die Jugendlichen über die Herausforderung der Online-Kommunikation für ihre Privatsphäre informiert sind. Zudem galt es (im rekonstruktiven Verfahren) konkrete Online-Praktiken auszumachen, anhand derer sich spezifische Handlungsmuster der Privatheitskonstruktion dieser Altersgruppe beschreiben lassen. Mithilfe der Fragebogen- und Zeichnungsanalyen sollte nicht zuletzt das Privatheitsverständnis der Jugendlichen (generell und in Bezug auf den Online-Kontext) erörtert werden.

In der zweiten Erhebungsphase sollten die bis dahin gewonnenen empirischen Erkenntnisse spezifiziert und erweitert werden. Hierzu wurden insgesamt zehn Einzelinterviews mit Schülerinnen und Schülern im Alter von 15 bis 18 Jahren geführt, wobei die Befragungen im Rahmen einer konkreten Online-Nutzungssituation stattfanden: Die Interviews wurden vor dem Computerbildschirm geführt, während die Befragten in einem ihrer präferierten Online-Netzwerke eingeloggt waren (in allen Fällen Facebook). Die Bildschirmaktivitäten wurden gemeinsam mit dem Gespräch aufgezeichnet. Ziel dieser Vorgehensweise war es, dass die Jugendlichen bei der Frage nach ihren privatheitsrelevanten Handlungen im Netz ihre Aussagen anhand realer Beispiele erläutern und illustrieren konnten, wodurch diese auch für die Interviewerin nachvollziehbarer wurden. Auch die Überprüfung der technischen Einstellungen zum Schutz der Privatsphäre im persönlichen Online-Profil konnte so von der Forscherin vorgenommen werden. Während der Interviewsituation war es den Jugendlichen zudem möglich, auf etwaige eingehende Anfragen ihrer Freunde im Online-Netzwerk zu reagieren und Beiträge im Netzwerk zu verfassen, was weitere Anhaltspunkte für die Analyse ihrer privaten Online-Kommunikation lieferte.

Aus methodologischer Perspektive bietet das empirische Forschungsdesign zwei Vorteile, die als ein besonderer Mehrwert der vorgestellten Studie anzusehen sind: die Kombination verschiedener Forschungsansätze (Triangulation) und die sich daraus ergebende Gewinnung wertvoller, qualitativ verschiedener, Datenformen. Auf beide Aspekte soll nun im Folgenden eingegangen werden.

Triangulation und Gewinnung verschiedener Datenformen

Die Verbindung vielfältiger methodischer Zugänge ist ein anspruchsvoller, ertragreicher Ansatz qualitativer Medienforschung, der in der vorliegenden Studie Anwendung findet. Mit dem Begriff der *Triangulation* wird die Verknüpfung unterschiedlicher empirischer Methoden oder theoretischer Perspektiven beschrieben, die bei der Beantwortung von Forschungsfragen zu *einem* Untersuchungsgegenstand zum Einsatz kommen (Treumann 2005, Denzin 2009, Pickel 2009, Flick 2011). Ziel ist es dabei, über die Betrachtung des Forschungsgegenstands aus unterschiedlichen Blickwinkeln den Erkenntnisgewinn zu erhöhen und zugleich potenzielle Schwächen der einen Methode durch eine andere auszugleichen.

Triangulation wird oft mit den Begriffen „Mixed-Methods", „Methodenintegration" oder auch dem „multimethodischen Vorgehen" gleichgesetzt (siehe Treumann 2005: 209). Allerdings betont Flick (2011: I), dass es bei der Triangulation um mehr als nur die Kombination von qualitativen und quantitativen Daten geht – wie bei den anderen genannten Ansätzen zumeist der Fall; bei triangulativen Verfahren können auch gezielt verschiedene qualitative Methoden miteinander verbunden werden. Wichtig ist jedoch, dass die Kombination methodischer Ansätze nur in ein- und derselben Phase des Forschungsprozesses stattfindet, also nicht quer trianguliert wird. Das heißt, zulässig sind nur Triangulationen von mehreren ForscherInnen in einer Untersuchung *oder* die Kombination verschiedener Erhebungs- *oder* Analysemethoden. So meint Triangulation nicht, „dass eine Methode zur Datenerhebung (bspw. eine bestimmte Interviewform) und eine Methode zur Analyse der Daten (bspw. ein Kodierverfahren) gemeinsam eingesetzt werden" (Flick 2011: 12). Auch geht es bei der Triangulation nicht darum, dass verschiedene Methoden miteinander konkurrieren und damit jeweils „bessere" oder „schlechtere" Ergebnisse erzielt werden oder dass mit mehreren Methoden auf ein bestimmtes Resultat hingearbeitet werden soll. Vielmehr ist das zentrale Ziel triangulativer Verfahren, unterschiedliche, aber doch gleichwertige Perspektiven auf das jeweilige zu beforschende Phänomen zu ermöglichen, um schließlich den gesamten Interpretationsprozess zu unterstützen.

Für die vorliegende Studie wurde ein mehrstufiges Triangulationsverfahren gewählt, bei dem verschiedene Erhebungs- und Analysemethoden untereinander kombiniert werden. So findet in Erhebungsphase 1 eine *Datentriangulation* statt (vgl. Flick 2011: 14), indem Daten von zwei verschiedenen Untersuchungsgruppen (Real- und Gesamtschüler) zu zwei verschiedenen Zeitpunkten (Workshop A und B) über das gleiche Verfahren erhoben wurden. Diese Daten werden nicht getrennt ausgewertet, sondern in Analysephase I zusammenführend interpretiert. Zudem werden hier auch mehrere Einzelmethoden trianguliert („between method", vgl. Denzin 2009: 308, Flick 2011: 15), nämlich die Methode des Gruppeninterviews, die Befragungen mittels Fragebogen sowie die Jugendzeichnungen. In Forschungsphase II werden ebenfalls zwei Methoden, das Einzelinterview und das Screenrecording-Verfahren, miteinander kombiniert. Die beiden Erhebungsmethoden sind dabei sehr eng miteinander verwoben, zumal auch die Daten, die hieraus gewonnen werden, unter unmittelbarer Bezugnahme aufeinander interpretiert werden: Ein nicht unerheblicher Teil der Interviewaussagen der Jugendlichen betrifft die Bildschirmelemente, die auf diese Weise erläutert werden und so ihrerseits wiederum das Gesagte näher bestimmen.

Eine weitere Besonderheit der vorliegenden Untersuchung, die sich zugleich aus dem jeweiligen Triangulationsmuster ergibt, ist die Erfassung sowohl rekonstruktiver als auch registrierender Daten. *Rekonstruktive Daten* werden in der Regel über „retrospektive Darstellungen" von sozialem Geschehen, beispielsweise durch Nacherzählungen in Interviews, erfasst (Bergmann 1985: 305). Dadurch wird es möglich, den Vorgang und die Bedeutung eines bestimmten vergangenen (erzählten) Geschehens neu zu erschaffen und auf das Wesentliche fokussiert wiederzugeben. Bei der *registrierenden* Datenerhebung hingegen wird nicht Erzähltes, sondern im Moment der Aufzeichnung stattfindendes soziales Geschehen fixiert, um es so in seiner Gänze und Ereignisfülle dokumentieren zu können (Bergmann 1985: 306).

Über die Integration beider Datenformen in die vorliegende Untersuchung soll einerseits das Potenzial subjektiver Sinnrekonstruktion im qualitativen Forschungsprozess ausgeschöpft werden, zugleich aber auch eine größtmögliche Offenheit und Explorationsfläche beim Umgang mit dem Phänomenbereich gewährleistet sein. Rekonstruktive Daten bilden dabei den Grundstein beider Forschungsphasen. So sind die Gruppeninterviews in Phase I als auch die Einzelinterviews Phase II jeweils rekonstruierende Erhebungsverfahren, da hier die befragten Jugendlichen ihre Erfahrungen, Erlebnisse und schließlich die Herstellungsprozesse von Online-Privatheit *rekonstruieren*. Registrierende Daten werden in Forschungsphase I mittels der Fragebögen und Zeichnungen erfasst, wobei insbesondere bei Letztgenanntem über die nicht-sprachliche Darstellung von Gedanken ein neuer Interpretationskontext zum Thema Privatheit „registriert" wird. In Forschungsphase II wird mithilfe der Screenrecording-Methode soziales Handeln in seinem Vollzug dokumentiert (registriert), etwa wenn die befragten Jugendlichen während des Interviews einen Beitrag im Online-Netzwerk verfassen. Die synchrone Konservierung von sozialem Handeln zum Zeitpunkt seines Vollzugs hat den Vorteil, dass dieses im Gegensatz zu rekonstruierter Konservierung noch nicht vom Handelnden selbst interpretiert und bewertet wurde, sondern dass die Forscherin hier die Möglichkeit erhält, das zu Erforschende in seiner „genuinen Ablauf- und Sinnstruktur zu lokalisieren oder gar zu analysieren" (Bergmann 1985: 306).

Computergestützte Inhaltsanalyse als zentrale Auswertungsmethode

Insbesondere bei triangulativen Untersuchungen ist eine genaue Abstimmung der Analyseverfahren auf die verschiedenen Datenformate erforderlich. Während im vorliegenden Fall zur Auswertung einzelner Datensätze wie den Jugendzeichnungen oder Screenrecordings eigene Analyseverfahren entwickelt werden, ist die Inhaltsanalyse ein Verfahren, das vor allem bei der Auswertung der Interviews Anwendung findet.

Die *Inhaltsanalyse* ist eine genuin kommunikationswissenschaftliche Methode zur systematischen Kategorisierung und Evaluierung von schriftlicher, gesprochener oder audio-visueller Kommunikation (Krippendorff 2004, Gläser/ Laudel 2010, Früh 2011). Bei diesem Verfahren werden sinnhafte Elemente des Datenmaterials (zum Beispiel Wörter, Phrasen, Bild- oder Tonsequenzen) nach ihrer Vorkommenshäufigkeit und ihren jeweiligen Kontexten strukturiert, kodiert und analysiert. Ursprünglich wurden dabei hauptsächlich quantitative Verfahren angewendet, die das Zerlegen beispielsweise eines Textes in Analyseeinheiten und das Auszählen der entdeckten sprachlichen Muster anhand von Kategorien zum Gegenstand hatten. Dieses Vorgehen wurde vor allem aufgrund seiner Systematisierbarkeit und intersubjektiven Nachvollziehbarkeit geschätzt (z. B. Berelson 1952). Jedoch wurde die Bewertung der Kommunikate nach rein quantitativen Aspekten bald als zu begrenzt erachtet. Vielmehr sollten nun auch offene, qualitative Verfahren, bei denen sich Kategorien und Kodes erst am Material selbst ergeben, die Analyse und Interpretation komplexer Kommunikationssituationen ermöglichen (siehe etwa Mayring 1983). In der Folge entwickelten sich im Wissenschaftsdiskurs zwei konträre Positionen, welche die qualitative Inhaltsanalyse wegen ihres subjektiven Charakters und die quantitative Perspektive wegen ihres geringen interpretativen und überwiegend statistischen Anteils kritisierten.

Mittlerweile existieren zahlreiche Alternativ- und Mischformen der Inhaltsanalyse (White/Marsh 2006, Schreier 2014), die sich sowohl in ihrer Konzeption als auch in ihren Auswertungstechniken unterscheiden. Dabei gilt die strenge Dichotomisierung von quantitativer und qualitativer Inhaltsanalyse als überholt, zumal eine gelungene Interpretation von Kommunikation (zum Beispiel in Textform), die einem systematischen Ansatz folgt, immer auch qualitative *und* quantitative Aspekte involviert: „Ultimately, all reading of texts is qualitative, even when certain characteristics of a text are later converted in numbers" (Krippendorff 2004: 16).

Integrierte Ansätze qualitativer und quantitativer inhaltsanalytischer Verfahren haben sich nicht zuletzt auch durch die Hinzunahme technischer Hilfsmittel im Analyseprozess durchgesetzt. Verschiedenartige Computerprogramme, sogenannte qualitative Datenanalyse-Software („QDA-Software"), unterstützen das inhaltsanalytische Verfahren bei der Bewertung von Texten, Audio- oder

Videofiles über verschiedene Sortierungs-, Markierungs- und automatische Relationsfunktionen (Scharkow 2013, Einspänner/Dang-Anh/Thimm 2014). So wird es möglich, manifeste Kommunikate, insbesondere von Text, nicht nur manuell zu kategorisieren („kodieren"), oder über ihre Kookkurrenzen im Gesamtskript zu markieren, sondern auch in Bezug auf Worthäufigkeiten oder linguistische Charakteristika automatisiert zu analysieren und klassifizieren. Mit QDA-Software können die vergebenen Kodes digital beliebig annotiert, rearrangiert und ihre Bezüge zueinander sichtbar gemacht werden, was sich vor allem bei größeren Datenmengen als hilfreich erweist. Obschon die quantifizierenden, automatisierten Vorgänge und statistischen Funktionen von QDA-Programmen die qualitative Inhaltsanalyse von Texten somit in besonderem Maße bereichern können, sind sie dennoch limitierend und ersetzen die Interpretations- und Evaluationsarbeit der Forscherin nicht: „(...) Qualitative data analysis software should rather be used as a supportive tool than a product that drives the whole research process. In the end, the interpretation of the findings still has to be done by the researcher" (Einspänner et al. 2014: 105).

Die Inhaltsanalyse, wie sie in der vorliegenden Studie zum Einsatz kommt, besteht aus drei, ineinander übergehenden Analyseschritten, in denen die relevanten Informationen (1) extrahiert, (2) kodiert und (3) schließlich interpretiert und eingeordnet werden:

(1) Der erste Analyseschritt betrifft die *Extraktion* der relevanten Informationen aus dem zu analysierenden Interview, welche die Grundlage der Auswertung bilden sollen. Bei diesem Auswahlverfahren wird eine „vom Ursprungstext verschiedene Informationsbasis [geschaffen], die nur noch Informationen enthalten soll, die für die Beantwortung der Forschungsfrage relevant sind" (Gläser/Laudel 2010: 200). Hierbei wird der Gesprächsinhalt (im Folgenden auch als „Text" bezeichnet) strukturiert und auf die wesentlichen Kernaussagen reduziert.

(2) Im Anschluss an die Selektion des relevanten Datenmaterials erfolgt die *Kodierung* des Textes. Hierbei werden analog zum Kodierverfahren der *Grounded Theory* (siehe z. B. Glaser/Strauss 2010, Lampert 2005, Mey/ Mruck 2011) drei Kodierschritte miteinander verknüpft: Der erste Kodierschritt ist das *offene Kodieren*, bei dem der Text inhaltlich segmentiert und partiell kategorisiert wird, indem den relevanten Sinneinheiten (Wörter, Phrasen, Absätze) einzelne, prägnante Kodes zugewiesen werden (Lampert 2005: 520). Dabei kann eine Textpassage auch mit mehreren, verschiedenen Kodes versehen werden. Der offene Kodiervorgang kann ferner aus mehr als einem „Textdurchgang" bestehen, bei dem jeweils die einzelnen, begrifflich noch wenig systematisierten Kodes gruppiert und in neu zu gestaltende Oberkategorien eingeordnet werden. Der offene Kodierprozess zeichnet sich dadurch aus, dass erkannte Phänomene benannt und zunächst

unspezifisch klassifiziert, das heißt ad hoc aus dem Material heraus entwickelt werden. Beim *axialen Kodieren* im nächsten Analyseschritt werden die bestehenden Kodes und Kategorien nun konkretisiert, indem sie über einen synoptischen Vergleich (Kelle/Kluge 2010: 58f.) zueinander in Beziehung gesetzt werden. Hierbei wird auf die Klärung potenzieller kausaler Zusammenhänge abgestellt, die das Identifizieren von „Bedeutungsnetzwerken" und somit die Zusammenfassung mehrerer ähnlicher in weniger zentrale Kategorien und Subkategorien ermöglichen (Strübing 2013: 120). Schließlich werden bei der *selektiven Kodierung* ähnlich wie bei der axialen Kodierung die Kodes und Kategorien noch weiter abstrahiert, bis schließlich einige wenige Kernkategorien identifiziert wurden, die das Phänomen möglichst genau beschreiben. Der Kodiervorgang gilt als abgeschlossen, wenn eine *theoretische Sättigung* erreicht ist, bei der „sich keine neuen Konzepte abzeichnen und sich die Daten zu wiederholen scheinen" (Lampert 2005: 522).

(3) Der dritte Analyseschritt beinhaltet die abschließende *Interpretation* und Einordnung der Befunde. Dies ist der Fall, nachdem das Material vollständig kodiert und kategorisiert wurde und dabei „keine weiterführenden Ergebnisse gewonnen werden (...) bzw. keine weiteren Eigenschaften einer Kategorie gefunden werden" konnten (Lampert 2005: 519).

Für die inhaltsanalytischen Auswertungsschritte in der vorliegenden Studie wird die Computersoftware „QDA Miner" (Version 4.1) eingesetzt. Bei der *unterstützenden* Verwendung des Programms für den Analyseprozess ist auf der einen Seite eine manuelle Kodierung und Kategorisierung der relevanten Sinnabschnitte vorgesehen, die auf der anderen Seite bei Bedarf über die automatischen Funktionen des Tools ergänzt werden können, etwa zur Überprüfung relevanter statistischer Zusammenhänge, wie Kookkurrenzen von Kodes oder linguistischer Entitäten, oder zur Visualisierung der Befunde. Die Spezifika hinsichtlich der verwendeten Kodierverfahren und Kategoriensysteme werden für jeden Analyseschritt in den entsprechenden Abschnitten weiter unten in diesem Kapitel gesondert vorgestellt.

2. Online-Privatheit 12- bis 14-Jähriger

Bei zwei mehrstündigen Workshops[14], die mit Schulklassen zum Thema „On-line-Kommunikation" veranstaltet wurden, nahmen Schülerinnen und Schüler einer siebte Klasse Realschule (N=25) bzw. einer integrierten Gesamtschule (N=27) teil. Die thematische Ausrichtung der Treffen war grob vorgegeben, so dass für die Gesprächsrunden keine gesonderten Leitfäden erstellt werden muss-ten[15]. Stattdessen wurde im Vorfeld eine Liste mit Themen angefertigt, die mit den Jugendlichen diskutiert werden sollten. Diese Liste umfasste im Einzelnen folgende Themenbereiche:

- Die Social Web-Nutzung der Jugendlichen (und deren Reflexionen über die eigene Netzwerk-Kommunikation und die Online-Aktionen ihrer Freunde)
- Das Verständnis der Schülerinnen und Schüler von Privatheit allgemein
- Die Bedeutung von Online-Privatheit für die Jugendlichen
- Das Wissen der Jugendlichen über Online-Datenschutz und konkret ihre Kenntnis der Privatsphäre-Einstellungen in Netzwerken wie Facebook
- Positive und negative Erfahrungen der Schüler bei ihrer (privaten) Online-Kommunikation

Die vertrauensvolle Atmosphäre, die dadurch bestand, dass sich Gruppenteil-nehmer untereinander kannten und gemeinsame Erfahrungen miteinander teil-ten, war für das Herstellen einer natürlichen Gesprächs- und Arbeitssituation hilfreich. So ist es für das Gelingen von Gruppeninterviews aus forschungsprak-tischer Sicht grundsätzlich zuträglich, wenn die Befragten auch außerhalb des Forschungssettings als Realgruppe bestehen und die Teilnehmer entsprechend über gemeinsame soziodemografische Merkmale oder eine gemeinsame Wirk-lichkeit verfügen (Schäfer 2005: 306).

Im Rahmen der Jugendforschung stellt das Führen von *Gruppeninterviews* (hier synonym verwendet zu „Gruppengesprächen") insbesondere in einem Mehrmethodenansatz eine geeignete Methode dar, um Argumente zu sammeln und ihre Diskussion anzuregen (Paus-Hasebrink 2005: 225, Wagner et al. 2010: 12). In Abgrenzung zu Gruppen*diskussionen*, mithilfe derer „Motivationsge-flechte von (...) Gruppen aus bestimmten sozialen Kontexten" erforscht werden

---

14 Die Durchführung der Workshops wurde über eine Kooperation mit der *sk stiftung jugend und medien* in Köln ermöglicht. An dieser Stelle sei den verantwortlichen Mitarbeitern herzlich ge-dankt.

15 Der Einsatz von Leitfäden bei Gruppengesprächen wird in der Literatur strittig diskutiert und entweder als unabdingbar oder überflüssig bewertet (siehe hierzu zum Beispiel Kühn/Koschel 2010: 97 ff.).

(Kühn/Koschel 2011: 33), sollte es bei den Gruppeninterviews in dieser Studie nicht darum gehen, die befragten Schulklassen „als ein Medium" (Schäfer 2005: 304, 305) zu konzipieren. Vielmehr stand die Erhebung von Einzelmeinungen im Mittelpunkt, die aufgrund der Gruppensituation direkt im Dialog mit der gesamten Gruppe weiter hinterfragt und erörtert werden konnten. Eine Übersicht über die in beiden Workshops geführten Gruppeninterviews findet sich in nachstehender Tabelle 2.

WORKSHOP A Realschule, 7. Klasse N=25 (11 Jungen, 14 Mädchen)		**WORKSHOP B** Integrierte Gesamtschule, 7. Klasse N=27 (13 Jungen, 14 Mädchen)	
Gr	**Thema**	**Gr**	**Thema**
1	Allgemeine Befragung zur Medien- und Onlinenutzung (Dauer: 07:15 Min.)	5	Allgemeine Befragung zur Medien- und Online-Nutzung (Dauer: 07:16 Min.)
2	Allgemeine Diskussion zu Facebook und Einleitung zu Fragebogen 1 (Dauer: 06:01 Min.)	6	Allgemeine Diskussion zu Facebook und Besprechung von Fragebogen 2 (Dauer: 06:08 Min.)
3	Besprechung von Fragebogen 1 (Dauer: 19:24 Min.)	7	Besprechung von Fragebogen 3 (Dauer: 06:00 Min.)
4	Besprechung von Fragebogen 2 (Dauer: 11:06 Min.)		

Tabelle 2: Übersicht über die geführten Gruppengespräche („Gr") mit den 12- bis 14-Jährigen (für eine nähere Beschreibung der Fragebögen siehe auch weiter unten, Tabelle 3).

Auf Basis der genannten Themenliste wurden drei verschiedene Fragebögen erstellt, die alternierend zu den Gruppeninterviews als Bearbeitungsmodule in die Workshops eingebracht wurden. Sie dienten sowohl als Diskussionsanreize für die Gruppeninterviews als auch zur Auflockerung zwischen den Gesprächs- runden. Die Bearbeitung der Fragebögen, die den Jugendlichen ein zusätzliches Reflexions- und Abstraktionsvermögen abverlangte, schaffte dabei eine beson- ders produktive Atmosphäre, die schließlich dem Ziel der multifacettalen Erfas- sung des Phänomenbereichs der Online-Privatheit zugute kam. Im Einzelnen waren die drei Fragebögen wie folgt konzipiert:

Fragebogen 1 (siehe Abbildungen 4.1 und 4.2) mit der Bezeichnung „Aktionen im Social Web" war als Einzelübungsblatt gestaltet, bei dem jeder Schüler ver- schiedene Handlungen, die auf sozialen Netzwerken ausgeführt werden können, nach ihren Vor- und Nachteilen bewerten und dabei angeben konnte, welche Erfahrungen er damit bereits gemacht hat. Zu den abgefragten Items gehörten zum Beispiel „Fotos oder Videos hoch laden", „Beziehungsstatus angeben", „Chatten", „Nachrichten schreiben" oder „Statusmeldungen verfassen".

SchülerVZ, Facebook, MySpace oder wer-kennt-wen usw... Welches soziale Online-Netzwerk nutzt du?

Antwort: _Facebook_

Diskutiere folgende Aktionen:	Was gefällt dir daran?	Was gefällt dir nicht daran?	Welche Erfahrungen hast du damit?
Fotos hochladen	• Das man leute drauf markieren kann	• Das es jeder herunterladen kann, ohne genehmigung	Die meisten liken & schreiben komentare da drunter!
Videos hochladen	• nur von youtube! nichts! aber nicht von mir!	das man alles!	hab keine
Beziehungsstatus	• Das es dan meine Freunde wissen & alle anderen wissen dan auch bescheit		die fragen nach und sagen, Viel glück und so!
Freundeslisten	Das man Freunde leichter findet	Jeder kann sehen mit wem ich befreundet bin	

Abbildung 4.1: Vorderseite des Fragebogens 1 „Aktionen im Social Web" (exemplarisch). Ausgefüllt von einem 13-jährigen Mädchen. *Scan.*

Diskutiere folgende Aktionen:	Was gefällt dir daran?	Was gefällt dir nicht daran?	Welche Erfahrungen hast du damit?
Chatten und Nachrichten schreiben	ich kann mit leuten schreiben (reden per cam) die etwas weiter weg sind	Das mich manche anschreiben die ich nicht kenne	man kann so viel & oft schreiben wie man will?
Kommentare, Pinnwandeinträge	Wenn wenn posten was man grad macht oder wie man sich fühlt.	Manche nutzen das als tagebuch und schreiben jeden scheiss kind das nervt ~.~	Man kann alles posten was man will.
Persönliche Statusmeldung	Man kann leute markieren	wenn man zu oft iwo markiert wird	Ich schreibe manchmal was ich heute gemacht habe
??? Smiley's	man kann besser ausdrücken wie man sich fühlt	manchmal nervt es!!!	

Abbildung 4.2: Rückseite des Fragebogens 1 „Aktionen im Social Web" (exemplarisch). Ausgefüllt von einem 13-jährigen Mädchen. *Scan.*

Fragebogen 2 (siehe Abbildung 5) mit der Bezeichnung „privat oder öffentlich?" war als Gruppenarbeitsblatt angelegt, mit dem sich jeweils drei oder vier Schüler gemeinsam befassten. Hierbei ging es um eine Einschätzung der Jugendlichen, welche Informationen bei der Online-Kommunikation ihrer Ansicht nach „auf jeden Fall privat", „öffentlich = kann ich weitergeben" oder „nicht eindeutig bestimmbar" sind. Die zu bewertenden Items gingen dabei von Daten wie dem Alter, der Adresse oder der Schuhgröße bis hin zu Aspekten wie der Höhe des Taschengeldes, einem Foto vom heimischen Wohnzimmer oder „die Uhrzeit, wann meine Eltern aus dem Haus sind".

Privat oder öffentlich?

	Auf jeden Fall **privat**	nicht eindeutig	Kann ich weitergeben = **öffentlich**
Mein Alter		X	
Meine Adresse	X		
Meine Schuhgröße			X
Die Uhrzeit, wann meine Eltern aus dem Haus sind	X		
Krankheiten, an denen ich leide	X		
Meine Telefonnummer	X		
Mein Lieblingsessen		X	
Meine Mathe-Note	X		
Ein Foto von meinem Zimmer	X		
Ein Foto von unserem Wohnzimmer	X		
Meine Lieblingsmusik			X
Meine Religionszugehörigkeit	X		
Ein Foto von mir im Freibad	X		
Ein Foto von mir, auf dem nur mein Gesicht zu sehen ist	X		
Die Höhe meines Taschengeldes		X	
Mein Spitzname in der Klasse	X		X

Abbildung 5: Fragebogen 2 „privat oder öffentlich?" (exemplarisch). Ausgefüllt von einer Gruppe 12- bis 14-Jähriger (4 Personen).

Fragebogen 3 („Private Online-Nutzung und Jugendzeichnungen", siehe Abbildung 6) war zur Einzelbearbeitung konzipiert. Hier wurden geschlossene und offene Fragen zur Online-Kommunikation und zum Umgang mit privaten Informationen im Web an die Schüler gerichtet. Dabei wurden auch Fragen zur individuellen Netzwerknutzung gestellt, zum Beispiel: „Was war das Persönlichste, das du jemals öffentlich gepostet hast?". Zudem erhielten die Schüler die Möglichkeit, sich der Frage nach ihrem Verständnis von Privatheit gestalterisch zu nähern, indem sie aufgefordert waren, ihre „Privatsphäre zu zeichnen".

Dein Alter? 13
Junge oder ~~Mädchen?~~ (bitte die richtige Antwort einkreisen)
Deine Nationalität? (z.B. deutsch, türkisch etc.) *deutsch*

Welches soziale Online-Netzwerk nutzt du am häufigsten?	*Facebook*
Wie oft/wie lange bist du im Durchschnitt am Tag auf sozialen Netzwerken online unterwegs?	*1 - 1½ Stunden*
Wie viele Freunde hast du online? Wie viele davon kennst du nicht persönlich?	*viele aber davon kenne ich auch welche nicht aber ich chatte nicht mit denen*
Schreibst du Tagebuch? Online oder offline? Warum?	*Ja aber nicht im internet*
Wie lautet Dein aktueller Status auf deiner Online-Profilseite? Wer kann alles den Status sehen? *(„was machst du gerade?")*	*Bin gerade mit der ganzen Konfigruppe im Bus und gucken gerade simpsons richtig lustig*
Posten deine Freunde oft sehr private Dinge? Was zum Beispiel? Warum sind die Dinge privat?	*kommt drauf an was man meint z.b. ich bin mit Anna in der Stadt dann ja*
Was ist das Persönlichste, das du jemals öffentlich gepostet hast? (z.B. Status-Update auf Facebook)	*Bilder*
Jetzt darfst du malen: Wie sieht deine Privatsphäre aus? Was darfst nur du wissen, was deine Freunde/Familie, was die ganze Welt? Gibt es einen Unterschied online und offline? (gerne auch auf der Rückseite)	

Abbildung 6: Fragebogen 3 „Private Online-Nutzung und Jugendzeichnungen" (exemplarisch). Ausgefüllt von einem 13-jährigen Mädchen.

Insgesamt waren die drei Fragebögen sowohl inhaltlich als auch in ihrer methodischen Aufbereitung unterschiedlich gestaltet. Mit der sich über den Mehrmethodenansatz von Gruppen- vs. Einzelarbeit, offenen/geschlossenen Fragen sowie schreiben/zeichnen ergebende Multidimensionalität war das Ziel verbunden, die Haltung der Jugendlichen in Bezug auf ihre private Online-Kommunikation über möglichst verschiedene Zugänge zu erörtern. Da die Bearbeitung des Fragebogens 1 „Aktionen im Social Web" den Realschülern in Workshop A einige Schwierigkeiten bereitete (einzelne Abfrage-Items waren nicht selbsterklärend), wurde dieser beim Treffen mit den Gesamtschülern in Workshop B mit dem inhaltlich und strukturell verbesserten Fragebogen 3 „Private Online-Nutzung und Jugendzeichnungen" ersetzt. Aus diesem Grund liegt allein Fragebogen 2 von Schülerinnen und Schülern aus beiden Schulklassen ausgefüllt vor. Der Vollständigkeit halber sei an dieser Stelle auch erwähnt, dass bei Fragebogen 1 und 3 jeweils ein ungültiger Bogen abgegeben wurde, so dass von 25 Schülerinnen und Schülern in Workshop A nur 24 auswertbare Bögen vorliegen, in Workshop B von 27 Schülern somit 26 Bögen.

Die Grunddaten aller drei Fragebögen sind nachstehend in Tabelle 3 noch einmal kurz zusammengefasst.

Bezeichnung	Kurzbeschreibung des Inhalts / der Vorgehensweise	Anzahl der gültigen Fragebögen
Fragebogen 1 „Aktionen im Social Web"	Einzelarbeit; Bestimmung von Vor- und Nachteilen einzelner Aktionen der sozialen Netzwerk-Kommunikation und Beschreibung diesbezüglicher persönliche Erfahrungen	24 (Einsatz nur in Workshop A)
Fragebogen 2 „privat oder öffentlich?"	Gruppenarbeitsblatt (drei bis vier SchülerInnen); Einstufung einzelner Items hinsichtlich ihres Privatheits- bzw. Öffentlichkeitsgrades	20
Fragebogen 3 „Private Online-Nutzung und Jugendzeichnungen"	Einzelarbeit; Beantwortung von geschlossenen und offenen Fragen zur Nutzung sozialer Netzwerke und der Verwendung privater Daten; inkl. der Möglichkeit der Zeichnung („male deine Privatheit")	26 (Einsatz nur in Workshop B)

Tabelle 3: Übersicht über die verwendeten Fragebögen bei den Treffen mit den 12- bis 14-jährigen Schülerinnen und Schülern.

2.1 Triangulative Analyse der Gruppeninterviews und Fragebögen

Die Analyse der Fragebögen und die Inhaltsanalyse der Gruppengespräche, die mit den 12 bis 14-Jährigen geführt wurden, ist ein triangulatives Verfahren, das sich als „thematisch vergleichend" (Kelle/Kluge 2010: 76) oder „inhaltlich strukturierend" (Schreier 2014) beschreiben lässt. Hierbei wird für jede Kategorie das gesamte Datenmaterial vergleichend kodiert und schließlich auf Basis einer thematischen Synopse entlang der Forschungsfragen zusammenfassend diskutiert. Das für die vorliegende Studie entwickelte inhaltsanalytische Auswertungsverfahren wurde dabei wie folgt ausdifferenziert:

1. Beim offenen Kodieren der Gruppengespräche im Rahmen der qualitativen Inhaltsanalyse, bei der die in Bezug auf die Fragestellung relevanten Absätze zunächst unspezifiziert auszuwählen waren, wurden auch die Passagen extrahiert, die Fakten oder unstrittige Aussagen enthielten, wie Angaben zur Anzahl der Facebook-Freunde oder die Dauer der täglichen Social Web-Nutzung. Derartige Passagen wurden mit einem entsprechenden Kode versehen. Diese Aussagen konnten so leichter mit den Ergebnissen aus Fragebogen 1 abgeglichen und entsprechend bewertet werden.
2. Darüber hinaus wurden in den Gruppengesprächen sowie in den Fragebögen Äußerungen und Antworten der Jugendlichen danach kategorisiert, ob sie von einem Mädchen oder einem Jungen stammen, um so die Interpretation hinsichtlich möglicher geschlechterspezifischer Besonderheiten stützen zu können.
3. Die Kodes und Kategorien wurden nicht nur im Rahmen jeweils eines Gruppeninterviews oder eines Fragebogens, sondern über alle Gesprächsrunden hinweg und unter Einbezug der Fragebögen entwickelt. Auf diese Weise wurde eine Verfeinerung der Kategorien ermöglicht, bei der die vorhergehenden Eindrücke mit den nachfolgenden konsolidiert und zu einem neuen Sinnabschnitt kombiniert werden konnten, was der gesamten Analyse einen betont rekursiven Charakter verlieh.

Generell soll an dieser Stelle noch angemerkt werden, dass beim Verweis auf einzelne Äußerungen aus den Interviews im vorliegenden Buch vereinzelt auch Elemente aus dem Transkriptionstext übernommen werden. Dabei sind vorab insbesondere folgende vier Darstellungsregeln zu erläutern (vgl. Dresing/Plehl 2013):

- Wort-, Phrasen- oder Satzabbrüche werden mit / markiert, zum Beispiel: „Er hat ein Lied geträ-/ gesungen"
- Sprechpausen werden je nach Länge durch Auslassungspunkte in Klammern markiert. So steht (.) für circa eine Sekunde, (. .) für circa zwei Sekunden,   (. . .) für circa drei Sekunden und (Zahl) für mehr als drei Sekunden.
- Wort- oder Phrasenbetonungen sind durch GROSSSCHREIBUNG gekennzeichnet
- Gleichzeitige Rede, das heißt „Sprecherüberlappungen" verschiedener Personen werden mit // jeweils zu Beginn und am Ende der Überlappung gekennzeichnet.

Digital Crowding und die Frage nach der Regulierung des informationellen Zugangs

Das Pflegen des persönlichen Online-Profils in sozialen Netzwerken über das regelmäßige Aktualisieren der Inhalte und das Verknüpfen mit den Profilseiten und Inhalten anderer Nutzer sind wesentliche Bestandteile des Online-Identitätsmanagements. Die Möglichkeit, sich über Statusmitteilungen oder Pinnwandkommentare den Freunden im Netzwerk mitzuteilen, wird von den Jugendlichen als großer Vorteil der privaten Netzkommunikation gewertet, wie im Fragebogen 1 von ihnen angegeben: „Man kann posten, was man gerade macht und wie man sich fühlt" oder: „Es ist cool, weil man dann schreiben kann, was du machst oder so und was du Cooles, Schönes, erlebt hast...". Doch nicht allein die Outputs, also die eigenen Postings privaten Inhalts, sondern auch die Inputs von den Freunden, über die man erfährt, „was die anderen gerade machen oder wie es ihnen geht", werden insgesamt als Vorzüge des Online-Interaktionsprozesses gewertet.

Allerdings zeigt es sich, dass das übermäßige Posten privater Inhalte oder trivialer Alltagsinformationen bei den Jugendlichen mitunter auch auf Ablehnung stößt. So wird bei den Gruppengesprächen deutlich, dass die Jugendlichen die vielen privaten Details aus dem Leben ihrer Freunde, die diese auf Facebook veröffentlichen, ab einem gewissen Grad als überflüssig und störend empfinden: „Das ist manchmal auch total unnötig, wenn irgendjemand über sich irgendwas schreibt, weil, dann schreibt irgendjemand ‚ich hab Hunger oder so', das interessiert keinen" (Junge, 12 Jahre, Gr3)[16]. Die vielen für sie als irrelevant empfundenen Selbstmitteilungen ihrer Online-Kontakte überfordern die Jugendlichen und können so zu Situationen des „Digital Crowdings", also des

---

16 Hinweis zur Zitierweise: „Gr" steht für das jeweilige Gruppeninterview, aus dem die Aussage stammt (siehe Tabelle 2). Zum Zweck der Anonymisierung wurden bei den Schülerinnen und Schülern lediglich Geschlecht und Alter für die Nachvollziehbarkeit der Belege beibehalten.

Sozialstresses, führen, der sich schließlich zu einer Abwehrhaltung gegenüber den Freunden entwickeln kann (vgl. Kapitel II.4.1).

Tatsächlich haben die meisten Jugendlichen, Jungen wie Mädchen gleichermaßen, bereits Erfahrungen mit dem Phänomen des Digital Crowding und können so von Erlebnissen berichten, in denen sie „exzessivem Sozialkontakt" (Joinson et al. 2011) bis hin zu psychischem Stress ausgesetzt waren:

> „Was mir am Chat NICHT gefällt, ist dass halt / ich hab zwar Freunde, die ich kenne, mit denen ich mich gut verstehe, aber (.) die nerven mich dann halt. Zum Beispiel: Die schreiben ‚Hey', dann antworte ich nicht so schnell, dann schreiben die das gleiche Wort noch ZEHN Mal wieder. So: ‚Hey hey hey'. Und dann antworte ich immer noch nicht und dann immer so weiter, dann nerven die, nerven die immer noch. Und dann halt (.) (dann hör ich auf?), dann sind die beleidigt oder so. (. .) Dann wollen die nicht mehr mit mir reden. Die nerven mich aufs Letzte" (Junge, 13 Jahre, Gr3).

In diesem Beispiel wird die soziale Überforderung des Jungen deutlich, die er erfährt, wenn er im Facebook-Chat von seinen Freunden angeschrieben wird und nicht sofort reagiert. Als Folge fordern seine Freunde zunächst verstärkt eine Rückmeldung von ihm ein („dann nerven die immer noch"), bis sie ihn schließlich mit Kontaktabbruch oder Nichtachtung sanktionieren („dann wollen die nicht mehr mit mir reden"). Von einer ähnlichen Stresssituation bei der privaten Online-Kommunikation berichtet ein Mädchen, das zur gefühlsbetonten Interaktion mit ihren Freunden im Chat gerne Emoticons („Smileys") verwendet. Wenn sie jedoch einmal eine Aussage nicht mit einem Emoticon unterstreicht, interpretieren ihre Freunde das als ein Signal dafür, dass sie in einer weniger positiven Stimmung oder „sauer" ist:

> „Also ich finde das halt SCHLECHT, wenn man zum Beispiel jetzt irgendwas schreibt und keinen Smiley dahinter setzt, dann denken die direkt (. . .), das ist im schlechten Sinn zum Beispiel oder so. Ich mein, wenn man 'nen Smiley setzt, dann denken die, ‚Ah ok, ist nur ein Spaß', aber (. . .) wenn man den Smiley auslässt, dann denken die ‚ja, das ist jetzt ernst gemeint' und so. Und das ist voll doof" (Mädchen, 12 Jahre, Gr3).

Die beschriebenen negativen Erfahrungen mit verschiedenen Formen und Situationen des Digital Crowding verweisen darauf, dass Jugendliche in sozialen Netzwerken ab einem gewissen Grad kaum eine Möglichkeit haben, sich unangekündigt oder ohne Rechtfertigung vor ihren Freunden zurückzuziehen können, wenn sie keine sozialen Sanktionen riskieren wollen. Die Jugendlichen stehen so vor einem Dilemma: Auf der einen Seite ist es für sie essenziell, sich online mit ihren Freunden zu vernetzen, Nachrichten von diesen zu erhalten und sich diesen mitzuteilen. „Always on", immer erreichbar, zu sein, wird zum Standard, und die Möglichkeit, „dass man auch, wenn jemand off ist, ihm Nachrichten schreiben kann" (Zitat aus Fragebogen 1) eine zentrale Kommunikationsstrategie. Die sich dadurch ergebende „Pflicht zur Kommunikation und Reaktion" kann so auf der anderen Seite für die Jugendlichen zu einer Last werden, welcher sie sich jedoch gerade aus Gründen des sozialen Drucks und aus Angst vor Ausgrenzung nur selten entziehen können.

Die Unfähigkeit, die interaktionale Kontrolle zu behalten und die Grenzen zwischen dem Selbst und den Mitmenschen klar zu definieren, stellt eine Gefahr für die individuelle Online-Privatheit der Jugendlichen dar. Offenkundig haben die 12- bis 14-Jährigen in vielerlei Hinsicht Schwierigkeiten bei der Regulierung der individuellen und interpersonalen Grenzen zwischen Privatheit und Öffentlichkeit in der Online-Welt. Dieser Vermutung soll im folgenden Abschnitt weiter nachgegangen werden.

In Bezug auf die Regulierung des informationellen Zugangs zu ihrem Online-Profil sehen sich die Jugendlichen oftmals mit Schwierigkeiten konfrontiert, die insbesondere die Einteilung ihrer Online-Kontakte betreffen. So stellt sich die Tatsache, dass sie oftmals Freundschaftsanfragen von ihnen unbekannten Personen erhalten, für sie selbst häufig als problematische Angelegenheit heraus: „Ich krieg manchmal zum Beispiel auch Anfragen von Leuten, (...) die kenn' ich eigentlich gar nicht richtig. Das sind dann Freunde von meinen Freunden, die ich zum Beispiel gar nicht kenne und die nehm' ich dann auch nicht an. (...) Also meistens" (Junge, 12 Jahre, Gr2). Gerade die letzte Äußerung des Jungen, „also meistens", verweist darauf, dass er zwar in vielen Fällen objektiv betrachtet „richtig" handelt und unbekannte Personen nicht in sein Freundesnetzwerk aufnimmt, dennoch insgesamt keinen klaren Regeln folgt, nach denen er informationelle Zugangsgrenzen zieht. Für einen anderen Schüler dieser Klasse ist das Entscheidungskriterium, die Freundschaftsanfrage einer unbekannten Person anzunehmen, daran geknüpft, ob er mit ihr schon einmal „gesprochen" hat oder nicht: „Wieso soll ich denen antworten, die noch nichts zu mir gesagt haben? Die nehm' ich nicht an" (Junge, 13 Jahre, Gr2). Diese Aussage verweist zugleich darauf, dass einige der Jugendlichen durchaus ein Bewusstsein dafür besitzen, dass Kontaktanfragen von Unbekannten vorsichtig zu behandeln sind und diese hinterfragen. So gibt ein Junge im Gespräch zu bedenken, dass es sich bei einer Freundschaftsanfrage eines Unbekannten auch um einen Social Bot handeln könnte, der private Nutzerdaten ausspähen soll:

> „Bei mir ist es so, (da hat mir mal jemand?) eine Anfrage gestellt. Zuerst hab' ich nicht reagiert, wenn er nicht antwortet, lass ich es einfach und nehm' den dann gar nicht an. Vielleicht kommt das auch von Programmen von Facebookseiten, die ja nur auf meine Seite wollen, deswegen" (Junge, 14 Jahre, Gr2).

Insgesamt zeigt sich jedoch, dass die 12- bis 14-Jährigen in Bezug auf das Management ihres Online-Freundesnetzwerks eher unsicher sind. Diese Annahme findet sich in einigen Aussagen der Schüler bestätigt. So ist ein Junge der Meinung: „Man kann auch mit Leuten schreiben, die man NICHT kennt. Also. Aber das ist glaube ich nicht so gut" (Junge, 13 Jahre, Gr3). Im Ausdruck „glaube ich" spiegelt sich die Unsicherheit des Jungen wider, die er in Hinblick auf die Interaktion im Netz mit Unbekannten hat; er *glaubt*, es sei „nicht so gut", wenn man mit fremden Personen online interagiert; doch als entschieden sieht er dies nicht an. Offenbar ist er sich nicht bewusst, was online „gut" oder „schlecht", „richtig" oder „falsch" ist.

Der Mangel an Wissen oder Empfinden von in der Online-Welt gültigen Normen kann dazu führen, dass auch Freundschaftsanfragen von Fremden angenommen werden. So zeigt ferner die Auswertung des Fragebogens 3, dass ein Großteil der 12- bis 14-Jährigen auch Personen in das eigene Freundesnetzwerk online aufgenommen hat, die sie gar nicht oder kaum kennen. 42,3 Prozent der Gesamtschüler geben an, dass sie einige ihrer Online-Kontakte nicht persönlich oder nur „vom Sehen" kennen. Eine 12-Jährige bemerkt hierzu: „Ich kenne viele [meiner Online-Kontakte], aber mit manchen habe ich noch nicht gesprochen".

Dass einige der Jugendlichen fremden Personen mit einer gewissen Leichtfertigkeit Zugang zu ihrem Online-Profil ermöglichen, wird in folgendem Dialog besonders deutlich:

Gr3, 00:00:17, Junge, 13 Jahre:	Ja also bei mir ist das ja immer so, ich lasse alles nur meine Freunde liken, aber es kann ja sein, dass ich nicht bemerkt habe, dass sich irgendwelche Fremden auf meinem Profil befinden, das weiß ich ja nicht.
Gr3, 00:00:23, Interviewerin:	Meinst du echt? Ist dir das schon mal passiert?
Gr3, 00:00:28, Junge, 13 Jahre:	Ja also ich hab' zwei gefunden, die ich nicht kenne.
Gr3, 00:00:31, Interviewerin:	Und wie erklärst du dir, dass das passiert? Dass du in deiner Freundesliste Leute hast, die du nicht kennst?
Gr3, 00:00:37, Junge, 13 Jahre:	Keine Ahnung. Hab' ich einfach mal angenommen. Keine Ahnung, da sind so Leute, die mich einladen.
Gr3, 00:00:44 Interviewerin:	Wie viele hast du denn? Wie viele Freunde? Also ungefähr?
Gr3, 00:00:49, Junge, 13 Jahre:	500.
Gr3, 00:00:45, Interviewerin:	FÜNFHUNDERT?
Gr3, 00:00:48, Junge, 13 Jahre:	Ja.
Gr3, 00:00:48, Interviewerin:	Ja, da sind ein paar dabei, die du nicht so gut kennst, denke ich mal, oder?
Gr3, 00:00:51, Junge, 13 Jahre:	Nein also (das sind?) eigentlich wirklich jetzt nur Leute da, die ich kenne, wirklich jetzt.
Gr3, 00:00:53, Interviewerin:	Ehrlich wahr?
Gr3, 00:00:55, Junge, 13 Jahre:	Ja.

In diesem Beispiel werden verschiedene Aspekte sichtbar, die auf die Schwierigkeiten der Jugendlichen bei der Konstruktion und Regulierung ihrer Online-Privatheit verweisen. So zeigt die Aussage des Jungen „ich hab' zwei [Personen] *gefunden*, die ich nicht kenne" (00:00:28), dass ihm die Tatsache, dass sich in seinem Kontaktnetzwerk auch ihm unbekannte Personen befinden, kaum
bewusst war. Demzufolge hatte er unüberlegt gehandelt, als er die Freundschaftsanfragen dieser Personen annahm. Später konnte er sich nicht mehr erin-

nern, dass oder warum er diese Personen seinem Netzwerk hinzugefügt hatte. Die Äußerung „Hab ich einfach mal angenommen" (00:00:37) bestätigt diese Annahme. Daneben überrascht auch die recht hohe Anzahl an Facebook-Kontakten des 13-Jährigen. Während die Richtigkeit seiner Angabe zwar nicht überprüft werden kann, so scheint die Anzahl von 500 Online-Freunden für einen Jungen in diesem Alter sehr hoch und somit die Nachfrage, ob darunter nicht auch Personen wären, die der Junge nicht kennt, legitim. Die Art und Weise, wie der Schüler daraufhin der Gesprächspartnerin glaubhaft zu vermitteln versucht, dass er tatsächlich alle seine 500 Online-Kontakte persönlich kennt („eigentlich wirklich jetzt", 00:00:51), kann jedoch nicht überzeugen (daher die Nachfrage „Ehrlich wahr?", 00:00:53).

Neben dem Aspekt, welche Personen in das eigene Online-Netzwerk aufgenommen werden dürfen, wirft ferner auch das Informationsmanagement der 12- bis 14-Jährigen bei den *vorhandenen* Online-Kontakten Fragen auf. So stellt sich heraus, dass die Jugendlichen innerhalb ihres Netzwerks nicht die Unterscheidung treffen, wer welche Informationen erhalten soll. Die Funktion der Listeneinteilung, bei der man auf Facebook einzelne Zugangsbeschränkungen für verschiedene Freundes- und Empfängerkreise festlegen kann, kennen die Schüler nicht oder nutzen sie nicht:

Gr3, 00:09:56, Interviewerin:	Und entscheidest dann auch, WAS [deine Freunde] zu lesen kriegen von dir und welche Nachrichten sie bekommen?
Gr3, 00:10:01, Junge, 13 Jahre:	Ja.
Gr3, 00:10:02, Interviewerin:	Bewusst oder weil das Facebook so eingestellt hat?
Gr3, 00:10:05, Junge, 13 Jahre:	Nee, bewusst eigentlich. (. . .) Weil ich will ja nicht, dass es jeder irgendwie liest.
Gr3, 00:10:10, Interviewerin:	Und wie kommt es, dass ihr gerade gar nicht wusstet, was ich meine mit FREUNDESLISTEN? Nennt ihr das anders?
Gr3, 00:10:16, Junge, 13 Jahre:	Nö. Nur FREUNDE wahrscheinlich.
Gr3, 00:10:17, Interviewerin:	(. .) Ja, aber, das sind ja unterschiedliche, oder?
Gr3, 00:10:19, Junge, 13 Jahre:	(. .) Ich weiß ja was Sie MEINEN. In Bekannten oder so. Ja aber ich weiß nicht wer / also das ist bei mir nicht so eingeteilt. Also es ist halt ganz (normal?) meine Freunde. (. . .) Enge Freunde, beste Freunde. Das mach ich / mach ICH zum Beispiel nicht.

Diese kurze Unterhaltung verweist auf einige Unstimmigkeiten, welche die Auslegung des Gesagten erschweren. So versichert der Junge im Gespräch zunächst, dass er gezielt darüber entscheidet, welche Informationen seine Freunde erhalten sollen. Dies geschieht jedoch nicht, wie anzunehmen war, über die technische Einstellungsmöglichkeit der Listenteilung; denn wenngleich der Junge diese Funktion zu kennen scheint („ich weiß ja was Sie meinen"), betont er zugleich, dass er seine Freunde gerade nicht in „enge Freunde oder beste Freunde" einteilt. Fraglich bleibt die Einordnung seiner Antwort insofern, als dass im vorhergehende Wortwechsel im Gruppeninterview offenbar wurde, dass die meisten Schüler den Begriff der „Freundeslisten" nicht im Kontext von Informationskontrolle kennen und nutzen. Auch die Analyse von Fragebogen 1 zeigt, dass die befragten Schüler mit dem Terminus der „Freundeslisten" keine Funktion zur Informationsregulierung, sondern eher eine Auflistung ihrer Online-Kontakte assoziieren (Zitate hierzu z. B. „Dass man eine Übersicht hat, mit wem man befreundet ist" oder „Jeder sieht, wer mein Freund ist"). Auf welche Weise der Junge die Informationsverteilung in seinem Freundesnetzwerk reguliert, klärt sich an dieser Stelle leider nicht. Ein Hinweis darauf könnte sich möglicherweise über die Auslegung des Dialogs mit einem anderen Junge aus der Gruppe hinsichtlich seiner Art der Informationsregulierung auf Facebook ergeben:

Gr3, 00:13:04, Junge, 12 Jahre:	Also manche posten ja auch irgendwie so „meine Besten" oder so. Ich glaube, dann sollte man das eher so einteilen, dass nur DIE das sehen können, die wirklich also die BESTEN Freunde sind oder so.
Gr3, 00:13:18, Interviewerin:	Machst du das so?
Gr3, 00:13:19, Junge, 12 Jahre:	Nee, also ich poste / also ich LAD keine Bilder hoch.

Bei diesem Jungen verhält es sich ähnlich wie bei dem Jungen aus dem vorherigen Beispiel, der ebenfalls keine Einteilung seiner Online-Freunde in Listen vornimmt und hierüber die Nachrichtenverteilung kontrolliert. Erstgenannter kennt zwar die Optionen des Audience Managements, findet diese offenbar auch sinnvoll, wendet sie selbst jedoch nicht an. Stattdessen verzichtet er darauf, sensible Inhalte wie Fotos überhaupt online zu stellen.

Insgesamt deuten die in den vorhergehenden Ausführungen geschilderten Befunde auf zwei zentrale Aspekte im Online-Privacy Management der 12- bis 14-Jährigen. Erstens zeigt sich, dass es den Jugendlichen teilweise an Normempfinden fehlt, wenn es um die Entscheidung geht, welche Personen sie in ihr persönliches Freundesnetzwerk aufnehmen sollen. Oft sind sie unsicher, nach welchen Maßstäben sie handeln dürfen oder handeln sollen, insbesondere wenn sie Anfragen von ihnen unbekannten Personen erhalten. In diesen Fällen entscheiden sich die Jugendlichen nicht selten für eine Aufnahme dieser Person in ihr Netzwerk, auch wenn sie diese gar nicht oder nur flüchtig kennen. Es besteht ein erhöhtes Risiko, dass sie auf diese Weise ihre privaten Daten ungewollt fremden Personen zugänglich machen. Zum Zweiten wurde festgestellt, dass die Jugendlichen kaum graduelle Abstufungen bei der Ausgestaltung der eigenen Online-Privatheit vornehmen: Sie teilen ihre Online-Kontakte nicht in bestimmte Kategorien von Empfängerkreisen ein, die mehr oder weniger private Informationen erhalten dürfen. Sobald eine Person in das persönliche Freundesnetzwerk aufgenommen wurde, hat sie zugleich Zugriff auf alle privaten Daten und persönlichen Inhalte, die ein Jugendlicher mit seinem Profil verknüpft hat.

Ein möglicher Grund für das „lockere" Privacy Management könnte der mangelnde Erfahrungsschatz in Bezug auf die Online-Kommunikation insgesamt und auf die Auseinandersetzung mit der eigenen Online-Privatheit sein, zumal die meisten Jugendlichen dieser Altersgruppe noch vergleichsweise wenig mit den Funktionalitäten und Besonderheiten des Online-Kontextes vertraut sind. Gerade der Gedanke, dass die Erfahrungen der Netznutzung, insbesondere die negativen, schließlich für das Datenschutzbewusstsein und die zukünftigen Handlungen ausschlaggebend ist, stellt eine zentrale Hypothese in diesem Buch dar. Eine weitere mögliche Erklärung ist eine geringe Privacy Awareness der Jugendlichen, die so zu einer höheren Risikobereitschaft bei ihrem Handeln führt. Ausschlaggebend dafür wiederum kann der erhöhte Toleranzbereich der Jugendlichen sein, den sie in Bezug auf die Bewertung und Akzeptanz von unerwünschten Folgen ihres Handelns entwickeln und entsprechend im Vorhinein ihr Handeln danach ausrichten. Das heißt, in der Annahme, welche unerwünschten Folgen eintreten könnten, kalkulieren sie zugleich ein, dass exakt diese unerwünschten Folgen sie in ihrem Regulierungshandeln nicht beeinflussen werden.

Dabei ist anzunehmen, dass, wie im Modell der UGP postuliert, für die Handlungsentscheidung, auch unbekannte Personen in das eigene Netzwerk aufzunehmen, verschiedene Faktoren abwägend mit eingezogen werden. So ist vorstellbar, dass das innere Bedürfnis nach sozialer Anerkennung und damit der Wunsch, möglichst viele Online-Kontakte zu generieren, Motive dafür sind, auch die Freundschaftsanfragen von Unbekannten anzunehmen. Es wurde bereits dargestellt, dass eine hohe Anzahl von Freunden den eigenen Status im Netzwerk über eine positive Außenwirkung erhöhen kann (siehe Kapitel II.4.2). Damit wäre mit dem Annehmen von Freundschaftsanfragen die Erzeugung sozialer Gratifikationen verbunden (positive Handlungswirkung). Doch auch die Vermeidung negativer Konsequenzen wäre als Grund für dieses Verhalten denkbar: Demnach befürchten die Jugendlichen, sie könnten eine Person nicht erkannt und daher fälschlicherweise nicht als Freund angenommen haben, was schließlich bei dieser Person zu Missstimmungen führen könnte. Um dadurch entstehendes negatives Feedback oder soziale Sanktionierung (im Offline-Kontext) zu vermeiden, entscheiden sie sich also eher für die Aufnahme dieser fremden Person in das eigene Netzwerk.

2.2 Analyse der Zeichnungen

Das Untersuchungsmodul der Jugendzeichnungen, das als Aufforderung an die 12- bis 14-Jährigen im Rahmen von Fragebogen 3 formuliert war, die eigene Privatsphäre zu zeichnen (oder zu malen), ist aus inhaltlicher und methodischer Sicht für die Klärung der ersten Forschungsfrage, welches Privatheitsverständnis Jugendliche besitzen, vielversprechend. Die Wahl der Methode des Zeichnens gründete auf der Annahme, dass aufgrund der kognitiven Leistung, die die Jugendlichen durch diese besonders kreative, anspruchsvolle Aufgabe erbringen müssen, neue Assoziationen und Aspekte von Privatheit für den vorliegenden Forschungszusammenhang erweckt werden. So bedarf es eines weitaus größeren Reflexionsvermögens, die relevanten Aspekte der eigenen Privatheit bildlich darzustellen, als dies bei einer zeitlich deutlich begrenzten mündlichen Befragung der Fall wäre.

Das Potenzial von Kinder- und Jugendzeichnungen für die Medienforschung liegt in ihrem „Ausdruck des Unausdrückbaren" (Neuss 2005: 334), was zugleich Vor- und Nachteile mit sich bringt. Ein Vorteil sind wie angesprochen die veränderte Reflexions- und Abstraktionsebene, in denen das zu beforschende Phänomen von den Befragten selbst kontextualisiert wird. Gerade bei triangulativen Erhebungen, wie das hier der Fall ist, ist die Integration von unterschiedlich strukturierten und „latenten" Daten aufgrund der entstehenden Bezugsvielfalt als zuträglich einzuschätzen. Als herausfordernd und daher eher negativ behaftet stellt sich die Methode der Jugendzeichnungen hingegen für die Evaluations- und Interpretationsarbeit auf Seiten der Forscherin heraus. Dies liegt nicht nur an der grundsätzlichen Schwierigkeit, die zahlreichen „emotionalen und unaussprechlichen Anteile" (Neuss 2005: 334) in den Zeichnungen auszuwerten. Auch die Tatsache, dass gewisse Informationen erst über ein (nachträgliches oder begleitendes) Gespräch mit den Jugendlichen selbst erschlossen werden können (Neuss 2005: 336), musste bei der Planung der Untersuchung bereits berücksichtigt werden.

In der Forschungsliteratur kommen verschiedenartige Ansätze zur Analyse von Jugendzeichnungen zur Anwendung. Allerdings sind diese je nach Forschungsfragen auch jeweils nur in spezifischen Bereichen, zum Beispiel in der Kunstpädagogik, im Schulunterricht oder der Psychotherapie (vgl. Kirchner/Kirschenmann/Miller 2010), sinnvoll einsetzbar. Glas (1999) etwa setzt den Schwerpunkt aus einem entwicklungspsychologisch-sprachwissenschaftlichen Standpunkt heraus auf die Analyse des zeichnerischen Darstellungsprozesses und fokussiert dabei vor allem den „graphischen Produktionsakt mit seinen medienspezifischen Bedingungsgrundlagen" (Glas 1999: 109). Ziel seiner Untersuchungen ist es, die sich vollziehenden psychischen Entwicklungsprozesse beim Kind anhand von dessen Zeichnungen im Zeitverlauf (Entwicklungsphasen) zu erklären. Widlöcher (1995) hingegen setzt die Erörterung der Funktionen, die das Zeichnen grundsätzlich für die Psyche des zeichnenden Kindes hat, zum Ziel seiner Studien.

Im Unterschied zu den hier genannten Ansätzen geht es im vorliegenden Fall jedoch nicht darum, aus den Zeichnungen der Jugendlichen Rückschlüsse auf deren psychische Konstitution oder intellektuelle Reife zu ziehen. Auch ist es für das vorliegende Untersuchungsinteresse eher hintergründig, ob das Abgebildete nach gewissen ästhetischen Ansprüchen oder besonders realitätsgetreu wiedergegeben ist. Vielmehr steht hier der kognitive Prozess des Zeichnens (bzw. dessen Resultate) im Mittelpunkt, der als eine besondere Form des in sich Gehens und Assoziierens von Gefühlen, Gedanken und Erlebnissen angesehen wird. Die Analyse der Jugendzeichnungen soll dazu beitragen, neue Zusammenhänge im Kontext der Frage nach dem Privatheitsverständnis der 12- bis 14-Jährigen zu entdecken und so das Spektrum des explorativen Erklärungsansatzes erweitern.

Analyseschema: Das Drei-Ebenen-Modell

Als Ausgangspunkt für die Analyse der vorliegenden Jugendzeichnungen stellt sich das Ebenenkonzept von Neuss (2005) als hilfreich dar. In diesem werden fünf verschiedene Ebenen aufgeführt, die es bei der qualitativen Analyse von Kinder- und Jugendzeichnungen zu berücksichtigen gilt: So ist zunächst die Ebene der Repräsentation (1) relevant, auf der zum einen die formale Komposition der Zeichnung (Farben, Formen, Raumaufteilung des Zeichenpapiers etc.) zu analysieren ist und zum anderen beschrieben wird, *was* in der Zeichnung unmittelbar abgebildet ist. Die zweite Ebene, die Ebene der Imagination (2), ordnet Neuss einem der wichtigsten Interpretationsschritte im Analyseprozess zu, zumal es hierbei darum geht, die „Vorstellungen und Phantasien" (Neuss 2005: 338) der Jugendlichen, die sie in Bezug auf ihre Zeichnungen besitzen, und somit die *nicht direkt abgebildeten* Elemente, zu ergründen und zu bewerten. Auf der Ebene der Handlung und Kommunikation (3) wird – der Annahme folgend, dass in Zeichnungen stets konkrete Handlungen und Kommunikationen dargestellt werden (Neuss 2005: 338) – erörtert, was genau in dem Bild passiert, wer oder was handelt und welche kommunikativen Akte dabei einbezogen werden. Die vierte Ebene bezieht sich auf das zeitliche Kontinuum (4) bzw. die Abfolge, in der die dargestellten Handlungen möglicherweise stattfinden. Schließlich wird auf der Ebene der Symbolisierung und biographischen Einordnung (5) ein vermeintlicher „Doppelsinn" (Neuss 2005: 337) der Darstellungen analysiert, der sich mithilfe des biografischen Hintergrundes des Kindes oder vielmehr des Jugendlichen erklären lässt. Dadurch, dass im vorliegenden Fall keine biographischen Informationen zu den Jugendlichen vorliegen, wird der letztgenannte Aspekt bei der Analyse der Zeichnungen hier unberücksichtigt bleiben.

Für den vorliegenden Forschungskontext wird nun eine Modifikation des Ebenenmodells von Neuss wie folgt vorgenommen: Neben der Außerachtlassung des biografischen Aspektes der ZeichnerInnen soll auch der zweite Punkt der fünften Ebene, die Interpretation eines möglichen Doppelsinns der Darstellungen, reorganisiert und der zweiten Analyseebene (Imagination) zugeordnet werden. Dies geht mit dem Analyseziel dieser Ebene konform, die nachgerade die Auswertung nicht direkt abgebildeter Elemente – und somit potenzieller Ambivalenzen – zum Gegenstand hat. Weiterhin ist für die vorliegende Untersuchung die vierte Ebene von Neuss, die des Zeitkontinuums, weniger relevant, da davon ausgegangen wird, dass für die Interpretation des Privatheitsverständnis mögliche zeitliche Abfolgen des Dargestellten keine Rolle spielen. Die so verbleibenden drei Analyseebenen der Repräsentation, Imagination und Handlung & Kommunikation werden zwar im Grundsatz beibehalten, inhaltlich jedoch weiter ausdifferenziert. So soll die erste Analyseebene, die im Folgenden *Formalebene* genannt wird, ausschließlich den strukturellen und formalen Aufbau der Zeichnungen betreffen, während eine (neue) zweite Ebene dann die abgebildeten Gegenstände, Personen oder Aktionen faktisch erfassen soll. Diese *Motivebene* kann dabei als eine Erweiterung der Neusschen Handlungs- und Kommunikationsebene gelten. Schließlich hat die dritte und abschließende Ebene die finale Interpretation der Bedeutungen der Zeichnungen zum Ziel (*Bedeutungsebene*), wobei hier die Symbole und dargestellten Elemente unter Einbezug ihrer Ambivalenzen und verschiedenen Assoziationen entlang der Themenstellung („Privatsphäre") gedeutet werden. Um dabei eine generelle Bewertung der sichtbar werdenden Assoziationen wagen zu können, müssen die für jede einzelne Zeichnung festgestellten Interpretationskategorien schließlich noch einmal axial, also in Bezug zueinander, kategorisiert werden. Die sich daraus ergebenden finalen Kategorien werden schließlich mit den Befunden aus den Fragebögen und den Gruppeninterviews mit den 12- bis 14-Jährigen trianguliert. Das finale Analyseschema stellt sich wie folgt dar:

1. FORMALEBENE

▸ Wie ist die Zeichnung gestaltet (Größe, Form, evtl. Farben)?
▸ Welche Besonderheiten hinsichtlich der Bildkomposition / Raumaufteilung sind zu erkennen?

2. MOTIVEBENE

▸ Was ist auf dem Bild zu sehen?
▸ Welche Gegenstände, Personen und Aktionen sind abgebildet?
▸ Was passiert in dem Bild?

3. BEDEUTUNGSEBENE

▸ Was ist nicht direkt abgebildet und welche Vorstellungen/Themen/Bezüge lassen sich erschließen?
▸ Was ist die zugrunde liegende Aussage der Zeichnung (bzw. einzelner Bildelemente)?
▸ Wie lassen sich die Befunde im Hinblick auf die Forschungsfrage interpretieren?

Abbildung 7: Das Drei-Ebenen-Modell zur Analyse von Jugendzeichnungen (modifiziertes Analyseschema in Anlehnung an Neuss 2005).

Das Datenmaterial zur Zeichenanalyse besteht aus insgesamt 25 Zeichnungen, die von den Schülerinnen und Schülern der Gesamtschule angefertigt wurden. Als Hilfestellung zur Aufgabe, die „eigene Privatheit zu zeichnen", wurden Fragen angeregt wie „Was darfst nur du wissen, was deine Freunde/Familie, was die ganze Welt?" und „Gibt es einen Unterschied online und offline?".

(1) Analyse der Zeichnungen auf der Formalebene

Die systematische Auswertung der Jugendzeichnungen anhand des modifizierten Ebenenschemas ergibt für die *Formalebene*, dass ein nicht zu vernachlässigender Anteil der Zeichnungen nicht allein aus Symbolen und Abbildungen, sondern teilweise (auch) aus Text besteht (siehe unten, Tabelle 4). So sind 16 Prozent der „Zeichnungen" in reiner Textform dargestellt, bei denen „Privatheit" nicht bildlich, sondern mit Worten und Phrasen beschrieben ist. Lediglich vier der 25 Zeichnungen kommen ganz ohne zusätzlichen Text aus und können überhaupt als „reine Zeichnungen" gewertet werden. Ein Großteil aller Zeichnungen (68 Prozent) besteht sowohl aus Abbildungen als auch aus Text, wobei der Text hierbei zumeist die Funktion erfüllt, die Zeichnungen zu definieren und näher zu erläutern (Beispiele für alle drei Fälle finden sich in den Abbildungen 8.1 bis 8.3).

	Gesamt **(25 Zeichnungen)**		**Jungen** **(N=13)**		**Mädchen** **(N=12)**	
	Absolut	*Prozent*	*Absolut*	*Prozent*	*Absolut*	*Prozent*
Reine Zeichnung	4	16,0 %	4	30,8 %	0	0 %
Zeichnung + Text	17	68,0 %	9	69,2 %	8	66,7 %
Reine Textdarstellung	4	16,0 %	0	0 %	4	33,3 %

Tabelle 4: Ergebnisse der formalen Analyse der Jugendzeichnungen.

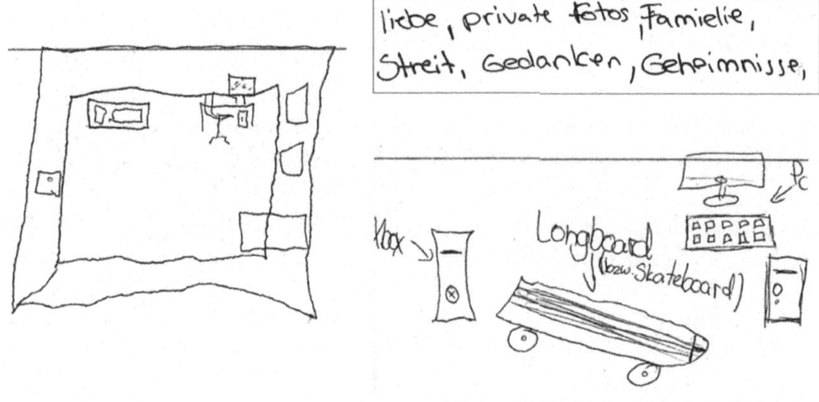

Abbildungen 8.1, 8.2, 8.3: Beispiele der Jugendzeichnungen als „reine Zeichnung" (links, Junge, 12 Jahre), „reine Textform" (rechts oben, Mädchen, 12 Jahre) und als gemischte Form von „Zeichnung und Text" (rechts unten, Junge, 12 Jahre).

Der generell hohe schriftsprachliche Anteil in den Zeichnungen kann zum einen als ein Hinweis darauf gedeutet werden, dass sich das Zeichnen eines abstrakten Begriffs wie dem der Privatheit für die Schülerinnen und Schüler als zu schwierig erweist. Zum anderen kann möglicherweise auch der Anspruch der Jugendlichen an sich selbst, das Imaginierte möglichst realistisch wiederzugeben, ein Grund dafür sein, dass sie ihre Abbildungen zusätzlich mit Begriffen erläutern.

Auffällig ist, dass die „reinen Textdarstellungen" ausschließlich von Mädchen stammen, wohingegen die „reinen Zeichnungen" alle von Jungen angefertigt wurden. In der Nachbesprechung der Zeichnungen in der Schulklasse geben einige der Mädchen an, dass sich das, was sie ausdrücken wollten, nicht zeichnen ließ: „Also ich wusste nicht, was ich malen sollte, deswegen hab ich einfach was hingeschrieben. Also das, was ich gesagt habe, kann man nicht malen" (Mädchen, 13 Jahre, Gr7). Auch die Annahme, dass es den Jugendlichen vor allem darum ging, auf keinen Fall etwas Missverständliches auszudrücken, wird in der Nachbesprechung gestützt, wie die Aussage eines 14-jährigen Mädchens belegt: „Ja also man wusste nicht, ob man die UMGEBUNG malen soll oder so. Und wenn man nicht malen kann, wie man dann malen soll, damit man's erkennt und so".

An dieser Stelle kann die Form der Zeichnungen für die Analyse jedoch als zweitrangig erachtet werden. So steht, wie eingangs bereits angedeutet, nicht eine perfekte Zeichnung im Mittelpunkt der Analyse, sondern vielmehr das (wie auch immer gestaltete) manifeste Resultat eines tieferen Denkprozesses, bei dem sich die Jugendlichen intensiv mit dem Thema Privatsphäre auseinandergesetzt haben. Die Wahl der jeweiligen Form der Darstellung (Text, Zeichnung oder beides) erfolgte erst im Anschluss an diesen Denkprozess und stellt eine Manifestation desselbigen dar. Die schriftsprachlichen Elemente können demzufolge (gerade für die Interpretationsarbeit auf der dritten Analyseebene) als hilfreich eingestuft werden, zumal sie einer besseren Deutung des Dargestellten beitragen können.

(2) Analyse der Zeichnungen auf der Motivebene

Bei der Analyse der Jugendzeichnungen auf *Motivebene* lässt sich eine Vielfalt an gezeichneten bzw. schriftsprachlich benannten Bildelementen ausmachen. Diese reichen von dargestellten Gegenständen (wie Möbelstücken aus dem eigenen Zimmer, Computern oder Fotos) über Personen (Freunde oder Familienmitglieder) bis hin zu Aktions- und Kommunikationssymbolen (etwa die Darstellung eines persönlichen Gesprächs im Online-Video-Chat, siehe Abbildung 9.3).

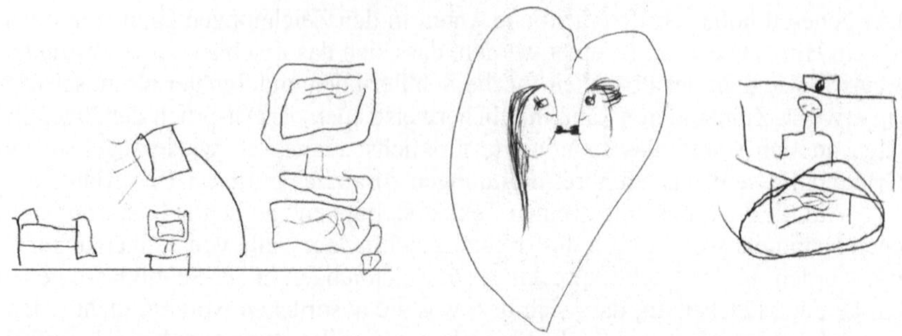

Abbildungen 9.1, 9.2, 9.3: Beispiele für identifizierte Motive in den Jugendzeichnungen. Links: Bett, Tisch/Stuhl, Lampe (Junge, 12 Jahre), Mitte: Zwei
sich küssende Menschen (Mädchen, 13 Jahre), rechts: Online-Video-Chat
(Junge, 12 Jahre).

Weiterhin zeigt die Betrachtung der Zeichnungen auf Motivebene, dass die
meisten Jugendlichen mehrere Assoziationen zum Begriff der Privatsphäre besitzen und sich offenbar nur wenige auf ein einziges Motiv in ihren Darstellungen festlegen möchten. So zeichnen oder benennen über die Hälfte der Schülerinnen und Schüler zwei Themenbereiche (52 Prozent), 12 Prozent drei und
knapp 17 Prozent sogar vier Themenbereiche. Hierbei werden geschlechterspezifische Unterschiede deutlich: Während sich knapp 40 Prozent der Jungen auf
ein einziges Motiv zum Thema Privatsphäre festlegen (meist eine bildliche Darstellung des eigenen Zimmers), so macht das bei den Mädchen lediglich eine
einzige Schülerin (Zeichnung eines Tagebuchs). Dieser Befund lässt zwei mögliche Schlüsse zu: Entweder *können* sich die meisten Mädchen nicht auf eine
einzige Assoziation von Privatheit festlegen, weil sie eben viele verschiedene
Elemente ihrem Erfahrungsbereich von Privatheit zuordnen, wohingegen die
Jungen tatsächlich einen zentralen Bereich als privat bezeichnen; oder sie *möchten* es nicht, weil sie befürchten, dass diese eine Darstellung missverstanden
werden könnte und somit die gesamte Aufgabe gegenstandslos wäre. Für Letzteres sprechen die Aussagen der Mädchen im Gruppeninterview 7, wonach sie
beim Zeichnen bemüht waren, die Motive so darzustellen, dass diese auch „richtig", also wie intendiert verstanden werden. Möglicherweise kann die nachfolgende Interpretation auf der *Bedeutungsebene* noch weitere Hinweise liefern.

(3) Analyse der Zeichnungen auf der Bedeutungsebene

Abschließend soll nun auf Basis eines offenen hermeneutischen Verfahrens geklärt werden, welche Aussagekraft und *Bedeutung* die identifizierten Motive für das Konzept von Privatheit der Jugendlichen besitzen.

Nach Kodierung der identifizierten Motive in den Zeichnungen lassen sich insgesamt acht Schlüsselkategorien herausarbeiten (siehe Tabelle 5).

Schlüsselkategorie	Anzahl Themennennungen in Zeichnungen der Jungen (n = 23)		Anzahl Themennennungen in Zeichnungen der Mädchen (n = 31)		Anzahl Themennennungen insgesamt (n = 54)	
	Absolut	*Prozent*	*Absolut*	*Prozent*	*Absolut*	*Prozent*
Freunde	3	13,0%	3	9,7%	6	11,1%
Familie	2	8,7%	4	12,9%	6	11,1%
Gedanken und Geheimnisse	1	4,3%	6	19,4%	7	13,0%
Räumlichkeit und Abgrenzung	9	39,1%	1	3,2%	10	18,5%
Daten und Informationen	5	21,7%	2	6,5%	7	13,0%
Probleme, Streit, Ärger	1	4,3%	7	22,6%	8	14,8%
Liebe und Beziehung	0	0%	7	22,6%	7	13,0%
Sonstiges	2	8,7%	1	3,2%	3	5,6%

Tabelle 5: Überblick über die finalen Kategorien von Privatsphäre auf Basis der Analyse der Jugendzeichnungen auf der Bedeutungsebene (nach axialer Kodierung). Vorkommensverteilung in Relation zu allen Themennennungen der jeweiligen Akteursgruppe.

Motive und Darstellungen, die sich den Kategorien „Freunde" oder „Familie" zuordnen lassen, werden sowohl von den Jungen als auch von den Mädchen gleichermaßen als privat eingestuft. So zeichnet ein 13-jähriges Mädchen zwei sich umarmende Personen und betitelt die Darstellung mit „Freunde für immer" (siehe Abbildung 10.1), während ein 12-jähriger Junge seine Freunde und Familie in Abgrenzung zu Bekannten oder Fremden als privat hervorhebt (siehe Abbildung 10.2). Privatheit tritt in diesem Kontext als *interpersonale Privatheit* hervor, die man sich mit engen Freunden oder der Familie – im Gegensatz zu Außenstehenden – teilt. In diesem Zusammenhang gelten auch das Zuhause oder der familiäre Wohnbereich als privat, was in den Zeichnungen beispielsweise über die Darstellung eines Kochtopfs (siehe Abbildung 10.3) oder über Abbildungen von Häusern (wie in Abbildung 10.4) symbolisiert wird.

Abbildung 10.1, 10.2, 10.3, 10.4: Beispiele für Darstellungen mit der Bedeutung
interpersonale Privatheit, geteilte Privatheit, privater Wohnraum und Zuhause
(Kategorien „Freunde", „Familie", „Räumlichkeit und Abgrenzung").

Unter Einbezug weiterer empirischer Befunde, insbesondere der Auswertungen
des Fragebogens 2 (Gruppenfragebogen „privat oder öffentlich?", Auswertung
siehe Tabelle 6) sowie der Gruppengespräche, wird deutlich, dass der Bereich
der Familie von den Jugendlichen in besonderer Hinsicht als privat gewertet
wird. So würde zum Beispiel keiner der befragten Jugendlichen im Alter zwischen 12 und 14 Jahren ein Foto des familiären Wohnbereichs im Internet veröffentlichen; zu 80 Prozent stufen die Jugendlichen in Fragebogen 2 „ein Foto von
unserem Wohnzimmer" als „auf jeden Fall privat" ein, nur in 20 Prozent der
Fällen sind sich die Schüler unschlüssig. Der familiäre Wohnbereich gilt demnach als ähnlich schützenswert wie der persönliche Rückzugsraum, das eigene
Zimmer: „Ich find beides privat, weil in meinem Wohnzimmer ist ja auch noch

meine ganze Familie dabei und in meinem Zimmer bin halt ich nur ALLEINE. Also das finde ich beides privat" (Mädchen, 13 Jahre, Gr6).

Item	Auf jeden Fall privat	nicht eindeutig	Kann ich weitergeben = öffentlich	Anzahl Fehlwertungen*
Mein Alter	10,0%	10,0%	70,0%	10,0%
Meine Adresse	100,0%	0,0%	0,0%	0,0%
Meine Schuhgröße	5,0%	10,0%	80,0%	10,0%
Die Uhrzeit, wann meine Eltern aus dem Haus sind	90,0%	5,0%	5,0%	0,0%
Krankheiten, an denen ich leide	85,0%	15,0%	0,0%	0,0%
Meine Telefonnummer	95,0%	5,0%	0,0%	0,0%
Mein Lieblingsessen	10,0%	30,0%	50,0%	10,0%
Meine Mathe-Note	45,0%	40,0%	15,0%	0,0%
Ein Foto von meinem Zimmer	60,0%	35,0%	0,0%	5,0%
Ein Foto von unserem Wohnzimmer	80,0%	20,0%	0,0%	0,0%
Meine Lieblingsmusik	5,0%	5,0%	95,0%	0,0%
Meine Religionszugehörigkeit	30,0%	20,0%	45,0%	5,0%
Ein Foto von mir im Freibad	65,0%	20,0%	5,0%	10,0%
Ein Foto von mir, auf dem nur mein Gesicht zu sehen ist	5,0%	35,0%	50,0%	10,0%
Die Höhe meines Taschengeldes	70,0%	25,0%	0,0%	5,0%
Mein Spitzname in der Klasse	10,0%	30,0%	50,0%	10,0%

Antworten, die nicht eindeutig bestimmbar waren, z. B. aufgrund von Mehrfachantworten

Tabelle 6: Auswertung des Fragebogens 2 „privat oder öffentlich?". Gruppenfragebogen (ausgefüllt von 3 bis 4 Schülerinnen und Schülern), n=20.

Es ist anzunehmen, dass die Empfindung, dass familiäre Kontexte privat sind und damit nicht veröffentlicht werden sollten, einer Norm entspricht, die den Jugendlichen von ihren Eltern und Verwandten, also der Familie selbst, vermittelt wird. So bemerkt ein 13-jähriger Junge in Gruppengespräch 1, dass seine Eltern sowie sein Onkel explizit nicht Bestandteil seiner Facebook-Einträge sein möchten:

> „Also ich kann eigentlich so lang online bleiben wie ich möchte. Nur (. . .) meine Eltern möchten nicht dabei verwendet werden, also dass vielleicht ich schreibe ‚heute hab ich 'nen TOLLEN Tag', wo meine Eltern mit Namen erwähnt werden. (. . .) Und mein Onkel möchte das nicht. Zum Beispiel der hat ja / der hat 'n BOOT und da kann ich so nicht sagen 'ich bin heut früh mit meinem Onkel aufm Boot gefahren'".

Es kann also festgehalten werden, dass das Private, dass die Jugendlichen mit dem Bereich der Familie assoziieren, ähnlich wie bei der Privatheit mit Freunden, nicht nur eine Form der individuellen Privatheit, sondern auch eine der gemeinsamen und geteilten Privatheit darstellt, dessen Grenzen die Jugendlichen wahren (lernen) müssen.

In Bezug auf die fünf Hauptkategorien der Zeichenanalyse „Räumlichkeit und Abgrenzung", „Daten und Informationen", „Gedanken und Geheimnisse", „Probleme, Streit, Ärger" sowie „Liebe und Beziehung" zeigen sich bedeutsame Unterschiede in der Relevanzsetzung dieser Privatheitsaspekte bei den Geschlechtern (siehe Tabelle 7). So werden Motive, die den drei letztgenannten Kategorien zuzuordnen sind, überwiegend – teilweise sogar ausnahmslos – von den Mädchen dargestellt, wohingegen Motive der beiden erstgenannten Kategorien überwiegend von Jungen abgebildet werden.

Kategorie	Häufigkeit der Nennungen bei den Jungen (n=13)	Häufigkeit der Nennungen bei den Mädchen (n=12)
Räumlichkeit und Abgrenzung	69,2%	8,3%
Daten und Informationen	38,5%	16,7%
Gedanken und Geheimnisse	7,7%	50,0%
Probleme, Streit, Ärger	7,7%	58,3%
Liebe und Beziehung	0%	58,3%

Tabelle 7: Überblick über die zentralen Kategorien von Privatsphäre in den Jugendzeichnungen.

Die Kategorie „Räumlichkeit und Abgrenzung" zeichnet sich dadurch aus, dass in den jeweiligen Abbildungen entweder das eigene Zimmer oder einzelne Elemente dargestellt sind, die einem abgeschlossenen Raum symbolisch zuzuordnen sind. So zeichnet ein 13-jähriger Junge beispielsweise einen Schlüssel (siehe Abbildung 11.1), einige anderen malen explizit Türen und Wände in oder um ihre privaten Zimmer (siehe Abbildung 11.2) oder zeichnen eine Toilette (gekennzeichnet durch ein „WC-Symbol", siehe Abbildung 11.1 und 11.3). Über derartige Darstellungen der physischen Abgrenzbarkeit oder Zurückgezogenheit wird die Beschäftigung mit sich selbst – und im Fall der Toilette auch mit dem eigenen Körper und den elementarsten Bedürfnissen – als zentrales Thema von Privatheit sichtbar. Dabei wird deutlich, dass die Jungen ihre Privatsphäre sowohl allgemein als im eigenen Zimmer verortet darstellen, als auch auf weitere, darin liegende Privatheitsebenen heben, etwa über die Abbildung des persönlichen Computers (im Sinne von Datenprivatheit).

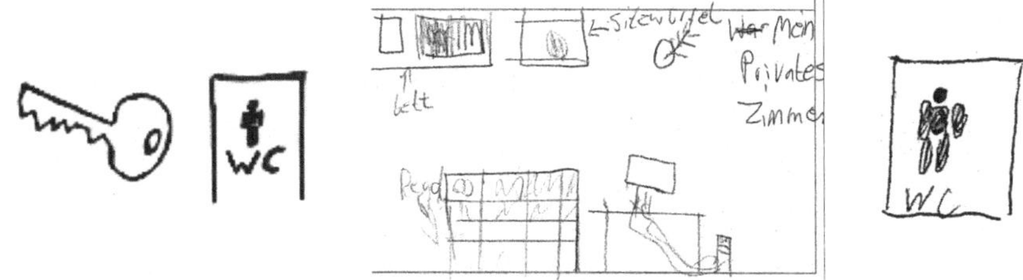

Abbildungen 11.1, 11.2, 11.3: Beispiele der Jugendzeichnungen für die Kategorie „Räumlichkeit und Abgrenzung" (Schlüssel, privates Zimmer, Toilette).

Dass der persönliche Computer von den Jugendlichen als ein zentrales Element von Privatheit gesehen wird, zeigt sich über verschiedene Darstellungen, in denen der Computer gesondert hervorgehoben wird. Als ein anschauliches Beispiel hierfür gilt die Zeichnung eines 12-jährigen Jungen, der ein Online-Gespräch über die Abbildung eines Computerbildschirms (mit aktivierter Bildschirmkamera) darstellt, in dem das Portrait einer Person sowie ein darunter befindliches Chatfenster, welches offenkundig getippte Elemente des Dialogs enthält, sichtbar sind (siehe oben, Abbildung 9.3). Es ist anzunehmen, dass es sich hierbei um die Illustration einer Kommunikationssituation mit dem Messenger-Dienst Skype handelt, den der Junge grundsätzlich recht häufig nutzt, wie er in der ersten Frage des Fragebogens 3 angibt. Diese Zeichnung ist gerade für die Betrachtung von Online-Privatheit höchst relevant, da hier nicht bloß eine Unterhaltung, sondern ein Online-Video-Chat mit den dazugehörigen Symbolen (u. a. Computerbildschirm mit Videokamera am oberen Bildschirmrand, schriftsprachliche Kommunikate durch Hervorhebung im Kreis) dargestellt werden. Diese Zeichnung wird unter die Kategorie „Daten und Informationen" subsumiert und dahingehend interpretiert, dass es dem Jungen offenbar nicht allein darum geht, auf die Privatheit von persönlichen Gesprächen allgemein hinzuweisen, sondern er betont, dass die Dialoge und die dazugehörigen schriftsprachlichen Kommunikate, die er computervermittelt durchführt, für ihn Privatsphäre bedeuten.

Insgesamt kann die Kategorie „Daten und Informationen" etwas häufiger bei den Jungen identifiziert werden als bei den Mädchen (38,5 Prozent vs. 16,7 Prozent, siehe oben Tabelle 7). In die Kategorie wurden Motive aus den Zeichnungen eingeordnet, die als eine Form von (privater) Information interpretiert wurden, wie die Darstellung von Fotos und persönlichen Bildern (siehe als Beispiele Abbildungen 12.1 und 12.2) oder auch das persönliche Gespräch mit dem Freund (siehe Abbildung 12.3). Es muss an dieser Stelle angemerkt werden, dass die Zuordnung der vorhandenen Motive zu dieser Kategorie nicht immer trennscharf gelang. So wurden zwar Motive wie „Gespräche mit Freunden" hier kodiert, Motive, die sich auf Freunde oder Freundschaften allgemein bezogen, wurden jedoch einer anderen Kategorie (in diesem Fall der Kategorie „Freunde") zugewiesen. So wird davon ausgegangen, dass es ja gerade einen Unterschied machen soll, ob nun besonders die Gespräche mit den Freunden oder die freundschaftliche Beziehung, die auch Treffen, Freizeitaktivitäten etc. mit einbezieht, als privat gelten sollen. Andernfalls hätten die Jugendlichen nicht den konkreten Akt des Kommunizierens in ihren Zeichnungen dargestellt. Aus diesem Grund wurden die Gespräche zwischen Freunden im Sinne eines vertraulichen Informationsaustausches gewertet und daher der Kategorie „Daten und Informationen" zugeordnet.

Abbildungen 12.1, 12.2, 12.3: Beispiele der Jugendzeichnungen für die Kategorie „Daten und Informationen" (Fotos/Bilder, Gespräche).

Während die Geschlechterunterschiede bei der Kategorie „Daten und Informationen" noch am geringsten ausfallen, sind sie bei den verbleibenden Kategorien besonders auffällig (siehe Tabelle 7 oben). Dies trifft vor allem auf die Kategorie „Liebe und Beziehung" zu, die bei fast 60 Prozent der Mädchen eine wichtige Rolle im Kontext ihrer Privatsphäre spielt, aber bei keinem der Jungen Erwähnung findet. In den Zeichnungen der Mädchen lassen sich hier zum Beispiel Herzsymbole, ein küssendes Pärchen (siehe oben, Abbildung 9.2) oder schriftsprachliche Hinweise („Liebe") erkennen, die auf den genannten Bedeutungszusammenhang verweisen. Eng damit verbunden sind Darstellungen oder Anmerkungen, die mit dem Themenbereich „Probleme, Streit, Ärger" verbunden sind, den die Mädchen ebenfalls als sehr privat erachten. So sind diese Begriffe entweder explizit genannt (zum Beispiel „Streit" oder „Probleme" in Abbildungen 13.1 und 13.2) oder es werden entsprechende Motive gezeichnet, die diesen Kontext symbolisieren (wie etwa ein weinendes Gesicht, siehe Abbildung 13.3). Die „Probleme", die die Jugendlichen benennen, beziehen sich dabei in erster Linie auf die Liebe, ihre Freunde oder auch die Familie.

Abbildungen 13.1, 13.2, 13.3: Beispiele der Jugendzeichnungen für die Kategorie „Probleme, Streit, Ärger" (konkrete Benennungen, weinendes Gesicht), alle Darstellungen stammen von Mädchen.

Die stark beziehungsorientierte Konnotation von Privatheit, die in den Kategorien „Liebe und Beziehung" sowie „Probleme, Streit, Ärger" sichtbar wird, zeigt sich daneben auch in der Kategorie „Gedanken und Geheimnisse". Diese konnte vor allem für die Motive in den Zeichnungen der Mädchen (50 Prozent) kodiert werden, weniger jedoch für die Darstellungen der Jungen (7,7 Prozent). Diese Kategorie bezieht sich zum einen auf persönliche Geheimnisse, wie sie beispielsweise ein 12-jährigen Mädchen in ihrer Zeichnung eines Tagebuchs symbolisch dargestellt werden (siehe Abbildung 14.1). So ist das Tagebuch geradezu ein Synonym für Begriffe wie „Geheimnis, Intimität und Tabu" (Konert/Hermanns 2002: 456). Hierin zeigt sich eine besonders gefühlsbetonte Zurückgezogenheit, die die Mädchen mit Privatheit assoziieren. Daneben setzen sie den Aspekt „Geheimnis" aber auch häufig in einen dezidierten Beziehungskontext, indem sie die „Geheimnisse mit der besten Freundin" als privat bezeichnen oder explizit auf den Aspekt des Teilens von Geheimnissen verweisen. Letzteres wird in der Zeichnung einer 13-Jährigen deutlich, in der ein Mädchen mit Sprechblase abgebildet ist, die folgende Worte enthält: „Ich will dir ein Geheimnis erzählen von Karli..." (siehe Abbildung 14.2). Hier wird gerade der Zusammenhang des Weitererzählens von Geheimnissen betont, der diesem Mädchen offenbar besonders wichtig ist.

Abbildungen 14.1, 14.2: Beispiele der Jugendzeichnungen für die Kategorie „Gedanken und Geheimnisse" (Tagebuch, ein Geheimnis weitererzählen), alle Darstellungen stammen von Mädchen.

Insgesamt verdeutlichen die Befunde aus der Zeichnungsanalyse, dass Mädchen und Jungen ganz unterschiedliche Schwerpunktsetzungen in Bezug auf ihr Privatheitsverständnis besitzen. So kann Privatsphäre für die 12- bis 14-jährigen Jungen vor allem zweierlei bedeuten: Einmal im Sinne eines Konzepts territorialer Kontrolle, in dem es Räume oder Orte des physischen Rückzugs und der Abgrenzung von einer anderen, weniger privaten Welt gibt; und ein anderes Mal im Sinne von Informationen, die sie im persönlichen Gespräch oder medienvermittelt austauschen. Für die Mädchen dieser Altersgruppe ist Privatheit hingegen grundsätzlich stärker emotionalisiert und in erster Linie mit interpersonalen Beziehungen wie Liebe, Freundschaft oder Familie assoziiert. Für Mädchen scheint Privatheit damit deutlich abstrakter und weniger greifbar als das bei den Jungen der Fall ist, die Privatheit vor allem anhand physischer Grenzen definieren.

2.3 Zwischenfazit: Online-Privatheit 12- bis 14-Jähriger

Auf Basis der bisherigen Analyseergebnisse kann festgehalten werden, dass die 12- bis 14-Jährigen zum Teil erhebliche Schwierigkeiten damit haben, ihre Bedürfnisse nach Interaktion und Identitätsbildung einerseits mit den normativen Ansprüchen sowie mit ihren persönlichen Vorstellungen in Bezug auf die Konstruktion ihrer Online-Privatheit andererseits in Einklang zu bringen. Was die normative Rahmung ihrer Handlungen betrifft, so hat sich gezeigt, dass die Jugendlichen bei ihrer Online-Kommunikation sowohl festen Regeln, die sie unter anderem von den Eltern vorgegeben bekommen (etwa keine Selbstoffenbarungen in Bezug auf das Familienleben zu kommunizieren), als auch latent vorhandenen Normen folgen, die sie aus der Offline-Welt transferieren. Hierzu zählt auch das Wissen darum, bei der Kontaktaufnahme mit fremden Personen vorsichtig zu sein oder mögliche daraus resultierende Handlungen zu bedenken.

Allerdings handeln die Jugendlichen im Online-Kontext oft weniger rational und entgegen bestehenden, objektiven Verhaltensregeln (oder entgegen dem, was ihnen von Erwachsenen vorgegeben wird), sondern bilden über die Interaktion mit der Peergroup neue, für sie gültige Normen des Online-Handelns aus. Hierbei spielen insbesondere affektive Motive eine große Rolle, vor allem das Bedürfnis nach sozialen Gratifikationen wie positive Rückmeldungen oder Anerkennungen aus der Peergroup. Der Wunsch, sich außerhalb des Familienlebens selbst zu behaupten und Anerkennung von anderen zu erhalten, führt dazu, dass die Jugendlichen tendenziell stärker risikobehaftete Aktionen im Netz durchführen (auch entgegen ihres Wissens), beispielsweise die Freundschaftsanfragen von Unbekannten annehmen oder ihren Informationsfluss graduell nicht automatisch einteilen und regulieren. Potenziell gegen dieses Handeln stehende rationale Argumente werden von den Jugendlichen dabei nur wenig beachtet, nicht zuletzt aus Mangel an einschlägigen negativen Erfahrungen und dem prinzipiell großen Vertrauen, dass sie ihren Kontakten entgegen bringen.

Die These, dass die Jugendlichen im Kontext ihrer Privatheitskonstruktion im Netz überwiegend impulsiv handeln, ließ sich anhand der Analysen der Fragebögen und Gruppeninterviews zugegebenermaßen kaum belegen. Gleichwohl konnten im bisher analysierten Datenmaterial auch keinerlei Anhaltspunkte für ein gegenteiliges Verhalten gefunden werden, also zum Beispiel Anzeichen dafür, dass die Jugendlichen im Rahmen ihres Online-Informationsoutputs ihre Datenschutzbedenken oder Sorgen über drohende Privatsphärenverletzungen oder über den inneren Wunsch zur Selbstoffenbarung im privaten Austausch stellten. Fraglich bleibt insbesondere, welcher Art die negativen Konsequenzen des individuellen Handelns sein müssen, damit diese Einfluss auf die Privacy Awareness der Jugendlichen bzw. ihr zukünftiges Handeln nehmen. Hierfür bedarf es tiefer gehender Analysen, um die zugrunde liegenden Mechanismen des individuellen Privatheitsprozesses genauer zu erforschen.

Ein weiterer zentraler Befund aus dieser ersten Forschungsphase der empirischen Untersuchung bestand darin, dass Jungen und Mädchen ganz unterschiedliche Auffassungen davon besitzen, was für sie in erster Linie als privat gilt. Hier stehen physische Rückzugsmöglichkeiten bei den Jungen, wie das eigene Zimmer und die Beschäftigung mit dem Selbst, abstrakteren Privatheitszuschreibungen bei den Mädchen, wie Liebe, Gefühle oder Sorgen, gegenüber. Daneben gelten in Bezug auf User Generated Content im Netz insbesondere Fotos oder Erzählungen von persönlichen Erlebnissen, Gedanken oder Gefühlen zu den Inhalten, die als sehr privat angesehen werden.

Auf welche Weise Mädchen und Jungen in sozialen Netzwerken ihre Online-Privatheit im Einzelnen ausgestalten, regulieren und kontrollieren, welchen intrinsischen oder extrinsischen Faktoren konkret ihr privatheitsrelevantes Handeln bestimmen, und ob es hierbei noch weitere geschlechter- oder auch altersspezifische Unterschiede gibt, soll nun in der nächsten Forschungsphase fokussiert erörtert werden

3. Handlungsmuster und Determinanten im Online-Privatheitsprozess 15- bis 18-Jähriger

Die vorangegangene Untersuchungsphase war zu einem großen Teil explorativ ausgerichtet. Mithilfe der Gruppengespräche, Fragebögen und Zeichnungen gelang es, den breiten Bereich der Online-Privatheit bei Jugendlichen anhand wichtiger Fokalpunkte entlang der Forschungsfragen einzugrenzen. Zusammen mit den Ergebnissen der Vorstudie dienten diese ersten Befunde sowohl zur Kenntnissicherung des theoretisch erarbeiteten Wissens als auch zur Entdeckung bislang unbekannter Zusammenhänge und der Spezifizierung ebendieser. Dabei standen zunächst Jugendliche der Altersgruppe 12 bis 14 Jahren im Zentrum des Interesses, bei denen sich die Sozialisation über das Internet sowie die Bildung der individuellen Privatsphäre noch eher in einem Anfangsstadium befinden.

In der zweiten Forschungsphase geht es nun darum, anhand von materialbezogenen Leitfadeninterviews mit 15- bis 18-Jährigen in Einzeltreffen konkret der Frage nachzugehen, wie sie ihre Online-Privatheit strategisch konstruieren, ausgestalten und regulieren und welche Absichten sie dabei mit ihrem Online-Handeln verfolgen. Die Methode des Einzelinterviews eignet sich hier besonders gut, da diese in der qualitativen Medienforschung grundsätzlich dazu eingesetzt wird, typische Handlungs- und Deutungsmuster von Menschen bei ihrem Umgang mit Medien zu rekonstruieren (Bergmann 2011: 30). Ziel ist es, durch überlegtes Nachfragen das Wissen, die Erfahrungen, Einstellungen und die persönlichen Motive der Jugendlichen zu erfassen, die im Zusammenhang mit ihrem individuellen Online-Handeln, insbesondere in sozialen Online-Netzwerken stehen. Die Aussagen der Befragten werden dabei durch die gleichzeitige Betrachtung ihrer Online-Kommunikate im persönlichen Nutzer-profil einer Netzwerkseite substantiiert („Material") und deren begleitende Computeraktivitäten in Form von sogenannten *Screenrecordings* fixiert. Durch dieses Doppel-Verfahren können neben den rekonstruktiven Daten, die sich als Erinnerungen der Jugendlichen an einzelne Handlungen in Ton und Bild darstel-len (Interviewmitschnitte und Screenrecordings), auch registrierende Daten erhoben werden, die sich bei der Neubewertung des Geschehenen oder bei der Vollführung neuer kommunikativer Handlungen (dem Erstellen von Beiträgen oder Anpassen von Einstellungen auf der Online-Profilseite etc.), die den Inter-viewten explizit erlaubt sind, ergeben.

Im Analyseverfahren werden die Einzelfälle einem Vergleich unterzogen, um potenzielle Gemeinsamkeiten oder bestimmte, generalisierbare Charakteris-tika hinsichtlich der Konstruktion von Online-Privatheit bei den Jugendlichen zu entdecken. Damit soll zudem die Option gewährleistet sein, spezifische Handlungsmuster zu identifizieren, die sich etwa aufgrund geschlechter- oder altersspezifischer Unterschiede abzeichnen.

Die Interpretation der Interviews und Screenrecordings erfolgt dabei stets vor dem Hintergrund der Hypothesen im Modell der User Generated Privacy (vgl. Kapitel IV.3). Nach Maßgabe dessen werden also vor allem die Zusam-menhänge geprüft, die darauf hinweisen, dass ein Befragter oder eine Befragte bei seinem Online-Handeln mehr oder weniger

- affektiv motiviert vorgeht,
- eine geringe Privacy Awareness vorweist,
- risikofreudig agiert,
- die plattformspezifischen, technischen Einstellungen strategisch für die Privatheitskonstruktion einsetzt,
- das persönliche Privatheitsempfinden hinter die sozialen Gratifikationen aus der Online-Kommunikation stellt und
- eingetretene unintendierte Handlungsfolgen möglicherweise umdeutet.

Wie in der vorhergehenden Forschungsphase ist das Analyseverfahren dabei trotz Vorgabe dieser einzelner Hypothesen im Wesentlichen von einer offenen Hermeneutik geprägt, bei der über die postulierten Annahmen hinaus empirische Zusammenhänge erforscht und somit Antworten für die Forschungsfragen er-mittelt werden sollen. Ziel ist es, mittels der vergleichenden Einzelfallanalyse musterhafte Handlungsweisen der Jugendlichen zu identifizieren, die (wie auch immer geartete) typische Konstellation von Handlungsmotiven, Handlungsaus-führungen und Handlungsbewertungen ihres privatheitsrelevanten Online-Han-delns aufzeigen.

Vorbereitung der Interviews und Datenerhebung

Der Interviewleitfaden war so konstruiert, dass er einerseits ein am Forschungsthema orientiertes Befragungsgerüst lieferte (Berücksichtigung der zentralen
Hypothesen des Modells der User Generated Privacy) und andererseits der Forscherin dennoch die Entscheidungsfreiheit darüber ließ, „welche Frage wann in
welcher Form gestellt wird" (Gläser/Laudel 2010: 142). Damit war es auch
möglich, auf die Antworten der Interviewten einzugehen und fernab der schriftlich festgehaltenen Gedanken gezielte Nachfragen zu stellen. Die vorformulierten Fragen dienten somit in erster Linie der *Anleitung* und Absicherung, auch
für den Fall, dass sich das Gespräch in eine ungeplante Richtung weiterentwickeln würde. In Bezug auf die inhaltlichen Ziele, die mit den einzelnen Fragen
im Leitfaden erreicht werden sollten, kann zwischen Fakten- oder Informationsfragen einerseits und Meinungs- oder Einstellungsfragen andererseits unterschieden werden (vgl. Gläser/Laudel 2010: 122 ff.). Erstgenannte dienten dazu,
Informationen zum Online-Profil der Jugendlichen zu erfragen (zum Beispiel:
„Sind das richtige Geburtsdatum oder der richtige Name eingetragen?" etc.) und
um ihr vorhandenes Wissen, etwa in Hinblick auf das Thema Datenschutz, zu
prüfen. Die Einstellungs- oder Meinungsfragen waren darauf ausgerichtet, Einblick in die Denkweise und Haltungen der Jugendlichen zu den einzelnen Themenbereichen zu erhalten, die schließlich Aufschluss über ihre Motive zu privatheitsbezogenem Online-Handeln geben sollten. Grundsätzlich war es wichtig, das Gespräch am Laufen zu halten und dafür zu sorgen, dass die forschungsrelevanten Themenbereiche auch ausreichend behandelt werden.
 Befragt wurden insgesamt zehn Schülerinnen und Schüler einer 10. und 11.
Klasse eines Gymnasiums aus Nordrhein-Westfalen, davon waren fünf Mädchen
und fünf Jungen, im Alter von 15 bis 18 Jahren. Für jedes Interview waren einschließlich der Begrüßung und der Verabschiedung maximal 60 Minuten vorgesehen; ein Gespräch dauerte im Schnitt 42 Minuten.

Die Schülerinnen und Schüler waren grob über den Inhalt der Gespräche und
die Erfassung ihrer Online-Profilseite mittels begleitender Screenrecordings
informiert. Dabei wurde es bewusst vermieden, Assoziationen mit dem Thema
Privatsphäre bzw. Online-Privatheit zu erzeugen, damit die Befragten nicht im
Vorfeld relevante Anpassungen an ihrem Online-Profil vornehmen (etwa die
Privatsphäre-Einstellungen korrigieren) oder andere für die Analyse von Online-
Privatheit relevante Inhalte editieren würden. Das vorgegebene Thema lautete
somit recht generell auf „die Erforschung der sozialen Netzwerknutzung".

Auswertungsverfahren und Ergebnisdarstellung

Das vorliegende methodische Setting macht sowohl in der Analysevorbereitung als auch bei der Analyse selbst einige Anpassungen der bisher in der Studie etablierten Herangehensweise notwendig. So wurden etwa beim Einpflegen der Interviewtranskripte in das QDA-Programm bestimmten Merkmalen der Einzelfälle Variablen zugewiesen, welche die spätere vergleichende Analyse der Interviews mithilfe der Software vereinfachen sollte. Variablen sind Meta-Informationen eines Falls (ein Fall entspricht einem Interview), die verschiedene nominal, ordinal oder numerisch skalierte Daten bezeichnen können. Generell werden bei der Erstellung eines Projekts im Programm QDA Miner einzelne Variablen, wie der Name eines Falls („File") sowie das Dateiformat („Document", „Video", „Picture" etc.) automatisch generiert. Zusätzlich wurden den Einzelinterviews folgende Variablen manuell zugewiesen: „Gender"; nominal: female/ male), „Age" (das Alter; numerisch) und „FB_Friends" (die Anzahl der Facebook-Freunde; numerisch). Die Parametrisierung der Fälle über Variablen hat den Vorteil, dass die vergebenen Kodes und Kategorien somit zusätzlich entlang der Variablen fallübergreifend statistisch ausgewertet werden können. So lässt sich beispielsweise aufbauend auf die qualitative Inhaltsanalyse mithilfe einer automatisierten Überprüfung der Daten bestimmen, welche Kategorien wie häufig bei Jungen oder Mädchen welchen Alters kodiert wurden. Diese Systematisierung ist dabei nicht nur für den Vergleich der Einzelinterviews untereinander, sondern gerade auch für die spätere Zusammenführung der Ergebnisse aller Untersuchungsphasen hilfreich.

Weiterhin wird auch das Kodierverfahren bei der Inhaltsanalyse der Interviews nicht zuletzt aufgrund der unterschiedlichen Datenstruktur von Text und Video (Screenrecordings) an einzelnen Stellen im Vergleich zur Auswertung in der vorherigen Forschungsphase wie folgt modifiziert:

1. In der Phase des offenen Kodierens, in der im Rahmen einer groben Inhaltsanalyse wichtige Informationen im Interviewtranskript ausgewählt werden, ist auch die Identifikation zentraler Sequenzen der Screenrecordings inkludiert. Diese werden im ersten Analyseschritt genauso wie der gesamte Transkripttext noch nicht interpretiert, sondern zunächst als relevant markiert.
2. Bei der axialen Kodierung werden die Screenrecording-Sequenzen zur näheren Bestimmung und Interpretation der Interviewaussagen herangezogen. Die *Screenrecording-Analyse* ist dabei untergliedert in die *Screenactivity-Analyse* einerseits, bei der die für den jeweiligen Zusammenhang entscheidenden Bildschirmaktionen (wie inhaltliche Editierungen auf der Online-Plattform, Klickabfolgen oder Mausbewegungen sofern ersichtlich etc.) ausgewertet werden, und in die *Materialanalyse* andererseits, in der die

entsprechenden Online-Inhalte selbst (z. B. Statusmitteilungen, Privatsphäre-Einstellungen, angegebene Profilinformationen etc.) zu analysieren sind. Ausgewählte Ergebnisse der Screenrecording-Analyse sind nachstehend in den Tabellen 8 und 9 dargestellt.

3. Unter stetigem Rückbezug innerhalb eines Interviews werden anschließend bei der selektiven Kodierung die gesammelten Kodes zu zentralen, an den Hypothesen orientierten Kategorien zusammengefasst. Für die tiefer gehende Auslegung werden hier zudem die entsprechenden Videosequenzen der Bildschirmaktionen mitberücksichtigt.

Angabe von persönlichen Informationen im Facebook-Profil	Manuela, 17 J.	Nicole, 16 J.	Anna, 15 J.	Maja, 15 J.	Klaas, 16 J.
Nutzt Facebook („FB") seit	2009	2010	2010	2010	2010
Anzahl der FB-Kontakte	723	307	456	252	281
Anzahl Gruppenmitgliedsch.	12	7	8	4	5
Angabe Geburtsdatum	2	1	2	2	1
Angabe Handynummer	0	0	0	0	0
Angabe Adresse	0	0	0	0	0
Angabe Wohnort	0	1	0	0	1
Angabe Schule	0	1	1	1	1
Anzahl_In Fotos markiert	162	60	125	33	25
Anzahl_Eigene Fotos	22	453	58	75	10
An Orten eingeloggt	39	50	6	6	22
Angabe Beziehungsstatus	1	1	0	3	1
Sichtbarkeit der eigenen Infos für… (Freunde bedeutet „alle Kontakte")	Freunde	Freunde	Freunde	Freunde	Freunde
Wer kann in die Chronik posten / Nachrichten auf der Pinnwand hinterlassen?	Freunde	Freunde	*	Freunde	Freunde
Wer kann sehen, was andere in die Chronik posten?	Freunde von Freunden	Freunde von Freunden	*	Freunde von Freunden	Freunde von Freunden
Anzahl Freundeslisten	0	0	0	0	7
Anzahl blockierter Kontakte	0	4/0**	0	0	0
Anzahl der verwendeten Drittanbieteranwendungen	5	42	13	27	16

*Legende: 0 = Keine Angabe; 1 = korrekt angegeben; 2 = unvollständig angegeben; 3 = falsche Information angegeben; *Angaben nicht erfasst **Einstellung „4 blockierte Kontakte" wird während des Interviews auf 0 blockierte Kontakte angepasst*

Angabe von persönlichen Informationen im Facebook-Profil	Simon, 18 J.	Lukas, 17 J.	Nico, 17 J.	Pascal, 16 J.	Sarah, 16 J.
Nutzt Facebook („FB") seit	2010	2011	2010	2009	2011
Anzahl der FB-Kontakte	409	767	924	320	333
Anzahl Gruppenmitgliedsch.	7	15	14	10	5
Angabe Geburtsdatum	3	1	1	1	2
Angabe Handynummer	0	0	0	0	0
Angabe Adresse	0	0	0	0	0
Angabe Wohnort	1	1	1	1	0
Angabe Schule	1	1	1	1	1
Anzahl_In Fotos markiert	12	26	49	25	19
Anzahl_Eigene Fotos	*	31	*	137	11
An Orten eingeloggt	5	29	2	6	11
Angabe Beziehungsstatus	0	1	1	1	*
Sichtbarkeit der eigenen Infos für… (Freunde bedeutet „alle Kontakte")	öffentlich	Freunde	Freunde	Freunde von Freunden	Freunde
Wer kann in die Chronik posten / Nachrichten auf der Pinnwand hinterlassen?	Freunde	Freunde	Freunde	Freunde	Freunde
Wer kann sehen, was andere in die Chronik posten?	Freunde von Freunden	Freunde von Freunden	Freunde von Freunden	Freunde von Freunden	Freunde von Freunden
Anzahl Freundeslisten	0	0	0	0	0
Anzahl blockierter Kontakte	0	0	0	0	0
Anzahl der verwendeten Drittanbieteranwendungen	2	15	32	36	*

Tabelle 8.: Ergebnisse der Screenrecording-Materialanalyse. Auswertung privatheitsrelevanter Angaben im Facebook-Profil der befragten Jugendlichen.
*Legende: 0 = Keine Angabe; 1 = korrekt angegeben; 2 = unvollständig angegeben; 3 = falsche Information angegeben; *Angaben nicht erfasst*

Nicole, 16 J.	Anna, 15 J.	Maja, 15 J.	Klaas, 16 J.	Lukas, 17 J.
00:11:51 bis 00:12:17: Aufhebung der Blockierung für vier Kontakte	*00:02:52 bis 00:03:43:* beantwortet eine Privatnachricht	*00:00:56:* liket einen „Spruch des Tages" („Ich wäre gerne abends mal so müde wie morgens!")	*00:10:28 bis 00:10:36:* schreibt Geburtstagsgrüße auf die Pinnwand einer Freundin	*00:03:05 bis 00:03:15:* verlässt die öffentliche Gruppe „Einfach mal abdrehen"
	00:04:08: liket einen Beitrag eines Freundes (Status-Update)	*00:02:20 bis 00:02:25:* beantwortet eine Privatnachricht	*00:27:38 bis 00:27:44:* aktiviert vorherige Zustimmungs-erteilung für Foto-Markierungen seines Profils	
	00:05:03: liket den Beitrag einer Freundin (Profilbild-Aktualisierung)	*00:06:45:* liket den Beitrag einer Freundin (Videoclip des Songs „Seize the day" von Avenged Sevenfold)	*00:31:13 bis 00:31:44:* Demarkiert Informationen, die an Drittanbieter weitergegeben werden	
	00:22:18: „stupst zurück"	*00:07:02 bis 00:07:09:* verfasst einen Kommentar zum Videoclip des Songs „Seize the day" (s.o.)		
		00:14:30 bis 00:15:12: beantwortet eine eingehende Chatnachricht		
		00:26:24: ändert die „Funktions-weise von Verbin-dungen" von „alle" auf „Freun-de von Freunden"		
		00:40:18 bis 00:40:24: beantwortet eine eingehende Chatnachricht		

Tabelle 9: Ergebnisse der Screenactivity-Analyse: Vorgenommene Editierungen der Jugendlichen in ihrem Facebook-Profil während des Interviews unter Angabe der Fundstelle in der Bildschirmaufnahme.

Die ausführlichen Gespräche mit den 15- bis 18-Jährigen und die Belege ihrer Online-Kommunikation in Form von Screenrecordings liefern ein aussagekräftiges Datenkorpus, dessen Auswertung Aufschluss über die Motivationen, Handlungsmuster und zentralen Strategien der Jugendlichen gibt, mit denen sie ihre Online-Privatheit konstruieren, gestalten und kontrollieren. Bereits die Betrachtung der Einzelfälle zeigt, dass sich die Regeln, nach denen die Jugendlichen online handeln, einerseits auf Basis individualzentrierter und situativ spezifisch zusammenspielender Faktoren ergeben, andererseits jedoch auch Tendenzen erkennbar sind, die sich überindividuell entwickeln. Zur systematischen Nachzeichnung dieser Tendenzen und möglichen Handlungsmuster werden die Einzelfälle entlang der zentralen Analysekategorien gezielt miteinander verglichen („kategorienbezogene Synopse", Kelle/Kluge 2010: 79). Dabei werden zentrale Merkmale der Einzelfälle herausgestellt, über deren Gruppierung sich andere Einzelfälle sinnvoll abgrenzen lassen (vgl. Kluge 2000, Kelle/Kluge 2010: 83 ff., Kuckartz 2010).

Beim Auswertungsverfahren wird dabei im Datenmaterial nach den übergreifenden „Themen" geforscht, mit denen sich Rückschlüsse auf Gemeinsamkeiten oder Unterschiede im privatheitsrelevanten Online-Handeln der Jugendlichen ziehen lassen. Diese Themen sind einerseits die von den Jugendlichen selbst gesetzten inhaltlichen Schwerpunkte, die sich über ihre Antworten in den Interviews als bedeutend für ihr Online-Handeln herauskristallisiert haben (bestimmte Formen der Selbstdarstellung, persönliche Meinungen zum Thema Datenschutz usw.) und andererseits die in der Analyse valent werdenden sozialpsychologischen Komponenten im Handlungsprozess, die in Anlehnung an die Terminologie des Modells der UGP in Form von Kategorien und Subkategorien sowie Kodes festgeschrieben werden können. Hierzu zählen insbesondere Hinweise auf die Intention bzw. Motivation ihres Handelns, die Privacy Awareness der Jugendlichen oder die Art und Weise, wie sie ihr Handeln selbst bewerten. Damit wird es auch möglich, über eine Quantifizierung der Kodes fallübergreifende Merkmale zu identifizieren und schließlich (qualitativ) analytisch zu diskutieren. Im Einzelnen umfasst die vergleichende Analyse folgende vier Untersuchungsschritte:

1. *Auswahl anhand quantitativer Datenmerkmale (Kodierhäufigkeiten):* In diesem Schritt der Analyse werden zunächst die Aussagen der Jugendlichen betrachtet, die sich über ihre Kodierung aus quantitativen Aspekten (Häufigkeitsverteilung) als besonders zentral im Dataset erweisen.
2. *Auswahl anhand qualitativer Datenmerkmale:* In einem weiteren Analyseschritt werden die auf quantitativer Basis extrahierten Kodes und Kategorien unter Bezugnahme auf die in den vorherigen Untersuchungsschritten gewonnen Erkenntnisse diskutiert und ihre Aussagekraft für die Forschungsfragen interpretiert.

3. *Auswahl anhand demografischer Fallmerkmale:* Mit diesem Schritt der vergleichenden Analyse soll es möglich werden, die bereits als zentral festgelegten Kodes und Kategorien anhand der vorhandenen demografischen Variablen vergleichend zu betrachten und auf diese Weise sich manifestierende alters- und/oder geschlechterspezifische Muster zu entdecken.
4. *Auswahl anhand deskriptiver, quantitativer Fallmerkmale:* Weiterhin werden auch die Befunde der Screenrecording-Analyse dezidiert mit einbezogen, wobei hier ein besonderer Fokus auf die Informationen gelegt werden soll, welche die Facebook-Nutzung der Jugendlichen in quantitativer oder standardisiert auswertbarer Hinsicht charakterisieren. Dies betrifft vor allem „profilbezogene Fakteninformationen" (etwa die Anzahl der Facebook-Kontakte), „sensible Inhalte" (wie die Anzahl veröffentlichter Fotos oder die Anzahl der Verlinkungen auf Fotos anderer), sowie die jeweiligen „Privatsphäre-Einstellungen" (z. B. die Festlegung der Sichtbarkeit der Inhalte für bestimmte Empfängerkreise), siehe Tabelle 8[17].

Die fallübergreifende Auswertung der Daten ergibt sich somit als kombinierte Analyse quantitativer und qualitativer Faktoren, die in Bezug zueinander zu interpretieren sind. Die Untersuchung wird dabei, insbesondere bei den quantitativen Analyseschritten, von den Funktionen der QDA-Software unterstützt, die das Metrisieren, Skalieren und Vergleichen der kodierten Daten systematisiert.

Es soll noch darauf hingewiesen werden, dass die einzelnen Analyseschritte nicht als streng voneinander getrennte, chronologisch aufeinander aufbauende Maßnahmen, sondern als komplementäre Untersuchungstechniken zu verstehen sind, die ineinander übergreifen und sich an verschiedenen Stellen gegenseitig stützen. Dies ist insofern wichtig, als dass bei der Suche nach typologischen Handlungsmustern grundsätzlich sowohl empirische Regelmäßigkeiten und statistische Korrelationen als auch deren Bedeutung erschlossen werden müssen (Kelle/Kluge 2010: 90). Daneben wird es auf diese Weise möglich, auch komplexere Phänomene zu identifizieren, die sich nicht allein anhand *eines* Merkmals beschreiben lassen, sondern sich erst über einen spezifisch – quantitativ und/oder qualitativ – begründbaren Zusammenhang festhalten lassen.

---

17 Die Benennung dieser Informationsformen ist an bestehenden Kategorisierungen von privaten Informationen auf sozialen Netzwerkseiten orientiert (siehe etwa Krämer/Haferkamp 2011, Taddicken 2011, 2014).

Auswertung

Nach abgeschlossener Kodierarbeit der Einzelfälle ergeben sich insgesamt acht Oberkategorien, die in ein Kategoriensystem verschiedener Subkategorien und Kodes aufgeschlüsselt sind. Von diesen Kategorien sind sieben in Hinblick auf die Forschungsfragen als besonders zentral zu erachten (die achte Kategorie „Sonstiges" subsumiert Kategorien und Kodes, die nicht in direktem Kontext zum Thema Privatheit oder Online-Privatheit stehen). Eine Übersicht aller Oberkategorien mit einer kurzen Erläuterung findet sich in nachstehender Tabelle 10. Die Analyse der Häufigkeitsverteilung der zentralen Kodes und Kategorien ergibt schließlich zehn Kodes aus insgesamt fünf verschiedenen Oberkategorien, die in 50 Prozent aller Fälle oder darüber hinaus vorkommen (siehe Tabelle 11).

Die Bedeutung und Zusammenhänge der identifizierten Kodes werden nun im Rahmen von drei Themenkomplexen diskutiert. Der erste betrifft die Handlungsmuster, die sich für die private Interaktion der Jugendlichen untereinander auf Facebook als zentral erweisen und geht dabei insbesondere auf das Spannungsverhältnis zwischen Digital Crowding und Selbstoffenbarung ein. Hierbei können Handlungsstrategien identifiziert werden, die auf ein besonderes Regulierungshandeln der Jugendlichen verweisen, mit dem sie zwischen ihrem Mitteilungs- und Kontaktbedürfnis auf der einen Seite und ihrem Anspruch, diese Inhalte auf der anderen Seite besonders interessant und kreativ zu gestalten, balancieren. Der zweite Themenkomplex bezieht sich auf das dem Online-Handeln der Jugendlichen zugrunde liegende Privatheitsbewusstsein und seine Wechselwirkung mit anderen Faktoren, wie etwa der Nutzungskompetenz, dem Datenschutzwissen oder dem kontextuellen Erfahrungswissen. Schließlich befasst sich der dritte Abschnitt mit dem Privatheitsverständnis der Jugendlichen und ihrer Einstellung zur Veröffentlichung persönlicher Informationen im Netz.

Nr.	Bezeichnung der Oberkategorie	Erläuterung der enthaltenen Subkategorien und Kodes
(1)	Privatheitsverständnis	Hier wurden Aussagen kategorisiert, die das allgemeine u. Facebook-spezifische Privatheitsverständnis der Jugendlichen (auch diesbezügliche Normen und Werte) betreffen sowie Hinweise darauf, welche Inhalte auf Facebook die Jugendlichen als „privat" bezeichnen
(2)	Privacy Awareness und Handlungsmotive	Diese Kategorie betrifft Hinweise auf das Privatheitsbewusstsein der Jugendlichen sowie auf ihre Einstellung zu potenziellen Datensicherheitsrisiken oder Privatsphärenverletzungen (auf Facebook und allgemein) sowie Hinweise auf die (situativen) Motivlagen und Intentionen ihres Handelns
(3)	Privater Informationsoutput	Hier wird thematisiert, welche (strategischen) Ausführungsmöglichkeiten privaten Handelns die Jugendlichen auf Facebook praktizieren und welche Informationen oder Inhalte sie zur Konstruktion und Gestaltung ihrer Online-Privatheit veröffentlichen
(4)	Privater Informationsinput	Diese Kategorie bezieht sich auf das Feedback, das die Jugendlichen von anderen als Reaktion auf ihre eigenen privatheitsrelevanten Inhalte erhalten sowie auf die Rezeption von Online-Inhalten anderer User
(5)	Regulierungs- und Kontrollmechanismen privatheitsrelevanten Online-Handelns	Kodiert wurden Hinweise bzgl. konkreter Maßnahmen, die die Jugendlichen zur Regulierung und Kontrolle ihrer Online-Inhalte anwenden (manuell und unter Zuhilfenahme der technischen Optionen)
(6)	Datenschutzwissen / Nutzungskompetenz	Kodiert wurden Äußerungen, die Aufschluss darüber geben, welche Informationen zum Datenschutz die Jugendlichen von Eltern/Schule erhalten und über welches Wissen/ welche Kompetenzen sie bzgl. der technischen Facebook-Funktionen verfügen
(7)	Erfahrung mit privatheitsrelevanten Online-Aktionen	Diese Kategorie enthält Aussagen über die Art der Erfahrungen/Erlebnisse, die die Jugendlichen selbst oder ihre Freunde bereits mit privatheitsrelevanten Aktionen und Inhalten auf Facebook gemacht haben
(8)	Sonstiges	Diese Kategorie enthält Subkategorien und Kodes, die sich in keine der obigen Kategorien einordnen lassen und nicht in direktem Zusammenhang mit dem Themenbereich Online-Privatheit stehen.

Tabelle 10: Die zentralen Kategorien nach abgeschlossener Einzelfallanalyse (Transkripte und Screenrecordings), auf Basis derer die vergleichende Analyse beruht.

Nr.	Oberkategorie_ Subkategorie(n)	Kode	Prozent Fälle	Prozent Mädchen	Prozent Jungen
1	(4) Privater Informationsinput	Digital Crowding / Social Spam	90	100	80
2	(3) Privater Informationsoutput	„Ich poste nie was Persönliches"	90	100	80
3	(2) Privacy Awareness und Handlungsmotive_Geringe situative Privacy Awareness	Fehleinschätzung, Naivität, Sorglosigkeit	80	80	80
4	(6) Datenschutzwissen / Nutzungskompetenz_ Wissen / Kompetenz bzgl. Facebook-Affordanzen	Kennt oder findet best. Facebook-Einstellungen nicht	80	80	80
5	(6) Datenschutzwissen / Nutzungskompetenz_ Wissen / Kompetenz bzgl. Facebook-Affordanzen	Unsicherheiten bzgl. technischer / inhaltlicher Funktionen	70	80	60
6	(6) Datenschutzwissen / Nutzungskompetenz_ Wissen / Kompetenz bzgl. Facebook-Affordanzen	Kennt gewählte Einstellungen / genutzte Inhalte auf Facebook nicht	70	60	80
7	(3) Privater Informationsoutput_Strategisches Identitätsmanagement_Strategien der Selbstoffenbarung	Insider / soziale Steganografie	60	100	20
8	(6) Datenschutzwissen / Nutzungskompetenz_ Information zum Datenschutz durch Eltern u Schule	Thema in der Schule nicht oder kaum behandelt	50	40	60
9	(3) Privater Informationsoutput_Strategisches Identitätsmanagement_Strategien der Selbstdarstellung	Inhalte (z.B. Fotos) werden gezielt selektiert (Gütekriterien)	50	40	60
10	(6) Datenschutzwissen / Nutzungskompetenz_ Information zum Datenschutz durch Eltern u Schule	Eltern mahnen zur Sorgfalt bei Online-Veröffentlichungen	50	60	40

Tabelle 11: Liste der zehn häufigsten Kodes im Datenset der 15- bis 18-jährigen Schülerinnen und Schüler.

3.1 Komplexe Regulierungsstrategien im Spannungsverhältnis von Digital Crowding und Selbstoffenbarung

Als ein wichtiges Thema im Kontext ihrer Online-Privatheit stellt sich für die 15- bis 18-Jährigen das Phänomen des „Digital Crowding" dar. Damit ist das Problem der sozialen Überforderung gemeint, die sich bei den Jugendlichen durch den unkontrolliert eingehenden Informationsfluss mit privaten Details aus dem Leben ihrer Online-Freunde ergibt. Neun der insgesamt zehn Jugendlichen (fünf Mädchen, vier Jungen, siehe auch Tabelle 11, Nr. 1 „Social Spam") berichten, dass in ihrem Facebook-Newsfeed überdurchschnittlich viele, in ihren Augen irrelevante Status-Updates ihrer Kontakte erscheinen, in denen diese „jede Minute" (Maja, 15 Jahre) von „wirklich jedem kleinen Schritt, den man am Tag macht" (Nico, 17 Jahre) erzählen. Gerade der 17-jährige Lukas fühlt sich von derartigen, ihm banal erscheinenden Inhalten in seiner „Timeline" gestört:

> „Ja was soll das denn ey? Das gehört doch nicht da rauf! (.) Ich mein, das wird ja immer mehr zu / (.) keine Ahnung. Ich weiß, ganz am Anfang, da war das noch alles so harmlos und jetzt kommt / wird jetzt ja JEDE SCHEIßE gepostet. JEDE. Was man isst, was man grad MACHT. So'n Müll".

Die Gefahr des Digital Crowding ergibt sich in erster Linie über konfundierende soziale Kontexte, also unterschiedliche Freundes- und Bekanntenkreise im Online-Netzwerk, die zu einer Gesamtgruppe zusammenfallen und somit einen *Context Collapse* evozieren (vgl. Kapitel II.4.1). Bei den 15- bis 18-jährigen Befragten setzt sich das persönliche Kontaktnetzwerk in der Regel aus drei Kategorien von Personen zusammen: aus zahlreichen „flüchtigen" Bekannten (zu 56,7 Prozent), einigen engeren Freunden (zu 30 Prozent) und vereinzelt Familienangehörigen und Verwandten (zu 13,3 Prozent). Wenn die Informationen von all diesen Personenkreisen in einem Kanal zusammenfallen, also etwa im Facebook-Newsfeed, dann ist der Selektionsvorgang, in dem der Nutzer entscheidet, welche Nachricht für ihn von Relevanz ist, deutlich anspruchsvoller und dadurch die Gefahr der sozialen Überforderung durch diesen „Hierarchisierungszwang" erhöht.

Dabei sind es nicht nur die regelmäßigen Updates aus dem Alltäglichen, die die Jugendlichen stören. Digital Crowding entsteht zudem oft, wenn die offenbarten Informationen sehr private Themen aus dem Leben anderer betreffen, wie Hinweise auf deren Gefühlslage oder Sorgen und Probleme. Diesen Umstand verdeutlicht der 16-jährige Pascal eindrucksvoll:

> „Das schlimmste Beispiel war irgendwie mal: ‚Unterleibsschmerzen – Frauen wissen was ich
> meine' und dann / Ne? Das will kein Mensch wissen, also ich möchte das überhaupt nicht
> wissen, das geht mir einfach nur auf die Nerven und wenn dann so was auf meiner hier Start-
> seite dann da erscheint / Weil das interessiert mich einfach nicht"

In der weiteren Analyse zeigt sich, dass die Ansicht der Jugendlichen darüber, welche Informationen von welchem Absender als unnötig oder störend eingestuft werden, variieren. So werden regelmäßige Status-Updates und private Postings – auch in hoher Frequenz – bei engen Freunden durchaus akzeptiert und mitunter sogar gerechtfertigt. Hingegen empfinden die Jugendlichen ständige Selbstoffenbarungen von den Personen als unangenehm, „mit denen man jetzt WENIGER was zu tun hat oder die man jetzt auch nicht so toll findet" (Manuela, 17 Jahre). Die Offenbarungen von entfernten Bekannten „stressen" (ebd.) und „nerven" (Nico, 17 Jahre) die Jugendlichen, da sie auf diese Weise Privates über ihre Online-Kontakte erfahren, das sie in den meisten Fällen gar nicht wissen möchten.

Um die unerwünschten Folgen von Digital Crowding zu umgehen, sind grundsätzlich folgende zwei Herangehensweisen in Betracht zu ziehen: Zum einen die Regulierung des Informationsinputs, indem hier bestimmte Filter- oder Kontrollregeln gegen potenziell unerwünschte Nachrichten von anderen eingesetzt werden, und zum anderen die Möglichkeit, die Quantität (und Qualität) des eigenen Informationsoutputs zu hinterfragen, um so nicht selbst Verursacher unerwünschter Inhalte im Newsfeed anderer zu sein. Inwiefern die befragten Schülerinnen und Schüler diese beiden Optionen berücksichtigen und welche Handlungsmuster sich dadurch abzeichnen, soll im folgenden Abschnitt erörtert werden.

(1) Regulierung des privaten Informationsinputs zur Vermeidung von Digital Crowding

Auf Facebook – der Plattform, die alle Befragten zur Ansicht während der Interviews wählten – bieten sich für den einzelnen Nutzer verschiedene Handlungsmöglichkeiten, Inhalte oder die Freundeskreise so zu verwalten und zu regulieren, dass der private Informationseingang kontrollierter abläuft. Insbesondere die verschiedenen Optionen des reaktiven oder proaktiven Audience Managements, wie etwa die Erteilung von Zugangsmöglichkeiten zum eigenen Profil oder das Anlegen von Freundeslisten, sind für die Kontrolle des privaten Informationsinputs und die Einschränkung von Digital Crowding bedeutsam. In Bezug auf diese Aspekte ergibt die Screenrecording-Analyse den eindeutigen Befund, dass die Befragten hier nur in Ausnahmenfällen Gebrauch von den Facebook-Affordanzen machen. So ist der 16-jährige Klaas der einzige, der seine Facebook-Freunde in Listen einteilt, was ihm hilft, den Informationseingang gezielt nach bestimmten Personenkreisen zu selektieren. Auch von der Möglichkeit, es durch Anpassen der Privatsphäre-Einstellungen nur einem oder mehreren bestimmten Personenkreisen zu erlauben, Beiträge auf der Facebook-Chronik (oder virtuellen Pinnwand) zu hinterlassen, macht nur einer der Befragten Gebrauch: Der 16-jährige Pascal berichtet in diesem Zusammenhang von einer Situation, in der ihm eine Person, die er nicht zu seinen engeren Freunden zählte, eine Nachricht in der Facebook-Chronik hinterließ. Dadurch fühlte sich Pascal derart gestört, dass er nicht nur die Facebook-Freundschaft mit dieser Person beendete, sondern zugleich auch die Privatsphäreneinstellungen in seinem Online-Profil anpasste. Zuvor war es neben Pascals Facebook-Kontakten auch „Freunden von Freunden" möglich, in seine Facebook-Chronik zu posten; er änderte die Einstellung so, dass schließlich nur noch seine Freunde ihm Nachrichten auf der virtuellen Pinnwand hinterlassen können. Mit dieser zügigen Korrekturhandlung schaffte Pascal einen Kontrollmechanismus für zukünftige, seine seine Privatheit möglicherweise negativ tangierende, Beiträge von anderen Personen in seinem Facebook-Profil.

Außer den beiden genannten Jugendlichen wenden alle anderen der Befragten die möglichen Optionen zur präventiven Regulierung des Informationsinputs nicht zur Vermeidung unerwünschter Folgen eines Context Collapse oder Digital Crowding an. Als Gründe nennen sie dabei in erster Linie, dass die Zuordnung ihrer Freunde in Listen „zu anstrengend" und mühevoll sei und in ihren Augen wenig Sinn ergäbe. Damit decken sich die Ergebnisse mit den Befunden aus der ersten Forschungsphase (Kapitel V.2.1). Es lässt sich festhalten, dass ein Großteil der Jugendlichen bewusst auf den Einsatz der technischen Regulierungsoptionen verzichtet, stattdessen die unerwünschten Nachrichten ihrer Online-Kontakte im eigenen Newsfeed erduldet und gegebenenfalls überliest, wie die 16-jährige Nicole bestätigt: „Ich geh einfach dann so meine Startseite durch und überlese das dann".

Es lässt sich festhalten: Auf der einen Seite stören sich 90 Prozent der befragten Schüler daran, übermäßig viele, vermeintlich unnötige Information ihre Online-Kontakte im eigenen Facebook-Newsfeed zu erhalten, auf der anderen Seite wenden sie jedoch nur im Einzelfall gezielt technische Gegenmaßnahmen an und lassen stattdessen die Nachrichten unbeachtet. Es ergibt sich so ein Handlungsmuster zur Vermeidung von Digital Crowding, das sich (auf Seiten des Informationsinputs) als ein bewusstes Dulden der unerwünschten Inhalte im persönlichen Newsfeed darstellt. In Anlehnung an das Modell der User Generated Privacy kann angenommen werden, dass diesem Duldungshandeln ein spezifischer (Kosten-Nutzen-)Abwägungsprozess zugrunde liegt. So ist auf Basis der Annahme, dass der regelmäßige Kontakt mit der Peergroup im sozialen Online-Netzwerk für die Jugendlichen von besonderer Wichtigkeit ist, davon auszugehen, dass die Jugendlichen nach der Prämisse handeln, den Informationsfluss zwischen sich und ihren Freunden aufrechtzuerhalten. Es ist vorstellbar, dass sie daher auf den Einsatz der präventiven Regulierungsoptionen, mit denen sich der Informationsinput von einzelnen Personen technisch kontrollieren (limitieren) lässt, bewusst verzichten, um sich so nicht selbst aus dem Nachrichtenfluss zu exkludieren; schließlich ginge mit einer Beschränkung des Informationsflusses das Risiko einher, vermeintlich wichtige Postings nicht zu erhalten. Vielmehr möchten die Jugendlichen weiterhin die Möglichkeit haben, die Informationen ihrer Online-Freunde zu erhalten, um anschließend über deren Relevanz zu befinden. Unerwünschte Folgen, die sich aus dem Duldungshandeln ergeben können wie Stress und Überforderung, werden von den Jugendlichen als weniger problematisch eingeschätzt als die möglichen Nachteile, die sich aus einem präventiven Regulierungshandeln für sie ergäben (Limitation des Nachrichtenflusses). Demzufolge sind sie eher bereit, die Risiken von Digital Crowding in Kauf zu nehmen, als dass sie den Input der privaten Informationen von ihrer Peergroup einschränkten. Erst wenn die Reizschwelle für das Erdulden der unerwünschten Postings übertreten ist, wie im Fall des 16-jährigen Pascal, und somit das persönliche Kontroll- und Privatheitsempfinden der Jugendlichen erheblich gestört ist, werden Korrekturhandlungen notwendig.

(2) Selbstoffenbarung versus Digital Crowding: Regulierung des privaten Informationsoutputs

Die zweite Möglichkeit, die unerwünschten Folgen des Digital Crowding zu umgehen, betrifft die Regulierung und Kontrolle des eigenen, privatheitsrelevanten Informationsoutputs. Durch die aktive Kontrolle der eigenen zu veröffentlichenden Beiträge lässt sich das Risiko beschränken, selbst Verursacher von Crowding-Effekten zu werden. Werden die Postings etwa in ihrer Anzahl und Regelmäßigkeit beschränkt, sinkt die Wahrscheinlichkeit, dass der Absender vom Gegenüber als Facebook-Freund „blockiert" und so vom Nachrichtenstrom ausgegrenzt wird.

Hierzu fällt bei der vergleichenden Analyse der Interviews zunächst auf, dass fast alle der befragten Jugendlichen (90 Prozent, siehe oben Tabelle 11, Nr. 2) angeben, selbst „eigentlich nicht so viel" oder „nichts Persönliches" von sich auf Facebook preiszugeben. Die Interpretation dieser Aussagen aus der Einzelperspektive deutet darauf hin, dass sich die Jugendlichen hierbei nicht auf das Posten von Inhalten auf Facebook generell beziehen, sondern ganz konkret auf das Verfassen von Status-Updates. Belege hierfür sind zum Beispiel die Aussagen der beiden 16-Jährigen Pascal und Sarah, in denen beide darauf eingehen, dass sie nichts Persönliches von sich in Form von *Statusmeldungen* veröffentlichen. Insgesamt betonen die Jugendlichen, dass es ihnen wichtig ist, selbst nicht solche Nachrichten zu produzieren, die sie bei anderen so stören:

> „Also ich schreib ja, ich poste ja nichts. (. . .) Wie ich halt eben gesagt habe, dass ich
> das peinlich von irgendwelchen Leuten find, die dann jeden Handgriff posten, den sie
> tätigen am Tag. Also ich find eigentlich auch das bescheuert bei Leuten, aber da ich das
> nicht mache, denk ich schon, dass (. .) ich jetzt nicht SO / (. .)" (Nico, 17 Jahre).

Der Wunsch, durch den eigenen Informationsoutput bei ihren Freunden Digital Crowding zu vermeiden, stellt ein zentrales Motiv der Jugendlichen bei ihrem Online-Handeln dar. Sie sind darauf bedacht, möglichst keine (aus ihrer Sicht) störenden, „inhaltsfreien" Status-Updates zu posten, indem sie ihrem Freundesnetzwerk regelmäßig mitteilen, was sie gerade tun. Das bedeutet allerdings nicht, dass die Jugendlichen überhaupt keine Statusmitteilungen veröffentlichen oder überhaupt nichts von sich preisgeben, im Gegenteil. Es zeigt sich, dass die Jugendlichen ganz bestimmte Strategien entwickeln, um sich auf der einen Seite ihren Freunden im öffentlichen Nachrichtenstream mitzuteilen, mit der Maßgabe, dabei auf der anderen Seite nicht der Anlass für negative Crowding-Effekte zu sein. Ihr Anspruch ist es, eine adäquate Balance zwischen diesen beiden Extremen zu finden, um einerseits die eigenen Handlungsziele zu erreichen und dabei andererseits ein akzeptables Privatheitslevel zu wahren.

Eine derartige Strategie, den eigenen privaten Informationsoutput angemessen zu gestalten, ist die *soziale Steganografie*, die insbesondere für Mädchen eine wichtige Funktion erfüllt (siehe auch Kapitel IV.2.1). 100 Prozent der Mädchen im Datensample und 20 Prozent der Jungen (siehe oben Tabelle 11, Nr. 7) posten demnach Sprüche, Zitate, Songtexte oder andere Formen von „Insidern" in ihre Facebook-Chronik (zum Beispiel als Status-Update), um auf diese Weise einem inhaltlich involvierten Empfängerkreis ihre Gedanken, Sorgen oder Probleme im öffentlichen Nachrichtenstream *indirekt* mitzuteilen. Die Inhalte der steganografisch verschlüsselten Botschaften sind dabei ganz unterschiedlicher Natur. So postet die 17-jährige Manuela Texte von Liedern, wenn sie traurig ist, die 15-jährige Maja verlinkt Zitate, wenn sie der Meinung ist, „das passt total" und der 16-jährige Pascal nutzt eigene Kodes, um mit seinem Freund im öffentlichen Nachrichtenstream auf Facebook Insider-Informationen auszutauschen:

> „Also wir hatten mal irgendwie so / irgendwie (.) äh (.) 'n Freund von mir (.) ich weiß
> nicht, ich WEISS es nicht mehr so genau, wie die Geschichte war, auf jeden Fall hatten
> wir irgendwelche ZAHLEN für irgendwelche Mädchen und haben dann irgendwie
> immer dazu irgendwas geschrieben, so (.) ‚ja 15 sah heute auch wieder gut aus' oder so
> was halt irgendwie".

Den Mädchen kommt es bei der Strategie der sozialen Steganografie in erster Linie darauf an, mit möglichst kreativen Inhalten Aufmerksamkeit zu erregen und Reaktionen von ihren Freunden zu evozieren, ohne dass diese dabei von anderen, nicht involvierten Personen als belanglos eingestuft werden. Dahinter steht der Wunsch, dass sich diejenigen Personen daraufhin melden, die die versteckten Anspielungen verstanden haben. So sollen sie, wie zum Beispiel die 15-jährige Maja anmerkt, dann außerhalb von Facebook den Kontakt suchen (via Skype oder im persönlichen Gespräch) oder direkt auf das jeweilige Posting in der Facebook-Chronik reagieren. Letztgenanntes bedeutet Maja dabei besonders viel:

> „Es gibt ja auch so Sprüche von wegen so (.) ähm (.) ,du bist mir unbeschreiblich wichtig' und so und dann kommt halt da drunter immer ja ,ich liebe dich' und so. Also da kann man wirklich schon relativ gute Gespräche führen".

Diese Rückmeldungen von Freunden auf die sorgsam ausgewählten Sprüche oder Zitate sind für die Mädchen wichtig, weil sie ihnen das Gefühl geben, ernst genommen zu werden. Es ist außerdem anzunehmen, dass die direkten Reaktionen auf derartige Postings den Mädchen in gewisser Weise als nachträgliche Legitimationen für ihr Handeln dienen. Das Feedback ihrer Freunde, das zugleich auch andere ihrer Kontakte sehen können, werten sie so als Zeichen dafür, dass ihr Inhalt von Interesse ist. Dieser Aspekt kann gerade im Evaluationsprozess ihres Handelns als ein – das Handeln legitimierender – Faktor fungieren.

Die Jungen wählen zur Vermeidung von Digital Crowding in der Regel andere Formen des privaten Informationsoutputs als die Mädchen. So sind zwar auch sie bemüht, sich ihren Facebook-Freunden auf eine möglichst subtile, wenig offensive Art preiszugeben, gehen hierbei allerdings verstärkt in die direkte Interaktion mit einzelnen Personen. Als eine beliebte Selbstoffenbarungsstrategie bei den Jungen gilt das Posten oder Kommentieren von Beiträgen auf der Pinnwand eines Freundes. Hierbei ist es ihnen weniger wichtig als den Mädchen, anderen ihre Gefühle mitzuteilen, sondern dabei möglichst witzig und „cool" zu erscheinen. Dies soll über das Posten von vermeintlich sinnentstellten Inhalten und persönlichen „Insidern" erreicht werden, wie die Aussage des 18-jährigen Simon erkennen lässt: „Also das ist allgemein so, dass viele Sachen, die wir über Facebook schreiben, sind ausgemachter Schwachsinn. Ziemlich ausgemachter Schwachsinn. (. .) Es ist halt 'n cooler Insider".

Sich gegenseitig vermeintlich widersinnigen und humoristischen Kommentare auf die virtuelle Pinnwand zu posten, stellt für die Jungen ein wichtiges Handlungsmuster dar, mit dem sie drei Ziele gleichzeitig erreichen können: Erstens treten sie mit ihren Online-Freunden auf diese Weise in direkten Kontakt und halten so die Beziehung zu diesen aufrecht. Meistens dienen die Postings auch als Anschlusskommunikation zu gemeinsamen Erlebnissen aus Schule und Freizeit. Zweitens zeigen sie damit anderen Online-Freunden, die den Pinnwandeintrag ebenfalls einsehen können, dass sie etwas Besonderes erlebt haben; sie vermeiden aber so zugleich das Entstehen von Digital Crowding, zumal der Pinnwandeintrag für außenstehende Personen schlicht eine *Option* darstellt, den Beitrag zu lesen, er aber augenscheinlich nicht für sie bestimmt ist. Damit ist bereits das dritte und wichtige Ziel der subtilen Selbstdarstellung angesprochen, nämlich, dass der Pinnwandbeitrag zwar nach außen nur als eine an den Freund gerichtete Nachricht darstellt, zugleich aber gerade mit dem Ziel gepostet wird, dass auch andere Personen den Inhalt rezipieren. Auf diese Strategie verweist die Aussage des 16-jährigen Pascal, der ein Foto von Konzerttickets auf die Pinnwand eines Freundes postet und damit sein Bild als Musikfan einer bestimmten, angesagten Band kultiviert:

> „Also wenn ich irgendwie, irgendwas an die Pinnwand poste, dann ja, sehen das ja andere Leute ja auch so. Also das ist dann ja schon irgendwie in gewisser Weise so, weil ich könnte es ihm ja auch in 'ner persönlichen Nachricht schreiben oder in 'ne, wenn ich irgendwo da das Bild von irgendeiner Gruppennachricht oder so, aber. Ja, ich schreib's ihm halt irgendwie lieber an die Facebook-Pinnwand, dass die Karten für Billy Talent da sind und 'n Foto dazu, dann sehen das halt auch andere Leute so. Und dann kann halt jeder, den's interessiert, sehen ‚ah, die gehen zu Billy Talent und das find ich cool' oder ‚das find ich halt NICHT cool'".

Diese Art der öffentlich einsehbaren, privaten Interaktion zwischen Freunden erfüllt für Jungen eine besondere Funktion ihres Online-Identitätsmanagements.

Als eine Gemeinsamkeit bei der Privatheitsgestaltung von Mädchen und Jungen stellt sich das Selbstoffenbarungshandeln mittels Posten von Fotos heraus. Im Durchschnitt haben die Befragten seit ihrem Eintritt bei Facebook (zum Zeitpunkt des Interviews nutzten alle Jugendlichen das Netzwerk seit etwa zwei Jahren) 100 Fotos auf Facebook veröffentlicht (vgl. oben, Tabelle 8). In den Gesprächen geben die Jugendlichen an, dass das Veröffentlichen und Teilen von Fotos einer der Gründe ist, weshalb sie Facebook überhaupt nutzen. Gerade die Fotos von gemeinsamen Erlebnissen mit Freunden, die dann wiederum auf den Bildern markiert werden, werden gerne von den Jugendlichen online gestellt, wie die 15-jährige Maja betont:

> „Ich poste ja auch manchmal (. .) so halt Bilder, wo ich dann halt Leute drauf verlink und dann schreibe ‚oh ich liebe euch so' so. und / DAS SCHON MANCHMAL. (. .) Oder zum Beispiel wir waren auf 'nem Konzert, und da habe ich halt auch ganz viele Fotos gepostet, weil das total toll war".

Das Posten von Fotos bietet den Jugendlichen die Möglichkeit, einerseits ihr Selbstdarstellungs- und Mitteilungsbedürfnis zu befriedigen, das über das Zurschaustellen im öffentlichen Nachrichtenstream besondere Geltung erlangt (so ist hier auch die potenzielle Menge von Rückmeldungen deutlich höher als das bei der privaten Kommunikation im Chat oder in der Gruppe der Fall ist). Andererseits ist diese Form der Selbstoffenbarung zugleich eine adäquate Alternative zu den weniger anschaulichen bloßen Statusmitteilungen, die überdies von anderen als störend oder unerwünscht eingestuft werden könnten. Auf diese Weise erfüllt die Handlung „persönliches Foto Veröffentlichen" zugleich mehrere

Bedürfnisse der Jugendlichen für ihre private Online-Kommunikation, weshalb sie diese Maßnahme besonders häufig einsetzen. Damit stellt auch diese Strategie, mit dem Veröffentlichen von Fotos Persönliches von sich preiszugeben und gleichzeitig Digital Crowding zu umgehen, ein wichtiges Handlungsmuster der Privatheitskonstruktion dar.

An dieser Stelle lassen sich die bisherigen Ergebnisse der vergleichenden Analyse unter zwei Aspekten zusammenfassen, die jeweils besondere Handlungsmuster der Privatheitskonstruktion bei den Jugendlichen offenlegen. Der erste Aspekt betrifft das Privatheitsempfinden der Jugendlichen, das sich über den digitalen Information*sinput* konstituiert. Hier hat sich gezeigt, dass sich die Schülerinnen und Schüler von übermäßig vielen persönlichen Informationen, die sie aus ihrem Online-Netzwerk in ihrem Facebook-Newsfeed erhalten („Updates"), gestört fühlen. Dennoch setzen sie aus Angst, wichtige Informationen zu verpassen, präventiv keine technischen Regulierungsmaßnahmen zum Audience Management ein. Stattdessen versuchen sie, die störenden Nachrichten zu überlesen. Es ergibt sich somit ein komplexes Handlungsmuster, mit dem die Jugendlichen über ein Dulden unerwünschter Folgen (Erhalt störender Updates), die sich aus ihrem Unterlassungshandeln ergeben (Nicht-Regulierung des Informationsinputs), darauf abzielen, vermeintlich schwerwiegendere negative Folgen zu vermeiden, nämlich den Ausschluss aus dem sozialen Informationsfluss. Das Abwägen zwischen den verschiedenen unerwünschten Handlungsfolgen ist dabei von einem starken Bedürfnis der Jugendlichen nach sozialem Kontakt geleitet.

Der zweite Aspekt, der herausgestellt werden konnte, betrifft den privatheitsrelevanten Information*soutput* der Jugendlichen. Hier stehen sie vor einem Zwiespalt, bei dem sie auf der einen Seite mit den eigenen Status-Updates keine Crowding-Effekte hervorrufen und sich bei ihren Freunden unbeliebt machen wollen, aber auf der anderen Seite dennoch ihrem inneren Bedürfnis nachkommen möchten, sich mitzuteilen und andere an ihren Gefühlen und Gedanken teilhaben zu lassen. Daher wählen sie andere, alternative Wege der Selbstoffenbarung im öffentlichen Nachrichtenstream: Mädchen, so zeigte sich, agieren hier besonders beziehungs- und gefühlsorientiert, indem sie sich über das Posten von Songtexten oder Zitaten subtil offenbaren, wohingegen bei Jungen ein dezentes Identitätsmanagement über das Posten auf Pinnwänden oder Kommentieren von Beiträgen ihrer Freunde im Vordergrund steht. Die Selbstdarstellung in Fotos und das Markieren ihrer Freunde darin, ist sowohl für Jungen als auch für Mädchen eine beliebte Strategie der expressiven Privatheitsgestaltung.

Bei genauerer Betrachtung der dargestellten Handlungsstrategien der Jugendlichen stellt sich die Frage, wie sich Digital Crowding-Effekte ergeben können, wenn doch offenbar selbst keiner der Befragten für derartige unangemessene Status-Updates auf Facebook verantwortlich ist (siehe Aussagen der

Jugendlichen „ich poste eigentlich nichts"). Es ist zu vermuten, dass die Intention der Jugendlichen, mit den subtilen Offenbarungsstrategien das Entstehen von Digital Crowding bei ihren Kontakten zu verhindern, nicht in diesem Sinne auch interpretiert wird. So nennen die Jungen in den Interviews die steganografische Selbstoffenbarungsstrategie der Mädchen (mittels Songtexten, Gedichten etc.) gerade als Ursache von Digital Crowding. Sie empfinden die Preisgabe von Gefühlen über das Posten von Liedern oder Zitaten als „dämlich" (Klaas, 15 Jahre), „affig" (Lukas, 17 Jahre) oder „blöd" (Nico, 17 Jahre). Die Jungen stört es, derartige Postings in der eigenen Timeline vorzufinden, wie folgende Äußerungen belegen:

> „Also ich hab' ja viele Freunde, die nicht so eng sind, und wenn dann einer von denen so, keine Ahnung, so 'nen Songtext postet und dann schreiben alle da drunter ‚oh voll der schöne Text' und so. Das ist halt immer dieselbe Leier, immer genau dasselbe. Dann kommt 'n Text oder 'n Bild, dann schreiben alle ‚voll schön' drunter und die engsten Freunde wissen ja sowieso, was los ist" (Nico, 17 Jahre).

> „Eigentlich nervt es mich noch mehr, also es gibt so bestimmte Leute, die (.) machen immer so WEISHEITEN, machen immer so, so total doofe Sachen so. ‚Manchmal ist es / lohnt, also ist es besser NICHT zu kämpfen' oder so was. Und halt je alle zwei Stunden und so was. (. . .) Nervt halt schon" (Klaas, 16 Jahre).

Es zeigt sich, dass gerade die Handlungen (soziale Steganografie) als inadäquat bewertet werden, die von den Akteurinnen selbst als besonders geeignet zur Privatheitsgestaltung eingeschätzt werden. Mit Rückgriff auf das Modell der UGP lässt sich hier ein Ungleichgewicht hinsichtlich Intention und Handlungsfolgen ausmachen, wobei die Akteurinnen selbst die Handlungsfolgen nicht zwangsläufig auch erfahren. So bleiben ihnen die Reaktionen der Online-Kontakte, wie ein Blockiertwerden, meist verborgen. Sie handeln in der Annahme, dass ihre Beiträge eine kreative Form der Selbstoffenbarung darstellen, die positive Rückmeldungen bewirken, unterschätzen dabei jedoch deren Bedeutung für andere (diese „manifestiert" sich in Form von ausbleibendem Feedback oder Ausgrenzung aus dem Informationsfluss). An dieser Stelle wird wiederholt die Relevanz unkalkulierbarer, externer Faktoren (Handlungen und Reaktionen anderer Online-User) noch einmal deutlich. Gleichwohl ist es denkbar, dass selbst einige wenige positive Reaktionen aus der Peergroup für die Akteure bereits als Legitimationsgrund ausreichen, ihr Handeln als erfolgreich zu werten (oder ex post entsprechend umzudeuten). Demnach spielt es für sie selbst eine untergeordnete Rolle, ob sie einen Großteil ihrer Online-Kontakte mit den persönlichen Inhalten stören; entscheidend sind die Reaktionen aus dem „Zielpublikum", das erreicht werden sollte.

Fest steht, die objektive Bewertung des Handelns einer Person variiert je nach Grad der Beziehung zwischen den Interaktionspartnern. Selbstoffenbarende Postings von entfernten Bekannten, unabhängig von dessen Intendiertheit

und Subtilität, sind es, die Crowding-Effekte verursachen können; Selbstoffenbarungen der engen Freunde – selbst wenn sie in hoher Frequenz erfolgen –
werden hingegen akzeptiert.

3.2 Privacy Awareness und ihre Determinanten

Eine zentrale Annahme der vorliegenden Untersuchung lautet, dass das Vorhandensein einer (hohen) Privacy Awareness, das heißt einer gewissen Reflektiertheit in Bezug auf das eigene Handeln im Online-Kontext, die Wahrscheinlichkeit des Eintretens unintendierter Handlungsfolgen senkt, und dass eine geringe
Privacy Awareness für das Scheitern eines Online-Handlungsprozesses verantwortlich sein kann. Gleichwohl können im Evaluationsprozess, bei dem der
einzelne Nutzer die Folgen seines privaten Handelns nachträglich bewertet, die
vermeintlich unerwünschten Folgen in positive Folgen umgedeutet werden, wodurch der Handlungsprozess somit als noch erfolgreich oder zumindest nicht als
gescheitert gelten kann.

Die verschiedenen Tendenzen, die sich in der Analyse zum Privatheitsbewusstsein der Jugendlichen herauskristallisieren, sollen nun mithilfe der Unter-
teilung von genereller und situativer Privacy Awareness diskutiert werden. Ziel
ist es unter anderem, mithilfe der Analyse vermeintlich paradox erscheinende
Verhaltensweisen im Kontext von Online-Privatheit nachvollziehbar und erklär-
bar zu machen („Privacy Paradox"). Zunächst sollen die Handlungsmuster beschrieben werden, die sich im Zusammenhang mit einer hohen Privacy Awareness bei den Jugendlichen erkennen lassen, bevor anschließend Determinanten
einer geringen Privacy Awareness erörtert werden.

Es ist wichtig, an dieser Stelle nochmals zu betonen, dass in der vorliegenden Untersuchung von einer normativen Bewertung privatheitsrelevanten Online-Handelns Abstand genommen werden soll. Die Kategorien der Privacy
Awareness, gemäß welcher Privatsphärenverletzungen einmal mehr oder weniger wahrscheinlich sind, stellen hierbei eine Möglichkeit der Operationalisie-
rung generell bzw. situativ dominierender Handlungsmotive der Online-Privat-
heitskonstruktion dar. Eine Bewertung, ob es gut oder schlecht, richtig oder
falsch ist, wenn ein Jugendlicher mit hoher oder eher niedriger Privacy Awareness im Netz handelt, soll in der empirischen Analyse nicht getroffen werden. In
der Abschlussdiskussion hingegen werden später Argumente vorzubringen sein,
die auf verschiedene gesellschaftlich (auch medienpädagogisch) relevante Implikationen der entdeckten Handlungsmuster der Jugendlichen verweisen und
diese auf einer Metaebene einzuordnen helfen.

Handlungsmuster im Kontext einer situativ oder generell bestehenden hohen
Privacy Awareness

In Bezug auf ihren privaten Informationsoutput scheint es den Jugendlichen
besonders wichtig zu sein, dass ihre online gestellten Fotos möglichst keine
„verfänglichen" Motive (Anna, 15 Jahre) enthalten. So äußern vier der zehn
Jugendlichen Bedenken, dass Fotos von ihnen auf Facebook, die sie in einer
eher ungünstigen Situation zeigen (zum Beispiel „Partyfotos", Pascal, 16 Jahre),
nachteilig für ihre berufliche Zukunft sein könnten, wie etwa die 15-jährige
Maja zu Bedenken gibt: „Wenn ich auch wirklich jetzt später 'n Job habe, dann
gucken die ja doch nach und wenn die dann irgendwie so was sehen, dann ist
das natürlich nicht gut". Entsprechend achten die Jugendlichen, wie zum Beispiel die 17-jährige Manuela, bei der Auswahl ihrer Fotos und der Fotos, auf
denen sie von ihren Freunden markiert werden, verstärkt darauf, dass es „keine
so blöden Fotos oder so sind, zum Beispiel vom Feiern oder so, wo Alkohol auf
dem Bild oder so was halt drauf ist".
   Es besteht also ein gewisses Privatheitsbewusstsein der Jugendlichen,
wenn es im Rahmen ihrer expressiven Privatheitskonstruktion (Selbstoffenbarung / Selbstdarstellung) um die Vermeidung unerwünschter Handlungsfolgen
geht, die sich negativ auf ihr Außenbild oder ihre Reputation auswirken könnten. Damit zusammenhängende Handlungsmuster betreffen etwa die „Auswahl
von Fotos", „Veröffentlichen (geeigneter) privater Fotos", „Demarkierung des
eigenen Profils auf inadäquat erscheinenden Fotos", mit denen einerseits die
Bedürfnisse zur Selbstoffenbarung befriedigt, andererseits unintendierte, unerwünschte Handlungswirkungen, die das eigene Image betreffen können, vermieden oder gegebenenfalls korrigiert werden sollen.
   Weiterhin wurden Äußerungen der Jugendlichen als Anzeichen eines eher
hohen Privatheitsbewusstseins gewertet, die erkennen ließen, dass die Jugendlichen die Auswirkungen ihres Informationsoutputs reflektieren. Hierbei orientieren sie sich in vielen Fällen an den Postings ihrer Online-Kontakte, die sie einsehen können, und hinterfragen die Wirkung, die diese Beiträge auf sie haben.
So beeinflusst das Bild, dass die Jugendlichen von ihren Online-Freunden über
deren private Postings erhalten, das eigene Online-Handeln, insbesondere in
Hinblick auf unerwünschte Effekte wie Digital Crowding. Sie empfinden einige
Beiträge ihrer Online-Kontakte als unangenehm oder störend und möchten bei
ihren Freunden keine ähnlichen Eindrücke hervorrufen, wie der 16-jährige
Klaas schildert:

> „Nee also, Informationen von mir geb' ich eigentlich nicht so. Weil mich selber stört,
> also was heißt stört, aber mich selber interessiert das dann nicht so sehr, wenn halt
> andere so was machen und dann, mach ich das halt auch nicht".

Durch ihre Beobachtungen und das Hinterfragen der Postings anderer entwickeln die Jugendlichen ein Bewusstsein dafür, mit welchen Informationen, die sie von sich selbst online preisgeben, sie ihre Freunde möglicherweise negativ tangieren könnten. Ihr privater Informationsoutput ist demnach – ähnlich wie eben beschrieben bei der Vermeidung eines Reputationsschadens in Bezug auf die berufliche Zukunft – daran ausgerichtet, einerseits das Bedürfnis zur Selbstoffenbarung und Selbstdarstellung zu befriedigen (Beiträge veröffentlichen), aber andererseits auch nicht Verursacher störender Nachrichten im Newsfeed ihrer Online-Freunde zu sein.

Neben einer situativ hohen Privacy Awareness verfügen einige der Jugendlichen auch generell über eine eher hohe Privacy Awareness. Dies lässt sich vor allem für die drei 16-Jährigen Klaas, Pascal und Sarah feststellen. Bei ihnen betreffen die Datenschutzbedenken und die Reflektiertheit hinsichtlich des Privatheitsgrades ihrer Inhalte nicht nur bestimmte Handlungen oder einzelne Aspekte ihrer persönlichen Inhalte im Netz, sondern sie beziehen auch größere Zusammenhänge des Themas Online-Privatheit mit ein. So führt Klaas an, dass es ihm unangenehm sei, dass Facebook seine Daten speichert und für verschiedene Zwecke weiter verwendet. Auch Sarah erscheint es problematisch, dass von ihr auf Facebook veröffentlichte Inhalte auch später „theoretisch" noch im Netz auffindbar sind. Außerdem macht sie sich große Sorgen darüber, wie die Informationen über sie, die auf ihrem Online-Profil zu finden sind, auf andere wirken könnten. Daher hat sich die Schülerin „auch nur für die Fotos entschieden, wo nicht irgendjemand peinlich / wo nichts peinlich ist".

Pascal (16 Jahre) zeigt sich vor allem in Hinblick auf die Zielgerichtetheit seiner Handlungen auf Facebook privatheitsbewusst, indem er nicht nur begründet, warum er welche Information von sich zu welchem Zweck preisgibt, sondern auch zu verstehen gibt, dass er die möglichen (auch potenziell unerwünschten) Folgen dieses Handelns durchaus kennt oder zumindest bewusst in Kauf nimmt. So sieht er Facebook insgesamt als eine Plattform, auf welcher der Austausch privater Informationen eben „dazu gehört":

> „Ja, ich meine, dafür ist Facebook doch irgendwie da, oder? Dass man sich irgendwie bisschen mit dem / also dass man dann irgendwie mehr über den anderen so erfährt. Kann man doch irgendwie gar nicht verhindern, weil man bei Facebook ist, nimmt man doch auch gern in Kauf, bei Facebook".

Dass sich jedoch auch bei den Jugendlichen, die große Datenschutzbedenken äußern und generell eine hohe Privacy Awareness aufweisen, auch einige Anzeichen für leichtfertiges, privatheitsrelevantes Online-Handeln finden lassen, wird am Ende des nächsten Abschnitts dargestellt.

Typen einer geringen Privacy Awareness

Die genaue Betrachtung der Äußerungen und Handlungen, die auf eine geringe Privacy Awareness der Jugendlichen schließen lassen, legt eine weitere Ausdifferenzierung des Faktors „geringe Privacy Awareness" nahe, die in Anlehnung an Schimank (2003) auf folgenden zwei Analyseebenen beschrieben werden kann:

- Eine geringe Privacy Awareness vom Typ 1 liegt vor, wenn das Online-Handeln der Jugendlichen auf einer *Fehleinschätzung, Leichtfertigkeit* oder *Sorglosigkeit* hinsichtlich der privatheitsrelevanten Handlungsfolgen beruht.
- Typ 2 einer geringen Privacy Awareness trifft zu, wenn das Online-Handeln der Jugendlichen auf eine zugrundeliegende *Nichtbeachtung, Indifferenz* oder ein *Nichtwissen* hinsichtlich möglicher Handlungsfolgen zurückgeht.

Der Übergang zwischen diesen beiden Typen geringer Privacy Awareness ist fließend, so dass auch hier Mischformen bestehen können. So kann einmal eher Typ 1, das andere Mal eher Typ 2 einer geringen Privacy Awareness zugrunde liegen. Die Typisierung ist an dieser Stelle wichtig, um die Art und Weise des Handelns der Jugendlichen, das mit unintendierten, unerwünschten Privatheitsfolgen einhergeht (oder einhergehen kann), besser beschreiben und klassifizieren zu können. Beide Typen geringer Privacy Awareness können dabei sowohl generell als auch situativ bestehen, wie im Nachfolgenden zu zeigen sein wird.

Betrachtet werden sollen zunächst die Kodes einer geringen Privacy Awareness bei den Mädchen, wobei sich insbesondere bei Nicole (16 Jahre), Anna (15 Jahre) und Maja (15 Jahre) Anzeichen für das Vorhandensein einer geringen Privacy Awareness finden ließen. Die Analyse ihrer Aussagen zeigt, dass die Mädchen insgesamt eher sorglos und leichtfertig bei ihrem Online-Handeln vorgehen und sich wenig Gedanken um mögliche unintendierte Privatheitsfolgen machen (geringe Privacy Awareness vom Typ 1). So sind sie etwa der Meinung, dass sich außer einem engeren Freundeskreis auf Facebook ohnehin niemand für ihre persönlichen Inhalte interessiere oder dass die von ihnen veröffentlichten Informationen grundsätzlich „nicht schlimm" seien und sie daher sowieso jeder sehen dürfe. Anna ist außerdem der Meinung, dass bei ihr grundsätzlich „keine Gefahr" der Privatsphärenverletzung bestehe, weil sie keine Person sei, „die so viel von sich preisgibt öffentlich". Auch Maja verweist in diesem Zusammenhang darauf, dass sie „nicht SEHR VIEL in Facebook stehen" habe. Dass dies rein subjektive Empfindungen der Mädchen sind, beweist die Screenrecording-Analyse im quantitativen Vergleich: Sowohl Anna als auch Maja veröffentlichen regelmäßig Inhalte auf Facebook wie private Fotos (Anna hat 58, Maja 75 eigene Fotos veröffentlicht) oder Songtexte, Lebensweisheiten etc., um nach eigener Aussage damit ihre Interessen, Gefühle und Gedanken preiszugeben.

Weiterhin lassen sich bei den Mädchen auch Hinweise für eine geringe Privacy Awareness vom Typ 2 finden, die auf ein mangelndes Wissen hinsichtlich bestimmter datenschutzrelevanter Aspekte auf Facebook deuten. So ist ihnen, wie auch den meisten anderen Befragten im Sample, der Umstand nicht bekannt, dass Dritte, die bestimmte Anwendungen (zum Beispiel Spiele) auf Facebook anbieten, per Voreinstellung Zugriff auf sämtliche Profilinformationen der Online-Kontakte eines Nutzers, der die jeweilige App installiert hat, erhalten. Zu diesen Daten gehören unter anderem das Geburtsdatum, der Wohnort, die Heimatstadt oder die persönlichen Statusmeldungen, Fotos, Videos, Aktivitäten und Interessen eines Nutzers aus dem Kontaktnetzwerk. Nicole, Anna und Maja kennen die technische Einstellung, mit der sie die Informationsweitergabe an Drittanbieter anpassen können, nicht. Die 15-jährige Anna gibt an, sich „gar nicht so wirklich" mit dem Thema Drittanbieteranwendungen auseinander zu setzen, während Maja zwar behauptet, dass es ihr bewusst sei, dass auch verschiedene Apps auf ihre Daten zugreifen können, sie aber kaum relevante Informationen hier veröffentlicht habe:

00:27:15, Interviewerin:	Schau mal, 27 Anwendungen nutzt du.
00:27:19, Maja, 15 Jahre:	Ja relativ selten.
00:27:19, Interviewerin:	Aber das sind halt Anwendungen, die auch auf deine Daten teilweise zugreifen. Also /
00:27:25, Maja, 15 Jahre:	Ja.
00:27:25, Interviewerin:	Also bist du dir dessen bewusst?
00:27:26, Maja, 15 Jahre:	Ja. Ja klar, das bin ich mir. Aber ich hab' jetzt nicht SEHR VIEL in Facebook stehen. Das hab' ich auch hier bei meinen Informationen ja nicht. Glaub ich. (..) Also dass ich halt da auf die Schule geh, ich hab' ja nicht mal irgendwas über MICH geschrieben. (..) Ja und sonst hab' ich hier halt kaum hier was stehen, außer halt dass ich in *Ort* wohne, dass ich im August geboren bin und so. (..)

Der Dialogausschnitt mit Maja kann exemplarisch für viele der befragten Jugendlichen im Datenset stehen. Er verweist hier auf zwei wesentliche Aspekte im Zusammenhang mit dem Thema Datenerfassung durch Dritte. Zum einen wissen die meisten Jugendlichen nicht, dass Dritte ihre persönlichen Daten über den Zugriff von Apps ihrer Online-Kontakte erfassen können. Auch dass sie diese Einstellung verändern und entsprechend anpassen können, ist ihnen nicht bewusst. Zum anderen zeigt sich, dass sich die Jugendlichen nicht darüber im Klaren sind, dass ihr Online-Handeln für Dritte überhaupt von Interesse sein könnte. Sie gehen insgesamt davon aus, dass ihre Daten und persönlichen Inhalte irrelevant für andere als sie selbst und einige gute Freunde sind („das interessiert sonst keinen", Lukas, 17 Jahre). Es mangelt den Schülerinnen und Schülern hier offenbar an entsprechendem Hintergrund- und Erfahrungswissen, um ihr Handeln auch objektiv einordnen und bewerten zu können.

Bei den Treffen mit den Jugendlichen zeigte sich, dass die meisten von ihnen durchaus gewisse Datenschutzfragen bezüglich ihrer Facebooknutzung haben bzw. sie wissen möchten, wie sie „sicher" surfen können. Dies wurde vor allem bei den Fällen deutlich, in denen die Interviewerin den Jugendlichen vor Augen führte, welche ihrer Daten und Aktionen auf Facebook einen potenziellen Angriffspunkt für Dritte liefern können. Bei dem 17-jährigen Lukas etwa stellt sich im Interview heraus, dass sämtliche seiner Facebook-Postings vollständig öffentlich sind, das heißt auch von Personen außerhalb Facebooks eingesehen werden können. Als die Interviewerin dem Schüler das Ausmaß seiner Einstellungen erläutert, wirkt Lukas konsterniert:

00:25:23, Interviewerin:	Also das heißt jetzt, dass alles was du postest, jeder sehen kann.
00:25:28, Lukas, 17 Jahre:	Ja das weiß ich.
00:25:29, Interviewerin:	Ok. Aber auch / (.) NICHT nur deine Freunde.
00:25:35, Lukas, 17 Jahre:	ECHT?
00:25:36, Interviewerin:	Ja guck mal hier: „öffentlich", „Freunde" oder „benutzerdefiniert". Und „öffentlich" heißt /
00:25:40, Lukas, 17 Jahre:	Alle? //Alle aus// der ganzen Welt?
00:25:41, Interviewerin:	// Ja // (.) Ja.
00:25:45, Lukas, 17 Jahre:	Ja ABER, wenn mich jemand hinzufügt / (.) Ach Quatsch, wenn ich jetzt nicht mit jemandem befreundet bin und der auf meine Seite zugreift, kann der aber nicht lesen was ich schreib', oder doch? DOCH?
00:25:57, Interviewerin:	Ja. //Sieht so aus//.
00:25:58, Lukas, 17 Jahre:	//Ja krass//!

Der Dialogausschnitt verdeutlicht, dass sich Lukas in keiner Weise bewusst darüber ist, wer seine Facebook-Postings sehen kann. Dass seine hochgeladenen Fotos und Status-Updates öffentlich sind und somit auch von fremden Personen rezipiert werden können, überrascht ihn sehr. Er beabsichtigt, seine Facebook-Einstellungen sofort zu prüfen und anzupassen; eine Einschränkung in Bezug auf die Inhalte und „Privatheit" seiner Postings plant er hingegen eher nicht:

00:31:52, Interviewerin:	Glaubst du, wirst du jetzt eher drauf achten, was du so schreibst oder wie und wer's sehen kann oder so?
00:32:03, Lukas, 17 Jahre:	Relativ. Also ich werd' auf jeden Fall mal die Einstellungen da ändern, weil das ist doch recht, echt viel, WAS man da von mir sehen kann und so. (. .) Aber sonst, nö.

Bei dem 18-jährigen Simon und dem 17-jährigen Nico lassen sich Mischformen von Typ 1 und Typ 2 einer geringen Privacy Awareness feststellen, die einmal als generell, ein anderes Mal als situativ vorliegend interpretiert werden kann.

So vermittelt Nico den Eindruck, generell eher sorglos und leichtfertig hinsichtlich der Privatheitsrelevanz seines Online-Handeln zu sein (Typ 1), und reagiert zudem in Bezug auf einzelne Handlungssituationen überwiegend gleichgültig hinsichtlich der möglichen unintendierten Folgen (Typ 2). So gewährt Nico nicht nur allen seinen 924 Personen, von denen er einige überhaupt nicht kennt, Zutritt zu seinem Facebook-Profil und den jeweiligen persönlichen Daten, er hat darüber hinaus auch sämtliche seiner Facebook-Inhalte als öffentlich einsehbar eingestellt. Dieser Umstand bzw. die sich daraus ergebenden, möglichen unintendierten Privatheitsfolgen reflektiert Nico nicht, sondern es ihm, wie er selbst sagt, „eigentlich relativ egal".

Ähnlich lassen sich Simons Äußerungen in Hinblick auf seine Privacy Awareness deuten. Der 18-jährige betont mehrfach, dass er Facebook grundsätzlich indifferent und mit großem „Desinteresse" gegenübersteht und die verfügbaren technischen Optionen, wie die Privatsphäre-Einstellungen nicht für wichtig erachtet. Simon hat sämtliche seiner Facebook-Postings öffentlich zugänglich gemacht und schätzt dabei die Gefahr einer Privatsphärenverletzung für sich auf Facebook als eher gering ein: „Und da ich eigentlich meistens nichts poste bis auf jetzt die zwei, drei Sachen da, glaub ich, ist es bei mir / ist die Gefahr nicht SO groß".

Eine Diskrepanz zwischen generell hoher und situativ geringer Privacy Awareness zeigt sich bei den drei 16-Jährigen Klaas, Pascal und Sarah. Für diese Jugendlichen konnte bereits ein insgesamt eher hohes Reflexionsvermögen bezüglich privatheits- und datenschutzrelevanter Kontexte auf Facebook konstatiert werden (siehe oben). Gleichwohl lassen sich auch bei ihnen Anzeichen einer gewissen Leichtfertigkeit und Naivität in konkreten Handlungssituationen feststellen, die per definitionem als Aspekte einer geringen Privacy Awareness zu werten sind. Bei Klaas etwa betrifft das die objektive Relevanz seiner persönliche Inhalte („Das lesen die anderen dann auch nicht oder so") und bei Sarah das große Vertrauen in ihre Online-Freunde („Die werden mich schon nicht markieren, wenn's irgendwie ein schreckliches Foto ist". Bei Pascal bezieht sich die situativ geringe Privacy Awareness auf den Aspekt der Online-Fremddarstellung („Also ich wusste das nicht, dass ich da gefilmt werde, aber das stört mich jetzt auch nicht weiter"). Diese erkennbaren Diskrepanzen zwischen Einstellung und Verhalten der Jugendlichen werden weiter unten im Zusammenhang mit dem Privacy Paradox diskutiert.

Einflussfaktoren und Prädiktoren von Privacy Awareness

Wie im Modell der User Generated Privacy postuliert, existieren verschiedene Determinanten, die das situative Privatheitsbewusstsein einer Person bestimmen und dabei auch die Intentionsbildung für ein bestimmtes Online-Handeln beeinflussen können, indem sie etwa vorherrschende affektive Bedürfnisse verstärken oder im Privacy Calculus als vermittelnde Faktoren mit einbezogen werden. Hierzu zählen insbesondere die technischen Korrekturmöglichkeiten, das Vertrauen des Akteurs in die Online-Plattform oder die Interaktionspartner, die Nutzungskompetenz sowie das Datenschutzwissen und bisherige Erfahrungen. Auch ist es möglich, dass bestimmte demografische Variablen, wie das Alter oder das Geschlecht des Handelnden, in einem besonderen Zusammenhang mit seinem Privatheitsbewusstsein und dem Handlungsmotiv stehen. Ausschlaggebend für die konkrete Handlungssituation können zudem Faktoren wie die Charaktereigenschaften einer Person oder die aktuelle Stimmungslage sein. Diese Determinanten sollen nun abschließend im Rahmen der vergleichenden Analyse diskutiert werden.

(1) Technische Korrekturmöglichkeiten

Die Möglichkeit, mithilfe der technischen Funktionen nachträgliche Korrekturhandlungen vorzunehmen, also bestimmte Inhalte auf Facebook zu editieren oder zu löschen, wurde von einigen der befragten Jugendlichen als Grund für ihr (teilweise zugegeben unüberlegtes) Privatheitshandeln angeführt. Insbesondere die 17-jährige Manuela („Wenn ich dann halt nicht darauf markiert sein will, dann lösche ich das halt"), die 15-jährige Anna („Ich denk dann einfach nur ‚och, die [Person] könnt ich auch wieder löschen'"), die 15-jährige Maja („Also das kann ich immer ignorieren oder löschen") und die 16-jährige Sarah („Dann seh' ich das ja und kann's ja immer noch löschen") ziehen grundsätzlich die technischen Editiermöglichkeiten als zukünftige Handlungsoption zur Korrektur unintendierter Handlungsfolgen in Erwägung. Dabei kann beobachtet werden, dass sich die Jugendlichen mitunter so sehr auf die Korrektur- und Editiermöglichkeiten verlassen, dass es so zu einem „Control Paradox" kommt. Dieses liegt vor, wenn unintendierte Handlungsfolgen völlig außer Acht gelassen werden, da allein die Überzeugung, unerwünschte Handlungsresultate im Nachhinein wieder entfernen oder inhaltlich anpassen zu können, als Argument für das Handeln überwiegt.

Die verfügbaren technischen Affordanzen Facebooks und die Option, Resultate des eigenen Handelns durch Löschen oder Editieren wieder rückgängig machen zu können, vermittelt ein Gefühl von Kontrolle, welches wiederum die Sorge vor möglichen Privatsphärenverletzungen senkt. Das Vertrauen, das die Jugendlichen in die technischen Regulierungsmöglichkeiten legen, ist dabei wesentlicher Grund für ihre – wenngleich unterschiedlich ausgeprägte – geringe Privacy Awareness. In einigen der genannten Fälle kommt noch verstärkend hinzu, dass sich die Jugendlichen allgemein recht unsicher im Umgang mit den Nutzungsoptionen von Facebook zeigen. Dies betrifft bereits grundlegende Anwendungen, wie etwa das Zurechtfinden in der Facebook-Chronik („Das ist so komisch mit der Chronik", Manuela, 17 Jahre), oder das Verwalten ihrer persönlichen Informationen in den Profileinstellungen. Auch kann festgestellt werden, dass die Jugendlichen oft nicht wissen, welche Auswirkungen die Einstellungen haben, die sie einmal vorgenommen haben (siehe auch weiter unten, Punkt „Nutzungskompetenz").

Im vorliegenden Datenset wurden Anzeichen für das Vorhandensein eines Control Paradox ausschließlich bei den Mädchen gefunden (80% der Fälle); keiner der befragten Jungen (0% der Fälle) begründete im Gespräch sein On-line-Handeln mit den verfügbaren Korrekturmöglichkeiten. Wenngleich die Ar-gumentation aufgrund der geringen Fallzahlen in der vorliegenden Studie etwas abgeschwächt sein mag, so ist der Befund dennoch als eine Tendenz dafür zu werten, dass das Control Paradox eher bei den Mädchen als bei den Jungen auf-tritt.

(2) Vertrauen

Ein Faktor, der eng mit dem eben genannten verknüpft ist und eine geringe Pri-vacy Awareness bei den Jugendlichen begünstigt, ist das Vertrauen, das sie in die technischen Funktionen von Facebook oder in den Plattformbetreiber, aber auch in ihre Online-Kontakte haben. Vertrauen ist eine wesentliche Vorausset-zung für die Konstruktion und Ausgestaltung von Online-Privatheit, zumal der einzelne User bei der Selbstoffenbarung sichergehen möchte, dass seine preis-gegebenen Informationen beim Interaktionspartner im Online-Umfeld auch be-wahrt werden (Krasnova et al. 2010). Als situativer intrinsischer Einflusspara-meter kann Vertrauen das individuelle Privatheitsempfinden steigern (Joinson et al. 2010). Allerdings kann, wie bereits im Modell der User Generated Privacy postuliert, das in einer konkreten Handlungssituation bestehende Vertrauen ein generell hohes Privatheitsbewusstsein unterminieren, indem es grundsätzliche Bedenken gegen ein bestimmtes Handeln in ihrer Relevanz mindert. Dies kann beispielsweise bei der 16-jährigen Sarah beobachtet werden, die im Netz grund-sätzlich privatheitsbewusst agiert, jedoch aufgrund eines hohen Vertrauens in ihre Online-Freunde in bestimmten privatheitsrelevanten Situationen, etwa wenn andere Nutzer sie auf Fotos markieren (siehe oben), generell bestehende Ängste ausblendet. Der Faktor „Vertrauen in die Interaktionspartner" stellt dem-nach einen „Affektleiter" für unüberlegtes privatheitsrelevantes Handeln dar.

Bei der 16-jährigen Nicole („Aber irgendwie ist mir noch nie was begeg-net, irgend ein Ereignis, das so was zeigen würde, dass Facebook jetzt irgend-was mit den Bildern macht") und dem 17-jährigen Nico („Es wird einem ja ver-sichert, dass wenn man ne private Gruppe macht, dass es auch nur die Leute da drin sehen können") lassen sich deutliche Hinweise dafür finden, dass sie ein großes Vertrauen in die Plattform Facebook besitzen. Der Glaube daran, dass Facebook ihre persönlichen Daten nicht unvermittelt verwendet oder veröffent-licht, scheint bei den Jugendlichen so groß, dass sie deshalb zu Unvorsichtigkeit in ihrem Online-Handeln neigen bzw. potenziell unerwünschte Handlungsfolgen in diesem Zusammenhang ausblenden. Der Grund für das große Vertrauen in den Plattformprovider ist in erster Linie im Mangel an entsprechenden nachteiligen Erfahrungen zu sehen, wie das eben aufgeführte Zitat von Nicole nahelegt. Unter Berücksichtigung der Tatsache, dass Facebook durchaus Nutzerdaten auf intransparente Weise speichert und weiter verwendet, lässt sich das Vertrauen der Jugendlichen in die Plattform an dieser Stelle auch mit vorhandenem Nicht-Wissen ob der entsprechenden Fakten erklären (der Einflussfaktor „Hintergrund- und Kontextwissens" wird unter Punkt (4) näher erörtert).

(3) Nutzungskompetenz
Es lässt sich beobachten, dass einige der befragten Jugendlichen sehr unsicher im Umgang mit der Benutzeroberfläche von Facebook sind. So belegen die Ergebnisse der Datenauswertung, dass fast alle der Schülerinnen und Schüler Schwierigkeiten mit den technischen Einstellungen und Funktionen von Facebook haben. Sie empfinden diese als zu kompliziert, wissen oft nicht, wo sie entsprechende Anpassungen vornehmen können oder welche privaten Informationen von ihnen auf der Plattform mit welcher Reichweite verfügbar sind. Dabei muss an dieser Stelle darauf hingewiesen werden, dass für den Aspekt der geringen Nutzungskompetenz sowohl die Selbstauskünfte der Jugendlichen kodiert wurden, als auch ihr Verhalten mit einbezogen wurde, das bei der gemeinsamen Betrachtung ihrer Profilseite beobachtet werden konnte. So zeigte sich in vielen Fällen, dass die Jugendlichen auf die Aufforderung hin, die Privatsphäre-Einstellungen ihres Online-Profils aufzurufen, dieses nicht fanden oder erst einige Fehlversuche durchführten, bis sie die entsprechende Unterseite auffanden.

Den Jugendlichen bereitet mitunter schon die Nutzung grundlegender Anwendungen der Plattform Probleme, wie etwa der Aufbau der Facebook-Chronik oder die Anordnung verschiedener Funktionen und das Auffinden ebendieser. Als besonders gravierend ist dabei der Befund zu bewerten, dass acht der zehn Jugendlichen nicht wissen, wo sie die Facebook-Privatsphäre-Einstellungen überhaupt finden oder wie sie bestimmte datenschutzrelevante Einstellungen in ihrem Profil vornehmen können. Symptomatisch für diesen Befund sind zum Beispiel die Nachfragen der Jugendlichen „Wo war das denn"? (Sarah, 16 Jahre) oder „Wo mach ich das?" (Nico, 17 Jahre) als Reaktion auf die Aufforderungen, die Privatsphäre-Einstellungen aufzurufen. Ein eindrückliches Beispiel hierfür liefert die 15-jährige Maja, die zunächst den Zugang zu ihren Privatsphäreeinstellungen auf Facebook nicht findet („Ich weiß gar nicht wie das / Ich glaube / kann man das hier irgendwo (. .) machen?") und ihr dies erst nach einigen Fehlversuchen und ziellosen Mausbewegungen über den entscheidenden Tipp der Interviewerin („oben ganz rechts unter dem kleinen Pfeil") gelingt (Illustration siehe Abbildung 15).

Abbildung 15: Ergebnis der Screenactivity-Analyse von Maja (15 Jahre) beim Aufsuchen der Facebook-Privatsphäre-Einstellungen. *Pfad 1 (gepunktete Linie):* Start rechts im Bild, kurze Mausbewegung nach oben (ohne Klick), dann quer über den Bildschirm nach links oben, kurze Mausbewegung nach unten und Klick auf Feld „Neuigkeiten"; *Pfad 2 (gestrichelte Linie):* Ziellose Mausbewegung in die Bildmitte, Ende mit einem Klick auf das eigene Profil (rechts oben im Reiter). *Pfad 3 (Pfeil rechts oben):* Klick auf das Auswahlmenü mit den Privatsphäreeinstellungen nach Hinweis durch die Interviewerin.

Der Befund, dass viele der Jugendlichen offenbar nicht wissen, wo sich die Privatsphäre-Einstellungen oder weitere Regulierungsmöglichkeiten ihres Facebook-Profils befinden, deutet darauf hin, dass sie diese auch eher selten anwenden. Tatsächlich *kennen* die Jugendlichen einige Datenschutzeinstellungen in ihrem Profil nicht (z. B. Anpassen der Markierungsoption auf Fotos, Drittanbieterkontrolle etc.). Zugleich kann beobachtet werden, dass sie bisweilen zwar angeben, einzelne Datenschutzeinstellungen oder Regulierungsoptionen zu kennen, diese aber nicht anzuwenden. Das kann etwa für die Audience Management-Funktion „Anlegen von Freundeslisten" festgestellt werden, welche die Jugendlichen oft bewusst nicht einsetzen wollen, um so ihre Kontakte nicht hierarchisieren zu müssen, wie die 15-jährige Anna konstatiert: „Aber ich will jetzt nicht meine ganze Liste durchgehen und sagen der und der ist das und das".

Als wesentlichen Grund dafür, dass sie die relevanten Privatsphäre-Einstellungen auf Facebook nicht kennen, geben die Befragten an, dass diese insgesamt zu komplex und zu kompliziert in der Anwendung seien. Auch das regelmäßige Prüfen der Einstellungen empfinden die Jugendlichen als zu mühevoll und „SO anstrengend" (Nicole, 16 Jahre). Zur Konsequenz verzichten sie auf den Einsatz der technischen Kontrollfunktionen. Folgendermaßen erklärt der 16-jährige Pascal, weshalb er die Audience Management-Funktion von Facebook nicht nutzt:

> „Das ist mir viel zu kompliziert, muss ich ganz ehrlich sagen, also ich hab glaub ich auch kaum welche in irgendwelche Gruppen eingeteilt, das wär' / Da bin ich einfach zu faul für, das wär' vermutlich durchaus RATSAM, wenn nicht jeder alles sieht, was ich mache, aber (.) da bin ich zu faul für und wahrscheinlich auch ein bisschen zu sorglos, aber das ist / da beschäftige ich mich eigentlich nicht wirklich mit".

Pascals Aussage verweist auf einen typischen Zusammenhang zwischen den Faktoren „Nutzungskompetenz" und „geringe Privacy Awareness". Offenbar bedingen sich beide Faktoren gegenseitig, das heißt, eine gewisse Sorglosigkeit oder Indifferenz gegenüber den technischen Funktionen, wie etwa den Privatsphäre-Einstellungen, führen dazu, dass diese nicht genutzt werden, woraus wiederum eine Unkenntnis über die Funktionalitäten der Anwendungen resultiert. Umgekehrt kann ein nicht kompetenter Umgang mit den Regulierungsoptionen (oder auch eine Nichtanwendung ebendieser) zu nicht intendierten, unerwünschten Folgen führen, die wiederum ein inakzeptables Privatheitslevel beim Einzelnen hervorrufen können.

Abschließend soll für den Einflussfaktor „Nutzungskompetenz" noch erwähnt werden, dass sich im gesamten Datenset kaum Anzeichen dafür finden lassen, die einen der Jugendlichen oder auch nur Aspekte ihres auf Online-Privatheit ausgerichteten Handelns als besonders *kompetent* (oder technisch versiert) ausweisen würden. So kann nicht allein die Abwesenheit einer technischen Unkenntnis bereits als „Kompetenz" deklariert werden; vielmehr müssten hier wesentliche Zusammenhänge erkennbar sein, die nicht nur zeigten, dass der Nutzer sämtliche Strukturen und Anwendungen der Plattform kennt, sondern die ihn auch als fähig auswiesen, diese reflektiert und zielgerichtet einzusetzen. Dies ist bei keinem der jugendlichen Probanden der Fall.

(4) Datenschutzwissen
Im Modell der User Generated Privacy wird hypothetisiert, dass der Faktor des Kontext- oder Hintergrundwissens das privatheitsrelevante Online-Handeln einer Person beeinflusst. So ist davon auszugehen, dass die Kenntnis von potenziellen Gefahren und Risiken, die im Zusammenhang mit der Veröffentlichung privater Informationen im Netz stehen, das eigene Bewusstsein über die Preisgabe persönlicher Daten schärft, wohingegen ein geringes Wissen um diese Aspekte mit einer eher geringen Privacy Awareness einhergeht.

Zunächst verweisen die Ergebnisse der Analyse darauf, dass das Handeln der eher privatheitsbewussten Jugendlichen durchaus an bestimmten Hintergrundinformationen orientiert ist. So argumentiert etwa die 16-jährige Sarah, für die eine generell hohe Privacy Awareness angenommen wird, häufig, dass sie „so viel Schlechtes" über die Datensicherheit im Netz allgemein und auf Facebook „gehört" habe, dass sie daher besonders vorsichtig im Umgang mit ihren Online-Daten sei. Auch der 16-jährige Pascal erklärt, dass nicht nur seine Eltern ihn regelmäßig ermahnten, bei der Preisgabe persönlicher Informationen auf Facebook sorgfältig zu sein, sondern dass es „ja irgendwie regelmäßig in den Nachrichten" käme, „dass das unglaublich unsicher ist und so". Doch auch die Jugendlichen, die als eher wenig privatheitsbewusst charakterisiert werden können, richten ihr Online-Handeln teilweise auf Basis von Informationen aus, die mit gewissen Datenschutzproblemen (insbesondere im Rahmen der Facebook-Nutzung) im Zusammenhang stehen. So erklärt die 16-jährige Nicole, dass sie aufgrund eines vermeintlichen Datenschutzrisikos auf Facebook, über das sie von ihren Freunden auf Facebook selbst erfahren hat, sofort ihre Einstellungen kontrolliert habe.

Interessant ist der Befund, dass die meisten Warnungen und Informationen in Bezug auf Datenschutzrisiken bei Facebook, die die Jugendlichen von ihren Eltern oder Lehrern erhalten, von diesen zumeist ignoriert werden. Drei kurze Auszüge aus den Interviews mit Anna, Sarah und Lukas sollen dies belegen:

(a) Anna, 15 Jahre
„Also meine Eltern haben gefragt, ‚was hast du denn überhaupt angegeben? Kann das jeder sehen?' Dann hab ich da einfach gesagt: ‚ganz ruhig, DA IST NICHTS' so. Und (.) ähm (.) ja Gott, das ist ganz normal für unser Alter, dass man da ist"

(b) Sarah, 16 Jahre

00:01:16, Interviewerin:	Aber ist auch irgendwie so, ich sag mal, Internetnutzung [in der Schule] ein Thema? Also zum Beispiel jetzt soziale Netzwerke?
00:01:29, Sarah, 16 Jahre:	Immer nur, wenn irgendwie ein Skandal wieder aufkommt, alles wurde hier gehackt in Facebook, ganze Nutzernamen wurden irgendwie geklaut oder so, dann ist das natürlich mal kurz ein Thema, aber letztendlich / Und (.) teilweise sagen die Lehrer auch, wir Kinder würden uns damit besser teilweise / würden damit besser umgehen als die Erwachsenen, weil wir halt damit aufgewachsen sind.

(c) Lukas, 17 Jahre

00:31:30, Lukas, 17 Jahre:	Meine Eltern sagen mir immer nur, ich soll aufpassen, was ich schreibe, aber ich bin ganz (ruhig?).
00:31:33, Interviewerin:	Und machst du das dann?
00:31:38, Lukas, 17 Jahre:	Eher nicht. *(lacht)*
00:31:39, Interviewerin:	*(lacht)* Also du sagst ihnen, du machst es, oder?
00:31:40, Lukas, 17 Jahre:	Ja, ja klar! Damit ich Streit umgehe oder sonst was.

Die drei Beispiele zeigen, dass auf der einen Seite zwar bestimmte Informationen hinsichtlich des Themas ‚Datenschutz' für die Jugendlichen durch ihre Eltern und Lehrer verfügbar sind, sie also gewisse Privatheitsproblematiken erkennen *müssten*, sie auf der anderen Seite diese Informationen jedoch selten ernst nehmen. Ihre Lehrer erachten die Jugendlichen als nicht kompetent genug, dass diese ihnen Facebook „beibringen" könnten, wie vor allem die Aussagen von Sarah belegen. Bei ihren Eltern verhält es sich so, dass die Jugendlichen ihren diesen gegenüber angeben, auf deren Ermahnungen zu einem sorgfältigeren Umgang mit privaten Inhalten auf Facebook zu hören, de facto dies aber nicht tun. Das liegt möglicherweise darin begründet, dass sich Jugendliche in diesem Alter generell in einer Phase befinden, in der sie weniger auf ihre Eltern hören (wollen), und deshalb auch deren Ratschläge hinsichtlich ihrer Facebook-Nutzung (im eigenen Online-Territorium) nicht befolgen.

Dies bedeutet jedoch nicht, dass die Jugendlichen tatsächlich keinen Wert auf den Erhalt datenschutzrelevanter Informationen legten. In den Gesprächen mit den Jugendlichen entsteht der Eindruck, dass einige durchaus Interesse daran haben, mehr über die Möglichkeiten einer sicheren privaten Kommunikation auf Facebook zu erfahren. Insbesondere die beiden 16-Jährigen Klaas und Sarah äußern explizit den Wunsch, grundsätzlich mehr Informationen für einen bewussten Umgang mit den eigenen privaten Daten auf Facebook zu erhalten. Das legt den Schluss nahe, dass es den Jugendlichen eher darauf ankommt, *von wem* ihnen die Informationen zum Datenschutz auf Facebook (oder im Internet allgemein) vermittelt werden; Ermahnungen von den Eltern befolgen sie kaum und ihre Lehrer erachten sie dahingehend als nicht ausreichend kompetent. Informationen von ausgewiesenen Experten (wie im vorliegenden Fall etwa von der Interviewerin) nehmen sie hingegen gerne an.

(5) Erfahrungswissen

Ein anderer wichtiger Faktor, der sich bei einigen der Jugendlichen als ein Grund für ihr eher risikoreiches privatheitsrelevantes Handeln auf Facebook herausstellt, ist das Nichtvorhandensein einschlägiger negativer Erlebnisse. So kann zwar die Hälfte aller Befragten von unerwünschten Erfahrungen berichten, die sie bei der Konstruktion und Gestaltung ihrer Online-Privatheit auf Facebook gemacht haben, allerdings betonen die Jugendlichen dabei zumeist, dass diese Erfahrungen sie zu keiner Anpassung ihres Handelns auf der Plattform motiviere. So argumentiert die 15-jährige Anna, dass die unerwünschte Fremddarstellung über die Markierung in einem Foto, das andere von ihr auf Facebook veröffentlicht haben, ja „nur einmal" passiert sei und sie sonst „eigentlich" keine negativen Erfahrungen mit ihren privaten Daten auf Facebook gemacht habe. Dies sei zugleich auch der Grund, weshalb sie sich hinsichtlich des Online-Datenschutzes insgesamt „auch nicht so viele Sorgen" machen müsse.

Auch die 16-jährige Sarah, die generell eine hohe Privacy Awareness besitzt, erklärt, dass unangenehme Erlebnisse „momentan noch nicht passiert" seien und bezieht sich hier insbesondere auf die Möglichkeit, dass ihr Facebook-Profil prinzipiell von jedem ihrer Online-Freunde verlinkt werden könne (auch die Benachrichtigungen zur Genehmigung von Profilmarkierungen hat sie ausgeschaltet). Die Schülerin begründet dies mit den Korrekturmöglichkeiten, die Facebook bietet (siehe oben) und damit, dass sie die Benachrichtigungsfunktion jeder Zeit „natürlich noch einschalten" könne.

Im Modell der UGP ist der Aspekt der Erfahrung als zentraler Einflussparameter auf den privaten Handlungsprozess, insbesondere auf das Privatheitsbewusstsein einer Person im Netz dargestellt. Es wurde hypothetisiert, dass vor allem negative Erfahrungen dabei einen zuträglichen Effekt auf die Privacy Awareness haben können. Dies wurde damit begründet, dass ein Online-User aus seinen negativen Erfahrungen lernt und bei seinem zukünftigen Handeln entsprechend umsichtiger ist. Diese These lässt sich anhand der empirischen Befunde dieser Forschungsphase nicht bestätigen. Nur ganz vereinzelt (im vorliegenden Datenset etwa bei Pacal, 17 Jahre) haben erlebte, unerwünschte Handlungsfolgen auf das zukünftige privatheitsrelevante Online-Handeln der Jugendlichen einen Lerneffekt in der Hinsicht, dass sie ähnliche Handlungsfolgen durch entsprechende Regulierungshandlungen zu vermeiden versuchen. Die Jugendlichen ziehen hingegen das *Ausbleiben* negativer Erfahrungen als Argument *für* ihr Handeln heran: Die 16-jährige Nicole legt dar, dass weder sie selbst noch einer ihrer Freunde bisher datenschutzrelevante, negative Erlebnisse auf Facebook gemacht hat, weshalb sie das Vorhandensein derartiger Gefahren oder Risiken grundsätzlich in Frage stellt:

00:31:51, Interviewerin:	Und kennst du jemanden, dem das schon mal passiert ist? Also dass irgendjemand schon mal ein Problem damit (Anm.: Datensicherheit auf Facebook) hatte oder so?
00:31:55, Nicole, 16 Jahre:	Nee, bisher halt einfach noch nicht. Deswegen weiß ich halt nicht, ob es wirklich stimmt.

Der Befund, dass der Faktor „negative Erfahrung" auf das Online-Handeln der Jugendlichen im vorliegenden Datenset offenbar nur einen geringen Einfluss hat, kann unterschiedlich gedeutet werden, wobei hier auch eine methodenkritische Begründung in Frage kommt: So hätte die methodische Herangehensweise bei der Erhebung des Aspekts der Erfahrung in den Interviews noch weiter ausdifferenziert werden können, zum Beispiel mit einer detaillierten Befragungsskala, die mögliche Formen von Privatsphärenverletzungen auflistet. Weitere Erklärungen sind, dass die Jugendlichen ihre negativen Erfahrungen im Interview entweder nicht preisgeben wollten, sich im Moment der Befragung nicht daran erinnerten oder diese subjektiv als weit weniger gravierend einschätzten, als das vielleicht objektiv betrachtet der Fall wäre.

Wahrscheinlicher ist jedoch die Annahme, dass die Jugendlichen ihre bislang gemachten negativen Erfahrungen, so weit es ihnen möglich war, als positive (oder akzeptable) Erfahrungswerte „umdeuteten", um ihr Handeln auch im Nachhinein und prospektiv vor sich selbst zu legitimieren. Für diese These, wie sie auch im Modell der UGP formuliert ist, gibt es einige Hinweise im Datenset: Zum Beispiel die Begründung Annas, bestimmte negative Erlebnisse seien „nur einmal" passiert und spielten daher keine Rolle oder die vorherrschende Meinung einiger Jugendlicher, unerwünschte Postings könnten grundsätzlich wieder gelöscht werden.

(6) Demografische Variablen

Schließlich soll noch der Frage nachgegangen werden, ob und inwiefern das Alter oder Geschlecht der Jugendlichen mit einer hohen oder geringen Privacy Awareness bei ihrem Online-Handeln in Zusammenhang stehen könnten.

Für das Vorhandensein einer generell hohen Privacy Awareness, die insbesondere für die 16-Jährigen Klaas, Sarah und Pascal festgestellt wurde, lassen sich (nicht zuletzt aufgrund der geringen Fallzahlen) keine alters- oder geschlechterspezifischen Tendenzen ausmachen. Es ist vielmehr davon auszugehen, dass bei diesen Jugendlichen individuelle Einflussfaktoren, wie etwa Charaktereigenschaften oder auch das verfügbare Hintergrundwissen, für ihr hohes Privatheitsbewusstsein verantwortlich sind.

In Bezug auf eine (generell oder situativ) geringe Privacy Awareness legen die Analysen die Vermutung nahe, dass es einen Zusammenhang zwischen dem Alter der Jugendlichen und der Form ihres geringen Privatheitsbewusstseins gibt. So zeigen sich die etwas Jüngeren (die 15- und 16-Jährigen) im Datenset bei ihrem Privatheitshandeln eher sorglos oder schätzen potenzielle Handlungsfolgen falsch ein (Typ 1 einer geringen Privacy Awareness), während bei den etwas Älteren (17- und 18-Jährige) eine gewisse Gleichgültigkeit in Bezug auf unintendierte privatheitsrelevante Folgen ihres Online-Handelns zu erkennen ist (Typ 2 einer geringen Privacy Awareness). Grundsätzlich kann festgehalten werden, dass die Jugendlichen aller Altersgruppen Aspekte einer geringen Privacy Awareness bei ihrem Online-Handeln aufweisen. Besondere geschlechterspezifische Unterschiede ließen sich auf Basis des vorliegenden Datensets an dieser Stelle nicht ausmachen.

Privacy Awareness und Privacy Paradox – eine abschließende Einschätzung

Wie weiter oben bereits angedeutet ergeben sich bei den Jugendlichen verschiedene Kombinationsformen von hoher und geringer situativer oder genereller Privacy Awareness, die in ihrer Auswirkung für den Online-Privatheitsprozess unterschiedlich zu bewerten sind. Von besonderem Interesse ist die „Privacy Paradox"-Konstellation, bei der eine generell hohe Privacy Awareness mit einer situativ geringen Privacy Awareness verknüpft ist. Fraglich ist nun, inwiefern die einzelnen Determinanten des Privatheitsbewusstseins für das Phänomen des Privacy Paradox eine Rolle spielen und wie das Privacy Paradox vor dem Hintergrund der durchgeführten Untersuchung zu bewerten ist.

Ein Privacy Paradox liegt vor, wenn beobachtbare Diskrepanzen in der Einstellung einer Person zu ihrer Online-Privatheit und ihrem tatsächlichen privatheitsrelevanten Handeln im Online-Kontext bestehen: Ein Nutzer äußert auf der einen Seite große Datenschutzbedenken oder Sorgen hinsichtlich seiner privaten Daten im Netz, handelt auf der anderen Seite jedoch gerade nicht datenschutz- oder privatheitsbewusst, sondern vermeintlich leichtfertig und sorglos. Nach Maßgabe des hier vorliegenden Definitionsbereichs bedeutet das Vorliegen eines Privacy Paradox, dass eine generell hohe Privacy Awareness mit einer situativ geringen Privacy Awareness konfligiert. Dabei wird angenommen, dass der Grund für das vermeintlich leichtfertige und unreflektierte Privatheitshandeln der Jugendlichen einem der Rationalität übergeordneten, affektiv-geprägten Bedürfnis entspringt. Um die sich dadurch ergebende kognitive Dissonanz zu vermeiden und das bedürfnisgeleitete Handeln, das eigentlich der inneren Überzeugung entgegen steht, vor sich selbst zu legitimieren, werden verschiedene Faktoren wichtig, die von den Jugendlichen mehr oder weniger bewusst einbezogen werden. Dies sind zum Beispiel das Vertrauen in die Interaktionspartner oder in den Plattformprovider ebenso wie das Vertrauen in die technische Funktionalität der Online-Umgebung (bzw. das Verlassen auf die Korrekturmöglichkeiten). Daneben können eine geringe Nutzungskompetenz oder ein nicht ausreichendes Hintergrundwissen sowie mangelnde Erfahrungswerte in einer konkreten Handlungssituation das Entstehen eines Privacy Paradox begünstigen.

Die genannten Faktoren sind dabei einmal mehr, ein anderes Mal weniger ausschlaggebend für das wenig privatheitsbewusste Affekthandeln. Es ist jedoch davon auszugehen, dass die Kombination einzelner Faktoren einen Verstärkereffekt haben und die Gefahr für das Entstehen eines Privacy Paradox erhöhen kann. Demzufolge bergen etwa die Komponenten des Vertrauens in die anderen Online-User in Verbindung mit den technischen Korrekturmöglichkeiten der Plattform ein hohes Potenzial für eine situativ geringe Privacy Awareness, selbst wenn generell ein hohes Privatheitsbewusstsein vorliegt, wie das vor allem bei der 16-jährigen Sarah deutlich wurde (Vertrauen: „Die werden mich schon nicht markieren, wenn's irgendwie ein schreckliches Foto ist", Korrekturmöglichkeiten: „Und wenn doch?" – „Dann seh ich das ja und kanns ja immer noch löschen".

Daneben kann ein großes Vertrauen in die Plattform in Verbindung mit dem Nichtkennen bestimmter datenschutzrelevanter Fakten (beispielsweise einzelne Angaben, die in den allgemeinen Richtlinien und Datenschutzbestimmungen der Plattform stehen) ebenso die Wahrscheinlichkeit für eine situativ geringe Privacy Awareness und somit unintendierte privatheitsrelevante Folgen erhöhen. Dies ist etwa bei dem 17-jährigen Nico der Fall, der von der Sicherheit seiner persönlichen Informationen auf Facebook, vor allem in geschlossenen Räumen wie einer Facebook-Gruppe, überzeugt ist („einem wird ja versichert, dass wenn man 'ne private Gruppe macht, dass es auch nur die Leute da drin sehen können"), obwohl er in diesem Zusammenhang zugleich auch von gegenteiligen Erlebnissen berichten kann (die privaten Gruppenbeiträge eines Klassenkameraden, „die dann auf einmal öffentlich" wurden). Deutlich wird hier, dass das Vorhandensein einer geringen Nutzungskompetenz in Bezug auf die technischen Facebook-Funktionen von den Jugendlichen in vielen Fällen mit anderen Faktoren gerechtfertigt wird, etwa mit mangelnden Erfahrungswerten („Irgendwie ist mir noch nie was begegnet, das zeigen würde, dass Facebook irgendwas mit [den persönlichen Daten] macht", Nicole, 16 Jahre) oder mit den technischen Editier- und Korrekturoptionen sowie dem erwähnten Vertrauen in die Interaktionspartner und die technische Funktionalität.

Während die genannten Faktoren *Gründe* für das Entstehen eines Privacy Paradox sein können, so muss bei der *Bewertung* eines vorliegenden Privacy Paradox zwischen folgenden zwei Fällen differenziert werden: Im ersten Fall handeln die Jugendlichen bewusst in dem Wissen, dass bestimmte negative Konsequenzen eintreten könnten; sie nehmen sie somit in Kauf, hoffen jedoch gleichzeitig, dass sie nicht eintreten. Treten die unintendierten, unerwünschten (doch vorhergesehenen) Handlungsfolgen ein, sind die Jugendlichen aufgrund ihrer hohen Problemsensibilität (hohe Privacy Awareness) bereits darauf eingestellt und können entsprechend reagieren. Im zweiten Fall treten die einkalkulierten unintendierten und unerwünschten Handlungsfolgen nicht ein; es ergeben sich jedoch andere unvorhergesehene und unerwünschte Nebenfolgen, auf die der Handelnde nicht eingestellt war. Trotz eines hohen Reflektionsvermögens und eines erfolgten Abwägungsprozesses handelt der Jugendliche mit einer geringen situativen Privacy Awareness und erfährt so unter Umständen eine Privatsphärenverletzung. Es ist anzunehmen, dass der Effekt der negativen Folgen auf das individuelle Privatheitslevel im ersten Fall aufgrund der inneren Antizipation weniger gravierend ist als im zweiten Fall, wo die negativen Folgen für den Handelnden völlig unerwartet eintreten.

Nach außen hin ergibt sich in beiden Fällen ein Privacy Paradox, da geäußerte Bedenken mit dem beobachteten Handeln im Widerspruch stehen.

Subjektiv betrachtet ist jedoch nur im zweiten Fall von einem „echten" Privacy Paradox auszugehen: Im ersten Fall steht das Handeln des Jugendlichen nicht im Widerspruch zu seiner Einstellung, da er zielgerichtet und bewusst in Abwägung der möglichen Folgen seines Handlungsprozesses agiert. Im zweiten Fall ist er jedoch der festen Überzeugung, privatheitsbewusst zu handeln, evoziert dennoch unerwünschte Folgen, die er nicht abgesehen oder falsch eingeschätzt hat. So stellt sich diese Erfahrung für den Jugendlichen als völlig unerwartet dar, was mit Hinblick auf dessen Privatheitslevel eine erhöhte Wahrscheinlichkeit dafür bedeutet, dass er die Folgen als „negativ" und sein Privatheitslevel als inakzeptabel bewertet. Aufgrund der generell hohen Privacy Awareness sind hier die unintendierten privatheitsrelevanten Folgen nicht weniger wichtig als das Erreichen der Handlungsziele (vgl. den vierten Fall der Folgenbewertung im Modell der User Generated Privacy), so dass schließlich Reparaturhandlungen angestrebt werden.

Sieht man nun ausschließlich das subjektiv erfahrbare Privacy Paradox als gültig an, so muss zugleich die Annahme in Frage gestellt werden, dass ein Privacy Paradox nur bei der Konstellation einer generell hohen und einer situativ geringen Privacy Awareness besteht. So kann es sein, dass ein Jugendlicher auch generell eine geringe Privacy Awareness besitzt und „paradox handelt", weil er *glaubt*, privatheitsbewusst zu agieren, aber dennoch unerwartet negative Folgen erfährt. Im vorliegenden Datenset trifft dies vor allem auf die 16-jährige Nicole oder die 15-jährigen Anna zu, die sich beide durch ein generell eher niedriges Privatheitsbewusstsein auszeichnen. Beide Mädchen sind davon überzeugt, dass ihre privaten Daten auf Facebook ausreichend geschützt sind, wobei sie aufgrund ihres, von geringer situativer Privacy Awareness geprägten Online-Handelns (unsichere technische Einstellungen), die Wahrscheinlichkeit unerwünschter privatheitsrelevanter Folgen erhöhen. So steigt das Risiko, dass die Mädchen *unerwartete* Privatsphärenverletzungen herbeiführen.

Es lässt sich konkludieren, dass das Vorhandensein eines Privacy Paradox nicht wie postuliert allein auf eine Diskrepanz von generell hoher und situativ geringer Privacy Awareness zurückzuführen ist, sondern dass es auf die subjektive Erwartungshaltung (Intention) des Jugendlichen bei der Konstruktion, Gestaltung oder Regulierung seiner Online-Privatheit ankommt. Auch eine generell geringe Privacy Awareness kann im Zusammenhang mit einer situativ geringen Privacy Awareness ein „Privacy Paradox" evozieren. Somit gilt eine Privatheitssituation dann als „paradox", wenn sie vom Handelnden nachträglich selbst als widersprüchlich bewertet wird, da die Handlungsfolgen nicht vorhergesehen wurden, jedoch in grundsätzlichem Widerspruch zur inneren Einstellung stehen und somit einen nachtteiligen Effekt auf dessen Privatheitsempfinden besitzen.

Aus forschungspraktischer Sicht ist die Identifikation eines „echten" (also subjektiven) Privacy Paradox insofern diffizil, da die Innenwelt bzw. die Einstellungen des Handelnden nur über eine objektivierte Rekonstruktion erschlossen und gedeutet werden können. Hierbei muss sich die Forscherin entweder auf die Aussagen der Jugendlichen bezüglich ihres Privatheitsbewusstseins verlassen – dann steht die Frage nach der Glaubwürdigkeit (oder sozialen Erwünschtheit von Antworten) im Raum – oder sie muss sich, wie in vorliegender Untersuchung geschehen, über den Einbezug zusätzlichen Materials einen tiefer gehenden Einblick verschaffen und die Aussagen der Jugendlichen auf Basis dessen bewerten und interpretieren. Nur über die ausführliche qualitative Analyse der Aussagen in Verbindung mit den manifesten Handlungen (Screenrecordings) und unter Berücksichtigung der verschiedenen, feststellbaren Einflussfaktoren, lassen sich valide Ergebnisse erzielen, die Aufschluss über das Privatheitsbewusstsein der Jugendlichen und dem entsprechenden Potenzial für das Entstehen eines Privacy Paradox geben.

3.3 Zum Verständnis von Online-Privatheit

Der letzte Teil der vergleichenden Analyse ist der Erörterung des Privatheitsverständnisses der 15- bis 18-Jährigen gewidmet. Im Mittelpunkt steht dabei der Aspekt der *Online*-Privatheit, wobei auch das Verständnis der Jugendlichen von Privatheit generell von Interesse ist, nicht zuletzt um hierüber auch relevante Bezüge zum Online-Kontext herstellen zu können.

„Privatsein" lässt sich prinzipiell aus zwei Perspektiven betrachten (siehe auch Kapitel I.3): Einmal unter dem Gesichtspunkt der Selbstoffenbarung, indem eine Person in der Interaktion persönliche Informationen von sich preisgibt, und sich so „privat gibt". Diese privaten Informationen sind in der Regel sorgfältig ausgewählt und nur einen bestimmten Empfängerkreis zugänglich. Der zweite Aspekt von Privatheit betrifft das (psychische oder physische) sich Zurückziehen einer Person und ihr bewusstes Zurückhalten persönlicher Informationen. Diese beiden allgemeinen Konnotationen von Privatheit lassen sich auch in den unterschiedlichen individuellen Definitionen der befragten Jugendlichen wiederfinden. Dabei existieren noch einige Zwischenstufen, die auf unterschiedliche Privatheits- oder vielmehr Öffentlichkeitsgrade der persönlichen Informationen verweisen: Die Jugendlichen ziehen ihre Privatheitsgrenzen sowohl innerhalb Facebooks als auch darüber hinaus. Anhand der vorliegenden Daten lassen sich insgesamt drei verschiedene *Stufen von Online-Privatheit* ausmachen, die nachfolgend erläutert werden.

(1) Öffentliche Privatheit / Inszenierte Privatheit

Bereits in der ersten Forschungsphase bei den Treffen mit den 12- bis 14-Jährigen konnte herausgearbeitet werden, dass Jugendliche Privates von sich auf Facebook mit dem Ziel preisgeben, sich ihren Freunden gegenüber mitzuteilen und Vertraulichkeiten herzustellen. Für die 15- bis 18-Jährigen sind die Inhalte „privat", die Aspekte ihres Freizeit- und Alltaglebens betreffen, insbesondere Fotos von Unternehmungen, Sorgen und Probleme aus dem familiären Umfeld („über die Eltern aufregen", Maja, 15 Jahre) oder Themen aus dem Kontext „Liebe und Beziehung" (zum Beispiel Angabe des Beziehungsstatus auf Facebook).

Die genannten Inhalte sind insofern privat, als dass sie *Persönliches* der Jugendlichen betreffen; dennoch sind sie zumeist für einen größeren Empfängerkreis einsehbar, der sich, wie gezeigt, bei den Jugendlichen auch auf unbekannte Personen erstrecken kann. Bisweilen sind die Inhalte sogar vollständig öffentlich, das heißt, auch für Nicht-Facebook-Mitglieder einsehbar. Dies legt den Schluss nahe, dass für viele Jugendliche die Inhalte, die sie auf Facebook posten, etwa in ihrer Chronik oder auf den Pinnwänden von ihren Freunden, im Grunde von ihnen nicht als privat (im Sinne eines Ausschlusses von der Öffentlichkeit) gewertet werden. Vielmehr, so zeigte sich, wenden die Jugendlichen einzelne Strategien an, um ihre privaten Informationen im öffentlichen Nachrichtenstream von Facebook zu platzieren und ihre Privatheit dadurch zu *inszenieren*. Dies trifft beispielsweise auf die 17-jährige Manuela zu, die bestimmte Aspekte ihres Privatlebens auf Facebook durch das öffentliche Posten gezielt darstellen und ausgestalten – inszenieren – möchte: „Also wenn ich zum Beispiel Musik höre oder so und dann poste ich das dann". Auch die soziale Steganografie ist eine beliebte Strategie bei den Jugendlichen, ihre Privatheit über Zitate und Sprüche oder gemeinsame Insidern mit Freunden in Szene zu setzen. Dabei erfolgt dieses Handeln dezidiert mit dem Ziel, dass andere sehen, „wie man sich gerade so fühlt" (Anna, 15 Jahre). Besonders deutlich wird der Zusammenhang von privaten Inhalten auf Facebook als „öffentliche Privatheit" im Interview mit der 16-jährigen Sarah: „Wenn ich in Facebook bin, dann was poste, dann können das die Leute auch ruhig schon SEHEN, weil dann meine ich ja, wenn ich was poste, können die das auch sehen und dürfen das auch sehen". Die Inhalte, die Sarah auf Facebook postet, sind demnach von ihr zum Zweck der Selbstdarstellung auch als öffentlich intendiert.

(2) Plattformspezifische Privatheit

Die zweite Privatheitsstufe bezieht sich auf Inhalte, die aus Sicht der Jugendlichen *auf Facebook* privat sein sollen. Diese Form der Online-Privatheit betrifft die privaten Informationen, welche die Jugendlichen nur einem bestimmten Personenkreis auf Facebook zugänglich machen und somit bewusst dem öffentlichen Nachrichtenstream fernhalten wollen. Hierzu wählen sie verschiedene Rückzugmöglichkeiten zur privaten Kommunikation innerhalb der Plattform, wie beispielsweise die Möglichkeit mit einzelnen Personen zu chatten oder Direktnachrichten (auch „Privatnachrichten" genannt) auszutauschen. Für die

15-jährige Anna ist die Interaktion über nicht-öffentliche Direktnachrichten wichtig, denn hier schreibt sie „auch private Sachen" und „redet privat" mit ihren Freunden. Der 16-jährige Klaas nutzt den Chat, um ausgewählten Personen abseits des öffentlichen Nachrichtenstreams Privates mitzuteilen: „Ja also es gibt halt schon Sachen, die halt nicht jeder lesen sollte. Dann CHATTE ich zwar zum Beispiel auf Facebook". Besonders beliebt ist bei den Jugendlichen ferner die Kommunikation über private, also „geschlossene" oder „geheime" Gruppen, in denen sie mit ausgewählten Freunden Informationen austauschen, „die dann nicht unbedingt ganz Facebook sehen muss" (Nicole, 16 Jahre).

Privat sind einige dieser Informationen für die Jugendlichen zudem deshalb, weil sie explizit nicht für ihre Eltern zugänglich sind bzw. weil sie Dinge betreffen, die ihre Eltern nicht wissen dürfen. So verweist die 15-jährige Anna darauf, dass sie über Facebook mit bestimmten Personen befreundet ist, zu denen ihre Eltern den Kontakt eigentlich verboten haben: „Deswegen können wir nur noch so über Facebook Kontakt haben, weil sonst erlauben mir meine Eltern das nicht". Auch die 15-jährige Maja nutzt Facebook, um hier Informationen auszutauschen, die sie vor ihren Eltern verborgen halten möchte:

> „Also manche Sachen können ja meine Freunde gerne lesen, aber jetzt zum Beispiel meine Eltern oder so, da würd' ich einfach nicht wollen, dass die meine Nachrichten lesen, weil, es ist ja dann doch irgendwie privat".

Online-Privatheit bedeutet für die Jugendlichen in dieser Hinsicht also das Etablieren kollektiver Privatheitsgrenzen über das Regulieren ihres Informationsaustauschs mit einzelnen Personenkreisen. Dabei nutzen sie weniger die automatisierbaren, generalisierenden Funktionen des Audience Managements, wie bereits in den vorherigen Analysen gezeigt werden konnte, sondern sie wählen situativ aus den sich ihnen bietenden Rückzugsmöglichkeiten, um hier gezielt private Informationen auszutauschen. In diesem Aspekt ist ferner ein gewisser Freiheitsgedanke der Jugendlichen einzubeziehen, der sich aus der Abwesenheit ihrer Eltern bei ihrer privaten Kommunikation auf dieser Plattform ergibt. Die Jugendlichen haben somit einen Raum für sich zu Verfügung, in dem sie mit ihren Freunden interagieren und hier auf eine bestimmte Art und Weise „tun und lassen" können, was sie möchten.

Wie wichtig der „eigene private Raum Facebook" für die Jugendlichen und dabei die Abgrenzung zu den Eltern ist, zeigt auch der Fall des 17-jährigen Nico: Auf dessen Facebook-Pinnwand erkundigt sich seine Mutter öffentlich über Nicos Befinden und fragt ihn, ob er bei der Klassenfahrt am Zielort „gut angekommen" sei (siehe Abbildung 16). Auf diesen Beitrag, der für alle 924 Facebook-Kontakte Nicos und deren Freunde sowie für sämtliche zugelassene Empfängerkreise seiner Mutter einsehbar ist, antwortet Nico auf eine besondere Art und Weise, die als beispielhaft für das Online-Identitätsmanagement vieler Jugendlicher (insbesondere der Jungen) gelten kann. Er schreibt betont

„übertrieben" (wie er selbst sagt) eine besonders gefühlvolle Antwort („ich vermisse dich und ich liebe dich") und zieht die Besorgtheit seiner Mutter ins Lächerliche („ich habe leider die Mittwochsunterhose mit der Dienstagsunterhose verwechselt"). Nicos Antwort unterminiert die Nachfrage seiner Mutter in ihrer Ernsthaftigkeit und kann als eine besondere Strategie des persönlichen Beziehungsmanagements (zu seiner Mutter), aber auch seines Identitätsmanagements und eine Art „Reviermarkierung" gewertet werden. Hier spielt möglicherweise der Gedanke eine Rolle, dass dieser virtuelle Bereich – Nicos Online-Profil – „sein" Bereich ist, in dem er selbst über die Inhalte und Beiträge entscheiden kann. Dadurch, dass er den Beitrag seiner Mutter nicht löscht oder ignoriert, sondern in einer erkennbar süffisanten Manier beantwortet, betont Nico seine Machtposition und zeigt seiner Mutter zugleich, dass er die Kommunikationsregeln auf Facebook zu seinen Gunsten anzuwenden weiß. Seinen Freunden zeigt Nico dadurch, dass er seiner Mutter gegenüber souverän und selbstbewusst auftreten kann.

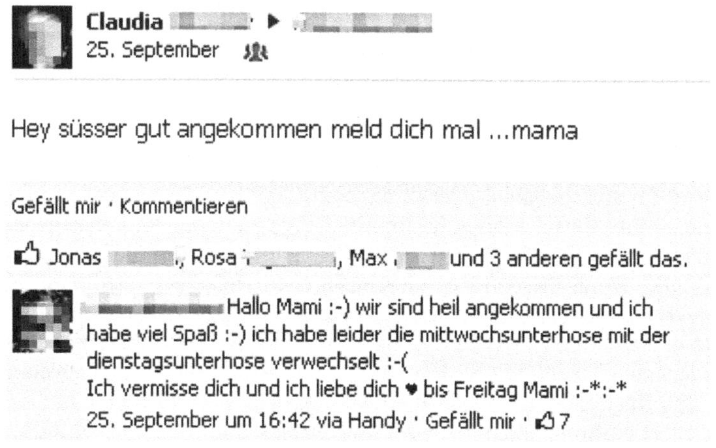

Abbildung 16: Nico, 17 Jahre, beantwortet eine Nachricht seiner Mutter im öffentlichen Bereich seines Facebook-Profils.

Das explizite Markieren von privatem Online-Territorium kann somit als eine zentrale Ausdrucksform des Verständnisses von Online-Privatheit vieler Jugendlicher gelten.

(3) Online-Privatheit durch Rückzug

Die oben angesprochene Konnotation von Privatheit als Dinge betreffend, die anderen Personen nicht zugänglich gemacht werden sollen, findet sich in etlichen Aussagen der Jugendlichen wieder. Im Kontext von Online-Privatheit bedeutet dies, dass gerade die Informationen, die nicht auf Facebook veröffentlicht werden, für die Jugendlichen als privat erachtet werden. So erläutert Sarah, dass sie Informationen, die für sie „sehr privat" sind, „niemals irgendwie posten" würde. Die 16-Jährige nennt dabei keine Beispiele, sondern betont, dass eine Angelegenheit für sie dann privat ist, wenn nur sie allein involviert ist („dass es möglichst nur mich betrifft"). Die 17-jährige Manuela hingegen deutet an, dass ihre Gefühle, Probleme oder Sorgen für sie privat sind und sie diese Dinge höchstens mit ihren besten Freundinnen teilen würde, aber keinesfalls „bei Facebook schreiben" würde. Der gleichen Ansicht ist auch der 16-jährige Pascal, der es als unangemessen erachtet, auf Facebook Beziehungsprobleme oder persönliche Gefühle zu diskutieren: „Wenn die ihre Gefühle ausdrücken wollen, dann sollen die's ihren FREUNDEN gegenüber tun und nicht in ganz Facebook". In vielen Fällen wählen die Jugendlichen hier andere Wege außerhalb von Facebook, um sich ihren Freunden gegenüber zu offenbaren, etwa übers Telefon oder in einem persönlichen Treffen offline, wie Manuela betont: „Wenn es mir jetzt SCHLECHT gehen würde, würde ich die anrufen oder so oder mich halt wirklich mit denen treffen".

Egal, ob die Jugendlichen die nicht für Facebook gedachte privaten Informationen für sich behalten oder in anderen (digitalen) Kanälen ihren Freunden mitteilen – ihre Entscheidung, bestimmte Dinge nicht online preiszugeben, kann als eine wichtige Handlung ihres Privacy Managements angesehen werden. Diese Form der Kontrolle und Regulierung ihrer Privatheitsgrenzen durch Zurückhaltung (Unterlassen durch Nicht-Veröffentlichen) dient dabei nicht nur dem Schutz ihrer (Online-)Privatheit, sondern trägt ferner auch maßgeblich zu ihrem Identitätsmanagement bei. So trägt auch ein Online-Profil mit nur wenigen privaten Informationen zur Gestaltung der eigenen Persönlichkeit und zur Formung einer bestimmten Außenwirkung bei. Das Zurückhalten von privaten Informationen auf Facebook kann somit als ein zentrales, strategisches Handlungsmuster der Jugendlichen zur Konstruktion ihrer Online-Privatheit – im Sinne einer Wahrung ebendieser – erachtet werden.

Es kann festgehalten werden, dass sich das Verständnis der Jugendlichen von Online-Privatheit insbesondere über den Aspekt der verschiedenen graduellen Abstufungsmöglichkeiten von Personen-, Themen- oder Zugangskreisen heraushebt. Die Möglichkeit, mithilfe verschiedener technischer Optionen (oder über vorhandene digitale Rückzugsräume) die Grenzen zwischen mehr oder weniger privaten Informationen selbstbestimmt und dynamisch anpassen zu können, stellt sich für die Jugendlichen als ein wesentlicher Vorteil der Gestaltung ihrer Privatheit auf Facebook dar. Inwiefern das Online-Privatheitsverständnis, das hier für die Jugendlichen identifiziert wurde, auch über den Anwendungsbereich der Plattform Facebook hinaus Gültigkeit erlangt, kann an dieser Stelle nicht abschließend geklärt werden.

3.4. Zwischenfazit: Online-Privatheit 15- bis 18-Jähriger

In der zweiten Forschungsphase sollte der Frage nachgegangen werden, wie 15- bis 18-jährige Schülerinnen und Schüler ihre Online-Privatheit konstruieren, ausgestalten und regulieren und welches Verständnis von Privatheit bzw. Online-Privatheit ihrem Handeln zugrunde liegt. Anhand von Einzelinterviews mit zehn Jugendlichen und Screenrecordings des begleitenden Besuchs auf ihrem Facebook-Profil wurden verschiedene Daten rekonstruktiv und registrierend erhoben, die Aufschluss über die persönlichen Motive der Jugendlichen, ihre Einstellungen und ihr Wissen in Bezug auf Online-Privatheit sowie über ihr tatsächliches soziales Handeln auf Facebook geben konnten.

Neben dem Ziel, die Untersuchung möglichst offen zu gestalten, um so auch neue und unbekannte Zusammenhänge in den Daten entdecken zu können, wurde zudem besonderes Augenmerk auf die im Modell der User Generated Privacy formulierten Hypothesen gelegt. Eine These lautete, dass die Motivation der Jugendlichen zur privaten Online-Interaktion stark affektiv geprägt ist, das heißt, die Jugendlichen in erster Linie bedürfnisgeleitet handeln. Diese Annahme konnte insgesamt bestätigt werden. Es stellte sich heraus, dass der Wunsch nach sozialen oder psychischen Gratifikationen, wie der Erhalt positiven Feedbacks oder Anerkennung von den Online-Freunden, grundsätzlich als ein ausschlaggebendes Handlungsmotiv zu erachten ist. Selbst mögliche unerwünschte Folgen dieses Handelns (wie Digital Crowding) werden von den Jugendlichen in Kauf genommen, wenn sie sich hohe Chancen auf soziale Gratifikationen ausrechnen.

Es stellte sich weiterhin heraus, dass die befragten Jugendlichen in vielen Fällen eine geringe Privacy Awareness bei ihrem Online-Handeln aufweisen. Die Gründe für eine generell oder situativ vorliegende geringe Privacy Awareness sind vielfältig: Während einmal eine prinzipielle Sorglosigkeit oder Naivität der Jugendlichen oder eine Fehleinschätzung der Handlungswirkungen vorliegen kann (Typ 1 einer geringen Privacy Awareness), so kann ein anderes Mal eine indifferente Einstellung, die Nichtbeachtung oder Unkenntnis der privatheitsrelevanten Zusammenhänge ausschlaggebend sein (Typ 2 einer geringen Privacy Awareness). Daneben können eine geringe Online-Nutzungskompetenz oder ein wenig ausgeprägtes Datenschutz- oder Hintergrundwissen eine geringe Privacy Awareness begünstigen, genauso wie Vertrauen in die Interaktionspartner oder den Plattformbetreiber und in die Funktionalität der vorhandenen technischen Korrektur- und Editiermöglichkeiten. Letztgenannte Determinante kann zudem das Entstehen einer Unterform des Privacy Paradox begünstigen – das „Control Paradox" – bei dem sich die Jugendlichen auf die Option verlassen, Online-Inhalte jederzeit wieder löschen oder editieren zu können, so dass dies schließlich in einer verstärkten Unvorsichtigkeit und verminderten situativen Privacy Awareness resultiert. So stellte sich heraus, dass die Jugendlichen ihren privaten Informationsoutput und -input selten präventiv und unter Zuhilfenahme der automatisierbaren Funktionen kontrollieren, sondern vielmehr im Rahmen eines nachträglichen Korrektur- oder Reparaturmanagements regulieren.

Hinsichtlich der expressiven Handlungen im Privacy Management der Jugendlichen, wie etwa aktiven Selbstoffenbarungen oder Selbstdarstellungen, zeigte sich, dass auch das gezielte Unterlassen bestimmter Aktionen, zum Beispiel das Nicht-Veröffentlichen privater Inhalte sowie das Dulden hochgradig privater Inhalte von anderen Nutzern (Informationsinput) zentrale Strategien der Jugendlichen zur Wahrung und Gestaltung ihrer Online-Privatheit darstellen. Derartige passive Handlungsstrategien erfüllen vor allem für das Online-Identitätsmanagement der Jugendlichen eine wichtige Funktion.

Die identifizierten Strategien, mit denen die Jugendlichen ihre Privatheit online konstruieren, gestalten und regulieren, lassen sich trotz individuell unterschiedlicher Motivationen und situativ variierender Konstellationen verschiedener Einflussparameter insgesamt als „kollektive Handlungsmuster" werten, die eine gewisse Allgemeingültigkeit implizieren. So konnten die beschriebenen Handlungsmuster mit ihren jeweils zusammenhängenden Einflussfaktoren zu einem großen Teil bei allen Jugendlichen im Datensample gefunden werden oder sind zumindest für einzelne Gruppierungen mit übereinstimmenden Merkmalen (zum Beispiel Merkmal Geschlecht) charakteristisch.

Der vermutete Zusammenhang zwischen den persönlichen negativen Erfahrungswerten der Jugendlichen bei ihrem Online-Handeln und dem daraus resultierenden Einfluss auf ihr zukünftiges Handeln konnte anhand der vorliegenden Daten nur teilweise verifiziert werden. Es konnten einerseits keine Hinweise dafür gefunden werden, dass die Jugendlichen bereits gravierende negative Erfahrungen mit der eigenen Online-Privatheit gemacht und deswegen ihr Verhalten (oder ihre Einstellungen dazu) grundsätzlich geändert hätten oder noch ändern würden. Andererseits zeigte sich, dass vor allem die bereits gemachten positiven Erfahrungen (oder vielmehr das Ausbleiben negativer Erfahrungen) von den Jugendlichen als ein begünstigender Faktor im Evaluationsprozess zur nachträglichen Legitimation des eigenen Handelns herangezogen werden. Auch prospektiv sind die positiven Erfahrungen (meist in Kombination mit dem Vertrauen in die Online-Plattform oder in die persönlichen Kontakte) für die Jugendlichen wichtig, da sie diese im Rahmen des Privacy Calculus als befürwortende Argumente für ihr Handeln heranziehen. Dabei verweisen die Befunde auch darauf, dass der Toleranzbereich für negative Handlungswirkungen bei den Jugendlichen besonders breit ist und viel Spielraum für das nachträgliche Umdeuten der unintendierten, unerwünschten Konsequenzen lässt.

Wie die Befunde zum Online-Handeln der 15- bis 18-Jährigen nun im Rückbezug auf die Ergebnisse aus der Untersuchung mit den 12- bis 14-Jährigen zu bewerten sind und ob sich damit auch die verschiedenen alters- oder geschlechterspezifischen Tendenzen erhärten, soll im folgenden Abschnitt abschließend diskutiert werden.

4. Zusammenfassung und Diskussion der Untersuchungsergebnisse

In diesem Abschnitt werden die wichtigsten Ergebnisse und Eckpunkte der empirischen Untersuchung in einem Gesamtüberblick eingeordnet und mit Rückbezug auf die Forschungsfragen sowie die zugrunde gelegten Hypothesen diskutiert. Im Zuge dessen wird am Ende dieses Kapitels auch eine Bewertung der eingesetzten Methoden und ihrer Bedeutung für die Fragestellungen des Buches durchgeführt.

Ausgehend von der These, dass der soziale Austausch mit der Peergroup und die damit zusammenhängenden sozialpsychologischen Gratifikationen zentrale Handlungsziele Jugendlicher im Netz darstellen, sollte in der empirischen Untersuchung herausgefunden werden, welche Rolle das Private für Jugendliche im Spannungsfeld zwischen den individuellen Ansprüchen an das eigene Handeln, den online vorherrschenden sozialen Normen sowie einem vermeintlich drohenden, technisch induzierten Kontrollverlust spielt. Eine übergeordnete Frage hierzu lautete, welche Bedeutung *Privatheit* für Jugendliche besitzt, deren Sozialisationspraktiken zu einem großen Teil in digitalen Kommunikationsräumen ausgehandelt werden, das heißt: Inwiefern können Grenzen zwischen privat und öffentlich, online oder offline als existent beschrieben werden und nach welchen Regeln werden diese von Jugendlichen gezogen (oder gelten als aufgelöst)?

Mithilfe eines mehrstufigen Forschungsdesigns, in dem verschiedene Erhebungs- und Analysemethoden trianguliert wurden, sollten die Fragen nach dem (Online-)Privatheitsverständnis Jugendlicher sowie deren privatheitsrelevanten Handlungsmustern einerseits explorativ-induktiv und andererseits deduktiv-hypothesengeleitetet erörtert werden. Zugrunde gelegt wurde hierbei das Modell der User Generated Privacy, das mit den darin verknüpften Annahmen zu den zentralen sozialpsychologischen Mechanismen privatheitsrelevanten Online-Handelns einen Rahmen für die Analysen bot. Hypothetisiert wurde hier unter anderem, dass das Online-Handeln Jugendlicher in sozialen Netzwerken in besonderem Maße von dem psychologischen Bedürfnis nach sozialem Kontakt abhängt, das die Jugendlichen über das strategische Regulieren und Gestalten des Informationsflusses zu befriedigen versuchen. Dabei, so wurde vermutet, ist Jugendlichen das Erreichen ihrer kommunikativen Handlungsziele wichtiger als das Halten eines optimalen Privatheitslevels. Zu klären war dabei, welche Zusammenhänge sich zwischen der konkreten Handlungsmotivation Jugendlicher und ihrem Privatheitsbewusstsein in Hinblick auf die zu erreichenden Kommunikationsziele ergeben, das heißt, inwiefern sie Letztere unter Berücksichtigung potenzieller Interferenzen (Handlungen der anderen User, medienlogische Einflüsse etc.) mehr oder weniger kalkuliert zu erreichen versuchen. Außerdem sollte der Frage nachgegangen werden, nach welchen Kriterien Jugendliche ihr Online-Handeln im Fall eingetretener unintendierter Folgen bewerten.

Zum Online-Privatheitsverständnis der Jugendlichen

Bei der Frage nach dem Privatheitsverständnis Jugendlicher stand in erster Linie die Erörterung ihres Empfindens individueller *Online*-Privatheit im Mittelpunkt. Dieses wurde in der vorliegenden Studie über den Bezug zu folgenden zwei Kontexten eingefasst: Einmal über die Ausrichtung auf die Kommunikation in sozialen Online-Netzwerken, und hierbei vor allem auf Facebook als das von Jugendlichen meist genutzte Netzwerk, und das andere Mal über die Einbeziehung der Aspekte eines generellen Normenverständnisses der Jugendlichen von (Offline-) Privatheit, welches schließlich als Vergleichsbasis zur Online-Umgebung fungierte. Durch die Zusammenführung der beiden Ebenen online und offline sollte es auch möglich werden, Überlegungen zu potenziellen Mediatisierungseffekten anzustellen, die sich so für das Konstrukt individueller Privatheit ergeben.

Für die Diskussion der empirischen Befunde bietet es sich mit Blick auf die Frage nach dem Privatheitsverständnis der Jugendlichen an, hier eine Unterscheidung zwischen strukturellen und inhaltlichen Aspekten von Online-Privatheit zu treffen. Erstgenanntes betrifft die Frage nach dem Zugang zu privaten Online-Inhalten und Zweites nach der Qualität bzw. Thematik der (privaten) Inhalte. Obschon beide Aspekte nicht immer klar von einander getrennt werden können, soll die Diskussion im Nachfolgenden zur Präzisierung der Befunde entlang dieser Unterscheidung geführt werden.

Die Analyse der Befunde zum Online-Privatheitsverständnis aus *strukturellen Aspekten* legt eine Differenzierung hinsichtlich der Begrifflichkeiten „persönlich", „privat" und „öffentlich" nahe. So sind für die Jugendlichen alle einsehbaren Inhalte ihres Online-Profils, die sich auf die Beschreibung und Darstellung ihrer Person oder sozialen Identität beziehen, in jedem Fall *persönlich*, also sie selbst betreffend und von ihnen produziert oder zumindest autorisiert. Persönliche Inhalte können dabei sowohl privat als auch öffentlich sein. *Privat* sind für die Jugendlichen Inhalte dann, wenn diese dezidiert zur Kommunikation mit einem exklusiven Empfängerkreis (online oder offline) gedacht sind, wohingegen *öffentliche* Inhalte von einer großen Zahl ihnen mehr oder weniger bekannten Personen eingesehen werden dürfen. Wann persönliche Inhalte privat oder öffentlich sind (sein sollen), ist dabei nicht nur abhängig von der jeweiligen Kommunikationssituation und den damit verbundenen, individuellen Handlungszielen, sondern variiert auch zwischen den Altersgruppen:

Der Vergleich zwischen den Ergebnissen beider Forschungsphasen zeigt, dass die 12- bis 14-Jährigen ihr persönliches Online-Profil und die hier eingestellten Inhalte insgesamt eher als privat erachten, wohingegen die 15- bis 18-Jährigen dieses verstärkt als einen öffentlichen Bereich verstehen, der gerade für andere, auch unbekannte, Personen einsehbar sein *soll*. Für die Jüngeren stellt die Einsichtnahme anderer Personen als der eigenen Online-Freunde in ihr Online-Profil eine Privatsphärenverletzung dar. Die Grenze zwischen privat und öffentlich ziehen die 12- bis 14-Jährigen klar an der Zugangsbefugnis zu ihrem Online-Profil. Darüber hinaus differenzieren sie selten weiter: Wer einmal Mitglied im persönlichen Netzwerk ist, darf auch alle privaten Informationen einsehen; eine nachträgliche Anpassung der Freundes- oder Kontaktliste erfolgt kaum.

Bei den älteren Jugendlichen zeigt sich in der Tendenz ein größerer Differenzierungsgrad zwischen der strukturellen Privatheit und Öffentlichkeit der Informationen in ihrem Online-Profil. So ist für viele der 15- bis 18-jährigen Befragten das eigene Facebook-Profil zwar persönlich, jedoch in erster Linie zur *öffentlichen* Präsentation gedacht. Alles, was sie auf die eigene Pinnwand (Facebook-Chronik) posten, ist gezielt für andere Nutzer aufbereitet, und soll in vielen Fällen gerade auch von der (anonymen) Öffentlichkeit eingesehen werden. Die älteren Jugendlichen im Datenset deklarieren ihr Online-Profil nicht voraussetzend als privat, sie bereiten Informationen zum Teil explizit für die Rezeption eines breiteren, öffentlichen Empfängerkreises auf („inszenierte Privatheit"). Private Informationen, die nur von einem kleinen, ausgewählten Personenkreis empfangen werden sollen, werden – sofern sie auch auf der jeweiligen Online-Plattform und nicht etwa offline im persönlichen Gespräch oder in anderen Kanälen kommuniziert werden – in den sich bietenden Rückzugsräumen der Plattform ausgetauscht, wie zum Beispiel über die Privatnachrichtfunktion von Facebook, den Chat oder in geschlossenen Gruppen.

Für die Jugendlichen aller Altersgruppen gleichermaßen für die Konstruktion und Ausgestaltung ihre Online-Privatheit relevant ist die strukturelle Abgrenzung zu ihren Eltern. So konnte in den Gruppen- und Einzelgesprächen herausgearbeitet werden, dass das Privatheitsempfinden der Jugendlichen im Netz für diese stark davon abhängt, wie sehr sie sich von Erwachsenen, insbesondere ihren Eltern, unbeobachtet fühlen. Sie schätzen die „Freiheit" der sozialen Online-Netzwerke, die es ihnen erlaubt, sich von der elterlichen Aufsicht losgelöst jederzeit mit ihren Freunden treffen und austauschen können. Hier werden Parallelen zum Offline-Privatheitsverständnis offenbar, nach dem für die

Jugendlichen vor allem die Dinge privat sind, von denen ihre Eltern nichts erfahren sollen.

Weiterhin ist die grundsätzliche Möglichkeit der dynamischen und graduellen Anpassung privater Online-Inhalte ein zentraler Aspekt, der das subjektive Privatheitsempfinden der Jugendlichen begünstigt. In den Gesprächen stellte sich heraus, dass die Jugendlichen klare Vorstellungen davon besitzen, was privat sein und entsprechend nur einem ausgewählten Empfängerkreis zugänglich gemacht werden soll. Inwiefern die als privat intendierten Inhalte dabei tatsächlich auch „privat bleiben" und welchen Stellenwert die Wahrung der Privatsphäre im Vergleich zu den anderen Handlungszielen für die Jugendlichen besitzt, soll weiter unten im Rahmen der Diskussion der sozialpsychologischen Handlungsaspekte geklärt werden.

Eng mit den strukturellen Voraussetzungen von Online-Privatheit verbunden sind die *inhaltlichen Aspekte*, die das privatheitsrelevante Online-Handeln Jugendlicher näher bestimmen. Als besonders aufschlussreich erwiesen sich in diesem Punkt zunächst die Jugendzeichnungen, die bestimmte thematische Assoziationen der 12- bis 14-Jährigen von Privatheit offenlegten, die sich in vielerlei Hinsicht auch in den Untersuchungsschritten mit den 15- bis 18-Jährigen wiederfanden. Beobachtet werden konnten dabei geschlechterspezifische Unterschiede hinsichtlich der thematischen Dimensionierung von Privatheit: So sind für die Mädchen sowohl online als auch offline Aspekte ihres Gefühlslebens, wie Sorgen und Probleme oder die Themen Liebe, Beziehung und Familie „privat". Diesbezügliche Informationen sind Mädchen besonders wichtig, wobei es ihnen hier vor allem darauf ankommt, ihre Gefühle und Gedanken mit anderen, den engen Freunden (unter den Prämissen einer strukturellen Grenzziehung) zu teilen. Zwar stellen diese Themen auch für die Jungen Elemente ihrer Privatheit dar, sind für sie jedoch eher hintergründig relevant. Für Jungen besitzt das Private in erster Linie eine räumliche und territoriale Bedeutung und wird von ihnen als etwas von der Außenwelt Abgrenzbares (oder Abschließbares) verstanden. Dies zeigte sich in den Jugendzeichnungen der Jungen vor allem über die Darstellungen des eigenen Zimmers oder den Computer als physische, abschließbare Räume.

Für den konkreten Bereich des privatheitsrelevanten Online-Handelns in sozialen Netzwerken konnte festgestellt werden, dass das Privatheitsverständnis der Jungen hier als eher *egozentriert* und das der Mädchen als *beziehungsorientiert* beschrieben werden kann. Diese Erkenntnis beruhte auf den Beobachtungen hinsichtlich der Selbstoffenbarungs- und Selbstdarstellungsstrategien der Jugendlichen, die bei den Jungen und Mädchen unterschiedlich gewichtet sind: Der privatheitsrelevante Informationsoutput ist bei den Jungen durch eine größere Zurückhaltung und selektive Informationsdistribution im Rahmen einer dezidierten Identitätsmanagementstrategie gekennzeichnet, während es den

Mädchen stärker auf die *Interaktion* mit ihren Online-Kontakten und die strategischen Preisgabe ihrer Gefühle ankommt.

Es lässt sich festhalten: Das Verständnis von Online-Privatheit bei Jugendlichen generiert sich sowohl aus kulturell und normativ verankerten („traditionellen") Faktoren und einem noch in der Entstehung befindlichen Konzept, welches von ihnen selbst auf Basis neuer situativ evolvierender Normen der digitalen Kommunikation (weiter)entwickelt wird. Dabei steht der Aspekt einer *subjektiven* Empfindung im Mittelpunkt, die sich individuell je nach Grad des Einbezugs der Online-Medienlogik für das eigene privatheitsrelevante Handeln in dieser Umgebung ergibt. Das Konstrukt einer solchen „User Generated Privacy" zeigt sich also zu einem großen Teil über die selbstbestimmte Entscheidung des Einzelnen, welche Aktionen, Inhalte und Informationen online wie und mit welchem Privatheitsgrad gestaltet werden sollen, wobei diese Entscheidung situativ unterschiedlich ausfallen kann.

Das Online-Privatheitsverständnis Jugendlicher lässt sich über zwei grundlegende Ansätze erörtern: Einmal auf Handlungsmusterebene über die Untersuchung der strategischen Online-Handlungen, die „User Generated Privacy" beschreibbar machen, und das andere Mal über eine Nachzeichnung der sozialpsychologischen Mechanismen (Motivation, Intention, Privatheitsbewusstsein), die den individuellen Online-Handlungsprozess in einer konkreten Situation bestimmen. Im Folgenden sollen dabei zunächst die zugrunde liegenden sozialpsychologischen Parameter (mit Rückbezug auf das theoretische Modell der UGP) diskutiert werden, bevor im Anschluss daran die in der vorliegenden Studie identifizierten Handlungsmuster der Jugendlichen zusammenfassend erläutert werden.

Sozialpsychologische Determinanten im Privatheitsprozess

Eine zentrale Annahme im theoretischen Modell der User Generated Privacy lautete, dass der Erhalt sozialer Gratifikationen ein wichtiges Motiv Jugendlicher für die private Kommunikation in sozialen Online-Netzwerken darstellt. Dies konnte mithilfe der empirischen Studie eindeutig belegt werden. Über alle Altersgruppen hinweg zeigte sich, dass die Befriedigung des psychologischen Bedürfnisses nach sozialem Austausch und positiven Reaktionen der Online-Kontakte das zentrale Handlungsziel vieler Jugendlicher online darstellt. Der intrinsische Wunsch nach Erhalt derartiger sozialer Gratifikationen, in sozialen Netzwerken häufig über „Likes", „Shares" oder favorisierende Kommentare und Userbeiträge messbar, ist dabei oftmals so stark, dass die Jugendlichen den Blick für andere, potenziell unerwünschte Folgen, die mit dem eigenen Online-Handeln einhergehen können, verlieren. Zu diesen zählen auch mögliche Privatsphärenverletzungen, welche die Jugendlichen bei ihrem bedürfnisgeleiteten Handeln manchmal bewusst oder aber auch unbewusst ausblenden. Dabei wurde vor allem in den Gesprächen mit den 15- bis 18-Jährigen deutlich, dass einige Jugendliche durchaus eine Vorstellung negativer privatheitsrelevanter Handlungsfolgen besitzen, sie diese jedoch im Fall in Aussicht gestellter Gratifikationen absichtlich außer Acht lassen. Um ihr vermeintlich risikoreiches Handeln dann vor sich selbst zu legitimieren, versuchen sie Argumente zu finden, die potenziell unintendierte Handlungsfolgen im Vorhinein in ihrer Bedeutung abschwächen.

Ähnliche Beobachtungen, wonach Jugendliche bei ihrem privatheitsrelevanten Online-Handeln häufig der Befriedigung ihrer affektiven Bedürfnisse den Vorrang gegenüber rationalen, dem Handeln entgegenstehenden Gründen geben, konnten auch bei der Betrachtung ihres Bewertungsprozesses eingetretener Handlungsfolgen gemacht werden: Der im Modell der User Generated Privacy postulierte vierte Fall der Folgenbewertung (Handlungsziele erreicht, doch Privatsphärenverletzung erfolgt) führte nur im Einzelfall zu einer negativen Handlungsbewertung, die Reparatur- oder Korrekturhandlungen nötig machte. Insgesamt, so konnte in beiden Forschungsphasen festgestellt werden, tendieren die Jugendlichen eher dazu, im Fall erreichter Handlungsziele, die mit einem inakzeptablen Privatheitslevel einhergehen, trotz der erlebten negativen Erfahrungen den Handlungsprozess insgesamt als positiv zu bewerten (umzudeuten).

Zu den Argumenten, welche die Jugendlichen sowohl im Vorhinein (zur Legitimierung), als auch im Nachhinein (zur Relativierung eingetretener unerwünschter Handlungsfolgen) für ihr privatheitsrelevantes Online-Handeln aufführen, zählten unter anderem ein großes Vertrauen in ihre Online-Kontakte und den Plattformbetreiber (Facebook), dass diese ihnen keine gravierenden Privatsphärenverletzungen zufügten, sowie das Vertrauen auf die Möglichkeit, die technischen Funktionen der Plattform korrektiv einsetzen zu können, um bestimmte Handlungsresultate im Nachhinein wieder editieren oder löschen zu können. Damit einher ging auch das Argument vieler Jugendlicher einer *Abwesenheit* einschlägiger negativer Erfahrungen bei ihrer Online-Kommunikation. Demnach sehen sie die Tatsache, dass sie bisher keine oder keine gravierenden negativen Erfahrungen im Online-Kontext gemacht haben, als eine Bestätigung ihres Handelns an. Die Jugendlichen äußerten in den Gruppen- und Einzelgesprächen, dass sie ihr zukünftiges Online-Handeln nicht anpassen oder ändern müssten, zumal sie selbst noch keine Privatsphärenverletzungen erlebt hätten und auch nicht sicher seien, welche Risiken und Gefahren für ihre Online-Privatheit überhaupt bestünden.

Die von den Jugendlichen dargestellte Abwesenheit negativer Handlungserfahrungen könnte in Anlehnung an die theoretische Modellierung auch als ein Ergebnis ihres Ex post-Evaluationsprozesses interpretiert werden. Demnach deuten die Jugendlichen eingetretene unerwünschte Handlungsfolgen nachträglich als möglichst positiv oder akzeptabel (als „nicht schlimm") um, damit sie ihr bedürfnisgeleitetes Handeln (auch zukünftig) rechtfertigen können und keine

Reparaturhandlungen vornehmen müssen. Tatsächlich konnten einige der Befragten von unerwünschten Erlebnissen im Kontext ihrer Online-Privatheit berichten, wie von unintendierten Fremddarstellungen (Markierungen des eigenen Profils auf Fotos oder in Beiträgen anderer User) oder von unerwünschten Preisgaben durch andere Personen (via Geotagging). Im nachfolgenden Bewertungsprozess wurden derartige Erlebnisse von den Jugendlichen als unproblematisch oder nicht einschlägig genug („nur einmal passiert", Anna, 15 Jahre) abgeschwächt oder auch als „gelöst" betrachtet, nachdem unerwünschte Handlungsresultate, (z. B. Fotos) wieder gelöscht wurden.

Die für das Forschungsinteresse wichtige Frage, ab wann Jugendliche unerwünschte privatheitsrelevante Erfahrungen nicht mehr als positiv umdeuten können, weil sie diese als zu gravierend empfinden, konnte anhand nachvollziehbarer empirischer Beispiele nicht beantwortet werden. Allerdings war es möglich, diese Frage ansatzweise hypothetisch zu erörtern, indem die Jugendlichen nach *potenziellen* Erlebnissen befragt wurden, die sie als inakzeptable Privatheitsverletzungen erachteten. Genannt wurden dabei unter anderem Punkte wie ein gehacktes Passwort, die Verbreitung von Nacktfotos oder anderweitige Reputationsschäden, die sich auch im späteren Berufsleben als nachteilig auswirken könnten. Weitere, übergeordnete Privatheitsaspekte, wie die Angst vor Datensicherheitsrisiken und kommerziellem oder kriminellem Datendiebstahl, spielt für sie kaum eine Rolle. Es wurde dabei deutlich, dass sich für die Jugendlichen viele derartiger, allgemein als privatheitsrelevant erachteten Online-Risiken, als zu abstrakt darstellen und sie diese in ihrer Bedeutung für die eigene Online-Privatheit nicht einordnen können: Die Gefahren, die sich für die Jugendlichen nicht als unmittelbare Bedrohung ihres konkreten Online-Handelns manifestieren, gelten somit für sie auch als nicht real. Bei dieser Beobachtung zeigten sich in der Analyse insgesamt keine Unterschiede hinsichtlich des Bildungsgrades, des Alters oder des Geschlechts der Befragten.

Die Befunde, dass viele Jugendliche unintendierte privatheitsrelevante Handlungsfolgen zum einen im Vorhinein versuchen auszublenden (oder gar nicht kennen), zum anderen im Nachhinein als möglichst positiv oder akzeptabel umzudeuten, wurden als Belege für das Vorhandensein einer geringen Privacy Awareness gewertet. Dabei konnten altersspezifische Unterschiede festgestellt werden: So ergab sich über die Zusammenführung der Ergebnisse aus beiden Forschungsphasen, dass insbesondere die 12- bis 15-Jährigen potenzielle negative Folgen ihres Privatheitshandelns aufgrund eines begrenzten Reflektions- und Aufmerksamkeitsvermögens oft nicht einschätzen *können*. Es mangelt den Jüngeren demnach (noch) an der Fähigkeit, den „objektiven Privatheitsgehalt" ihrer Inhalte sowie die Auswirkungen ihrer Handlungen zu beurteilen und so Entscheidungen zu treffen, bestimmte Interaktionshandlungen entgegen ihres affektiven Bedürfnisses zu unterlassen. Die Folge ist oftmals ein leichtfertiges Online-Handeln, bei dem mögliche Privatsphärenverletzungen entweder gar nicht berücksichtigt oder falsch eingeschätzt werden. Viele der älteren Jugendlichen ab 16 Jahren (und insbesondere die Jungen) gaben hingegen an, unerwünschten Handlungsfolgen eher gleichgültig gegenüber zu stehen. Dabei konnte hier anhand der Analysen geschlossen werden, dass sich hinter der ostentativen Indifferenz in vielen Fällen Unwissen und Unsicherheit in Bezug auf einen vermeintlich „richtigen" Umgang mit persönlichen Daten im Online-Kontext verbergen. Während zwar auch die Jüngeren einige Unsicherheiten in der Anwendung der technischen Online-Funktionen aufwiesen, versuchten die älteren Jugendlichen ihre Unsicherheit an dieser Stelle zu kaschieren. Aus dem Ansinnen vieler Jugendlicher, in „ihrer" digitalen Umgebung möglichst kompetent, erwachsen und souverän zu wirken, resultiert mitunter ein „rebellisches" Verhalten, das auch als risikoreich bezeichnet werden kann. Die Hypothese, dass Jugendliche mit zunehmendem Alter tendenziell reflektierter und datenschutzbewusster im Netz agieren, kann somit nicht bestätigt werden. Sowohl jüngere als auch ältere Jugendliche handeln in vielen Fällen ohne auf mögliche unerwünschte privatheitsrelevante Folgen zu achten – wenngleich die Gründe für dieses Verhalten unterschiedlich sind.

Bisher lässt sich festhalten: Wie im Modell der User Generated Privacy angenommen handeln Jugendliche im Netz überwiegend bedürfnisgeleitet mit einer geringen situativen Privacy Awareness. Das heißt, sie blenden unintendierte privatheitsrelevante Handlungsfolgen in Erwartung einer Bedürfnisbefriedigung aus bzw. deuten entsprechend eingetretene negative Handlungsfolgen als möglichst positiv um. Damit lässt sich die These bestätigen, dass Jugendlichen das Erreichen des mit sozialen Gratifikationen verbundenen Handlungsziels insgesamt *wichtiger* ist, als das Halten eines optimalen Privatheitslevels in der Online-Umgebung. Die damit verbundene Annahme, das Handeln der Jugendlichen erfolge dabei überwiegend unüberlegt und impulsiv, konnte hingegen nicht eindeutig belegt werden. So ließen sich zahlreiche Hinweise darauf finden, dass die Jugendlichen ihr Online-Handeln und die damit verbundenen Folgen kalkulieren und strategisch planen und dabei bewusst eine Priorisierung sozialer Gratifikationsziele vornehmen (Privacy Calculus). In ihrem „inneren Hierarchisierungsprozess" gewichten sie das Erreichen der erwünschten Handlungsfolgen stärker als das Vermeiden damit einhergehender unintendierter privatheitsrelevanter Folgen. Das Online-Handeln der Jugendlichen ist in diesem Fall als risikoreich zu bezeichnen, wonach unerwünschte Handlungsfolgen zugunsten des erhofften Gratifikationserhalts bewusst in Kauf genommen werden.

Der Befund, dass das Erreichen der Handlungsziele, die mit der psychologischen Bedürfnisbefriedigung einhergehen, Jugendlichen wichtiger ist als das mögliche Erleiden von Privatsphärenverletzungen, besagt zugleich jedoch nicht, dass Jugendlichen ihre Online-Privatheit oder das Thema Online-Datenschutz gleichgültig sind, im Gegenteil. Für die Jugendlichen besteht die Problematik oftmals darin, dass sie schlicht nicht wissen, wie sie ihre Privatsphäre schützen sollen. Vor allem in den Einzelinterviews mit den 15- bis 18-Jährigen wurde offenbar, wie wenig kompetent die Jugendlichen in Bezug auf die technischen Einstellungen zum Schutz ihre Privatsphäre auf Facebook sind und wie überrascht sie teilweise selbst darüber waren: Wenn ihnen durch die Forscherin die möglichen Folgen ihres Handelns oder der gewählten Einstellungen für ihre Online-Privatheit geschildert und aufgezeigt wurden, reagierten die Jugendlichen häufig konsterniert. Entweder passten sie die technischen Einstellungen dann sofort (noch während des Interviews) entsprechend an oder sie versicherten, sich damit anschließend „in Ruhe" befassen und ihre privaten Daten in Zukunft besser schützen zu wollen. Hier wird deutlich, dass Vorstellung oder Selbsteinschätzung der Jugendlichen (Wunsch, Privatsphäre zu schützen und Überzeugung, diese auch schützen zu können) und ihr tatsächliches Können und Wissen der privatheitsrelevanten Online-Funktionen auseinandergehen. Das in der aktuellen Forschungsliteratur immer wieder hinterfragte Phänomen des Privacy Paradox konnte – wenngleich in ausdifferenzierter Form – in der vorliegenden Untersuchung folglich bestätigt werden.

Dass Jugendlichen ihre Online-Privatheit nicht „egal" ist, zeigte sich außerdem darin, dass sie während der Interviews häufig explizit den Wunsch äußerten, mehr Informationen zum Datenschutz generell und auf Facebook im Konkreten zu erhalten. Dabei kommt es ihnen vor allem darauf an, *wer* ihnen entsprechendes Hintergrundwissen *wie* vermittelt: So ignorieren die Jugendlichen entsprechende Ratschläge ihrer Eltern, „online nichts Privates preiszugeben" größtenteils, zumal sie gerade nicht das tun wollen, was ihnen die Eltern sagen. Auch der Online-Kompetenz ihrer Lehrerinnen und Lehrer stehen viele der Jugendlichen skeptisch gegenüber, zumal ihnen die Lehrer selbst oftmals das Gefühl vermittelten, sich weniger gut „im Netz auszukennen" als die junge Generation. In der empirischen Untersuchung zeigte sich jedoch, dass die Jugendlichen grundsätzlich ein großes Interesse an Online-Fachwissen und Informationen zum Datenschutz haben: Einige der Jugendlichen gaben der Forscherin im Interview (oder im Anschluss daran) zu verstehen, dass sie gerne Ratschläge bezüglich einer sicheren Facebook-Kommunikation von ihr erhalten möchten. Bereits in der Vorstudie konnte beobachtet werden, dass die Jugendlichen den Darstellungen des Medienpädagogen große Beachtung schenkten und Videoclips oder andere illustrative Darstellungen von Online-Gefahren für Jugendliche als besonders eindrücklich wahrnahmen. Viele Jugendliche nehmen folglich Informationen und Empfehlungen zum Umgang mit Online-Inhalten eher von Experten an, die sich in Bezug auf das Thema Datenschutz oder Online-Kommunikation für sie als kompetent erweisen; Eltern oder Erwachsene, die selbst kaum Online-Erfahrung erkennen lassen, trauen sie dies weniger zu. Je verständlicher und konkreter Jugendlichen dabei entsprechendes Wissen näher gebracht wird, um so eher entwickeln sie auch ein Empfinden dafür, wie sie mit ihren privaten Daten im Netz adäquat umgehen können, ohne dabei auf die spontane Interaktion mit ihren Online-Freunden verzichten zu müssen.

Muster strategischen, privatheitsrelevanten Online-Handelns Jugendlicher

Neben der Erörterung der Motivation und Intention zu privatheitsrelevantem Online-Handeln Jugendlicher sowie ihrem Privatheitsbewusstsein, war es Ziel der empirischen Untersuchung, die konkreten Handlungen zu beschreiben. Hierbei ging es vor allem darum, Handlungsmuster ausfindig zu machen, die auf einen strategischen Einsatz der verfügbaren technischen Gegebenheiten (Affordanzen) sozialer Online-Netzwerke durch Jugendliche bei der Konstruktion, Gestaltung und Regulierung ihrer Online-Privatheit hinweisen. Dabei liegt im Folgenden bei der Darstellung der Handlungsmuster der Fokus auf der *strategischen Vorgehensweise*; die Frage nach dem Gelingen oder Scheitern der jeweiligen Handlungen (oder nach Durchführbarkeit der Strategien) steht an dieser Stelle nicht im Vordergrund.

Mithilfe der zusätzlichen Informationen, die in den empirischen Untersuchungen gewonnen werden konnten, kann das in Kapitel III.2 vorgeschlagene Beschreibungsschema möglicher Handlungsmuster nun entsprechend ausdifferenziert werden: So sind jetzt nicht nur generell denkbare Handlungstypen und ihre Ausführungsmöglichkeiten privatheitsrelevanten Online-Handelns definiert, sondern aufgrund der Ergebnisse aus den Befragungen der Akteure sowie der Interpretation der jeweiligen Online-Kommunikate auch die dahinterstehenden Intentionen sowie die Art der Umsetzung eben dieser erfasst. Für eine Übersicht der in der Empirie ausgemachten Handlungsmuster wird nun eine Darstellungsweise gewählt, bei welcher die Handlungsziele („Imaginations- und Intentionsebene"), die Strategie („Planungsebene") und die jeweiligen Handlungen („Ausführungsebene") exemplarisch aufgeführt sind (siehe Tabelle 12).

Zahlreiche der bei den Jugendlichen in der Empirie ausgemachten strategischen Handlungsmuster folgen dem übergeordneten Handlungsziel, positive Reaktionen der Online-Kontakte zu evozieren, um somit das eigene Bedürfnis nach sozialen Gratifikationen wie Anerkennung, Unterstützung und Interaktion zu befriedigen. In einigen Fällen wird die Intention, dieses Handlungsziel zu erreichen, dabei von den Jugendlichen bewusst offengelegt, in anderen bei der Kommunikation verborgen. In Anlehnung an Thimm (1990: 97) wird im ersten Fall von einer „Strategie der expliziten Offenlegung" und im zweiten Fall von einer „zielverdeckenden Strategie" gesprochen. Einige der wichtigsten Handlungsmuster aus Tabelle 12, die einer derartigen Zuschreibung ihrer strategischen Ausrichtung bei den Jugendlichen beobachtet werden konnten, sind nachfolgend exemplarisch erläutert. Anschließend wird zudem genauer auf den strategischen Einbezug der technischen Optionen beim Privatheitshandeln der Jugendlichen eingegangen.

Handlungsziele	Strategie	Ausführungsmöglichkeiten
Bestimmte Rückmeldungen der Online-Freunde erhalten	Interaktionsstrategie der expliziten Offenlegung (mit spielerischer Komponente)	Beiträge posten, in denen „Likes", „Shares" und Kommentare als Antworten eingefordert werden
Zuneigung und Zusammengehörigkeit bekunden + zukünftige positive Reaktionen sichern	Reaktionsstrategie (zum Handlungserfolg des Gegenübers beitragen), Intimitätssicherung	Verteilen von „Likes" und favorisierender Kommentare; ausgewählte Freunde online als Familienmitglieder markieren
Selbstoffenbarung, Gefühlszustand mitteilen + alle Empfängerkreise strukturell inkludieren	Zielverdeckende Strategie (Selbstoffenbarungsstrategie, Inklusionsstrategie)	Posten von fremden Inhalten (Songtexte, Zitate etc.) als Statusmitteilung (soziale Steganografie)
Den Kontakt zu den Online-Freunden halten (nicht abbrechen)	Duldungsstrategie (Digital Crowding nicht unterbinden)	Erdulden unerwünschter Nachrichten anderer im persönlichen Nachrichtenstrom
Fremdoffenbarung (von den Freunden online qua Profilverlinkung markiert werden)	Unterlassungsstrategie	Markierungen des eigenen Profils/ Ortsmarkierungen in Beiträgen anderer User grundsätzlich zulassen
Unintendierte Handlungsfolgen korrigieren / reparieren	Ersatzstrategie (bei anderen Strategien mitgedacht)	Korrektiver Einsatz der technischen Online-Funktionen (Inhalte editieren oder löschen)
Unerwünschte Fremddarstellungen rückgängig machen	Reaktive Korrekturstrategie (explizite Offenlegung)	„Beschwerde" zum fremddarstellenden Inhalt öffentlich posten
In der Reaktionshandlung Souveränität ausstrahlen, Machtbereich behaupten	Reaktive Machtstrategie	Rhetorische Stilmittel einsetzen (z. B. Ironie, Sarkasmus usw.)
Privatsphäre schützen	Ausweichstrategie	Online-Interaktion vermeiden, auf Offline-Kontexte ausweichen
Potenzielle unerwünschte Spätfolgen des eigenen Online-Handelns vermeiden	Vermeidungsstrategie (Selbstzensur)	Keine persönlichen Fotos mit sozial nonkonformen Inhalten veröffentlichen
Für fremde Personen im Netzwerk unerkannt bleiben	Anonymisierungsstrategie	Unerkennbares Profilfoto / Nickname usw. verwenden
Online-Freunde „nicht nerven", keine negativen Reaktionen evozieren	Zurückhaltungsstrategie	Keine Status-Updates veröffentlichen bzw. Frequenz kontrollieren

Tabelle 12: Zentrale Handlungsmuster der privatheitsrelevanten Online-Kommunikation Jugendlicher auf Facebook. Zusammenstellung auf Basis der empirischen Befunde aus vorliegender Studie (Beispiele, nicht extensional).

(1) Strategien der expliziten Offenlegung

Handlungen gemäß einer Strategie der expliziten Offenlegung lassen die zugrunde liegenden Handlungsziele deutlich werden und sind „primär alter bezogen", also auf die Beeinflussung des Handelns der Interaktionspartner gerichtet (Thimm 1990: 97). Hierzu zählen vor allem die Postings im sozialen Online-Netzwerk, mit welchen die Jugendlichen explizit Reaktionen ihrer Online-Freunde einfordern. So konnte in der empirischen Untersuchung beobachtet werden, dass die Jugendlichen häufig spielerische Formen der Aufforderung posten, um ihre Freunde zum Verteilen von „Likes", „Shares" oder Kommentaren zu animieren. Derartige Einträge reichen vom Veröffentlichen eines selbstgemachten Portraitfotos („Selfie") und der Frage, ob der gezeigte Kleidungsstil, Haarschnitt usw. gefällt, bis hin zu Beiträgen, die allein das Generieren von „Likes" oder „Kommis" (Kommentaren) zum Ziel haben. Hier werden für erteiltes Feedback verschiedenartige Belohnungen (oder in der Lesart des nachfolgenden Beispiels „Strafen") in Aussicht gestellt, wie zum Beispiel „ich liebe dich" auf die virtuelle Pinnwand zu posten oder „einen Kuss geben" (siehe Abbildung 17).

Die offengelegte Strategie der Einforderung von digitalem Feedback ist ein wichtiges Element des Online-Beziehungsmanagements Jugendlicher, bei dem sie einerseits die ersehnten Zuneigungsbekundungen direkt von ihren Freunden einfordern, dabei andererseits ihr Bedürfnis nach Rückmeldungen über verschiedene rhetorische Stilmittel wie Ironie oder hinzugefügte Emoticons möglichst unerheblich und eher spielerisch wirken lassen. Die Bemessung der Reaktionen erfolgt dabei zumeist nach einer vorgegebenen, für alle einsehbaren Regel mittels Quantifizierung (Anzahl der „Likes" oder Kommentare, oder wie im Beispiel: „der 8. Liker hat einen Wunsch frei"). Dadurch, dass mit der Anzahl der erhaltenen Rückmeldungen häufig auch die Art der Belohnung variiert, sollen Anreize für die gewünschten Reaktionen geschaffen werden.

Abbildung 17: Beispiel eines Postings, bei dem Feedback explizit eingefordert wird (Strategie der expliziten Offenlegung der Handlungsziele). *Quelle: Datenmaterial aus vorliegender Studie (Mädchen, 13 Jahre).*

Doch nicht nur das Einfordern von Zuneigungsbekundungen ist eine wichtige Strategie im Online-Beziehungsmanagement der Jugendlichen; diesbezüglich selbst reaktiv tätig zu sein, ist ebenfalls eine zentrale Interaktionsstrategie. Dadurch dass sie auf die Aufforderungen ihrer Online-Kontakte mit dem gewünschten Feedback reagieren, verhelfen sie ihrem Gegenüber erst zum Gelingen dessen Handlung. Zusammengefasst können die Jugendlichen auf diese Weise zwei Ziele gleichzeitig erreichen: Einmal betonen sie durch das Verteilen von „Likes", favorisierender Kommentare oder das Hinzufügen ihrer Freunde als „offizielles Familienmitglied" (in der Profilinformation auf Facebook möglich) ihre Freundschaften und ihre Zuneigung zueinander und zeigen ostentativ, dass sie in ein starkes soziales Umfeld eingebettet sind (soziale Affirmation). Zum Zweiten unterstützen sie ihre Freunde bei deren Zielerreichung (Erhalt von Feedback) und sichern sich auf diese Weise selbst mögliche positive Reaktionen in der Zukunft von diesen.

(2) Zielverdeckende Strategien

In beiden Forschungsphasen konnten Strategien ausgemacht werden, mit denen Jugendliche im Rahmen ihres privatheitsrelevanten Online-Handelns ihre eigentliche Handlungsintention verbergen und dabei eine andere Intention als die wahre *vorgeben* („soziale Steganografie"). Hierbei werden zum Beispiel private Inhalte über das Verwenden von Analogien aus („nicht privaten") Songtexten, Gedichten oder aus Insidern enkodiert – nach außen hin werden also lediglich Referenzen auf fremde Inhalte getätigt – während der eigentliche Zweck derartiger Postings zumeist der Selbstoffenbarung dient. So hat sich gezeigt, dass Mädchen, von denen diese Strategie deutlich häufiger angewendet wird als von Jungen, durch das Posten von Songtexten oder Zitaten sich ihren Freunden auf subtile Weise mitteilen möchten. Sie geben ihre Gefühle dabei nicht explizit preis, um ihren Online-Freunden gegenüber nicht zu unterstützungsbedürftig zu wirken und sie unnötig zu behelligen. Vielmehr nutzen sie die Möglichkeit, sich „mit anderen Worten" (fremden Inhalten) auszudrücken, um so den wahren Grund ihres Handelns zu verbergen.

Die Jugendlichen verfolgen mit derartig verschlüsselten Postings zugleich das Ziel, Feedback von ihren Online-Kontakten zu erhalten und auf diese Weise ihre Freundschaften auf die Probe zu stellen. Sie zitierten Songtexte oder Lebensweisen unter der Annahme, dass ihre besten Freunde die dahinter stehende Botschaft erkennen und darauf reagieren.

Ein weiteres Ziel, dass viele Jugendliche mit der Strategie der sozialen Steganografie verfolgen, ist das Inkludieren aller im Netzwerk „befreundeter" Personen: Online-Kontakte, die bestimmte private Informationen normalerweise nicht erhalten würden, sollen so dennoch das Gefühl erhalten, im persönlichen Nachrichtenfluss aufgenommen zu sein. So stellt die Enkodierung öffentlicher Postings in der Facebook-Timeline für die Jugendlichen auch eine geeignete Möglichkeit dar, ihren Eltern (falls diese mit ihnen auf Facebook befreundet sind) den Eindruck zu vermitteln, dass diese am Privatleben ihres Kindes auf Facebook teilhaben können.

Zielverdeckende Strategien im Informationsoutput sind überdies als wichtige Handlungen der persönlichen Grenzregulierung Jugendlicher zu werten: Die Jugendlichen geben zwar im öffentlichen Bereich der Online-Plattform persönliche Details von sich preis, tun dies jedoch unter dem Risiko, dass ihre Enkodierungsstrategie auch enttarnt werden könnte. Sie achten dabei stets auf die Ambivalenz ihrer Postings, um sich im Fall einer Enttarnung die Möglichkeit eines Dementis vorbehalten und sich auf das Offenkundige beziehen zu können. Der öffentliche oder nicht näher spezifizierte Empfängerkreis wird dabei gezielt einbezogen und mitgedacht, das Private somit auf der „öffentlichen Bühne" der Online-Plattform inszeniert.

(3) Strategischer Einbezug der technischen Anwendungsoptionen
Bei der Analyse der einzelnen Konstruktions-, Gestaltungs- und Regulierungsstrategien von Online-Privatheit war auch die Frage relevant, welche Rolle die Medienlogik der Online-Umgebung im Sinne ihres gezielten Einbezugs durch die Jugendlichen spielt. Dabei wurde hypothetisiert, dass die Jugendlichen die technischen, automatisierbaren Funktionen Facebooks strategisch zur präventiven (vorsorglichen), exekutiven (bei Ausführung der jeweiligen Handlung) und korrektiven (nachträglichen) Regulierung ihres Informationsflusses einsetzen.

Die Ergebnisse der Analysen aus beiden Forschungsphasen zeigen zunächst, dass die Jugendlichen die verschiedenen automatisierbaren Regulierungsoptionen auf Facebook zur gezielten Inhalts- oder Zugangskontrolle kaum einsetzen. So legen sie weder Freundeslisten an, um den Empfängerkreis ihrer privaten Nachrichten im Vorhinein zu beschränken, noch passen sie ihre Beiträge im privaten Informationsoutput entsprechend an. Ähnliches gilt für die Privatsphäre-Einstellungen zur präventiven Regulierung ihres Informationsinputs: Hier konnte festgestellt werden, dass sich die Jugendlichen zwar einerseits von vielen, vermeintlich belanglosen Nachrichten ihrer Online-Kontakte überfordert fühlen („Digital Crowding"), andererseits den eingehenden Informationsfluss nicht beschränken wollen, um keine Nachrichten zu verfehlen. Sie verfolgen hier eine Duldungsstrategie, bei welcher sie die unerwünschten Nachrichten im eigenen Newsfeed belassen und die automatisierbaren Regulierungsoptionen bewusst nicht einsetzen, um die Zielerreichung (den Kontakt mit den Freunden aufrecht zu halten) nicht zu gefährden.

Mit einem ähnlichen Handlungsziel ist ferner auch die bewusste Nichtanpassung der Markierungsfunktion auf Facebook verbunden, bei welcher das eigene Profil qua Voreinstellung von anderen Usern ohne Zustimmung verlinkt („markiert") werden kann. In den Untersuchungen wurde deutlich, dass die Jugendlichen das Markiertwerden durch andere ohne vorheriger Überprüfung bewusst zulassen (die Facebook-Einstellung also nicht anpassen), zumal sie gerne „fremdoffenbart" werden möchten und einen entsprechenden Korrekturschritt dabei als eine unnötige Zwischenstufe erachteten. Für den Fall eintretender unintendierter Handlungsfolgen verlassen sich die Jugendlichen auf die Möglichkeit des korrektiven Einsatzes der Regulierungsfunktionen, unerwünschte Einträge „dann immer noch" editieren oder anpassen zu können. Letztgenannte Strategie der Korrekturfunktion ist demzufolge eine bei erstgenanntem Handlungsmuster mitgedachte „Ersatzstrategie".

Es lässt sich festhalten, dass die Jugendlichen zwar die automatisierbaren (präventiven und exekutiven) technischen Funktionen und damit viele der Privatsphäre-Einstellungen auf Facebook kaum anwenden, um ihre persönlichen Inhalte oder Zugriffsmöglichkeiten zu kontrollieren, jedoch zahlreiche Strategien verfolgen, ihren privaten Informationsfluss „manuell" gemäß ihrer jeweiligen Handlungsziele zu regulieren. Eine geringe Nutzungskompetenz in Bezug auf einige der automatisierten Regulierungsfunktionen von Facebook ist hier Ursache und Konsequenz zugleich: Einerseits empfinden die Jugendlichen die betreffenden Privatsphäre-Einstellungen als zu kompliziert und mühevoll und wenden sie daher nicht an. Andererseits entwickeln sie zugleich kreative Vermeidungsstrategien, bei denen sie ihre Handlungsziele auch ohne regelmäßige Anpassung der technischen Funktionen zu erreichen hoffen. Durch die Nichtnutzung der Einstellung bleibt das entsprechende Anwendungswissen (Nutzungskompetenz) jedoch zugleich auf einem niedrigen Niveau.

Hingegen stellt der kreative Einsatz der technischen Nutzungsoptionen zur Gestaltung des eigenen Informationsoutputs eine übliche Strategie der Jugendlichen im Online-Netzwerk dar: Sie wenden die technischen Optionen der Online-Plattform kreativ an, um Elemente ihrer Privatheit zu inszenieren, Selbstoffenbarungen durchzuführen oder Selbstdarstellungen multimedial anzureichern. Zu nennen sind hier vor allem Handlungen, bei denen die Jugendlichen externe Inhalte einbetten bzw. auf diese verlinken oder eigenes Foto-, Video- oder Audiomaterial auf die Plattform stellen. Auch das gezielte (spielerische) Einbeziehen der medienlogischen Funktionalitäten wie das Werten von Facebook-Likes als positive Rückmeldungen oder das Markieren anderer qua technischer Verlinkung in den eigenen Beiträgen sind hierunter zu zählen.

Insgesamt lässt sich für den Aspekt des Einbezugs der technischen Gegebenheiten in die Strategieplanung der Jugendlichen konkludieren, dass diese sich hinsichtlich der Ausgestaltung und Anpassung ihrer privaten Kommunikate hier als recht einfallsreich und geübt erweisen (kreativer Einsatz der Affordanzen). Sobald es jedoch um eine vermeintliche Beschränkung ihres Nachrichtenflusses und Interaktionsfreiheit im sozialen Netzwerk geht, verzichten sie eher auf den Einsatz entsprechender Einstellungen.

Beurteilung der Untersuchungsmethoden: Mehrwert und Limitationen

Zum Abschluss der Ergebniszusammenfassung sollen die entwickelten Untersuchungsmethoden hinsichtlich ihres Mehrwerts aber auch etwaiger Limitationen beurteilt werden, um so eine Orientierung für die anschließende Forschung bieten zu können.

Die Kombination eines induktiven Ansatzes, bei dem die offene Exploration des komplexen Gegenstandsbereichs im Mittelpunkt stand, mit dem deduktiven, hypothesengeleiteten Ansatz ist als eine für die Fragestellung zu vorliegendem Buch sehr gewinnbringende Herangehensweise zu bewerten. Somit konnte das Forschungsfeld auf der einen Seite unvoreingenommen betreten und im Laufe der empirischen Untersuchung stets weiter ergründet werden, ohne jedoch auf der anderen Seite auf die fragestellungsrelevante Orientierung verzichten zu müssen. Letztere konnte dabei vor allem auf zweierlei Weise gewonnen werden:

Einmal verhalf die vorangegangene theoretische Erörterung der Zusammenhänge von Online-Privatheit allgemein und bei Jugendlichen im Speziellen zu einer wichtigen Fokussierung des Forschungsinteresses und damit zur Formulierung der einzelnen Hypothesen. Die zweite Möglichkeit ergab sich zu Beginn der Feldphase in der Vorstudie, bei welcher die Forscherin über das Interview mit einem Medienpädagogen nicht nur Expertenwissen zum Medienhandeln Jugendlicher erhielt, sondern die zugleich auch praxisbezogene Anknüpfungspunkte für die empirische Untersuchung bot.

Die Aufgliederung der Studie in zwei Hauptforschungsphasen stellte eine methodische Herausforderung dar, zumal unterschiedliche Zielgruppen in verschiedenen Settings den Forschungsgegenstand bildeten und die gewonnen Erkenntnisse dennoch zur Klärung der gleichen Fragestellung dienen sollten. Dies ist zugleich ein Schwachpunkt der Studie, da die Ergebnisse aus beiden Phasen nicht als bewertungskonsistent, sondern in weiten Teilen als für sich allein stehend angesehen werden müssen. Gleichwohl ergeben sich durch die datentechnische und methodische Verschiedenheit auch Besonderheiten, die als Mehrwert der vorliegenden Studie gelten können: So wurde gerade mithilfe verschiedener Altersgruppen und eines multimethodischen Settings versucht, verschiedene Perspektiven auf das komplexe Thema der Online-Privatheit bei Jugendlichen einzunehmen. Bei den jüngeren Jugendlichen im Alter zwischen 12 und 14 Jahren konnte aufgrund der eher explorativen Herangehensweise ein erstes Meinungsbild zur Frage nach der Relevanz von Online-Privatheit eingeholt werden. Auch konnte bereits ansatzweise erörtert werden, welche Strategien der Grenzregulierung und des Beziehungsmanagements 12- bis 14-Jährige bei ihrem Online-Handeln verfolgen und dass sich hierbei geschlechterspezifische Unterschiede abzeichnen. Neben erprobten Verfahren der qualitativen Medien- und Jugendforschung wie den Gruppeninterviews und verschiedenen Fragebögen kam hierbei auch eine innovative Methode, nämlich das Modul zur Anfertigung von Zeichnungen, zum Einsatz, was an dieser Stelle noch einmal hervorgehoben werden soll. Der Einsatz der Methode des Zeichnen wird für die Forschungsfragen und vor allem für den explorativen Teil der Studie als sehr gewinnbringend eingestuft, zumal die Befragten sich beim Zeichnen zur Beantwortung der Aufgabe deutlich mehr Zeit ließen und andere kognitive und kreative Anstrengungen leisteten als dies bei einer standardisierten Befragung der Fall wäre.

Dass in der zweiten Forschungsphase schließlich ein erweitertes Sample und anderer Methoden gewählt wurden, soll nicht als Nachteil, sondern als wichtige Antwort auf die Entwicklung der Forschungsarbeit der ersten Untersuchungsphase gewertet werden. So war nun es möglich, die bis dahin gewonnenen Erkenntnisse mit Blick auf die Hypothesen gezielt zu vertiefen und mithilfe weiterer methodischer Zugänge zu vervollständigen. Es wurde festgestellt, dass die jüngeren Jugendlichen den Online-Kontext noch vergleichsweise wenig intensiv zur alltäglichen Aushandlung sozialer Aktivitäten mit der Peergroup nutzen und sie damit eine insuffiziente Basis zur Systematisierung von digitalen Handlungspraktiken boten. Da jedoch gerade die Erörterung und genaue Beobachtung des privatheitsrelevanten Online-Handelns Jugendlicher im Mittelpunkt stand, wurde die Altersgrenze der Probanden erweitert und zugleich die methodischen Verfahren verfeinert. Damit war auch die Annahme verbunden, dass das Online-Handeln der Älteren insgesamt deutlich ausdifferenzierter und in Bezug auf den Aspekt der Privatheitsrelevanz reflektierter geschieht als die bei den 12- bis 14-Jährigen der Fall ist. Dass den älteren Jugendlichen nicht auch die Fragebögen (und Zeichnungsaufgabe) wie in der ersten Forschungsfrage vorgelegt wurden, war eine forschungspragmatische Entscheidung, die durchaus kritisiert werden kann.

Als diskussionswürdig ist darüber hinaus die vergleichsweise geringe Fallzahl der Probandinnen und Probanden zu erachten, die vor allem bei den älteren Jugendlichen hätte ausgeweitet oder noch weiter systematisiert werden können, etwa bezüglich des bildungsformalen Hintergrundes der Jugendlichen. Gerade die unzulängliche Einbettung des letztgenannten Kriteriums muss im Rahmen dieser Methodenkritik erwähnt werden, zumal die unscharfe Abgrenzung zwischen Gesamtschülern einer niedrigen Altersstrufe und Gymnasialschülern einer höheren Altersstufe keine nennenswerten Ergebnisse (etwa unterschiedliche Ansichten von Online-Privatheit) lieferte. Für zukünftige Forschungsarbeiten wäre es also wichtig, eine Vergleichsbasis anhand nachvollziehbarer Charakteristika im Fall unterschiedlicher Probandengruppen anzulegen und zu überlegen, ob nicht trotz multimethodischer Ausrichtung dennoch alle Methoden bei allen Probanden gleich angewendet werden können.

Unabhängig von der Frage nach der Gesamtkonstruktion der Forschungsstudie soll an dieser Stelle betont werden, dass die – nicht zuletzt zeitlich und ressourcenbezogen aufwändigen – Untersuchungssettings beider Forschungsphasen als ein innovativer Beitrag zur aktuellen Privatheitsforschung zu werten sind. Neben den Jugendzeichnungen ist dabei die Methode der Screenrecordings als wertvoll einzustufen, da hier neben rekonstruktiven Befragungsdaten auch registrierende „Nebenbeibefunde" erzielt werden konnten, die das konkrete Online-Handeln der Jugendlichen vor dem Hintergrund ihrer Nutzungskompetenz und Aspekten der Usability betrafen. Es konnten so schließlich nicht nur die Einstellungen und Meinungen der Jugendlichen über ihr privatheitsrelevantes Online-Handeln erhoben werden, sondern das Handeln selbst zugleich betrachtet, exemplifiziert und gemeinsam mit den Interviewteilnehmern diskutiert werden.

Schlussbetrachtung und Ausblick

Ziel des vorliegenden Buches war es, eine Konzeptualisierung „mediatisierter Privatheit" zu liefern, mit welcher die bestehende wissenschaftliche Diskussion in diesem Bereich einerseits theoretisch erweitert und dabei andererseits mit aktuellen empirischen Ergebnissen gestützt wird. Der Fokus lag hierbei auf der Online-Kommunikation Jugendlicher und der Frage, inwiefern die Sozialisation in einer zunehmend digital vernetzten Umgebung ihr individuelles Empfinden von Privatheit sowie die Gestaltungs- und Regulierungspraktiken persönlicher privater und gemeinsamer öffentlicher digitaler Grenzen bestimmt.

Dabei diente der Argumentation zunächst eine fundierte Erörterung des Privatheitskonzepts als Ausgangspunkt, bei welcher eine ausgesprochene Vielfältigkeit der theoretischen Ansätze und Perspektiven deutlich wurde. Mit Darlegung der konzeptuellen Besonderheiten von Privatheit aus einer historischen und juristischen, sozialpsychologischen sowie medienwissenschaftlichen Dimension wurden die hohe gesellschaftliche Relevanz einer zu führenden Privatheitsdiskussion und der damit verbundenen Implikationen für die Forschung deutlich. Vor allem in Hinblick auf das Paradigma individuell erfahrbarer Privatheit in Medienwelten konnte festgestellt werden, dass das aktuelle öffentliche Interesse an der Frage nach dem Wert von Privatheit in der digitalen Umgebung einerseits weiter wächst, während es andererseits jedoch noch keine umfassende und allgemeingültige wissenschaftliche Theorie gibt, mit der sich die zugrunde liegenden subjektbezogenen Handlungsprozesse erklären lassen.

Das vorliegende Buch stellt einen Versuch dar, ein Konzept individueller Online-Privatheit zu etablieren. Dies sollte über zwei zentrale Ansatzpunkte gelingen: zum einen über eine theoretische Modellierung privatheitsrelevanten Handelns von Individuen in der sozialen Online-Kommunikation (generell und für die Gruppe der Jugendlichen präzisiert) und zum anderen über den Vorschlag einer konkreten methodischen Herangehensweise, mit welcher sich die entsprechenden Fragestellungen im digital-realen Forschungsfeld empirisch erörtern lassen.

Soziales Handeln im Netz ist vor allem aufgrund der besonderen medienlogischen Einflüsse, die das in dieser Umgebung stattfindende Handeln in vielen Fällen unkontrollierbar und unkalkulierbar machen, als eine besondere Herausforderung für das Individuum in der mediatisierten Gesellschaft anzusehen. Modifizierbarkeit, Fixiertheit, Distribuierbarkeit und Defragmentierung von Kommunikaten sind wesentliche Charakteristika, die zusammen mit den Handlungen anderer Online-User einen besonders großen Effekt auf das Gelingen oder Scheitern des individuellen Handlungsprozesses sowie dessen Auswirkungen auf die Online-Privatheit eines Akteurs haben können. Das Modell der User Generated Privacy (UGP), dessen Entwicklung den Kern der theoretischen Forschungsarbeit darstellte, bietet einen theoretischen Rahmen, in dem die relevanten Funktionsmechanismen sozialen Online-Handelns abgebildet und deren Wirkungsweisen hypothetisiert sind. Hier wurden Annahmen darüber formuliert, nach welchen psychologischen Mechanismen und unter dem Einfluss welcher extrinsischen (situativen) Faktoren Menschen in sozialen Online-Netzwerken Aspekte ihrer Privatheit (de-)konstruieren und wie entsprechende Handlungsmuster identifiziert und beschrieben werden können.

Anschließend wurde das Modell in Bezug auf die Gruppe der Jugendlichen ausdifferenziert, um so ein adäquates Analyseschema für die nachfolgende empirische Untersuchung liefern zu können. Es wurde zunächst postuliert, dass soziales Handeln im Netz zu einem gewissen Teil auf Basis rationaler Kosten-Nutzen-Überlegungen und zu einem anderen Teil affektiv motiviert bzw. intuitiv erfolgt. Das generell sowie situativ vorhandene Bewusstsein des Individuums hinsichtlich der Privatheitsrelevanz sowie der möglichen Konsequenzen seines Handelns im Online-Umfeld (Privacy Awareness) bilden, so eine der Annahmen, eine wichtige Determinante, die nicht zuletzt bei der Bewertung der eingetretenen erwünschten oder unerwünschten (privatheitsrelevanten) Handlungsfolgen eine wesentliche Rolle spielt. Während in der allgemeinen Modellierung noch offen gelassen wird, welche Bewertung oder Hierarchisierungsentscheidung das Individuum im Fall erreichter oder nicht erreichter Handlungsziele sowie eines damit einhergehenden akzeptablen oder inakzeptablen Privatheitsempfindens trifft, wurde für die Gruppe der Jugendlichen hypothetisiert, dass diese der Tatsache eines erreichten Handlungsziels, welches der psychologischen Bedürfnisbefriedigung diente, mehr Beachtung schenken als unintendierten privatheitsrelevanten Folgen. Jugendliche tendieren demnach dazu, trotz erlittener Privatsphärenverletzung die Folgen ihres Online-Handelns als positiv zu bewerten (bzw. entsprechend umzudeuten), um keine (zusätzlichen) Reparaturhandlungen durchführen zu müssen und ihr affektiv motiviertes Handeln auch für die Zukunft rechtfertigen zu können. Gesteuert wird dies von einem starken Bedürfnis nach sozialem Austausch und dem Wunsch, soziale Gratifikationen wie positive Rückmeldungen von ihren Online-Freunden zu erhalten. Im Fall des Nichterreichens der damit verbundenen Handlungsziele, so die weitere Annahme, werten Jugendliche ihr Online-Handeln – unabhängig von den eingetretenen positiven Nebenfolgen für ihr Privatheitsempfinden – als gescheitert. Insgesamt führt ein derartig auf den Gewinn sozialer Gratifikationen ausgerichtetes Handeln Jugendlicher im Netz zu einer größeren Risikobereitschaft. Gleichzeitig steigt damit auch die Gefahr von Privatsphärenverletzungen, da Jugendliche die möglichen negativen Privatheitsfolgen zugunsten der positiven Handlungsfolgen ausblenden.

Für die aktuelle Privatheitsforschung bietet das Modell der UGP einen wichtigen theoretischen Mehrwert, zumal hier aufbauend auf bestehende etablierte Erkenntnisse aus der soziologischen, psychologischen und medienwissenschaftlichen Theorie zentrale Entscheidungsprozesse für individuelles privatheitsrelevantes Online-Handeln nachgezeichnet sind. Die Möglichkeiten, die vorgestellte Konzeptualisierung sowohl theoretisch zu erweitern als auch zur schematisch gestützten Überprüfung in der Empirie einzusetzen, stellen dabei wesentliche Vorzüge des Modells dar.

In der empirischen Untersuchung, in der das Online-Handeln Jugendlicher zwischen 12 und 18 Jahren sowie deren Einstellungen und Meinungen zum Thema Online-Privatheit mittels verschiedener qualitativer Forschungsmethoden erhoben wurden, ließen sich einige der Thesen aus der Theorie bestätigen, für andere konnten hingegen nur wenige Anhaltspunkte gefunden werden. Einige der Annahmen, insbesondere das Schema für die Beschreibung der Online-Handlungsmuster, konnten außerdem durch die empirischen Befunde wesentlich erweitert werden. Die wichtigsten Ergebnisse aus der empirischen Untersuchung sind mit einer kurzen Einordnung nachfolgend noch einmal zusammengefasst:

1. Online-Privatheit bedeutet für Jugendliche in erster Linie ungestört unter sich sein und sich gegen die Eltern und andere Autoritätspersonen (räumlich) abzugrenzen. Sie sind sich bewusst darüber, dass Erwachsene, die soziale Online-Netzwerke für andere Zwecke nutzen und ein vergleichsweise traditionelleres Verständnis von Öffentlichkeit und Privatheit besitzen, auch die von Jugendlichen online veröffentlichten Inhalte häufig als „zu privat" erachten. Für Jugendliche selbst sind das Preisgeben persönlicher Informationen sowie das Selbstdarstellen in der digitalen Welt essentielle Komponenten ihrer Wirklichkeit und entsprechen in diesem Fall nicht dem unbewussten oder unerwünschten Veröffentlichen privat zu haltender Informationen. Vielmehr übt der vermeintliche Tabubruch, der durch das Aufeinandertreffen der unterschiedlichen (elterlichen) objektiven und der (jugendlichen) subjektiven Ansicht bezüglich online offenbarter Informationen entsteht, eine besondere Reizwirkung auf das privatheitsrelevante Online-Handeln vieler Jugendliche aus.
2. Dem drohenden Eingriff in ihre Online-Privatsphäre durch ihre Eltern, die zunehmend in denselben Online-Netzwerken kommunizieren, begegnen Jugendliche hauptsächlich auf zwei Wegen: Zum einen suchen sie sich neue digitale Refugien, in denen sie ungestört mit ihren Freunden interagieren können. Besonders beliebt sind hierbei vor allem (mobile) Messenger-Dienste wie Whatsapp. Aufgrund starker Lock-in-Effekte fällt es den Jugendlichen jedoch schwer, die etablierte Online-Community zu verlassen. Sie entwickeln daher zum zweiten besondere Techniken, mit ihren Freunden in der öffentlichen Online-Plattform zu kommunizieren, aber dabei der Aufsicht

ihrer Eltern möglichst zu entgehen. Hierzu zählen strukturelle Abgrenzungen, etwa indem sie sich auf der Plattform selbst in geschlossene Gruppen oder private Chats mit exklusiven Empfängerkreisen zurückziehen, oder kreative Strategien des Content Managements, mit denen sie im öffentlichen Nachrichtenstream „Insider" mit ihren Freunden austauschen, von denen sie ausgehen, dass sie nur bestimmte Personen auch zu dekodieren wissen.

3. Jugendliche sorgen sich nicht um Tracking, Data-Mining oder anderen Formen technischer Datenerfassung. Die Problematik von Datenerhebung und -speicherung durch Dritte wie werbetreibende Unternehmen, erscheint Jugendlichen insgesamt zu abstrakt und daher entweder als „nicht real" oder – mit einer indifferenten Haltung verbunden – als unwiederbringlicher Bestandteil der Online-Welt.

4. Die automatisierbaren Regulierungs- und Kontrolloptionen der Zugriffsmöglichkeiten auf die persönlichen Inhalte (Privatsphäre-Einstellungen) von Online-Plattform nutzen Jugendliche kaum. Diese stellen sich ihnen als zu komplex und in der Anwendung als zu aufwendig dar. Sie fürchten, dass sie dadurch ihren persönlichen Online-Nachrichtenfluss unnötig beschränken und damit keine Updates aus ihrer Community mehr erhalten würden. Die kaum stattfindende Auseinandersetzung mit den automatisierbaren Datenschutzeinstellungen, ihren Funktionen sowie der besonderen Medienlogik der genutzten Online-Plattformen führt im Umkehrschluss zu einer geringen (Anwendungs-) Kompetenz auf diesem Gebiet und erhöht zugleich die Gefahr unintendierter (privatheitsrelevanter) Handlungsfolgen.

5. Der Erhalt sozialer Gratifikationen stellt das oberste Ziel Jugendlicher bei der privaten Kommunikation in sozialen Netzwerken dar. Ihr Wunsch nach positiven Rückmeldungen von ihren Online-Kontakten, die ihnen Anerkennung und Selbstbestätigung vermitteln, ist in vielen Fällen so stark, dass sie mögliche negative Folgen ihres Handelns, die sich auf ihre Online-Privatheit auswirken könnten, ausblenden. Dies kann unbewusst geschehen, etwa weil sie affektiv, also rein bedürfnisgeleitet und allein mit Blick auf die positiven Folgen handeln. Es kann jedoch auch sein, dass sie die unerwünschten Folgen kennen und das Risiko bewusst eingehen, weil ihnen der Erhalt der Gratifikationen viel wichtiger ist. Im Fall eines derartig *bewusst risikoreichen Online-Handelns* beziehen die Jugendlichen mögliche Korrektur- oder Reparaturoptionen im Vorhinein mit ein und sind so beim tatsächlichen Eintreten der negativen Handlungsfolgen entsprechend vorbereitet. Zu den Korrekturmechanismen, die sie bei ihrem Online-Handeln bereits mitdenken, zählen etwa das Löschen oder Editieren eines unerwünschten Beitrags oder – als psychologische Maßnahme – das „Umdeuten" der negativen Folgen und Vermeiden kognitiver Dissonanzen durch nachträgliches Legitimieren ihres Handelns vor sich selbst. Letztgenanntes erfolgt etwa durch das Abschwä-

chen der Schwere der unerwünschten Folgen als „weniger gravierend als erwartet".

6. Einige Jugendliche, vor allem diejenigen, die zu einem risikoreichen Online-Handeln tendieren, legen mehr Wert auf das Erreichen ihrer bedürfnisgeleiteten Handlungsziele als auf rationale Argumente, die gegen ihr risikoreiches Handeln und für den Schutz ihrer Online-Privatheit sprechen als die Jugendlichen, die sich generell als privatheitsbewusst und vorsichtig bei ihrem Online-Handeln auszeichnen. Erleiden Letztgenannte trotz ihres (aus eigener Sicht) vorsichtigen Online-Handelns Privatsphärenverletzungen, die sie nicht antizipiert haben, kommt es zu einem („echten") *Privacy Paradox*: Obwohl sie der Meinung waren, privatheitsbewusst agiert zu haben, führen sie (unbewusst) unintendierte privatheitsrelevante Folgen herbei. Eine „Umdeutung" der negativen Konsequenzen fällt ihnen schwer, es kommt zu ungeplanten, zusätzlichen Reparaturhandlungen.

7. Obschon Jugendliche digitale Netzwerke und „ihre" Online-Community als Räume mit hohem Freiheitsgrad ansehen, in denen sie sich austesten und wichtige Sozialisationserfahrungen machen können, fühlen sie sich in Bezug auf eine gewisse normative Handlungsleitung wiederum allein gelassen. Bei Jugendlichen aller Alters- und Bildungsklassen konnte ein vergleichweise gering ausgeprägtes Datenschutz- und Hintergrundwissen für eine aus medienpädagogischer Perspektive *sichere* Form der Online-Kommunikation konstatiert werden, wenngleich viele Jugendliche den Wunsch nach mehr anwendungsbezogener Hilfestellung und Wissensvermittlung hegen. In die Pflicht zu nehmen sind an dieser Stelle insbesondere Schulen und andere externe pädagogische Stellen, die etwa in speziellen Unterrichtseinheiten oder Workshops Risiken und Gefahren der Online-Interaktion illustrativ erläutern und gemeinsam mit den Jugendlichen erarbeiten. Auf diese Weise kann eine zweiseitige Transferleistung gelingen, bei welcher Jugendliche einerseits auf einen privatheitsbewussteren Umgang mit ihren persönlichen Daten im Netz sensibilisiert werden und sie andererseits durch die Mitteilung ihrer Bedürfnisse, Fragen und Anregungen das sich wandelnde Konzept mediatisierter Privatheit mitgestalten.

Abschließend soll angemerkt werden, dass die Befunde aus der vorliegenden Studie als eine Momentaufnahme der zum Zeitpunkt der Forschung bestehenden technischen und sozialen Kommunikationsmodi zu sehen sind. So haben sich etwa bereits bei der Fertigstellung dieses Buches einzelne Darstellungs- und Funktionsmechanismen der betrachteten Plattform Facebook geändert, die zur Zeit der Datenerhebung entsprechend anders in die Bewertung eingingen.

Mit Rückblick auf die übergeordnete Fragestellung des vorliegenden Buches lässt sich konkludieren: Junge Menschen, die in der mediatisierten Gesellschaft leben und einen Großteil ihrer alltäglichen Kommunikation über digitale Kanäle tätigen, besitzen durchaus eine klare Vorstellung davon, was privat sein *soll* und was nicht. Dennoch kann die Annahme, Jugendliche als „Digital Natives" kennen die technische Funktionsweise der Online-Umgebung gut und setzen sie autonom, kreativ und strategisch für die Gestaltung ihrer Online-Privatheit ein, nur bedingt bestätigt werden. Zwar handeln sie online nicht durchweg unüberlegt und geben unreflektiert private Informationen von sich preis, wie in der herrschenden Meinung häufig angenommen, gleichwohl ist ihr routiniertes Leben in der digitalen Welt nicht Garant für einen kompetenten Umgang mit den technischen Funktionen in Hinblick auf ihr Informationsmanagement.

Die Auffassung vieler Jugendlicher von Privatheit, gepaart mit den kommunikativen Ansprüchen an das handelnde Gegenüber, ist hochgradig individualisiert und nur wenig an traditionellen Normen orientiert. Im digitalen Umfeld lebt jeder Einzelne *seine Privatheit* mit den verfügbaren technischen Mitteln und auf Basis des vorhanden Wissens selbstbestimmt aus, wobei dies einmal mehr und einmal weniger konform mit dem Privatheitsverständnis anderer Akteure in diesem Umfeld ist. Die Festlegung individueller Gestaltungs- und Zugriffsbereiche ist nicht zuletzt aufgrund des an Kooperation orientierten Miteinanders in der digitalen sozialen Welt stärker denn je an die Herausforderung geknüpft, die Handlungen der Mitmenschen im medialen Feld zu prognostizieren und zu antizipieren. Die dynamischen Grenzverschiebungen zwischen dem Öffentlichen und Privaten sind symptomatisch für die Gegenwartsgesellschaft, die von der Angst vor einem Kontrollverlust geprägt ist.

Aktuell sehen wir uns auf einer Zwischenstufe, auf der Zustände digitaler Selbstverwirklichung mit vermeintlichen Tabubrüchen normativ gesetzter Praktiken konfligieren. Dabei liegt hierin möglicherweise der Ansatz einer neuen Privatheitsontologie: Die Grenzauflösung zwischen Privatheit und Öffentlichkeit sollte nicht weiter beklagt, sondern als Resultat der fortschreitenden Mediatisierung angesehen und diskutiert werden. Demnach hängen der technologische Fortschritt und die Rekonstruktion sozialer Wirklichkeiten voneinander ab, wodurch sich das Handeln in einer digitalen Gemeinschaft definieren lässt. Die Annäherung an eine Strategie der Akzeptanz von Kontrollverlust ist dabei als ein wichtiges zukünftiges Ziel zu sehen. So kann Online-Privatheit für den Einzelnen existieren, wenn sie von ihm gezielt im Bewusstsein ihres (potenziellen) Öffentlichkeitsgrades hergestellt und verwaltet wird. Wichtig ist, dass das Individuum die Möglichkeit erhält, sein Handeln *kompetent* und selbstbestimmt in der vernetzten Umgebung durchzuführen. Die empirische Untersuchung hat deutlich gezeigt, dass die Gesellschaft an dieser Stelle noch vor einer großen Herausforderung steht: Auch „Digital Natives" müssen die Logiken digitaler Kommunikations- und Informationsdistribution erlernen, um selbstbewusst mit eigenen und fremden Informationen im Netz umgehen zu können. Zugleich stellt „Digital Literacy", also die Fähigkeit, sich mit verschiedenen, auch neuen digitalen Medien und Anwendungen auseinandersetzen, ein alters- und generationenübergreifendes Thema dar.

Die Ergebnisse des vorliegenden Buches entstanden vor dem Hintergrund eines sich vollziehenden Wandels, bei dem traditionelle Werte von Privatheit aufgrund von Mediatisierungseffekten in Frage gestellt werden. Die Frage, ob und wie Privatheit in einer dynamischen Umgebung, die von Kontrollverlust und undurchsichtigen Filterlogiken geprägt ist, bestehen kann (und soll), muss abgelöst werden von der Frage, welche Möglichkeiten und Ansatzpunkte sich über die Digitaltechnik bieten, individuelle Privatheit als integrales Konzept einer mediatisierten Öffentlichkeit – und nicht als Gegensatz – zu modellieren.

Literaturverzeichnis

Acquisti, Alessandro / Gross, Ralph (2006): Imagined Communities: Awareness, Information Sharing, and Privacy on the Facebook. In: Danezis, George / Golle, Philippe (Hrsg.): Privacy Enhancing Technologies: 6th International Workshop (PET 2006), Cambridge, UK, S. 36-58.

Acquisti, Alessandro / Gross, Ralph / Stutzman, Fred (2011): Privacy in the Age of Augmented Reality. Vortrag auf der TRUST Autumn Conference 2011. http://www.truststc.org/pubs/802.html.

Acquisti, Alessandro / Grossklags, Jens (2005): Privacy and Rationality in Individual Decision Making. In: IEEE Security & Privacy Conference Proceedings, S. 24-30. http://www.heinz.cmu. edu/~acquisti/papers/acquisti.pdf.

Altman, Irwin (1973): Reciprocity of Interpersonal Exchange. In: Theory of Social Behavior 3(2), 249-261.

Altman, Irwin / Taylor, Dalmas A. (1973): Social Penetration: The Development of Interpersonal Relationships. New York: Holt, Rinehart and Winston.

Altman, Irwin (1975): The Environment and Social Behavior: Privacy, Personal Space, Territory, and Crowding. Monterey: Brooks/Cole Publishing.

Altman, Irwin (1976): Privacy. A Conceptual Analysis. In: Environment and Behavior 8 (1), S. 7-30.

Altman, Irwin (1977): Privacy Regulation: Culturally Universal or Culturally Specific? In: Journal of Social Issues 33 (3), 66-84.

Amelung, Ulrich (2002): Der Schutz der Privatheit im Zivilrecht: Schadensersatz und Gewinnabschöpfung bei Verletzung des Rechts auf Selbstbestimmung über personenbezogene Informationen im deutschen, englischen und US-amerikanischen Recht. Studien zum ausländischen und internationalen Privatrecht 97. Tübingen: Mohr Siebeck.

Archer, Richard L. / Berg, John H. (1978): Disclosure reciprocity and its limits: a reactance analysis. In: Journal of Experiment Social Psychology 14(6), 527-540.

Arendt, Hannah (1960): Vita Activa. Oder: Vom tätigen Leben. Stuttgart: Kohlhammer.

Asendorpf, Jens B. (2005): Psychologie der Persönlichkeit. 3. Auflage. Heidelberg: Springer Medizin Verlag.

Attrill, Alison (2012): Sharing Only Parts of Me: Selective Categorical Self-Disclosure Across Internet Arenas. In: International Journal of Internet Science 7(1), 55-77.

Aufenanger, Stefan (1997): Medienpädagogik und Medienkompetenz. Eine Bestandsaufnahme. In: Deutscher Bundestag (Hrsg.): Medienkompetenz im Informationszeitalter. Enquete-Kommission Zukunft der Medien in Wirtschaft und Gesellschaft. Deutschlands Weg in die Informationsgesellschaft. Bonn, S. 15-22. www.mediacultureonline.de/fileadmin/bibliothek/aufenanger_medienkompetenz/aufenanger_medienkompetenz.pdf.

Baacke, Dieter / Ferchhoff, Wilfried / Vollbrecht, Ralf (1997): Kinder und Jugendliche in medialen Welten und Netzen. Prozesse der Mediensozialisation. In: Fritz, Jürgen / Fehr, Wolfgang (Hrsg.): Handbuch Medien: Computerspiele. Bonn: Bundeszentrale für politische Bildung, S. 31-57.

Baacke, Dieter / Kübler, Hans-Dieter (Hrsg.) (1989): Qualitative Medienforschung. Konzepte und Erprobungen. Medien in Forschung und Unterricht, Ser. A., Bd. 29. Tübingen. Max Niemeyer.

Bächle, Thomas Christian (2014): Die Illusion des kollektiven Lustkörpers. Pornographische Partizipation und die Uniformisierung sexueller Skripte. In: Einspänner-Pflock, Jessica / Dang-Anh, Mark / Thimm, Caja (Hrsg.): Digitale Gesellschaft – Partizipationskulturen im Netz. Bonner Beiträge zur Onlineforschung. Band 4, hrsg. v. Caja Thimm. Berlin: Lit, S. 62-82.

Baier, Tobias (2005): Persönliches digitales Identitätsmanagement. Untersuchung und Entwicklung von Konzepten und Systemarchitekturen für die kontrollierte Selbstdarstellung in digitalen Netzen. Dissertation. Universität Hamburg. http://ediss.sub.uni-hamburg.de/volltexte/2006/2746/pdf/TBaier-Diss-GrM.pdf.

Barber, Benjamin R. (1998): Three Scenarios for the Future of Technology and Strong Democracy. In: Political Science Quarterly, 113(4), 573-589.

Barnes, Susan (2006): A privacy paradox: Social networking in the United States. In: First Monday 11 (9). http://firstmonday.org/htbin/cgiwrap/bin/ojs/index.php/fm/article/view/ 1394/1312.

Bendrath, Ralf (2007): Der gläserne Bürger und der vorsorgliche Staat: Zum Verhältnis von Überwachung und Sicherheit in der Informationsgesellschaft. In: kommunikation@gesellschaft, Jg. 8, Beitrag 7.

Bendrath, Ralf (2008): Future of Privacy. Zukunft von Netz und Gesellschaft. In: Sokol, Bettina (Hrsg.): Persönlichkeit im Netz. Sicherheit – Kontrolle – Transparenz. Landesbeauftragte für Datenschutz und Informationsfreiheit Nordrhein-Westfalen, Düsseldorf, S. 91-108. https://www.ldi.nrw.de/mainmenu_Service/submenu_Tagungsbaende/Inhalt/2007_Persoenlichkeit_im_Netz/Persoenlichkeit_im_Netz1.pdf, S. 91-108.

Benhabib, Seyla (1994): Feministische Theorie und Hannah Arendts Begriff des öffentlichen Raums. In: Brückner, Margrit / Meyer, Birgit (Hrsg.): Die sichtbare Frau. Die Aneignung der gesellschaftlichen Räume. Forum Frauenforschung, Band 7. Schriftenreihe der Sektion Frauenforschung in der deutschen Gesellschaft für Soziologie. Freiburg: Kore, S. 270-299.

Benkel, Thorsten (2012): Die Strategie der Sichtbarmachung. Zur Selbstdarstellungslogik bei Facebook. In: Zurawski Nils / Schmidt, Jan-Hinrik / Stegbauer Christian (Hrsg.): Phänomen „Facebook". Sonderausgabe von kommunikation@gesellschaft; Jg. 13; Beitrag 3. http://nbn-resolving.de/nbn:de: 0228-201213038.

Bennett, Sue / Maton, Karl (2011): Intellectual Field or Faith-Based Religion. Moving on from the Idea of „Digital Natives". In: Thomas, Michael (Hrsg.): Deconstructing Digital Natives. Young People, Technology and the New Literacies. New York, NY: Routledge, S. 169-185.

Berelson, Bernard (1952): Content analysis in communication research. New York, NY: Free Press.

Bergmann, Jörg R. (1985): Flüchtigkeit und methodische Fixierung sozialer Wirklichkeit: Aufzeichnungen als Daten der interpretativen Soziologie. In: Bonß, Wolfgang / Hartmann, Heinz (Hrsg.): Entzauberte Wissenschaft: Zur Relativität und Geltung soziologischer Forschung. Sonderband 3 der Zeitschrift Soziale Welt. Göttingen: Schwarz, S.299-320.

Bergmann, Jörg R. (2011): Qualitative Methoden der Medienforschung – Einleitung und Rahmung. In: Ayaß, Ruth / Bergmann, Jörg R. (Hrsg.): Qualitative Methoden der Medienforschung. Mannheim: Verlag für Gesprächsforschung. http://www.verlag-gespraechsforschung.de/2011/pdf/medienforschung.pdf, S. 13-41.

Berlinghoff, Marcell (2013): Computerisierung und Privatheit – Historische Perspektiven. In: Aus Politik und Zeitgeschichte (APuZ), 2013/15-16, „Transparenz und Privatsphäre", S. 14-19.

Bialobrzeski, Arndt / Ried, Jens (2011): Privatheit in der Online-Welt. Facebook als politische Herausforderung. In: Die Politische Meinung 497, S. 74-78.

Bleicher, Joan Kristin (2002): Formatiertes Privatleben: Muster der Inszenierung von Privatem in der Programmgeschichte des deutschen Fernsehens. In: Weiß, Ralph / Groebel, Jo (Hrsg.): Privatheit im öffentlichen Raum. Medienhandeln zwischen Individualisierung und Entgrenzung. Schriftenreihe Medienforschung der Landesanstalt für Rundfunk Nordrhein-Westfalen. Opladen: Leske + Budrich, S. 207-246.

Boals, Adriel / Klein, Kitty (2005): Word Use in Emotional Narratives about Failed Romantic Relationships and Subsequent Mental Health. In: Journal of Language and Social Psychology 24(3), 252-268.

Böschen, Stefan / Kratzer, Nick / May, Stefan (2006) (Hrsg.): Nebenfolgen. Analysen zur Konstruktion und Transformation moderner Gesellschaften. Weilerswist: Velbrück Wissenschaft.

Boshmaf, Yazan / Muslukhov, Ildar / Beznosov, Konstantin / Ripeanu, Matei (2011): The Socialbot Network: When Bots Socialize for Fame and Money. 2011 Annual Computer Security Applications Conference, Orlando. http://lerssedl.ece.ubc.ca/record/264/files/ACSAC_2011. pdf? version=1.

Bourdieu, Pierre (1983): Ökonomisches Kapital, kulturelles Kapital, soziales Kapital. In: Kreckel, Reinhard (Hrsg.): Soziale Ungleichheiten. Soziale Welt, Sonderband 2. Göttingen: Schwartz, S. 183-198.

Boyd, Danah (2007a): Social Network Sites: Public, Private, or What? In: The Knowledge Tree: http://kt.flexiblelearning.net.au/tkt2007/edition-13/social-network-sites-public-private-or-what/.

Boyd, Danah (2007b): Why Youth (Heart) Social Network Sites: The Role of Networked Publics in Teenage Social Life. In: Buckingham, David (Hrsg.): Youth, Identity, and Digital Media. The John D. and Catherine T. Mac Arthur Foundation Series on Digital Media and Learning. Cambridge, MA: MIT Press, S. 119-142.

Boyd, Danah (2008): Taken Out of Context. American Teen Sociality in Networked Publics. http:// papers.ssrn.com/sol3/papers.cfm?abstract_id=1344756.

Boyd, Danah (2011): Social Network Sites as Networked Publics: Affordances, Dynamics, and Implications. In: Papacharissi, Zizi A. (Hrsg.): A Networked Self. Identity, Community, and Culture on Social Network Sites. New York, NY: Routledge, S. 39-58.

Boyd, Danah (2014): It's Complicated. The Social Lives of Networked Teens. New Haven, London: Yale University Press.

Boyd, Danah / Ellison, Nicole B. (2007): Social Network Sites: Definition, History, and Scholarship. In: Journal of Computer-Mediated Communication 13 (1), article 11. http://jcmc.indiana. edu/ vol13/issue1/boyd.ellison.html.

Boyd, Danah / Marwick, Alice (2011): Social Privacy in Networked Publics: Teens' Attitudes, Practices, and Strategies. Vortrag im Rahmen des Symposiums „A Decade in Internet Time: Symposium of the Dynamics of the Internet and Society", Oxford, 22. September 2011. http://paper-s.ssrn.com/sol3/papers.cfm?abstract_id=1925128.

Branahl, Udo (2007): Das Caroline-Urteil setzt sich durch. Der BGH folgt dem EGMR. In: Journalistik, 28.09.2007. http://journalistikjournal.lookingintomedia. com/?p=57.

Branahl, Udo (2009): Medienrecht. Eine Einführung. 6., überarbeitete und aktualisierte Auflage. Wiesbaden: VS Verlag für Sozialwissenschaft.

Brandimarte, Laura / Acquisti, Alessandro / Loewenstein, George (2012): Misplaced Confidences: Privacy and the Control Paradox. In: Social Psychological and Personality Science 4(3), 340-347.

Brenton, Myron (1964): The Privacy Invaders. New York, NY: Coward-McCann.

Breuer, Franz (2010): Reflexive Grounded Theory. Eine Einführung für die Forschungspraxis. 2. Auflage. Wiesbaden: VS Verlag für Sozialwissenschaft.

Brin, David (1998): The Transparent Society. Will Technology Force Us to Choose Between Privacy and Freedom? Reading, MA: Addison-Wesley.

Broers, Barbara / Pauls, Birgit (2009): Datenschutz?: Ich hab' nichts zu verbergen! Norderstedt: Books on Demand.

Brown, Peter (1989): Spätantike. In: Veyne, Paul (Hrsg.): Geschichte des privaten Lebens. 1. Band: Vom Römischen Imperium zum Byzantinischen Reich. Deutsch von Holger Fliessbach. Frankfurt a. M.: S. Fischer, S. 229-297.

Brüsemeister, Thomas (2008): Qualitative Forschung. Ein Überblick. Wiesbaden: VS Verlag für Sozialwissenschaften / Springer Fachmedien.

Bucher, Andreas B. (2009): Neue Medien und transnationale Demokratie. Region – Nation – Europa, Band 54. Zürich/Berlin: Lit Verlag.

Buckingham, David (2007): Introducing Identity. In: Buckingham, David (Hrsg.): Youth, Identity, and Digital Media. The John D. and Catherine T. Mac Arthur Foundation Series on Digital Media and Learning. Cambridge, MA: MIT Press, S. 1-24.

Budde, Lars / Huth, Nathalie (2011): Soziale Netzwerke. Eine repräsentative Untersuchung zur Nutzung sozialer Netzwerke im Internet. Berlin: BITKOM. http://www.bitkom.org/files/ documents/BITKOM_Publikation_Soziale_Netzwerke.pdf.

Burgoon, Judie K. (1982): Privacy and Communication. In: Burgoon, Michael (Hrsg.): Communication Yearbook 6, Annual Review. International Communication Association: New York: Routledge, S. 206-249.

Busemann, Katrin (2013): Wer nutzt was im Social Web? Ergebnisse der ARD/ZDF-Onlinestudie 2013. In: Media Perspektiven 7-8/2013, 391-399.

Calmbach, Marc / Thomas, Peter Martin / Borchard, Inga / Flaig, Bodo (2012): Wie ticken Jugendliche? 2012. Lebenswelten von Jugendlichen im Alter von 14 bis 17 Jahren in Deutschland. Bonn: Bundeszentrale für politische Bildung.

Carlson, Christopher N. (2003): Information overload, retrieval strategies and Internet user empowerment. Konferenzpaper „The Good, The Bad and the Irrelevant (COST 269)", Helsinki.

Chester, Andrea / Bretherton, Di (2007): Impression Management and Identity online. In: Joinson, Adam N. / McKenna, Katelyn / Postmes, Tom / Reips, Ulf-Dietrich (Hrsg.): The Oxford Handbook of Internet Psychology. Oxford: University Press, S. 223-236.

Christofides, Emily / Muise, Amy / Desmarais, Serge (2011): Hey Mom, What's on Your Facebook? Comparing Facebook Disclosure and Privacy in Adolescents and Adults. In: Social Psychological and Personality Science 3(1), 48-54.

Christofides, Emily / Muise, Amy / Desmarais, Serge (2012): Risky Disclosures on Facebook: The Effect of Having a Bad Experience on Online Behavior. In: Journal of Adolescent Research 27(6), 714-731.

Coleman, James S. (1988): Social Capital in the Creation of Human Capital. In: American Journal of Sociology, 94, S. 95-121.

Collins, Nancy L. / Miller, Lynn Carol (1994): Self-Disclosure and Liking: A Meta-Analytic Review. In: Psychological Bulletin 116 (3), 457-475.

Cozby, Paul (1972): Self-Disclosure, Reciprocity and Liking. In: Sociometry 35(1), S. 151-160.

Cozby, Paul (1973): Self-Disclosure. A Literature Review. In: Psychological Bulletin 79(2), 73-92.

Croll, Jutta / Weber, Sven (2012): Deine Daten im Netz... In: Kampmann, Birgit / Keller, Bernhard / Knippelmeyer, Michael / Wagner, Frank (Hrsg.): Die Alten und das Netz. Angebote und Nutzung jenseits des Jugendkults. Wiesbaden: Gabler, S. 157-170.

Dang-Anh, Mark / Einspänner, Jessica / Thimm, Caja (2013): Die Macht der Algorithmen – Selektive Distribution in Twitter. In: Emmer, Martin / Filipovic, Alexander / Schmidt, Jan-Hinrik / Stapf, Ingrid (Hrsg.): Echtheit, Wahrheit, Ehrlichkeit. Authentizität in der computervermittelten Kommunikation. Kommunikations- und Medienethik, 2. Weinheim: Juventa, S. 74-87.

Das, Sauvik / Kramer, Adam (2013): Self-Censorship on Facebook. Paper zum Vortrag, gehalten auf der AAAI Conference on Artificial Intelligence, July 14–18, 2013 in Bellevue, Washington. http://sauvik.me/system/papers/pdfs/000/000/004/original/self-censorship_on_facebook_ cameraready.pdf?1369713003.

Davis, Katie (2011): Tensions of Identity in a Networked Era: Young People's Perspectives on the Risks and Rewards of Online Self-Expression. In: New Media & Society 14(4), S. 634-651.

Davis, Katie (2012): Friendship 2.0: adolescents' experiences of belonging and self-disclosure online. In: Journal of Adolescence 35(6), 1527-1536.

Davis, Mark H. / Franzoi, Stephen L. (1987): Private self-consciousness and self-disclosure. In: Derlega, Valerian J. / Berg, John H. (Hrsg.): Self-disclosure: Theory, Research, and Therapy. New York: Plenum Press, S. 60-80.

Debatin, Bernhard/ Lovejoy, Jennette P. / Horn, Ann-Kathrin / Hughes, Brittany N. (2009): Facebook and Online Privacy: Attitudes, Behaviors, and Unintended Consequences. In: Journal of Computer-Mediated Communication 15 (1), 83-108.

Denzin, Norman K. (2009): The Research Act. A Theoretical Introduction to Sociological Methods. (Erscheinungsjahr 1970, Nachdruck 2009). Chicago: Aldine.

Dietz, Hella (2004): Unbeabsichtigte Folgen – Hauptbegriff der Soziologie oder verzichtbares Konzept? In: Zeitschrift für Soziologie 33(1), 48-61.

Dindia, Kathryn / Allen, Mike (1992): Sex Differences in Self-Disclosure: A Meta-Analysis. In: Psychological Bulletin 112(1), 106-124.

Dinev, Tamara / Bellotto, Massimo / Hart, Paul / Russo, Vincenzo / Serra, Ilaria / Colautti, Christian (2006): Privacy calculus model in e-commerce – a study of Italy and the United States. In: European Journal of Information Systems 15, 389-402.

Döring, Nicola (2003a): Internet-Liebe: Zur technischen Mediatisierung intimer Kommunikation. In: Höflich, Joachim / Gebhardt, Julian (Hrsg.): Vermittlungskulturen im Wandel: Brief – E-mail – SMS. Berlin: Peter Lang, S. 233-264. http://www.nicoladoering.de/ publications/internet-liebe-doering-2003.pdf.

Döring, Nicola (2003b): Sozialpsychologie des Internet. Die Bedeutung des Internet für Kommunikationsprozesse, Identitäten, soziale Beziehungen und Gruppen. 2., vollständig überarbeitete Auflage. Internet und Psychologie. Neue Medien in der Psychologie, Band 2. Göttingen: Hogrefe.

Döring, Nicola (2010): Sozialkontakte online: Identitäten, Beziehungen, Gemeinschaften. In: Schweiger, Wolfgang / Beck, Klaus (Hrsg.): Handbuch Online-Kommunikation. Wiesbaden: VS Verlag für Sozialwissenschaft, S. 159-183.

Dresing, Thorsten / Pehl, Thorsten (2013): Praxisbuch Interview, Transkription & Analyse. Anleitungen und Regelsysteme für qualitativ Forschende. 5. Auflage. Marburg. www.audio transkription.de/praxisbuch.

Duby, Georges (1990): Private Macht, öffentliche Macht. In: Ariès, Philippe / Duby, Georges (Hrsg.): Geschichte des privaten Lebens. 2. Band: Vom Feudalzeitalter zur Renaissance. Deutsch von Holger Fliessbach. Frankfurt a.M.: S. Fischer, S.17-45.E

Eickmeier, Frank / Hansmersmann, Petra (2011): Datenschutzkonforme Nutzerprofile im Internet. In: Bauer, Christoph / Greve, Goetz / Hopf, Gregor (Hrsg.): Online Targeting und Controlling. Grundlagen – Anwendungsfelder – Praxisbeispiele. Wiesbaden: Gabler, S. 95-121.

Einspänner, Jessica / Dang-Anh, Mark / Thimm, Caja (2014): Computer-assisted content analysis of Twitter data. In: Weller, Katrin / Bruns, Axel / Burgess, Jean / Mahrt, Merja / Puschmann, Cornelius (Hrsg.): Twitter and Society. New York, NY: Peter Lang, S. 97-108.

Einspänner-Pflock, Jessica / Reichmann, Werner (2014): „Digitale Sozialität" und die „synthetische Situation" – Konzeptionen mediatisierter Interaktion. In: Krotz, Friedrich / Despotovic, Cathrin / Kruse, Merle-Marie (Hrsg.): Die Mediatisierung sozialer Welten: Synergien empirischer Forschung. Reihe Medien – Kultur – Kommunikation. Wiesbaden: Springer/VS, S. 53-72.

Ellison, Nicole B. / Steinfield, Charles / Lampe, Cliff (2007): The Benefits of Facebook „Friends": Exploring the Relationship Between College Students' Use of Online Social Networks and Social Capital. In: Journal of Computer-Mediated Communication, 12(4). http://jcmc.indiana.edu/vol12/issue4/ellison.html.

Ellison, Nicole B. / Vitak, Jessica / Steinfield, Charles / Gray, Rebecca / Lampe, Cliff (2011): Negotiating Privacy Concerns and Social Capital Needs in a Social Media Environment. In: Trepte, Sabine / Reinecke, Leonard (Hrsg.): Privacy Online. Perspectives on Privacy and Self-Disclosure in the Social Web. Berlin, Heidelberg: Springer, S. 19-32.

Ellison, Nicole B. (2013): Future Identities: Changing identities in the UK – the next 10 years. In: DR3: Social Media and Identity. Government Office for Science. http://www.bis.gov.uk/assets/foresight/docs/identity/13-505-social-media-and-identity.pdf.

Esser, Hartmut (2000): Soziologie – Spezielle Grundlagen. Band 3: Soziales Handeln. Frankfurt/New York: Campus.

Esser, Hartmut (2007): Der Handlungsbegriff in der modernen Soziologie. In: Altmeppen, Klaus-Dieter / Hanitzsch, Thomas / Schlüter, Carsten (Hrsg.): Journalismustheorie: Next Generation. Soziologische Grundlegung und theoretische Innovation. Wiesbaden: VS Verlag für Sozialwissenschaften/GWV Fachverlage, S. 27-46.

Fawzi, Nayla (2009): Cybermobbing. Ursachen und Auswirkungen von Cybermobbing im Internet. Internet Research, Band 37. Baden-Baden: Nomos.

Fechner, Nina (2010): Wahrung der Intimität? Grenzen des Persönlichkeitsschutzes für Prominente. Frankfurt a.M.: Peter Lang.

Fischer, Constance T. (1980): Privacy and Human Development. In: Bier, William C. (Hrsg.): Privacy: A Vanishing Value? The Pastoral Psychology Series 10. Fordham: University Press, S. 37-45.

Fischer, Lorenz / Wiswede, Günter (2002): Grundlagen der Sozialpsychologie. 2., erweiterte und überarbeitete Auflage. Wolls Lehr- und Handbücher der Wirtschafts- und Sozialwissenschaften. München: Oldenbourg Wissenschaftsverlag.

Flam, Helena (2010): The emotional man and the problem of collective action. Frankfurt a.M.: Peter Lang.

Flaßpöhler, Svenja (2010): Der Reiz des Realen. Über Webcamchats, Amateursexfilme und das Ende der Pornografie. In: Metelmann, Jörg (Hrsg.): Porno-Pop 2. Im Erregungsdispositiv. Würzburg: Königshausen/Neumann, S. 217-222.

Flick, Uwe (2005): Wissenschaftstheorie und das Verhältnis von qualitativer und quantitativer Forschung. In: Mikos, Lothar / Wegener, Claudia (Hrsg.): Qualitative Medienforschung. Ein Handbuch. Konstanz: UVK Verlagsgesellschaft mbH, S. 20-28.

Flick, Uwe (2011): Triangulation. Eine Einführung. 3., aktualisierte Auflage. Qualitative Sozialforschung Band 12, hrsg. V. Bohnsack, Ralf / Flick, Uwe, / Lüders, Christian / Reichertz, Jo. Wiesbaden: VS Verlag für Sozialwissenschaft.

Franz, Elke / Pfitzmann, Andreas (1998): Einführung in die Steganographie und Ableitung eines neuen Stegoparadigmas. In: Informatik-Spektrum 21, 183-193.

Frees, Beate / Koch, Wolfgang (2015): Internetnutzung: Frequenz und Vielfalt nehmen in allen Altersgruppen zu. Ergebnisse der ARD/ZDF-Onlinestudie 2015. In: Media Perspektiven 9/2015, 366-377.

Friedrichs, Henrike / Sander, Uwe (2010): Die Verschränkung von Jugendkulturen und digitalen Medienwelten. In: Hugger, Kai-Uwe (Hrsg.): Digitale Jugendkulturen. Wiesbaden: VS Verlag für Sozialwissenschaften, S. 23-36.

Fries, Norbert (2008): Die Kodierung von Emotionen in Texten Teil 1: Grundlagen. In: Journal of Literary Theory, 1(2), 293-337.

Früh, Werner (2011): Inhaltsanalyse. Theorie und Praxis. 7., überarbeitete Auflage. Konstanz: UVK.

Fussell, Susan R. (2002): The Verbal Communication of Emotion: Introduction and Overview. In: Fussell, Susan R. (Hrsg.): The Verbal Communication of Emotion. Interdisciplinary Perspectives. Mahwah, NJ: Lawrence Erlbaum, S. 1-14.

Gardner, Howard / Davis, Katie (2013): The App Generation. How Today's Youth Navigate Identity, Intimacy, and Imagination in a Digital World. Yale University Press.

Garfinkel, Simson (2001): Database Nation. The Death of Privacy in the 21st Century. Sebastopol, CA: O'Reilly.

Gates, Kelly (2002): Wanted Dead or Digitized: Facial Recognition Technology and Privacy. In: Television & New Media 3(2), 235-238.

Geffken, Michael (2005): Inszenierung. In: Althaus, Marco / Geffken, Michael / Rawe, Sven (Hrsg.): Handlexikon Public Affairs. Public Affairs und Politikmanagement 1. Münster: Lit Verlag.

Gerhards, Jürgen / Neidhardt, Friedhelm / Rucht, Dieter (1998): Zwischen Palaver und Diskurs. Strukturen öffentlicher Meinungsbildung am Beispiel der deutschen Diskussion zur Abtreibung. Wiesbaden: Westdeutscher Verlag.

Gerlitz, Carolin (2013): Partizipative Zahlen. Vom Wert der Likes. In: POP. Kultur und Kritik. Heft 3, Herbst 2013, S. 34-38.

Gibson, Eleanor J. (1982): The Concept of Affordances in Development: The Renascence of Functionalism. In: Collins, Andrew W. (Hrsg.): The Concept of Development. The Minnesota Symposia on Child Psychology, Volume 15. Hillsdale: Lawrence Erlbaum Associates, S. 55-80.

Gibson, James J. (1977): The Theory of Affordances. In: Shaw, Robert / Bransford, John (Hrsg.): Perceiving, Acting, and Knowing: Towards an Ecological Psychology. Hillsdale, NJ: Lawrence Erlbaum Associates, S. 67-82.

Gibson, James J. (1979): The Ecological Approach to Visual Perception. Hillsdale, NJ: Lawrence Erlbaum Associates.

Gilman, Michele Estrin (2012): The Class Differential in Privacy Law. In: Brooklyn Law Review 77(4), 1389-1445.

Glas, Alexander (1999): Die Bedeutung der Darstellungsformel in der Zeichnung am Beginn des Jugendalters. Europäische Hochschulschriften, Reihe IX Pädagogik, Band 792. Frankfurt a.M.: Peter Lang.

Glaser, Barney G. / Strauss, Anselm (1967): The Discovery of Grounded Theory. Strategies for Qualitative Research. New York: Aldine de Gruyter.

Glaser, Barney G. / Strauss, Anselm (2010): Grounded Theory. Strategien qualitativer Forschung. 3. Auflage. Bern: Huber.

Gläser, Jochen / Laudel, Grit (2010): Experteninterviews und qualitative Inhaltsanalyse als Instrumente rekonstruierender Untersuchungen. 4. Auflage. Wiesbaden: VS Verlag für Sozialwissenschaften.

Goffman, Erving (2009/1959): Wir alle spielen Theater. Die Selbstdarstellung im Alltag. 7. Auflage (Erstauflage 1959: „The Presentation of Self in Everyday Life"). Aus dem Amerikanischen von Peter Weber-Schäfer. München: Piper.

Göttlich, Udo (2001): Individualisierung im Spannungsfeld von Öffentlichkeit und Privatheit. Kulturelle und gesellschaftliche Einflussfaktoren auf den Wandel von Medienformaten. In: Sokol, Bettina (Hrsg.): Mediale (Selbst-)Darstellung und Datenschutz. Landesbeauftragte für Datenschutz und Informationsfreiheit Nordrhein-Westfalen, Düsseldorf, S. 23-42. https:// www.ldi.n-rw.de/mainmenu_Service/submenu_Tagungsbaende/Inhalt/2001_Mediale_Selbst-_Darstellung_und_Datenschutz/2001-Mediale-Selbst-Darstellung.pdf.

Granovetter, Mark (1973): The Strength of Weak Ties. In: American Journal of Sociology 78(6), 1360- 1380.

Grenz, Tilo (2014): Digitale Medien und ihre Macher: Mediatisierung als dynamischer Wechselwirkungsprozess. In: Grenz, Tilo / Möll, Gerd (Hrsg.): Unter Mediatisierungsdruck. Änderungen und Neuerung in heterogenen Handlungsfeldern. Medien, Kultur, Kommunikation. Wiesbaden: Springer Fachmedien, S. 19-50.

Grenz, Tilo / Pfadenhauer, Michaela (2012): Kundenintegration vs. Kundenpartizipation. Wertschöpfungskonzepte mediatisierter Geschäftsmodelle. In: Dunkel, Wolfgang / Bienzeisler, Bernd (Hrsg.): 3sResearch. Sozialwissenschaftliche Dienstleistungsforschung. Elektronischer Tagungsband, München, S. 1-15.

Greshoff, Rainer / Kneer, Georg / Schimank, Uwe (2003): Einleitung. In: Greshoff, Rainer / Kneer, Georg / Schimank, Uwe (Hrsg.): Die Transintentionalität des Sozialen. Eine vergleichende Betrachtung klassischer und moderner Sozialtheorien. Wiesbaden: VS Verlag für Sozialwissenschaften / Springer Fachmedien, S. 9-18.

Gross, Ralph / Acquisti, Alessandro (2005): Information Revelation and Privacy in Online Social Networks (The Facebook Case). Paper zum Vortrag auf dem ACM Workshop on Privacy in the Electronic Society (WPES). http://www.heinz.cmu.edu/ ~acquisti/papers/ privacy-facebook-gross-acquisti.pdf.

Grunwald, Armin / Banse, Gerhard / Coenen, Christopher / Hennen, Leonhard (2006): Netzöffentlichkeit und digitale Demokratie: Tendenzen politischer Kommunikation im Internet. Studien des Büros für Technikfolgen-Abschätzung beim Deutschen Bundestag 18. Berlin: Edition Sigma.

Guth, Birgit (2010): Kinderwelten 2008. Zur Rolle des Web 2.0 bei den 8- bis 14-Jährigen. In: Fuhs, Burkhard / Lampert, Claudia / Rosenstock, Roland (Hrsg.): Mit der Welt vernetzt. Kinder und Jugendliche in virtuellen Erfahrungsräumen. München: kopaed, S. 13-28.

Habermas, Jürgen (2009): Strukturwandel der Öffentlichkeit. Untersuchungen zu einer Kategorie der bürgerlichen Gesellschaft. 11. Auflage. Frankfurt/M: Suhrkamp.

Haferkamp, Nina (2011): Authentische Selbstbilder, geschönte Fremdbilder. Nutzerbefragung V: Selbstdarstellung im StudiVZ. In: Neuberger, Christoph / Gehrau, Volker (Hrsg.): StudiVZ. Diffusion, Nutzung und Wirkung eines sozialen Netzwerks im Internet. Wiesbaden: VS Verlag für Sozialwissenschaften, S. 178-203.

Hanani, Uri / Shapira, Bracha / Shoval, Peretz (2001): Information Filtering: Overview of Issues, Research and Systems. In: User Modeling and User-Adapted Interaction 11(3), 203-259.

Harras, Gisela (1983): Handlungssprache und Sprechhandlung. Eine Einführung in die handlungstheoretischen Grundlagen. Sammlung Göschen, 2222. Berlin, New York: de Gruyter.

Hartmann, Maren / Hepp, Andreas (2010) (Hrsg.): Die Mediatisierung der Alltagswelt. Reihe Medien – Kultur – Kommunikation. Wiesbaden: VS Verlag für Sozialwissenschaften.

Hasebrink, Uwe (2012): Das Social Web im Alltag von Jugendlichen: Eine Zwischenbilanz. In: Grimm, Petra / Zöllner, Oliver (Hrsg.): Schöne neue Kommunikationswelt oder Ende der Privatheit? Die Veröffentlichung des Privaten in Social Media und populären Medienformaten. Schriftenreihe Medienethik Band 11. Stuttgart: Franz Steiner, S. 27-40.

Hasebrink, Uwe / Lampert, Claudia (2012): Onlinenutzung von Kindern und Jugendlichen im europäischen Vergleich. Ergebnisse der 25-Länder-Studie „EU Kids Online". In: Media Perspektiven 12, 635-647.

Hasebrink, Uwe / Rohde, Wiebke (2009): Die Social Web-Nutzung Jugendlicher und junger Erwachsener: Nutzungsmuster, Vorlieben und Einstellungen. (Unter Mitarbeit von Thomas Brüssel). In: Schmidt, Jan-Hinrik / Paus-Hasebrink, Ingrid / Hasebrink, Uwe (Hrsg.): Heranwachsen mit dem Social Web. Zur Rolle von Web 2.0-Angeboten im Alltag von Jugendlichen und jungen Erwachsenen. Schriftenreihe Medienforschung der Landesanstalt für Medien Nordrhein-Westfalen, Band 62. Berlin: Vistas, S. 83-120.

Hauser, Kornelia (1987): Strukturwandel des Privaten? Das „Geheimnis des Weibes" als Vergesellschaftungsrätsel. Edition Philosophie und Sozialwissenschaften 9. Berlin/Hamburg: Argument-Verlag.

Heckhausen, Jutta / Heckhausen, Heinz (2010): Motivation und Handeln. 4. Auflage. Berlin, Heidelberg: Springer.

Helfferich, Cornelia (2011): Die Qualität qualitativer Daten. Manual für die Durchführung qualitativer Interviews. 4. Auflage. Wiesbaden: VS Verlag für Sozialwissenschaften.

Heller, Christian (2011): Post-Privacy. Prima leben ohne Privatsphäre. München: C.H. Beck.

Hepp, Andreas (2012): Mediatization and the 'molding force' of the media. In: Communications 37, 1-28.

Hepp, Andreas (2013): The communicative figurations of mediatized worlds: Mediatization research in times of the 'mediation of everything'. In: European Journal of Communication 28(6), 615-629.

Hepp, Andreas (2014): Mediatisierung/Medialisierung. In: Schröter, Jens (Hrsg.): Handbuch Medienwissenschaft. Unter Mitarbeit von Simon Ruschmeyer und Elisabeth Walke. Stuttgart, Weimar: J. B. Metzler. S. 190-196.

Hepp, Andreas / Krotz, Friedrich (2012): Mediatisierte Welten: Forschungsfelder und Beschreibungsansätze – Zur Einleitung. In: Krotz, Friedrich / Hepp, Andreas (Hrsg.): Mediatisierte Welten: Forschungsfelder und Beschreibungsansätze. Reihe Medien – Kultur- Kommunikation. Wiesbaden: Springer VS, S. 7-23.

Hess, Thomas / Schreiner, Michel (2012): Ökonomie der Privatsphäre. Eine Annäherung aus drei Perspektiven. In: Datenschutz und Datensicherheit 2/2012, 105-109.

Heyl, Christoph (2004): A Passion for Privacy. Untersuchungen zur Genese der bürgerlichen Privatsphäre in London, 1660-1800. Veröffentlichungen des Deutschen Historischen Instituts London, Band 56. München: Oldenbourg.

Hickethier, Knut (2010): Mediatisierung und Medialisierung der Kultur. In: Hartmann, Maren / Hepp, Andreas (Hrsg.): Die Mediatisierung der Alltagswelt. Medien – Kultur – Kommunikation. Wiesbaden: VS Verlag für Sozialwissenschaften, S. 85-96.

Hipeli, Eveline (2012): Netzguidance für Jugendliche. Chancen und Grenzen der Internetkompetenzförderung und ihrer Vermittlung. Wiesbaden: VS Verlag für Sozialwissenschaften.

Hitzler, Ronald / Möll, Gerd (2012): Eingespielte Transzendenzen: Zur Mediatisierung des Welterlebens am Beispiel des Pokerns. In: Krotz, Friedrich / Hepp, Andreas (Hrsg.): Mediatisierte Welten: Forschungsfelder und Beschreibungsansätze. Reihe Medien – Kultur- Kommunikation. Wiesbaden: Springer VS, S. 257-280.

Hogan, Bernie (2010): The Presentation of Self in the Age of Social Media: Distinguishing Performances and Exhibitions Online. In: Bulletin of Science, Technology & Society, 30 (6), S. 377-386.

Hjarvard, Stig (2008): The Mediatization of Society. A Theory of the Media as Agents of Social and Cultural Change. In: Nordicom Review 29(2), 105-134.

Hoffmann, Dagmar (2005): Experteninterview. In: Mikos, Lothar / Wegener, Claudia (Hrsg.): Qualitative Medienforschung. Ein Handbuch. Konstanz: UVK Verlagsgesellschaft mbH, S. 268-278.

Hoffmann, Dagmar / Mikos, Lothar (Hrsg.) (2010): Mediensozialisationstheorien. Modelle und Ansätze in der Diskussion. 2., überarbeitete und erweiterte Auflage. Wiesbaden: VS Verlag für Sozialwissenschaften / GWV Fachverlage.

Holzer, Boris (2006): Denn sie wissen nicht, was sie tun? Nebenfolgen als Anlass soziologischer Aufklärung und als Problem gesellschaftlicher Selbstbeschreibung. In: Böschen, Stefan / Kratzer, Nick / May, Stefan (Hrsg.): Nebenfolgen. Analysen zur Konstruktion und Transformation moderner Gesellschaften. Weilerswist: Velbrück Wissenschaft, S. 39-64.

Hommel, Bernhard / Nattkemper, Dieter (2011): Handlungspsychologie. Planung und Kontrolle intentionalen Handelns. Berlin, Heidelberg: Springer.

Horn, Christoph (2008): Einleitung: Aristoteles und der politische Aristotelismus. In: Horn, Christoph/Neschke-Hentschke, Ada (Hrsg.): Politischer Aristotelismus. Die Rezeption der aristotelischen Politik von der Antike bis zum 19. Jahrhundert. Stuttgart/Weimar: Verlag J. B. Metzler, S. 1-19.

Hotter, Maximilian (2011): Privatsphäre. Der Wandel eines liberalen Rechts im Zeitalter des Internets. Frankfurt/New York: Campus Verlag.

Houghton, David J. / Joinson, Adam N. (2010): Privacy, Social Network Sites, and Social Relations. In: Journal of Technology in Human Services 28 (1-2), 74-94.

Houghton, David J. / Joinson, Adam N. (2012): Linguistic Markers of Secrets and Sensitive Self-Disclosure in Twitter. In: Proceedings of the 45th Hawaii International Conference on System Sciences, S. 3480-3489. http://ieeexplore.ieee.org/lpdocs/epic03/wrapper.htm?arnumber=6149245.

Hubmann, Heinrich (1967): Das Persönlichkeitsrecht. 2., veränderte und erweiterte Auflage. Köln: Böhlau Verlag.

Huffaker, David A. / Calvert, Sandra L. (2005): Gender, Identity, and Language Use in Teenage Blogs. In: Journal of Computer-Mediated Communication 10(2).

Hugger, Kai-Uwe (2010): Digitale Jugendkulturen: Eine Einleitung. In: Hugger, Kai-Uwe (Hrsg.): Digitale Jugendkulturen. Wiesbaden: VS Verlag für Sozialwissenschaften, S. 7-20.

Hughes, Eric (1993): A Cypherpunk's Manifesto. Onlinepublikation: http://www.activism.net/ cypherpunk /manifesto.html.

Hurrelmann, Klaus (2012): Vorwort. In: Calmbach, Marc / Thomas, Peter Martin / Borchard, Inga / Flaig, Bodo (Hrsg.): Wie ticken Jugendliche? 2012. Lebenswelten von Jugendlichen im Alter von 14 bis 17 Jahren in Deutschland. Bonn: Bundeszentrale für politische Bildung, S.7-11.

Hutchby, Ian (2001): Technologies, Texts and Affordances. In: Sociology 35(2), 441-456.

Imhof, Kurt (2006): Mediengesellschaft und Medialisierung. In: Medien & Kommunikationswissenschaft 2006/2, S. 191-215.

Imhof, Kurt / Schulz, Peter (1998) (Hrsg.): Die Veröffentlichung des Privaten – die Privatisierung des Öffentlichen. Opladen/Wiesbaden: Westdeutscher Verlag.

Iske, Stefan / Klein, Alexandra / Kutscher, Nadia (2004): Digitale Ungleichheit und formaler Bildungshintergrund – Ergebnisse einer empirischen Untersuchung über Nutzungsdifferenzen von Jugendlichen im Internet. Bundesinitiative Jugend ans Netz, Universität Bielefeld. http://pub.uni-bielefeld.de/luur/download?func=downloadFile&recordOId=2315401& fileOId= 2319784.

Jarvis, Jeff (2011): Public Parts. How Sharing in the Digital Age Improves the Way We Work and Live. New York: Simon & Schuster.

Jensen, Jakob L. / Sørensen, Anne S. (2013): "Nobody has 257 Friends". Strategies of Friending, Disclosure and Privacy on Facebook. In: Nordicom Review 34(1), 49-62. http://www.nordicom. gu.se/common/publ_pdf/382_jensen_sorensen.pdf.

Joinson, Adam N. (2001): Self-disclosure in computer-mediated communication: The role of self-awareness and visual anonymity. In: European Journal of Social Psychology 31, 177-192.

Joinson, Adam N. / Houghton, David / Vasalou, Asimina / Marder, Ben (2011): Digital Crowding: Privacy, Self-Disclosure, and Technology. In: Trepte, Sabine / Reinecke, Leonard (Hrsg.): Privacy Online. Perspectives on Privacy and Self-Disclosure in the Social Web. Berlin, Heidelberg: Springer, S. 33-45.

Joinson, Adam N. / Paine, Carina B. (2007): Self-disclosure, privacy, and the Internet. In: Joinson, Adam N. / McKenna, Katelyn / Postmes, Tom / Reips, Ulf-Dietrich (Hrsg.): The Oxford Handbook of Internet Psychology. Oxford: University Press, S. 237-252.

Jourard, Sidney M. / Lasakow, Paul (1958): Some factors in self-disclosure. In: Journal of Abnormal Psychology & Social Psychology 56(1), 91-98.

Jourard, Sidney (1964): The Transparent Self. Self-Disclosure and Well-Being. 2., überarbeitete Auflage. Princeton: Van Nostrand.

Jungnickel, Katrin / Schweiger, Wolfgang (2014): Publikumsaktivität im 21. Jahrhundert. Ein theoriegeleitetes Framework. In: Einspänner-Pflock, Jessica / Dang-Anh, Mark / Thimm, Caja (Hrsg.): Digitale Gesellschaft – Partizipationskulturen im Social Web. Bonner Beiträge zur Onlineforschung. Band 4, hrsg. v. Caja Thimm. Berlin: Lit, S. 16-40.

Jurczyk, Karin / Oechsle, Mechthild (2008): Privatheit: Interdisziplinarität und Grenzverschiebungen. Eine Einführung. In: Dies. (Hrsg.): Das Private neu denken. Erosionen, Ambivalenzen, Leistungen. Forum Frauen- und Geschlechterforschung, Schriftenreihe der Sektion Frauen- und Geschlechterforschung in der Deutschen Gesellschaft für Soziologie, Band 21. Münster: Westfälisches Dampfboot, S. 8-47.

Kainz, Peter (2011): Ideologie des Privaten – Notwendigkeit des Exhibitionismus? Zum Dilemma des neuzeitlichen Individualismus. In: Gräf, Dennis / Halft, Stefan, Schmöller, Verena (Hrsg.): Privatheit. Formen und Funktionen. Medien Texte Semiotik. Passau: Stutz, S. 135-153.

Karmasin, Matthias (2006): Kinder und Medien = (Mehr-)Wert. Medienökonomische Aspekte der Mediennutzung von Kindern und Jugendlichen. In: Marci-Boehncke, Gudrun / Rath, Matthias (Hrsg.): Jugend – Werte – Medien: Der Diskurs. Weinheim, Basel: Beltz, S. 45-56.

Katz, Elihu / Blumler, Jay G. / Gurevitch, Michael (1973): Uses and Gratifications Research. In: Public Opinion Quarterly 37 (4), S. 509–523.

Kaufmann, Stefan (2009): Handlungstheorie. In: Gertenbach, Lars / Kahlert, Heike / Kaufmann, Stefan / Rosa, Hartmut / Weinbach, Christine (Hrsg.): Soziologische Theorien. Paderborn: Wilhelm Fink.

Kelle, Udo (2008): Die Integration qualitativer und quantitativer Methoden in der empirischen Sozialforschung. Theoretische Grundlagen und methodologische Konzepte. 2. Auflage. Wiesbaden: VS Verlag für Sozialwissenschaften.

Kelle, Udo / Kluge, Susann (2010): Vom Einzelfall zum Typus. Fallvergleich und Fallkontrastierung in der qualitativen Sozialforschung. 2. überarbeitete Auflage. Wiesbaden: VS Verlag für Sozialwissenschaft / Springer Fachmedien.

Kerchner, Brigitte (2006): Diskursanalyse in der Politikwissenschaft. Ein Forschungsüberblick. In: Kerchner, Brigitte/Schneider, Silke (Hrsg.): Foucault: Diskursanalyse der Politik. Eine Einführung. Wiesbaden: VS Verlag für Sozialwissenschaften, S. 33-67.

Kilian, Patrick (2013): Durchleuchtung ist selektiv: Transparenz und Radiologie. In: Aus Politik und Zeitgeschichte (APuZ), 2013/15-16, „Transparenz und Privatsphäre", S. 8-13.

Kirchner, Constanze / Kirschenmann, Johannes / Miller, Monika (Hrsg.) (2010): Kinderzeichnung und jugendkultureller Ausdruck. Forschungsstand – Forschungsperspektiven. München: Kopaed.

Kleck, Christine A. / Reese, Christen A. / Ziegerer Behnken, Dawn / Sundar Shyam S. (2007): The company you keep and the image you project: Putting your best face forward in online social networks. Vortrag auf der Jahrestagung der International Communication Association San Francisco, USA, 2007. http://citation.allacademic.com/meta/p_mla_apa_ research_citation/1/7/2/7/5/p172756_index.html.

Kluge, Susann (2000): Empirisch begründete Typenbildung in der qualitativen Sozialforschung. In: Forum: Qualitative Sozialforschung 1(1), Art. 14.

Knop, Karin / Hefner, Dorothée / Schmitt, Stefanie / Vorderer, Peter (2015): Mediatisierung Mobil. Handy und mobile Internetnutzung von Kindern und Jugendlichen. Zusammenfassung der LfM Schriftenreihe Medienforschung 77. http://www.lfm-nrw.de/fileadmin/user_upload/lfm-nrw/Service/Veranstaltungen_und_Preise/Tagungen_und_Praesentationen/Alwayson/Dokumente/Band-77_Mediatisierung-mobil_Zusammenfassung.pdf.

Konert, Bertram / Hermanns, Dirk (2002): Der private Mensch in der Netzwelt. In: Weiß, Ralph / Groebel, Jo (Hrsg.): Privatheit im öffentlichen Raum. Medienhandeln zwischen Individualisierung und Entgrenzung. Schriftenreihe Medienforschung der Landesanstalt für Rundfunk Nordrhein-Westfalen. Opladen: Leske + Budrich, S. 415-522.

Kottlorz, Peter (1996): Die Medien als Bestandteil der Alltagskultur. In: Stipp-Hagmann, Karin (Hrsg.): Fernseh- und Radiowelt für Kinder und Jugendliche. Schriftenreihe der Landesanstalt für Kommunikation Baden-Württemberg, Band 3,1. Villingen-Schwenningen: Neckar-Verlag, S. 45-52. http://www.mediaculture-online.de/fileadmin/bibliothek/kottlorz_alltagskultur/kottlorz_ alltagskultur.html.

Krämer, Nicole C. / Haferkamp, Nina (2011): Online Self-Presentation: Balancing Privacy Concerns and Impression Construction on Social Networking Sites. In: Trepte, Sabine / Reinecke, Leonard (Hrsg.): Privacy Online. Perspectives on Privacy and Self-Disclosure in the Social Web. Berlin, Heidelberg: Springer, S. 127-141.

Krasnova, Hanna / Kift, Paula (2012): Online Privacy Concerns and Legal Assurance: A User Perspective. Paper 25 zum pre-ICIS workshop on Information Security and Privacy (SIGSEC). http://aisel.aisnet.org/wisp2012/25.

Krasnova, Hanna / Spiekermann, Sarah / Koroleva, Ksenia / Hildebrand, Thomas (2010): Online social networks: why we disclose. In: Journal of Information Technology 25(2), 109-125.

Krasnova, Hanna / Veltri, Natasha F. / Günther, Oliver (2012): Die Rolle der Kultur in der Selbstoffenbarung und Privatsphäre in sozialen Onlinenetzwerken. Interkulturelle Dynamik des Privatsphärekalküls. In: Wirtschaftsinformatik 3/2012, 123-133.

Krippendorff, Klaus (2004): Content analysis: An introduction to its methodology. Thousand Oaks, CA: Sage.

Kroneberg, Clemens (2011): Die Erklärung sozialen Handelns. Grundlagen und Anwendungen einer integrativen Theorie. Wiesbaden: VS Verlag für Sozialwissenschaften / Springer Fachmedien.

Krotz, Friedrich (2001): Die Mediatisierung kommunikativen Handelns. Der Wandel von Alltag und sozialen Beziehungen, Kultur und Gesellschaft durch die Medien. Opladen: Westdeutscher Verlag.

Krotz, Friedrich (2007): Mediatisierung: Fallstudien zum Wandel von Kommunikation. Reihe Medien – Kultur – Kommunikation. Wiesbaden: VS Verlag für Sozialwissenschaften.

Krotz, Friedrich / Hepp, Andreas (Hrsg.) (2012): Mediatisierte Welten: Forschungsfelder und Beschreibungsansätze. Wiesbaden: Springer VS.

Kruse, Jan (2014): Qualitative Interviewforschung. Ein integrativer Ansatz. Weinheim: Juventa.

Kruse, Lenelis (1980): Privatheit als Problem und Gegenstand der Psychologie. Bern: Hans Huber.

Kruse, Volker / Barrelmeyer, Uwe (2012): Max Weber. Eine Einführung. Konstanz, München: UVK.

Kuckartz, Udo (2010): Typenbildung. In: Mey, Günter / Mruck, Katja (Hrsg.): Handbuch Qualitative Forschung in der Psychologie. VS Verlag für Sozialwissenschaften / Springer Fachmedien, S. 553-568.

Kühn, Thomas / Koschel, Kay-Volker (2011): Gruppendiskussionen. Ein Praxis-Handbuch. Wiesbaden: VS Verlag für Sozialwissenschaften / Springer Fachmedien.

Kulhay, Jana (2013): Die Mediengeneration. Jugendliche, ihr Medienkonsum und ihre Mediennutzung. Ausarbeitung zum Forschungsstand. Handreichung zur politischen Bildung, Band 11. Sankt Augustin/Berlin: Konrad-Adenauer-Stiftung e.V. kas_33767-544-1-30.pdf.

Kurz, Constanze (2008): Die Geister, die ich rief...Deine Spuren im Netz. In: Sokol, Bettina (Hrsg.): Mediale (Selbst-)Darstellung und Datenschutz. Landesbeauftragte für Datenschutz und Informationsfreiheit Nordrhein-Westfalen, Düsseldorf, S. 4-12. https://www.ldi.nrw.de/ mainmenu_Service/submenu_Tagungsbaende/Inhalt/2001_Mediale__Selbst_Darstellung_und_Datenschutz/2001-Mediale-Selbst-Darstellung.pdf.

Kuss, Daria J. / Griffith, Mark D. (2011): Online Social Networking and Addiction – A Review of the Psychological Literature. In: International Journal of Environmental Research and Public Health 8(9), 3528-3552. http://www.ncbi.nlm.nih.gov/pmc/articles/ PMC3194102/.

Lampert, Claudia (2005): Grounded Theory. In: Mikos, Lothar / Wegener, Claudia (Hrsg.): Qualitative Medienforschung. Ein Handbuch. Konstanz: UVK Verlagsgesellschaft mbH, S. 516-526.

Latzer, Michael / Just, Natascha / Metreveli, Sulkhan / Saurwein, Florian (2013): Vertrauen und Sorgen bei der Internetnutzung in der Schweiz 2013. Themenbericht aus dem World Internet Project – Switzerland 2013. Universität Zürich. http://www.mediachange.ch/media//pdf/ publications/Vertrauen_Sorgen_2013.pdf.

Laufer, Robert S. / Wolfe, Maxine (1977): Privacy as a Concept and a Social Issue: A Multidimensional Developmental Theory. In: Journal of Social Issues 33(3), 22-42.

Lee, Doo-Hee / Im, Seunghee / Taylor, Charles R. (2008): Voluntary Self-Disclosure of Information on the Internet: A Multimethod Study of the Motivations and Consequences of Disclosing Information on Blogs. In: Psychology & Marketing 25(7), 692-710.

Lee, Victoria / Wagner, Hugh (2002): The Effect of Social Presence on the Facial and Verbal Expression of Emotion and the Interrelationships Among Emotion Components. In: Journal of Nonverbal Behaviour 26(1), 3-25.

Leggewie, Claus (2010): Netizens oder: Der gut informierte Bürger heute. In: Bieber, Christoph / Drechsel, Benjamin / Lang, Anne-Katrin (Hrsg.): Kultur im Konflikt. Claus Leggewie revisited. Bielefeld: Transcript, S. 181-204.

Lenhart, Amanda / Madden, Mary / Smith, Aaron / Purcell, Kristen / Zickuhr, Kathryn / Rainie, Lee (2011): Teens, Kindness and Cruelty on Social Network Sites. How American teens navigate the new world of "digital citizenship". Pew Research Center's Internet & American Life Project. PIP_Teens_Kindness_Cruelty_SNS_ Report_Nov_2011_FINAL_ 110711.

Lewin, Kurt (1936): Some Social-Psychological Differences Between the United States and Germany. In: Journal of Personality 4(4), S. 265-293.

Lewis, Kevin / Kaufman, Jason / Christakis, Nicholas (2008): The Taste for Privacy: An Analysis of College Student Privacy Settings in an Online Social Network. In: Journal of Computer-Mediated Communication 14(1), 79-100.

Liesegang, Torsten (2004): Öffentlichkeit und öffentliche Meinung. Theorien von Kant bis Marx (1780-1850). Epistemata. Würzburger Wissenschaftliche Schriften. Reihe Philosophie, Band 351. Würzburg: Königshausen & Neumann.

Lin, Nan (2001): Social Capital. A Theory of Social Structure and Action. Cambridge: University Press.

Linke, Christine (2010): Medien im Alltag von Paaren. Eine Studie zur Mediatisierung der Kommunikation in Paarbeziehungen. Reihe Medien – Kultur – Kommunikation. Wiesbaden: VS Verlag für Sozialwissenschaft / Springer Fachmedien.

Litt, Eden (2012): Knock, Knock. Who's There? The Imagined Audience. In: Journal of Broadcasting & Electronic Media 56(3), 330-345.

Livingstone, Sonia (2008): Taking Risky Opportunities in Youthful Content Creation: Teenagers' Use of Social Networking Sites for Intimacy, Privacy and Self-Expression. In: New Media & Society 10 (3), 393-411.

Livingstone, Sonia (2009a): On the Mediation of Everything: ICA Presidential Address 2008. In: Journal of Communication 59(1), 1-18.

Livingstone, Sonia (2009b): Foreword: Coming to Terms with 'Mediatization'. In: Lundby, Knut (Hrsg.): Mediatization. Concept, Changes, Consequences. New York: Peter Lang, ix-xii.

Livingstone, Sonia / Haddon, Leslie / Görzig, Anke / Ólafsson, Kjartan (2011): EU Kids Online. Final Report. http://www.lse.ac.uk/media%40lse/research/EUKidsOnline/EU%20Kids%20II %20 (2009-11)/EUKidsOnlineIIReports/Final%20report.pdf.

Livingstone, Sonia / Mascheroni, Giovanna / Ólafsson, Kjartan / Haddon, Leslie (2014): Children's online risks and opportunities: comparative findings from EU Kids Online and Net Children Go Mobile. http://eprints.lse.ac.uk/60513/.

Löther, Andrea (1994): Unpolitische Bürgerinnen. Frauen und Partizipation in der vormodernen praktischen Philosophie. In: Koselleck, Reinhart / Schreiner, Klaus (Hrsg.): Bürgerschaft. Rezeption und Innovation der Begrifflichkeit vom hohen Mittelalter bis ins 19. Jahrhundert. Stuttgart: Klett-Cotta, S. 239-273.

Lundby, Knut (2009): Media logic: Looking for social interaction. In Lundby, Knut (Hrsg.): Mediatization: Concept, Changes, Consequences. New York: Peter Lang, S. 101 -119.

Madden, Mary / Lenhart, Amanda / Cortesi, Sandra / Gasser, Urs / Duggan, Maeve / Smith, Aaron / Beaton, Meredith (2013): Teens, Social Media, and Privacy. Pew Research Center Study: http://www.pewinternet.org/~/media//Files/Reports/2013/PIP_TeensSocialMediaandPrivacy_FI-NAL.pdf.

Mager, Astrid (2012): Algorithmic Ideology. How capitalist society shapes search engines. In: Information, Communication & Society 15 (5), S. 769–787.

Margulis, Stephen T. (1977): Conceptions of Privacy: Current Status and Next Steps. In: Journals of Social Issues 33 (3), S. 5-21.

Margulis, Stephen T. (2003): Privacy as a Social Issue and Behavioral Concept. In: Journal of Social Issues 59(2), 243-261.

Margulis, Stephen T. (2005): Privacy and Psychology. Vortrag „Contours of Privacy: Normative, Psychological and Social Perspectives" Carleton University Ottawa, 5.11.2005. http://idtrail.org/files/Margulis_Contours.pdf.

Marwick, Alice E. / Boyd, Danah (2011a): I Tweet Honestly, I Tweet Passionately: Twitter Users, Context Collapse, and the Imagined Audience. In: New Media & Society 13(1), 114-133.

Marwick, Alice E. / Boyd, Danah (2011b): To See and Be Seen: Celebrity Practice on Twitter. In: Convergence: The International Journal of Research into New Media Technologies 17(2), 139-158.

Marwick, Alice E. / Boyd, Danah (2014): Networked privacy: How teenagers negotiate context in social media. In: New Media & Society 16(7), 1051-1067.

Masur, Philipp / Reinecke, Leonard / Ziegele, Marc / Quiring, Oliver (2014): The interplay of intrinsic need satisfaction and Facebook specific motives in explaining addictive behavior on Facebook. In: Computers in Human Behavior 39, 376-386.

Mayerl, Jochen (2009): Kognitive Grundlagen sozialen Verhaltens. Framing, Einstellungen und Rationalität. Wiesbaden: VS Verlag für Sozialwissenschaften / GWV Fachverlage.

Mayring, Philipp (1983): Qualitative Inhaltsanalyse. Grundlagen und Techniken. Weinheim: Beltz.

Mayring, Philipp (2002): Einführung in die Qualitative Sozialforschung. 5., überarbeitete und neu ausgestattete Auflage. Weinheim, Basel: Beltz.

Meinefeld, Werner (1997): Ex-ante Hypothesen in der qualitativen Sozialforschung: zwischen „fehl am Platz" und „unverzichtbar". In: Zeitschrift für Soziologie 26(1), 22-34.

Mey, Günter / Mruck, Katja (2011) (Hrsg.): Grounded Theory Reader. 2., aktualisierte und erweiterte Auflage. Wiesbaden: VS Verlag für Sozialwissenschaften.

Meyrowitz, Joshua (2002): Post-Privacy America. In: Weiß, Ralph / Groebel, Jo (Hrsg.): Privatheit im öffentlichen Raum. Medienhandeln zwischen Individualisierung und Entgrenzung. Schriftenreihe Medienforschung der Landesanstalt für Rundfunk Nordrhein-Westfalen. Opladen: Leske + Budrich, S. 153-204.

Miebach, Bernhard (2014): Soziologische Handlungstheorie. Eine Einführung. 4., aktualisierte Auflage. Wiesbaden: VS Verlag für Sozialwissenschaften, GWV Fachverlage.

Miethke, Jürgen (2008): Spätmittelalter: Thomas von Aquin, Aegidius Romanus, Marsilius von Padua. In: Horn, Christoph / Neschke-Hentschke, Ada (Hrsg.): Politischer Aristotelismus. Die Rezeption der aristotelischen Politik von der Antike bis zum 19. Jahrhundert, S. 77-111. Stuttgart/Weimar: Verlag J. B. Metzler.

Mikos, Lothar / Wegener, Claudia (2005): Einleitung. In: Mikos, Lothar / Wegener, Claudia (Hrsg.): Qualitative Medienforschung. Ein Handbuch. Konstanz: UVK Verlagsgesellschaft, S. 10-18.

Moll, Ricarda / Pieschl, Stephanie / Bromme, Rainer (2014): Competent or clueless? Users' knowledge and misconceptions about their online privacy managament. In: Computers in Human Behavior 41, 212-219.

Möller, Ingrid (2011): Gewaltmedienkonsum und Aggression. In: Aus Politik und Zeitgeschichte (APuZ) 2011/3 „Jugend und Medien", S. 18-23.

Moore, Susan D. / Brody, Leslie R. (2009): Linguistic Predictors of Mindfulness in Written Self-Disclosure Narratives. In: Journal of Language and Social Psychology 28(3), 281-296.

Moser, Heinz (2007): Die qualitative Medienforschung – ihre Stärken und ihre Defizite. In: Sesink, Werner / Kerres, Michael / Moser, Heinz (Hrsg.): Jahrbuch Medienpädagogik 6. Medienpädagogik – Standortbestimmung einer erziehungswissenschaftlichen Disziplin. Wiesbaden: VS Verlag für Sozialwissenschaften / GWV Fachverlage, S. 200-221.

Müller, Günter / Flender, Christian / Peters, Martin (2012): Vertrauensinfrastruktur und Privatheit als ökonomische Fragestellung. In: Buchmann, Johannes (Hrsg.): Internet Privacy. Eine multidisziplinäre Bestandsaufnahme / a multidisciplinary analysis. Deutsche Akademie der Technikwissenschaften. acatech_STUDIE_Internet_Privacy_WEB.pdf, S.143-188.

Narayanan, Arvind / Shmatikov, Vitaly (2009): De-anonymizing Social Networks. Vortrag auf dem 30th IEEE Symposium on Security and Privacy, Oakland, USA. http://www.cs.utexas.edu/~shmat/shmat_oak09.pdf.

Neuberger, Christoph (2011): Soziale Netzwerke im Internet. Kommunikationswissenschaftliche Einordnung und Forschungsüberblick. In: Neuberger, Christoph / Gehrau, Volker (Hrsg.): StudiVZ. Diffusion, Nutzung und Wirkung eines sozialen Netzwerks im Internet. Wiesbaden: VS Verlag für Sozialwissenschaften, S. 33-96.

Neuberger, Christoph (2014): Konflikt, Konkurrenz und Kooperation. Interaktionsmodi in einer Theorie der dynamischen Netzwerköffentlichkeit. In: M&K Medien und Kommunikationswissenschaft 4/2014, 567-587.

Neunhoeffer, Friederike (2005): Das Presseprivileg im Datenschutzrecht. Studien zum ausländischen und internationalen Privatrecht 146. Tübingen: Mohr Siebeck.

Neuss, Norbert (2005): Kinderzeichnung. In: Mikos, Lothar / Wegener, Claudia (Hrsg.): Qualitative Medienforschung. Ein Handbuch. Konstanz: UVK Verlagsgesellschaft mbH, S. 333-342.

Niemann, Julia / Schenk, Michael (2012a): Privatsphäre und Selbstoffenbarung auf Sozialen Netzwerkplattformen: Eine Einführung (unter Mitarbeit von Kim Wlach, Yvonne Allgeier und Doris Teutsch). In: Schenk, Michael / Niemann, Julia / Reinmann, Gabi / Roßnagel, Alexander (2012): Digitale Privatsphäre. Heranwachsende und Datenschutz auf Sozialen Netzwerkplattformen. Schriftenreihe Medienforschung der Landesanstalt für Medien Nordrhein-Westfalen, Band 71. Berlin: Vistas, S.15-68.

Niemann, Julia / Schenk, Michael (2012b): Quantiative Befragung von Jugendlichen und jungen Erwachsenen (unter Mitarbeit von Doris Teutsch, Kim Wlach, und Yvonne Allgeier). In: Schenk, Michael / Niemann, Julia / Reinmann, Gabi / Roßnagel, Alexander (2012): Digitale Privatsphäre. Heranwachsende und Datenschutz auf Sozialen Netzwerkplattformen. Schriftenreihe Medienforschung der Landesanstalt für Medien Nordrhein-Westfalen, Band 71. Berlin: Vistas, S. 159-270.

Nissenbaum, Helen (2010): Privacy in Context. Technology, Policy, and the Integrity of Social Life. Stanford, CA: University Press.

Ochs, Carsten / Löw, Martina (2012): Un/faire Informationspraktiken: Internet Privacy aus sozialwissenschaftlicher Perspektive. In: Buchmann, Johannes (Hrsg.): Internet Privacy. Eine multidisziplinäre Bestandsaufnahme / a multidisciplinary analysis. Deutsche Akademie der Technikwissenschaften. acatech_STUDIE_Internet_Privacy_WEB.pdf, S. 15-62.

Oertel, Britta / Woelk, Michaela (2007): Anwendungspotenziale „intelligenter" Funketiketten. In: Aus Politik und Zeitgeschichte (APuZ) 2006/5-6, „Digitalisierung und Datenschutz", S. 16-23.

Ottmann, Henning (2008): Protestantische Schulphilosophie in Deutschland: Arnisaeus und Conring. In: Horn, Christoph / Neschke-Hentschke, Ada (Hrsg.): Politischer Aristotelismus. Die Rezeption der aristotelischen Politik von der Antike bis zum 19. Jahrhundert. Stuttgart/Weimar: Verlag J. B. Metzler, S. 218-231.

Palen, Leysia / Dourish, Paul (2003): Unpacking „Privacy" for a Networked World. In: Proceedings of the conference on Human factors in computing systems - CHI '03. http://portal.acm.org/citation.cfm?doid=642611.642635.

Palfrey, John / Gasser, Urs (2008): Generation Internet. Die Digital Natives: Wie sie leben, was sie denken, wie sie arbeiten. Aus dem Amerikanischen von Franka Reinhart und Violeta Topalova. München: Hanser.

Palfrey, John / Gasser, Urs (2011): What We Might Learn from „Digital Natives" In: Thomas, Michael (Hrsg.): Deconstructing Digital Natives. Young People, Technology and the New Literacies. New York, NY: Routledge, S. 186-204.

Papacharissi, Zizi (2010): A Private Sphere. Democracy in a Digital Age. Digital Media and Society Series. Cambridge, UK: Polity Press.

Papier, Hans-Jürgen (2012): Verfassungsrechtliche Grundlegung des Datenschutzes. In: Schmidt, Jan-Hinrik / Weichert, Thilo (Hrsg.): Datenschutz. Grundlagen, Entwicklungen und Kontroversen. Schriftenreihe Band 1190. Bonn: Bundeszentrale für politische Bildung, S. 67-77.

Pariser, Eli (2011): The Filter Bubble. What the Internet Is Hiding from You. London: Viking.

Patchin, Justin W. / Hinduja, Sameer (2010): Trends in online social networking: adolescent use of MySpace over time. In: New Media & Society 12(2), 197-216.

Patlagean, Evelyne (1989): Byzanz im 10. Und 11. Jahrhundert. In: Veyne, Paul (Hrsg.): Geschichte des privaten Lebens. 1. Band: Vom Römischen Imperium zum Byzantinischen Reich. Deutsch von Holger Fliessbach. Frankfurt a. M.: S. Fischer, S. 514-599.

Paus-Hasebrink, Ingrid (2005): Forschung mit Kindern und Jugendlichen. In: Mikos, Lothar / Wegener, Claudia (Hrsg.): Qualitative Medienforschung. Ein Handbuch. Konstanz: UVK Verlagsgesellschaft mbH, S. 222-231.

Paus-Hasebrink, Ingrid / Wijnen, Christine / Brüssel, Thomas (2009): Social Web im Alltag von Jugendlichen und jungen Erwachsenen: Soziale Kontexte und Handlungstypen. In: Schmidt, Jan-Hinrik / Paus-Hasebrink, Ingrid / Hasebrink, Uwe (Hrsg.): Heranwachsen mit dem Social Web. Zur Rolle von Web 2.0-Angeboten im Alltag von Jugendlichen und jungen Erwachsenen. Schriftenreihe Medienforschung der Landesanstalt für Medien Nordrhein-Westfalen, Band 62. Berlin: Vistas, S. 121-206.

Pearce, W. Barnett / Sharp, Stewart M. (1973): Self-disclosing communication. In: The Journal of Communication 23(4), 409-425.

Pedersen, Darhl M. (1997): Psychological Functions of Privacy. In: Journal of Environmental Psychology 17, 147-156.

Pennebaker, James W. / Francis, Martha E. (1996): Cognitive, Emotional, and Language Processes in Disclosure. In: Cognition & Emotion 10(6), 601-626.

Pentzold, Christian / Fraas, Claudia / Meier, Stefan (2013): Online-mediale Texte: Kommunikationsformen, Affordanzen, Interfaces. In: Zeitschrift für germanistische Linguistik 41(1), 81-101.

Peters, Anne (2005): Die Causa Caroline: Kampf der Gerichte? Zur Pressefreiheit auf dem Prüfstand des deutschen Bundesverfassungsgerichts und des Europäischen Gerichtshofs für Menschenrechte. In: Betrifft JUSTIZ 83, 160-168.

Petrik, Klaus (2010): Deliberation and Collaboration in the Policy Process: A Web 2.0 approach. In: eJournal of eDemocracy and Open Government 2(1), 18-27. http://www.jedem.org/article/view/14.

Petronio, Sandra (1991): Communication Boundary Management: A Theoretical Model of Managing Disclosure of Private Information Between Marital Couples. In: Communication Theory 1(4), 311-335.

Petronio, Sandra (2002): Boundaries of privacy: dialectics of disclosure. Albany: State University of New York Press.

Pickel, Susanne (2009): Die Triangulation als Methode in der Politikwissenschaft. In: Pickel, Susanne / Pickel, Gert / Lauth, Hans-Joachim / Jahn, Detlef (Hrsg.): Methoden der vergleichenden Politik- und Sozialwissenschaft. Neue Entwicklungen und Anwendungen. Wiesbaden: VS Verlag für Sozialwissenschaften, S. 517-542.

Poletti, Anna (2011): Coaxing an intimate public: Life narrative in digital storytelling. In: Continuum: Journal of Media & Cultural Studies 25(1), 73-83.

Pötzsch, Stefanie (2009): Privacy Awareness: A Means to Solve the Privacy Paradox? In: Matyás, Vashek / Fischer-Hübner, Simone / Cvrcek, Daniel / Svenda, Petr (Hrsg.): The Future of Identity in the Information Society. IFIP International Federation for Information Processing. http://www1.inf.tu-dresden.de/~poetzsch/dud/poetzsch_privAware.pdf, S. 226-236.

Prensky, Marc (2001): Digital Natives, Digital Immigrants Part 1. In: On the Horizon 9(5), 1-6.

Pundt, Christian (2002): Konflikte um die Selbstbeschreibung der Gesellschaft: Der Diskurs über Privatheit im Fernsehen. In: Weiß, Ralph / Groebel, Jo (Hrsg.): Privatheit im öffentlichen Raum. Medienhandeln zwischen Individualisierung und Entgrenzung. Schriftenreihe Medienforschung der Landesanstalt für Rundfunk Nordrhein-Westfalen. Opladen: Leske + Budrich, S. 247-414.

Pundt, Christian (2008): Medien und Diskurs. Zur Skandalisierung von Privatheit in der Geschichte des Fernsehens. Bielefeld: Transcript.

Putnam, Robert D. (2000): Bowling Alone: The Collapse and Revival of American Community. New York: Simon & Schuster.

Putnam, Robert D. / Goss, Kristin A. (2002): Introduction. In: Putnam, Robert D. (Hrsg.): Democracy in Flux. The Evolution of Social Capital in Contemporary Society. Oxford: University Press, S. 3-20.

Quan-Haase, Anabel / Young, Alyson L. (2010): Uses and Gratifications of Social Media: A Comparison of Facebook and Instant Messaging. In: Bulletin of Science, Technology & Society 30(5), 350-361.

Rauhofer, Judith (2008): Privacy is dead, get over it! Information privacy and the dream of a risk-free society. In: Information & Communications Technology Law, 17 (3), 185-197.

Raynes-Goldie, Kathrine Sarah (2012): Privacy in the Age of Facebook: Discourse, Architecture, Consequences. Dissertation, Faculty of Humanities, Curtin University, Australia. http://espace.library.curtin.edu.au/R?func=dbin-jump-full&local_base=gen01-era 02&object_id=187731.

Reinecke, Leonard / Trepte, Sabine (2008): Privatsphäre 2.0: Konzepte von Privatheit, Intimsphäre und Werten im Umgang mit <user-generated-content>. In: Zerfaß, Ansgar / Welker, Martin / Schmidt, Jan (Hrsg.): Kommunikation, Partizipation und Wirkungen im Social Web. Band 1: Grundlagen und Methoden: Von der Gesellschaft zum Individuum. Köln: Herbert von Halem, S. 205-228.

Reinecke, Leonard / Vorderer, Peter / Knop, Katharina (2014): Entertainment 2.0? The Role of Intrinsic and Extrinsic Need Satisfaction for the Enjoyment of Facebook Use. In: Journal of Communication 64, 417-438.

Reinmann, Gabi / Schnurr, Jan-Mathis (2012): Qualitative Befragung von Jugendlichen und jungen Erwachsenen. (Unter Mitarbeit von Tamara Ranner, Alexander Florian und Marianne Kamper). In: Schenk, Michael / Niemann, Julia / Reinmann, Gabi / Roßnagel, Alexander (2012): Digitale Privatsphäre. Heranwachsende und Datenschutz auf Sozialen Netzwerkplattformen. Schriftenreihe Medienforschung der Landesanstalt für Medien Nordrhein-Westfalen, Band 71. Berlin: Vistas, S. 83-130.

Richard, Birgit / Grünwald, Jan / Recht, Marcus / Metz, Nina (2010): Flickernde Jugend – Rauschende Bilder. Netzkulturen im Web 2.0. Frankfurt a.M.: Campus Verlag.

Ritter, Martina (2008): Die Dynamik von Privatheit und Öffentlichkeit in modernen Gesellschaften. Wiesbaden: VS Verlag für Sozialwissenschaften.

Rohlf, Dietwalt (1980): Der grundrechtliche Schutz der Privatsphäre. Zugleich ein Beitrag zur Dogmatik des Art. 2 Abs. 1 GG. Berlin: Duncker & Humblot (Schriften zum Öffentlichen Recht Band 378).

Röll, Franz Josef (2010): Social Network Sites. In: Hugger, Kai-Uwe (Hrsg.): Digitale Jugendkulturen. Wiesbaden: VS Verlag für Sozialwissenschaften, S. 209-224.

Röser, Jutta / Peil, Corinna (2012): Das Zuhause als mediatisierte Welt im Wandel. Fallstudien und Befunde zur Domestizierung des Internets als Mediatisierungsprozess. In: Krotz, Friedrich / Hepp, Andreas (Hrsg.): Mediatisierte Welten: Forschungsfelder und Beschreibungsansätze. Reihe Medien – Kultur – Kommunikation. Wiesbaden: Springer VS, S. 137-163.

Ross, Dieter (1998): Die Regression des Politischen. Die Massenmedien privatisieren die Öffentlichkeit. In: Imhof, Kurt / Schulz, Peter (Hrsg.): Die Veröffentlichung des Privaten – die Privatisierung des Öffentlichen. Opladen/Wiesbaden: Westdeutscher Verlag, S. 149-156.

Rossnagel, Alexander / Richter, Philipp / Nebel, Maxi (2012): Internet Privacy aus Rechtswissenschaftlicher Sicht. In: Buchmann, Johannes (Hrsg.): Internet Privacy. Eine multidisziplinäre Bestandsaufnahme / a multidisciplinary analysis. Deutsche Akademie der Technikwissenschaften. acatech_STUDIE_Internet_Privacy_WEB.pdf, S. 281-326.

Rouche, Michel (1989): Abendländisches Frühmittelalter. In: Veyne, Paul (Hrsg.): Geschichte des privaten Lebens. 1. Band: Vom Römischen Imperium zum Byzantinischen Reich. Deutsch von Holger Fliessbach. Frankfurt a. M.: S. Fischer, S. 388-513.

Rooy, Dirk / Bus, Jacques (2010): Trust and privacy in the future internet—a research perspective. In: Identity in the Information Society 3(2), 397-404.

Rüpke, Giselher (1976): Der verfassungsrechtliche Schutz der Privatheit. Baden-Baden: Nomos.S

Schaar, Peter (2007): Das Ende der Privatsphäre. Der Weg in die Überwachungsgesellschaft. München: C. Bertelsmann.

Schaar, Peter (2012): Systemdatenschutz – Datenschutz durch Technik oder warum wir eine Datenschutztechnologie brauchen. In: Schmidt, Jan-Hinrik / Weichert, Thilo (Hrsg.): Datenschutz. Grundlagen, Entwicklungen und Kontroversen. Schriftenreihe Band 1190. Bonn: Bundeszentrale für politische Bildung, S. 363-371.

Schäfer, Burkhard (2005): Gruppendiskussion. In: Mikos, Lothar / Wegener, Claudia (Hrsg.): Qualitative Medienforschung. Ein Handbuch. Konstanz: UVK Verlagsgesellschaft mbH, S. 304-314.

Schäfer, Mirko Tobias (2010): Programmierte Gesellschaft? Zur Konstitution inhärenter Partizipation in Web Applikationen. http://mtschaefer.net/entry/programmierte-gesellschaft/.

Schallbruch, Martin (2012): Hilfen für Sicherheit im Internet. In: Schmidt, Jan-Hinrik / Weichert, Thilo (Hrsg.): Datenschutz. Grundlagen, Entwicklungen und Kontroversen. Schriftenreihe Band 1190. Bonn: Bundeszentrale für politische Bildung, S. 372-380.

Scharkow, Michael (2013): Automatische Inhaltsanalyse. In: Möhring, Wiebke / Schlütz, Daniela (Hrsg.): Handbuch standardisierte Erhebungsverfahren in der Kommunikationswissenschaft. Wiesbaden: Springer VS, S. 289-306.

Schenk, Michael / Niemann, Julia / Reinmann, Gabi / Roßnagel, Alexander (2012) (Hrsg.): Digitale Privatsphäre. Heranwachsende und Datenschutz auf Sozialen Netzwerkplattformen. Schriftenreihe Medienforschung der LfM, Band 71. Berlin: Vistas.

Schimank, Uwe (2000): Handeln und Strukturen. Einführung in die akteurtheoretische Soziologie. Grundlagentexte Soziologie. Weinheim, München: Juventa.

Schimank, Uwe (2003): Transintentionale Weiterungen der Kommunikation über Transintentionalität. In: Greshoff, Rainer / Kneer, Georg / Schimank, Uwe (Hrsg.): Die Transintentionalität des Sozialen. Eine vergleichende Betrachtung klassischer und moderner Sozialtheorien. Wiesbaden: VS Verlag für Sozialwissenschaften / Springer Fachmedien, S. 440-451.

Schmidt, Jan-Hinrik / Paus-Hasebrink, Ingrid / Hasebrink, Uwe (Hrsg.) (2009): Heranwachsen mit dem Social Web. Zur Rolle von Web 2.0-Angeboten im Alltag von Jugendlichen und jungen Erwachsenen. Schriftenreihe Medienforschung der Landesanstalt für Medien Nordrhein-Westfalen, Band 62. Berlin: Vistas.

Schmidt, Jan (2010): Netzwerkplattformen als Räume des Heranwachsens. In: Fuhs, Burkhard / Lampert, Claudia / Rosenstock, Roland (Hrsg.): Mit der Welt vernetzt. Kinder und Jugendliche in virtuellen Erfahrungsräumen. München: kopaed, S. 163-177.

Schmidt, Jan (2011): Das neue Netz. Praktiken, Merkmale und Folgen des Web 2.0. 2., überarbeitete Auflage. Konstanz: UVK Verlagsgesellschaft mbH.

Schneider, Irmela (2001): Privatheit als Unterhaltung und Gesellschaftsspiel. Einige Anmerkungen zu einer Veränderung des Menschenbilds. In: Sokol, Bettina (Hrsg.): Mediale (Selbst-) Darstellung und Datenschutz. Landesbeauftragte für Datenschutz und Informationsfreiheit Nordrhein-Westfalen, Düsseldorf, S. 23-42. https://www.ldi.nrw.de/mainmenu_Service/submenu_Tagungsbaende/Inhalt/2001_Mediale__Selbst_Darstellung_und_Datenschutz/2001-Mediale-Selbst-_Darstellung.pdf.

Schneider, Wolfgang / Lindenberger, Ulman (2012): Entwicklungspsychologie. Mit Online-Materialien. 7., vollständig überarbeitete Auflage. Weinheim, Basel: Beltz.

Schorb, Bernd (2009): Mediale Identitätsarbeit: Zwischen Realität, Experiment und Provokation. In: Theunert, Helga (Hrsg.): Jugend – Medien – Identität. Identitätsarbeit Jugendlicher mit und in Medien. München: kopaed, S. 81-93.

Schreier, Margrit (2014): Varianten qualitativer Inhaltsanalyse: Ein Wegweiser im Dickicht der Begrifflichkeiten. In: Forum: Qualitative Sozialforschung 15(1), Art. 18.

Schuegraf, Martina (2008): Medienkonvergenz und Subjektbildung. Mediale Interaktionen am Beispiel von Musikfernsehen und Internet. Medienbildung und Gesellschaft, Band 5, hrgs. v. Marotzki, Winfried / Meder, Norbert / Meister, Dorothee M. / Sander, Uwe / Fromme, Johannes. Wiesbaden: VS Verlag für Sozialwissenschaft / GWV Fachverlage.

Schützeichel, Rainer (2008): Soziologische Emotionskonzepte und ihre Probleme. In: Österreichische Zeitschrift für Soziologie 33(2), 82-96.

Schulmeister, Rolf (2009): Gibt es eine „Net Generation"? Erweiterte Version 3.0. Universität Hamburg. http://www.zhw.uni-hamburg.de/uploads/schulmeister_ net-generation_v3.pdf.

Schulz, Iren (2010): Mediatisierung und der Wandel von Sozialisation: Die Bedeutung des Mobiltelefons für Beziehungen, Identität und Alltag im Jugendalter. In: Hartmann, Maren / Hepp, Andreas (Hrsg.): Die Mediatisierung der Alltagswelt. Medien – Kultur – Kommunikation. Wiesbaden: VS Verlag für Sozialwissenschaften, S. 231-242.

Schulz, Iren (2012): Mediatisierte Sozialisation im Jugendalter. Kommunikative Praktiken und Beziehungsnetze im Wandel. Berlin: Vistas.

Schulz, Winfried (2004): Reconstructing Mediatization as an Analytical Concept. In: European Journal of Communication 19(1), 87-101.

Schulz, Winfried (2011): Politische Kommunikation. Theoretische Ansätze und Ergebnisse empirischer Forschung. 3., überarbeitete Auflage. Wiesbaden: VS Verlag für Sozialwissenschaften.

Schweiger, Wolfgang (2007): Theorien der Mediennutzung. Eine Einführung. Wiesbaden: VS Verlag für Sozialwissenschaften.

Selke, Stefan (2014): Lifelogging als soziales Medium? Selbstsorge, Selbstvermessung und Selbstthematisierung im Zeitalter der Digitalität. In: Jähnert, Jürgen / Förster, Christian (Hrsg.): Technologien für digitale Innovationen. Interdisziplinäre Beiträge zur Informationsverarbeitung. Wiesbaden: Springer Fachmedien, S. 173-200.

Senft, Theresa (2008): Camgirls. Celebrity & Community in the Age of Social Networks. New York: Peter Lang.

Sennet, Richard (2002): Verfall und Ende des öffentlichen Lebens. Die Tyrannei der Intimität.13. Auflage. Frankfurt a.M.: Fischer.

Singh, Simon (2006): Geheime Botschaften. Die Kunst der Verschlüsselung von der Antike bis in die Zeiten des Internet. 7. Auflage. München: Dt. Taschenbuch Verlag.

Sofsky, Wolfgang (2007): Verteidigung des Privaten. Eine Streitschrift. Bundeszentrale für politische Bildung, Schriftenreihe Band 673. München: Verlag C. H. Beck.

Sokol, Bettina (2001) (Hrsg.): Mediale (Selbst-)Darstellung und Datenschutz. Landesbeauftragte für Datenschutz und Informationsfreiheit Nordrhein-Westfalen, Düsseldorf. https://www.ldi.nrw.-de/ mainmenu_Service/submenu_Tagungsbaende/Inhalt/2001_Mediale__Selbst_Darstellung_und_Datenschutz/2001-Mediale-Selbst-Darstellung.pdf.

Solove, Daniel J. (2006): A Taxonomy of Privacy. In: University of Pennsylvania Law Review 154(3), 477-560.

Solove, Daniel J. (2007a): The Future of Reputation. Gossip, Rumor, and Privacy on the Internet. New Haven and London: Yale University Press.

Solove, Daniel J. (2007b): I've Got Nothing to Hide' and Other Misunderstandings of Privacy. In: San Diego Law Review 44, 745-772. ; GWU Law School Public Law Research Paper No. 289. http://ssrn.com/abstract=998565.

Steeves, Valerie (2009): Reclaiming the social value of privacy. In: Kerr, Ian / Steeves, Valerie / Lucock, Carole (Hrsg.): Lessons from the Identitiy Trail: Anonymity, Privacy and Identity in a Networked Society. Oxford UK: Oxford University Press, S. 191-208.

Stein, Tao / Chen, Erdong / Mangla, Karan (2011): Facebook Immune System. EuroSys Social Network Systems (SNS) 2011. http://research.microsoft.com/en-us/projects/ldg/a10-stein.pdf.

Stempfhuber, Martin (2012): Paargeschichten. Zur performativen Herstellung von Intimität. Wiesbaden: Springer VS.

Strauss, Anselm / Corbin, Juliet (1994): Grounded Theory Methodology - An Overview. In: Denzin, Norman K. / Lincoln, Yvonna S. (Hrsg.): Handbook of Qualitative Research. Thousandoaks: Sage, S. 273-285.

Strömbäck, Jesper (2008): Four Phases of Mediatization: An Analysis of the Mediatization of Politics. In: The International Journal of Press/Politics 13(3), 228-246.

Strübing, Jörg (2013): Qualitative Sozialforschung. Eine komprimierte Einführung für Studierende. München: Oldenbourg Verlag.

Stutzman, Fred / Vitak, Jessica / Ellison, Nicole B. / Gray, Rebecca / Lampe, Cliff (2012): Privacy in Interaction: Exploring Disclosure and Social Capital in Facebook. In: Tagungsbericht zur Sixth International AAAI Conference on Weblogs and Social Media. http://fredstutzman.com/ papers/ ICWSM2012_Stutzman.pdf.

Sunstein, Cass R. (2001): Echo Chambers. Bush v. Gore. Impeachment, and Beyond. Princton: University Press.

Sunstein, Cass R. (2007): Republic.com 2.0. Revenge of the Blogs. Princton: University Press.

Sutter, Tilmann (2010): Medienanalyse und Medienkritik. Forschungsfelder einer konstruktivistischen Soziologie der Medien. Wiesbaden: VS Verlag für Sozialwissenschaften.T

Taddicken, Monika (2011): Selbstoffenbarung im Social Web. In: Publizistik 56(3), 281-303.

Taddicken, Monika / Jers, Cornelia (2011): The Uses of Privacy Online: Trading a Loss of Privacy for Social Web Gratifications? In: Trepte, Sabine / Reinecke, Leonard (Hrsg.): Privacy Online. Perspectives on Privacy and Self-Disclosure in the Social Web. Berlin, Heidelberg: Springer, S. 143-156.

Taddicken, Monika (2014): The 'Privacy Paradox' in the Social Web: The Impact of Privacy Concerns, Individual Characteristics, and the Perceived Social Relevance on Different Forms of Self-Disclosure. In: Journal of Computer-Mediated Communication 19(2), 248-273.

Thébert, Yvon (1989): Privates Leben und Hausarchitektur in Nordafrika. In: Veyne, Paul (Hrsg.): Geschichte des privaten Lebens. 1. Band: Vom Römischen Imperium zum Byzantinischen Reich. Deutsch von Holger Fliessbach. Frankfurt a. M.: S. Fischer, S. 299-387.

Theunert, Helga (Hrsg.) (2009): Jugend – Medien – Identität. Identitätsarbeit Jugendlicher mit und in Medien. München: kopaed.

Theunert, Helga / Schorb, Bernd (2010): Sozialisation, Medienaneignung und Medienkompetenz in der mediatisierten Gesellschaft. In: Hartmann, Maren / Hepp, Andreas (Hrsg.): Die Mediatisierung der Alltagswelt. Reihe Medien – Kultur – Kommunikation. Wiesbaden: VS Verlag für Sozialwissenschaften, S. 243-254.

Thimm, Caja (1990): Dominanz und Sprache. Strategisches Handeln im Alltag. Wiesbaden: Deutscher Universitätsverlag.

Thimm, Caja / Einspänner, Jessica / Dang-Anh, Mark (2012a): Politische Deliberation online – Twitter als Element des politischen Diskurses. In: Krotz, Friedrich / Hepp, Andreas (Hrsg.): Mediatisierte Welten: Forschungsfelder und Beschreibungsansätze. Reihe Medien – Kultur – Kommunikation. Wiesbaden: Springer VS, S. 95-117.

Thimm, Caja / Einspänner, Jessica / Dang-Anh, Mark (2012b): Twitter als Wahlkampfmedium. Modellierung und Analyse politischer Social-Media-Nutzung. In: Publizistik, 57. Jg., Heft 3, S. 293-313.

Thimm, Caja / Dang-Anh, Mark / Einspänner, Jessica (2014): Mediatized Politics – Structures and Strategies of Discursive Participation and Online Deliberation on Twitter. In: Krotz, Friedrich / Hepp, Andreas (Hrsg.): Mediatized Worlds: Culture and Society in a Media Age. London: Palgrave Macmillian, S. 253-269.

Thomas, Michael (2011) (Hrsg.): Deconstructing Digital Natives. Young People, Technology and the New Literacies. New York, NY: Routledge.

Thomas, Tanja / Krotz, Friedrich (2008): Medienkultur und Soziales Handeln: Begriffsarbeiten zur Theorieentwicklung. In: Thomas, Tanja (Hrsg.): Medienkultur und soziales Handeln. Unter Mitarbeit von Marco Höhn. Reihe Medien – Kultur – Kommunikation. Wiesbaden: VS Verlag für Sozialwissenschaften / GWV Fachverlage, S. 17-42.

Tidwell, Lisa C. / Walther, Joseph B. (2002): Computer-mediated communication effects on disclosure, impressions, and interpersonal evaluations. Getting to know one another a bit at a time. In: Human Communication Research 28(3), 317-348.

Timm, Carola (1999): Schutz von Amtsträgern vor diffamierenden Äußerungen in der Presse in Deutschland und in den USA. Eine rechtsvergleichende Untersuchung der höchstrichterlichen Rechtsprechung zum Ausgleich zwischen Meinungsfreiheit und Persönlichkeitsschutz. Europäische Hochschulschriften, Reihe 2, Rechtswissenschaft, Bd. 2688. Frankfurt a.M. et al.: Peter Lang.

Tinnefeld, Marie-Theres (2008): Datenschutz – Lotse in der Informationsflut: Forum für eine Kultur des Dialogs. In: Kreowski, Hans-Jörg (Hrsg.): Informatik und Gesellschaft. Verflechtungen und Perspektiven. Reihe Kritische Informatik, Band 4. Berlin: Lit Verlag Dr. W. Hopf, S. 45-60.

Trepte, Sabine / Dienlin, Tobias (2014): Privatsphäre im Internet. In: Porsch, Torsten / Pieschl, Stephanie (Hrsg.): Neue Medien und deren Schatten. Mediennutzung, Medienwirkung und Medienkompetenz. Göttingen: Hogrefe, S. 53-79.

Trepte, Sabine / Dienlin, Tobias / Reinecke, Leonard (2014): Influence of Social Support Received in Online and Offline Contexts on Satisfaction With Social Support and Satisfaction With Life: A Longitudinal Study. In: Media Psychology, 1-32.

Trepte, Sabine / Reinecke, Leonard (2011a): Preface. In: Trepte, Sabine / Reinecke, Leonard (Hrsg.): Privacy Online. Perspectives on Privacy and Self-Disclosure in the Social Web. Berlin, Heidelberg: Springer, S. v, vi.

Trepte, Sabine / Reinecke, Leonard (2011b): The Social Web as a Shelter for Privacy and Authentic Living. In: Trepte, Sabine / Reinecke, Leonard (Hrsg.): Privacy Online. Perspectives on Privacy and Self-Disclosure in the Social Web. Berlin, Heidelberg: Springer, S. 61-73.

Trepte, Sabine / Reinecke, Leonard (2013): The reciprocal effects of social network site use and the disposition for self-disclosure: A longitudinal study. In: Computers in Human Behavior 29(3), 1102-1112.

Treumann, Klaus Peter (2005): Triangulation. In: Mikos, Lothar / Wegener, Claudia (Hrsg.): Qualitative Medienforschung. Ein Handbuch. Konstanz: UVK Verlagsgesellschaft, S. 209-221.

Treumann, Klaus Peter / Meister, Dorothee M. / Sander, Uwe / Burkatzki, Eckhard / Hagedorn, Jörg / Kämmerer, Manuela / Strotmann, Mareike / Wegener, Claudia (2007): Medienhandeln Jugendlicher. Mediennutzung und Medienkompetenz. Bielefelder Medienkompetenzmodell. Wiesbaden: VS Verlag für Sozialwissenschaften, GWV Fachverlage.

Tufekci, Zeynep (2008a): Can You See Me Now? Audience and Disclosure Regulation in Online Social Network Sites. In: Bulletin of Science, Technology & Society 28 (1), S. 20-36.

Tufekci, Zeynep (2008b): Grooming, Gossip, Facebook and Myspace. In: Information, Communication & Society 11(4), 544-564.

Tufekci, Zeynep (2012): Facebook, Youth and Privacy in Networked Publics Privacy: A Uniquely Narcissistic Generation or Young Adults Adapting to New Realities? In: Tagungsbericht zur Sixth International AAAI Conference on Weblogs and Social Media, S. 338-345. http://www.aaai.org/ocs/index.php/ICWSM/ICWSM12/paper/viewFile/4668/5001.

Turkle, Sherry (2012): Verloren unter 100 Freunden. Wie wir in der digitalen Welt seelisch verkümmern. Deutsche Erstausgabe. München: Riemann Verlag.

Utz, Sonja / Krämer, Nicole C. (2009): The privacy paradox on social network sites revisited: The role of individual characteristics and group norms. In: Journal of Psychological Research on Cyberspace 3(2), Artikel 1, S. 1-11. http://www.cyberpsychology.eu/view.php?cisloclanku=2009111001&article=1.

Valkenburg, Patti M. / Peter, Jochen / Schouten, Alexander P. (2006): Friend Networking Sites and Their Relationship to Adolescents' Well-Being and Social Self Esteem. In: Cyberpsychology & Behaviour 9(5), 584-590.

Valkenburg, Patti M. / Sumter, Sindy R. / Peter, Jochen (2011): Gender differences in online and offline self-disclosure in pre-adolescence and adolescence. In: The British Journal of Developmental Psychology 29, 253-269.

Van Dijck, José (2011): Facebook as a Tool for Producing Sociality and Connectivity. In: Television & New Media 13(2), 160-176.

Velikanov, Cyril (2011): Gadget-free Democracy. In: Parycek, Peter / Kripp, Manuel J. / Edelmann, Noella (Hrsg.): Proceedings of the International Conference for E-Democracy and Open Government CeDEM11.http://www.donauuni.ac.at/en/department/gpa/telematik/edemocracy conference/edem/vid/14978/index.php, S. 363-367.

Veyne, Paul (1989): Das Römische Reich. In: Veyne, Paul (Hrsg.): Geschichte des privaten Lebens. 1. Band: Vom Römischen Imperium zum Byzantinischen Reich. Deutsch von Holger Fliessbach. Frankfurt a. M.: S. Fischer, 19-227.

Vowe, Gerhard (2006): Mediatisierung der Politik? Ein theoretischer Ansatz auf dem Prüfstand. In: Publizistik, Heft 4, 51. Jg., 437-455.

Wagner, Claudia / Mitter, Silvia / Körner, Christian / Strohmaier, Markus (2012): When social bots attack: Modeling susceptibility of users in online social networks. Proceedings of the 2nd Workshop on Making Sense of Microposts (MSM 2012). http://kmi.tugraz.at/staff/ markus/ documents/ 2012_MSM12_socialbots.pdf.

Wagner, Ulrike / Brüggen, Niels / Gebel, Christa (2009): Web 2.0 als Rahmen für Selbstdarstellung und Vernetzung Jugendlicher. Analyse jugendnaher Plattformen und ausgewählter Selbstdarstellungen von 14- bis 20-Jährigen. Erster Teil der Studie „Das Internet als Rezeptions- und Präsentationsplattform für Jugendliche" im Auftrag der Bayerischen Landeszentrale für neue Medien(BLM).http://www.jff.de/dateien/Bericht_Web_2.0_Selbstdarstellungen_JFF_2009.pdf.

Wagner, Ulrike / Brüggen, Niels / Gebel, Christa (2010): Persönliche Informationen in aller Öffentlichkeit? Jugendliche und ihre Perspektive auf Datenschutz und Persönlichkeitsrechte in Sozialen Netzwerkdiensten. Teilstudie im Rahmen der Untersuchung "Das Internet als Rezeptions- und Präsentationsplattform für Jugendliche im Auftrag der Bayerischen Landeszentrale für neue Medien (BLM). http://www.blm.de/apps/documentbase/data/pdf1/ JFFBericht_Datenschutz_-Persoenlichkeits rechte.pdf.

Walther, Joseph B. (2007): Selective self-presentation in computer-mediated communication: Hyperpersonal dimensions of technology, language, and cognition. In: Computers in Human Behavior 23/5, 2538-2557.

Warren, Samuel D. / Brandeis, Louis D. (1890): The Right to Privacy. In: Harvard Law Review IV (5), S. 193-220.

Waters, Susan / Ackerman, James (2011): Exploring Privacy Management on Facebook: Motivations and Perceived Consequences of Voluntary Disclosure. In: Journal of Computer-Mediated Communication 17(1), 101-115.

Weber, Max (1980/1922): Wirtschaft und Gesellschaft: Grundriss der verstehenden Soziologie. Besorgt von Johannes Winckelmann. 5., rev. Aufl., Studienausg. Tübingen: Mohr.

Weigl, Michaela (2011): Der Schutz der Privatsphäre vor den Medien. In: Gräf, Dennis / Halft, Stefan, Schmöller, Verena (Hrsg.): Privatheit. Formen und Funktionen. Medien Texte Semiotik. Passau: Stutz, S. 109-133.

Weiß, Ralph (2002): Vom gewandelten Sinn für das Private. In: Weiß, Ralph / Groebel, Jo (Hrsg.): Privatheit im öffentlichen Raum. Medienhandeln zwischen Individualisierung und Entgrenzung. Schriftenreihe Medienforschung der Landesanstalt für Rundfunk Nordrhein-Westfalen. Opladen: Leske + Budrich, S. 27-87.

Weiß, Ralph (2008): Das medial entblößte Ich – verlorene Privatheit? In: Jurczyk, Karin / Oechsle, Mechthild (Hrsg.): Das Private neu denken. Erosionen, Ambivalenzen, Leistungen. Forum Frauen- und Geschlechterforschung, Schriftenreihe der Sektion Frauen- und Geschlechterforschung in der Deutschen Gesellschaft für Soziologie, Band 21. Münster: Westfälisches Dampfboot, S. 174-191.

Weiß, Ralph / Groebel, Jo (2002) (Hrsg.): Privatheit im öffentlichen Raum. Medienhandeln zwischen Individualisierung und Entgrenzung. Schriftenreihe Medienforschung der Landesanstalt für Rundfunk Nordrhein-Westfalen. Opladen: Leske + Budrich.

Westin, Alan (1970): Privacy and Freedom. Sechste Auflage. New York: Atheneum.

Westin, Alan (2003): Social and Political Dimensions of Privacy. In: Journal of Social Issues 59 (2), 431-453.

Wheeless, Lawrence / Grotz, Janis (1976): Conceptualization and Measurement of Reported Self-Disclosure. In: Human Communication Research 2 (4), 338-346.

White, Marilyn Domas / Marsh, Emily E (2006): Content Analysis: A Flexible Methodology. In: Library Trends 55(1), 22-45.

Widlöcher, Daniel (1995): Was eine Kinderzeichnung verrät. Methode und Beispiele psychoanalytischer Deutung. Geist und Psyche. Frankfurt a.M.: Fischer.

Winterling, Aloys (2010): Rom. In: Wirbelauer, Eckhard (Hrsg.): Antike. 3. Auflage. Oldenbourg Geschichte Lehrbuch. München: Oldenbourg Wissenschaftsverlag, S. 162-180.

Wittern, Felix (2004): Das Verhältnis von Right of Privacy und Persönlichkeitsrecht zur Freiheit der Massenmedien. Dissertation Universität Hamburg. http://ediss.sub.uni-hamburg.de/volltexte/2004/2277/.

Wunden, Wolfgang (2000): Verzicht auf Intimsphäre im TV-Container – Menschenwürde in Gefahr? In: Big Brother: Inszenierte Banalität zur Prime Time. Wissenschaftliche Paperbacks, Band 11. Münster: Lit, S. 143-157.

Wyss, Eva Lia (2000): Intimität und Geschlecht. Zur Syntax und Pragmatik der Anrede im Liebesbrief des 20. Jahrhunderts. In: Bulletin suisse de linguistique appliqué 72/2000, 187-210.

Xu, Heng (2012): Reframing Privacy 2.0 in Online Social Networks. In: Journal of Constitutional Law 14(4), 1077-1102.

Youn, Seounmi (2005): Teenagers' Perceptions of Online Privacy and Coping Behaviors: A Risk-Benefit Appraisal Approach. In: Journal of Broadcasting & Electronic Media, 49(1): 86-110.

Young, Alyson Leigh / Quan-Haase, Anabel (2013): Privacy Protection Strategies on Facebook. In: Information, Communication & Society 16(4), 479-500.

Zhao, Shanyang / Grasmuck, Sherri / Martin, Jason (2008): Identity construction on Facebook: Digital empowerment in anchored relationships. In: Computers in Human Behavior 24(5), 1816-1636.

Weitere Quellen

BVerfG, 1 BvR 209/83 vom 15.12.1983, („Volkszählungsurteil"): http://open jur.de/u/268440.html.

BVerfG, 1 BvR 653/96 vom 15.12.1999. http://www.bverfg.de/entscheidungen/rs19991215_ 1bvr065396.html.

D21-Digital-Index (2014): Die Entwicklung der digitalen Gesellschaft in Deutschland. Eine Studie der Initiative D21, durchgeführt von TNS Infratest. http://www.initiatived21.de/portfolio/d21-digital-index-2014/.

DIVSI (2015): DIVSI-U9 Studie. Kinder in der digitalen Welt. Eine Grundlagenstudie des SINUS-Instituts Heidelberg im Auftrag des deutschen Instituts für Vertrauen und Sicherheit im Internet (DIVSI). https://www.divsi.de/wp-content/uploads/2015/06/U9-Studie-DIVSI-web.pdf.

EGMR Europäischer Gerichtshof für Menschenrechte, Urteil vom 24.06.2004, Az. 59320/00, „Caroline von Hannover". http://tlmd.in/u/218.

Facebook.com (16.09.2013): Facebook veröffentlicht zum ersten Mal tägliche und (tägliche) mobile Nutzerzahlen für Deutschland. https://www.facebook.com/notes/tina-kulow/facebook-veröffentlicht-zum-ersten-mal-tägliche-und-tägliche-mobile-nutzerzahlen/724769520882236.

JIM (2015): JIM-Studie 2015. Jugend, Information, (Multi-)Media. Basisuntersuchung zum Medienumgang 12- bis 19-Jähriger in Deutschland. Medienpädagogischer Forschungsverbund Südwest. http://mpfs.de/fileadmin/JIM-pdf15/JIM_2015.pdf.

Seemann, Michael / Heller, Christian (2010): CRE165 Privatsphäre. Podcast auf: CRE Technik, Kultur, Gesellschaft. http://cre.fm/cre165#t=45:17.985.

Seemann, Michael (2014): Das neue Spiel. Strategien für die Welt nach dem digitalen Kontrollverlust. iRights.Media. https://sobooks.de/books/das-neue-spiel.

Sicherheitsreport 2014: Ergebnisse einer repräsentativen Bevölkerungsumfrage. Durchgeführt vom Institut für Demoskopie in Allensbach. Herausgeber: Deutsche Telekom/T-Systems. http://www.telekom.com/medien/konzern/243000.

Statista (2015): Anzahl der aktiven Nutzer von Facebook in Deutschland von Januar 2010 bis Mai 2014 (in Millionen). http://de.statista.com/statistik/daten/studie/70189/umfrage/nutzer-von-facebook-in-deutschland-seit-2009/.

Stern.de (28.09.2012): Private Nachrichten auf Facebook-Chronik. Das Datenleck, das keins ist. Stern.de. http://www.stern.de/digital/online/private-nachrichten-auf-facebook-chronik-das-datenleck-das-keins-ist-1902155.html.

Taz.de (09.08.2013): Keine Fragen mehr zu ask.fm. In: taz.de: http://www.taz.de/!121547/.